本成果受到中国人民大学

“中央高校建设世界一流大学（学科）和特色发展引导专项资金”支持

吴景超文集

（第三卷）

冯仕政　唐丽娜　主编

中国人民大学出版社
·北京·

凡　例

1. 本文集按时间和文献类别共分四卷，文献类别包括公开发表的期刊文章和公开出版的著作。
2. 每卷大致按文献公开发表或出版的时间先后顺序排列。
3. 同一篇文章在不同时间发表在不同期刊上，以最早的发表时间为准，同时注明其他期刊及相应的发表时间。
4. 原文献为繁体竖排者，一律改为简体横排，基本采用现行标点符号。
5. 原文献中与现行文字规范不符，但属特定历史时期表达习惯的字词、语法等，多保留原貌。
6. 原文献中表格与现在通行的表格格式不尽相符，为尽量保留原貌，仅做出适当修改。
7. 原文献中文字、数字等凡可判断为明显讹误及印刷错误者，直接予以改正，不另加说明。
8. 原文献中文字、数字如有错漏且不可校补者，错误处保留原貌，文字缺漏用■标示，数字缺漏用▮标示。
9. 原文献中翻译名称，包括国名、人名、地名、著作名称、报刊名称、组织机构名称、货币名称等，多保留原貌。
10. 原文献中行政区划、地理位置、历史事件的名称多有与现在不同者，亦多保留原貌。
11. 原文献中各种计量单位，由于历史原因多次变动，与现在差异较大，且不易考订出与现行公制单位的换算关系，故均保留原貌。
12. 对于特别需要说明之处，以编者注的形式进行补充。

目　录

英国为什么要加增出口

英国在战后的经济活动，有一个中心工作，就是加增出口贸易。据工党的计划，在 1947 年内，英国的出口贸易，需要超过 1938 年的 75%。这种努力，并非暂时的，也非工党特别的政纲，照现在英国的经济状况来看，加增出口，将成为一种永久性的工作，任何政党当权，都不能放弃这个主要的目标。

如要明了英国政府这种行为的目的，我们应当审查一下，英国经济的国际地位，在第二次世界大战期内，有什么重要的改变。

第一，可以注意的就是，第二次世界大战把英国债权国的地位打垮了。在战前，英国的海外投资，约为 37 亿镑，由此所得的利息，约为 2 亿镑，这是英国在战前平衡国际收支的一个重要项目。英国的国际贸易，素来是入超的。英国的进口货物，只有 50%左右，是以出口货物去换取的。余下来的进口货物，很重要的一部分，便靠海外投资的收入来支付。但是在战争期内，英国因为要在海外市场上购办作战所必需的物资，已经把海外的投资售出 11 亿镑。此外，在战时所负的国外债务约为 29 亿镑，因此英国现在已经变成一个债务国了。它在最近期内，已不能以投资所得来作为进口的支付工具。

第二，英国的商船吨位，在战前居世界第一位。这些商船，替外国载客载货，取得很多的外汇，来购买英国所必需的进口货物。战前英国有 1 740 万吨的船位，到 1943 年，经过了德国潜水艇的摧毁，只有 1 150 万吨。现在已经恢复到 1 390 万吨。如每年补充 100 万吨，到 1950 年，也许可以恢复原状。在没有恢复原状之前，英国商船赚取外汇的能力自然要比战前减低。

第三，英国政府在海外因为驻军、救济、开发殖民地等工作，其花费较之战前加增若干倍。在1913年，英国政府在海外的费用不过1 300万镑，到1946年竟高至3亿镑。1947年的计划，拟减至1亿7 500万镑，这是英国政府在战后的新担负。

第四，英国的人口，在最近10年内，约加增了5%，他们的消费，一部分需要进口货物来满足。

由于以上几个原因，我们可以看出，英国现在较之战前，需要更多的外汇，但是外汇的来源，反较战前大为减少，补救的方法，只有努力加增出口，以出口更多的货物，换取更多的外汇，来满足进口的需要。

英国人对于加增出口的工作，是不能让它失败的。

第一，只有加增出口，英国的人民，才可恢复战前的生活程度，并在恢复之后，提高生活程度到更高的水准。英国人民的生活程度，在战争期内，已经降低20%至25%。英国人在100年前，大胆地作国际分工合作的尝试，他们在农业上不求自给自足，而以大部分的精力去发展工商业，以工商业的所得来换取别国的粮食及原料。这种决定，固然给英国以过去百年的繁荣，但同时也使英国的经济地位，与国际结不解缘，使其在战争期内，交通发生困难时，国内人民的生活，便要受剧烈的打击。平常是靠国外的食品来养活的，一旦来源断绝，或接济困难，生活程度便要立刻降低。

现在战争虽然已告停止，英国人民依赖国外食品以为生，并没有改变多少。在战前，英国对于小麦及面粉的需要，自己只能供给15%；肉类只能供给44%；家禽及鸡蛋，只能供给49%；牛乳及其制品，只能供给48%；番薯及其他菜蔬，只能供给70%；新鲜水果，只能供给44%。总括起来，以上几类重要的食品，国内只能供给44%。超过半数的需要，是由国外供给的。英国人民假如不加增出口，便无法获得这些生活所必需的食品。也许有人会献计，以为英国的农业应大加改革，减少牧场所需要的土地，而以原来的牧场，改植五谷或番薯，那么英国就不必从国外输入大宗食品。中国现在每人分得到的耕地，不过半英亩。英国人在国内每人所分得到的耕地在0.7英亩以上。所以，英国人如肯降低生活程度到中国的水准，国内生产的食品应当是够吃的。但是，降低生活程度是最困难的一种工作，英国人在可能的情形之下，一定不会采取这个方法来解决他们的外汇不足的问题。他们一定要努力去加增出口，而以出口所得的外汇来换取他们素来所要吃的东西，其中包括需要很多土地才能生产的食品，如营养丰富的肉类、水果、牛乳及其制品。

第二，英国人只有加增出口，才能达到全民就业的目标。全民就业，现在已成为英国朝野所一致认为必须达到的境地。在经济的领域里，没有一件工作是比这个更重要的。可是全民就业的先决条件，是不断地生产，而生产所必需的原料，在英国，与粮食一样，也是不能自给的。战前英国的进口，食品当然是占第一位，原料就要占第二位了。在1938年，英国的进口货物总值中，食品约占50%，原料占25%以上。在2亿2 500万镑价值的原料中，纺织原料值7 100万镑，木材及造纸原料值5 900万镑，烟草值2 300万镑，非铁金属矿石值1 500万镑，皮革值900万镑，橡皮值900万镑。这些原料，是英国所不能生产的，但为英国许多重要工业创立了基础。没有这些原料，许多工厂便不能开工，工人也就会因此而失业。所以，为达到全民就业的目标起见，英国人民须努力加增出口，以换取工业中所必需的原料。

英国努力加增出口的背景及其重要性，我们从上面简单的分析中，已可以窥其大略了。这种工作是繁重的，且须国际合作，才可顺利地完成。

（载《世纪评论》第3卷第1期，1948年）

一个世界注意的问题：苏联贫富间的距离（上）

在举世要求经济平等的今日，实行社会主义的苏联，其全国收益的分配状况，及因分配而产生的贫富距离，应当是个最有兴趣、最可研究的问题。

先说苏联的全国收益分配，与资本主义国家的不同之点。在资本主义国家中，全国收益的分配可分为两大部分：一为财产所得，凡地租、利息、红利均属之；一为劳务所得，凡薪金及工资均属之。在苏联经济组织中，土地为国家所有，集体农场的耕作者，每年得向政府纳相当繁重的税，但私人地主，以其土地出租的事，已不存在，所以苏联的公民并无地租的收入。工厂的生产，有所谓计划的利润，成为价格的一部分，此种计划的利润，亦为国家所有，但私人的所得，可以储蓄一部分，或购买国家公债，或存放于储蓄银行，此种储蓄或公债，是有利息的。在 1940 年，苏联的整个预算，为 1 733 亿卢布，其中债务费的支出，为 28 亿卢布，只等于整个预算的 1.6%。同年储蓄银行的存款，为 88 亿卢布，付出利息为 2 亿卢布，所以利率约为 2.3%。苏联的薪资开支，在 1932 年为 327 亿卢布，在 1937 年为 817 亿卢布，在 1942 年约为 1 200 亿卢布，所以苏联人民的劳务所得，其重要性远非财产所得可以比拟，这是苏联的分配制度，与英美等国家，根本不同的一点。

最可注意的一点是，虽然苏联的工作者都拿薪水或工资，但最高的薪水与最低的工资中间隔着相当的距离，而且这种距离有与日俱增之势。在苏联革命成功的初期，最高的薪水不得超过最低的工资的 3 倍；在第一个五年计划完成的时候，两端收入的比例已经变为 10∶1；在第二个五年计划完成的时候，此项比例已经变为 12∶1。在 1937 年 11 月，苏联政府有一命令，规定最低的工资不得少于每月 110 卢布，在 1938

年 8 月，又规定最高的薪水不得超过每月 2 000 卢布。根据这两道命令，苏联最高的薪水超过最低的工资约 17 倍。最近有人估计，两端收入的比例已经变为 20∶1。这种 20∶1 的距离，虽然与美国比较，还是短的，但是已经超过中国国营事业中总经理与工人间收入的距离，或者一个大学校长与事务员间收入的距离了。在此，我们还应补充一点，就是苏联工厂的经理，虽然月薪不得超过每月 2 000 卢布，但如他的工作优异，还可以得到额外的奖金。譬如在钢铁工业里，工厂的经理、副经理、总工程师及副总工程师，假如能将生产成本，照预定的计划，减低 1%，就可以得到等于薪水 10%的奖金。又如在一个工厂里，计划的两成，较预定的时期提早，也可得到类似的奖金。在 1942 年，有几个成绩卓著的工厂经理，得到斯大林奖金，自 5 万卢布至 15 万卢布不等。这样一位经理，假定他的年薪是 24 000 卢布，加以 15 万卢布的奖金，便可得到 174 000 卢布。他的收入，比起那每年只得工资 1 320 卢布的粗工，要大 130 余倍。

（载《立报》2 月 6 日，1948 年）

一个世界注意的问题：苏联贫富间的距离（下）

伦敦大学的宾衡教授，曾谓苏联最富的10%的人民，享受全国收益的1/3。可是他的书中，并没有提出统计数字来证实他的结论。得克萨斯大学的柏格森（A. Bergson）教授，曾分析苏联1928年及1934年的薪资分配，设现在1928年，最富的10%的工作者，得到全国薪资总额的21.8%，到了1934年，他们的所得，便占薪资总额的24.3%；在另外的一端，收入最少的10%的工作者，他们的所得，在1928年，等于薪资总额的3.5%，到了1934年，他们所得的百分数，便减到3%了。这一类统计，可以表示苏联贫富间的距离正在扩大中。

英美贫富间的距离大于苏联，这是不可否认的事实，但有一点是饶有兴味的，就是英美贫富间的距离近年来正呈现出与苏联相反的趋势。换句话说，英美贫富间的距离正在缩小的过程中。以美国而论，最富的10%的人，在1929年，其所得等于全国收益的46%，而在1935年至1936年，他们的所得只等于全国收益的36%。最穷的10%的人，在1929年，其所得只占全国收益的1%，而在1935年至1936年，他们的所得已等于全国收益的2%。在英国，人民在纳了所得税之后，净收入还在6 000镑以上的，在1939年，还有7 000人，而在1946年，只有45人。英美均贫富所用的手段，最重要的，便是累进的所得税。以英国而论，进款在1万镑以上的人，纳了所得税之后，其净收入只等于纳税以前的18.8%，可是收入在250镑以下的人，纳了所得税之后，其净收入还可等于纳税以前的96.7%。所得税的均贫富功能，于此可见一斑。在苏联，虽然也有所得税，但政府并不以此为手段来达到均贫富的目的。苏联的所得税率，凡收入在1 800卢布一年的，纳税7%，收入在24 000卢布一年的，纳税11%。

此项税率，与英美等国家比较，是极为和缓的。

我们愿意在此提出一个问题来，那就是：苏联贫富间的距离正在扩大，而英美贫富间的距离正在缩小，演化的结果能否使两种不同经济制度下贫富间距离的程度趋于一致呢？这是一个极有兴味的问题，但只有将来的事实可以回答。

（载《立报》2月7日，1948年）

美苏经济的资源基础

——美苏经济状况比较之一

一

我们研究一个国家的经济资源，可以先从土地看起。

以土地的面积来说，苏联的面积，在世界各国中，居第二位，除了大英帝国外，没有一个国家能超过它。可是大英帝国，乃是许多自治领地及殖民地联合而成的，并不像苏联是一个整块的国家。苏联的面积，为 8 176 000 余平方英里*，占全世界土地面积的 1/6。美国的面积，如只以 48 个州来说，是 3 088 000 余平方英里，加上阿拉斯加与夏威夷，也不过 3 681 000 余平方英里，还不到苏联的 1/2。

但是我们研究土地资源，专看面积是不够的。世界上有许多土地，或以温度不足，或以雨量不够，或以地形不利，或以土壤不佳，无法加以利用。这些不能利用的土地，在目前的生产技术之下，有等于无。所以，我们比较美苏的土地资源，应当特别注意农业可以利用的土地。

克来瑟（G. B. Cressey）对于苏联农地的估计，比较悲观。他说苏联的面积虽大，但是许多土地毫无用处。这些无用的土地，或者是太冷，或者是太干，或者是太湿，或者是土质太坏，或者是交通不便，或者是由于别种不适宜的原因。好的农地，是一块大三角形，西边北起列宁格勒，南至黑海，往东逐渐缩小，至贝加尔湖为止。根据 1928 年专家的估计，苏联的农地可以种植农作物的，不过 4 亿 3 270 万英亩，等于整

---

* 此数字疑似有误。——编者注

个面积的 8%。假如把草地、牧场也加进去，那么可以利用的农地总数为 7 亿英亩。

格里哥勒（J. S. Gregory）与萧福（D. W. Shave）等的说法，比较乐观。据他们的调查，在苏联革命之前，俄国农场的面积，便有 9 亿零 700 万英亩，其中 3 亿 7 600 万英亩属于大地主，1 亿 9 800 万英亩属于富农，其余的土地则属于中农及贫农。革命以后，苏联的田制大有变更。现在的土地，一小部分属于国家农场，其余的属于集体农场。国家农场的面积，为 1 亿 6 800 万英亩，其中只有 3 000 万英亩是种了农作物的。集体农场的面积，是 9 亿 1 700 万英亩，其中 2 亿 9 300 万英亩是种了农作物的。根据这个估计，苏联农场的总面积为 10 亿 8 500 万英亩，其中 3 亿 2 300 万英亩是种了农作物的。

假如格里哥勒等的说法是可靠的，那么美苏的农场面积，可以说是没有显著的差异的。美国 1939 年的统计，农场总面积为 10 亿 6 100 万英亩，比苏联少 2 400 万英亩。农场中的农作物面积，为 3 亿 2 100 万英亩，比苏联少 200 万英亩。美国农场中的牧场部分，为 4 亿 8 100 万英亩，比农作物面积还大。美国土地的总面积，不过 19 亿英亩，所以美国的农场面积超过了总面积的一半。苏联的总面积，为 52 亿余英亩，所以苏联的农场面积约为土地总面积的 1/5。

土地的经济利用，除农业外，还有林业。在这一方面，苏联的富源超过了美国。苏联的森林面积，据亨敦顿（E. Huntington）的估计，共有 15 亿 8 200 万英亩，占全世界森林面积的 21%，在世界各国中居第一位。美国及其属地，森林的面积只有 6 亿 8 500 万英亩，占全世界森林面积的 9%，在世界各国中居第四位。

二

我们现在再进而讨论矿业资源。

首先我们可以报告雷施（C. K. Leith）等的一个研究。他们选出了 26 种比较重要的矿物，研究每一种矿物在每一个国家内的自给程度。自给的程度，共分四等。第一等的矿物，是自己用了还有多、可以输出的。第二等的矿物，是刚够自给，既无剩余，也不感不足。第三等的矿物，是国内的供给不足、要从国外补充的。第四等的矿物，是国内没有生产，或生产量极微，几乎要全部依赖国外的。第一等的矿物，苏联共有 5 种，即石棉、锰、镁、石油及白金；美国有 6 种，即煤、铜、铁砂、石油、磷及硫磺。第二等的矿物，苏联共有 7 种，即铬、煤、石墨、铁砂、磷、钾及锌；美国共有

5 种，即铅、镁、钾、钒及锌。第三等的矿物，苏联共有 6 种，即锑、铝石、铜、铅、水银及硫磺；美国共有 6 种，即锑、铝石、铬、石墨、水银及钨。第四等的矿物，苏联共有 8 种，即金刚钻、云母、镍、硝酸盐、石英、锡、钨及钒；美国共有 9 种，即石棉、金刚钻、锰、云母、镍、硝酸盐、白金、石英及锡。在这个单子中，最可注意的，就是作为工业基础的几种主要矿物，如煤、石油及铁砂，苏联与美国都是能够自给的。

对于这几种主要矿产资源，我们愿意再作进一步的探讨。矿产的蕴藏，是一个难以确切估计的对象。这些蕴藏，由于新的发现，其数目字常在修改之中，我们能把目前所知道的加以叙述，但不能视为定论。

动力资源，是研究资源问题的人所首先要注意的。这种资源，一般包括煤、石油及水力。这三种资源，据格里哥勒等的估计，苏联在世界上的位置是，煤居第二位，水力居第一位，石油居第一位或第二位还无法判定。关于煤的蕴藏量，据梅和佛（H. Meyerhoff）估计，美国为 31 500 亿吨，占全世界蕴藏量的 40.1%，居第一位；苏联的蕴藏量为 16 500 亿吨，占全世界蕴藏量的 21.2%，居第二位。这两个大国的煤藏量，几乎等于全世界的 2/3，真可谓是得天独厚了。斯密斯（J. R. Smith）对于美苏煤的蕴藏量的估计，都不如梅和佛那样高。他以为美国只有 19 750 亿吨，苏联只有 10 750 亿吨。但是它们在世界各国中第一、第二的位置，则并无变动。关于石油的蕴藏量，斯密斯估计美国尚有 105 750 亿桶（Barrels），居第一位；苏联只有 28 300 亿桶，居第二位。梅和佛对于水力的估计，分为已开发及未开发两部分。美国已开发的水力，为 1 900 万马力，苏联只有 300 万马力。但就未开发的水力而言，美国尚有 3 300 万马力，而苏联则有 7 000 万马力。两者合并而言，苏联的水力有 7 300 万马力，居世界第一位；美国有 5 200 万马力，居第二位。

除了动力资源之外，我们还要注意钢铁，它是机械工业及交通工业的基础，没有它，便无希望大规模的工业化。现在全世界的铁砂，有 90%出产在七个区域，其中有两个在美国，两个在苏联，一个在法国，一个在英国，一个在瑞典。美国铁砂的蕴藏量，据梅和佛的估计，为 52 亿吨，其中 26 亿吨在苏必利尔湖区域，19 亿吨在亚拉巴马州，另有 7 亿吨分散于各州。关于苏联的蕴藏量，梅和佛无切实的估计，只说它至少等于欧洲其余各国的蕴藏量，而欧洲的蕴藏量共达 81 亿吨，超过了美国。格里哥勒说，苏联的铁砂蕴藏量可达 105 亿吨。从这些估计来看，苏联铁砂的蕴藏量远在美国之上。美国可引以自慰的，就是在新大陆上，尚有两个未开发的铁矿区域，一为美国东北的纽芬兰，蕴藏量有 40 亿吨；一为南美的巴西，蕴藏量有 75 亿吨。这些铁矿，美国将来都可以利用。

三

由于以上的比较，我们可以看出，美国与苏联的资源基础，虽各有短长，但都可以说得天独厚，在世界上没有别的国家可以望其项背。它们发展农业与工业，从资源的方面看去，可以说是并无阻碍。假如它们发展的结果，将来有高下之分，那么造成这种差别的原因，我们应当求之于其他的因素，不能归咎于资源的基础了。

（载《世纪评论》第 3 卷第 6 期，1948 年）

毁业与创业

行政院于本年 1 月 28 日所公布的经济财政复兴方案，其中的第三条为："增进公务员及军官士兵之工作效率，其待遇将逐渐予以提高，一方面并实施员额之逐渐缩减计画。"这一条办法，共有两点用意：关于提高待遇一点，我们自然赞成；关于裁减人员一点，我们表示反对。

我们认为造成社会不安的主要因素，就是打破别人的饭碗。政府打破别人的饭碗，只要一纸命令，但因此而造成的社会骚动，就不是一纸命令所能恢复的了。

这个办法的通过还不到一星期，我们在报端上所看到的反感已经不少。北平市政府，对于此事，召开了一个会议，会议的结果，统计各局处的人员，如照中央的命令办理，应裁千余人。非只失业者生活成严重问题，节省之经费，寥寥无多，权衡轻重，得不偿失，已电呈行政院，恳请暂缓实施。天津的法院，接到中央的裁员命令后，认为就目前的工作情形来说，本来已感到人员不敷分配，倘再裁减，影响工作，实在不堪设想。天津的中央医院，得到命令，要裁员 25%，但是该院业务繁重，职员已经忙不过来，裁减以后，院务便要受到很严重的影响，并且适逢旧历年节，对被裁的人，于情理也说不过去。以上几段新闻，表示行政院的命令所产生的影响是广大而严重的。政府对于此事，实有从长考虑的必要。

我们首须认清，现代的政府，其功能在逐渐地增加之中，以前认为并非政府分内的事，现在舆论所趋，认为政府非办不可的，政府就得担负这种责任。在第二次世界大战之后，世界上的文明国家，都以保障人民的充分就业，为政府的主要职务之一。英国的工党执政后，便向国会提出所谓经济预算。此种经济预算，与财政预算的不同之点，就是财政预算，只顾到政府的收入与支出，而经济预算，则是以全国人民的收入与支出为对象。政府编制此项预算的目标，是要看在目前的人民收入与支出的状况之下，是否可以达到全民就业，假如达不到这个目标，政府便要想出各种方法，影响经济预算的内容，务使英国的人民，凡是愿意工作的，都可以得到适当的工作。在这种经济预算的控制之下，英国近两年来，已解决了失业问题。现在英国所感困难的，不是人民失业，而是有好些职业，现在还找不到所需的工人。这种事浮于人的现象，乃是国内太平的最好象征。美国自从 1947 年起，总统得向国会，每年提出两次经济报告，在经济报告中，总统要说明国内就业的情形。假如全国各界中，有失业的萌芽出现，总统便要负责提出办法，铲除这点萌芽，使其不致扩大。所以，美国的政府，无论在什么时候，都有几套应对失业的方案放在手边，一旦有失业的预兆，这些方案便可提出来施行。总统在 1947 年的夏季报告中，提到美国的就业人数，已达 6 140 万，造成空前的就业水准。失业的人数，虽然有 250 万，但此为自由经济中所应有的现象，不足为意，亦不必政府操心。由于此种报告，我们可以看出美国的政府，对于全民就业这一目的，是时时在注意中的。全民就业的维持，政府早已认为责无旁贷。至于苏联，在从农业社会走向工业社会的过程中，时时在创造新业，所以苏联的政府认为，在苏联的社会中并无失业问题，在资本主义的社会中还有失业保险，以防万一，但苏联却认为此举是不必需的，所以在苏联的社会保险项目中已经删去了失业保险的一部分，表示苏联政府对于人民的充分就业已经有了把握。

我们看了别个国家的设施，再来看我们的裁员计划，一定会感到我们的办法，是与先进国家的趋势背道而驰的。别个国家，是在创造饭碗，使没有饭吃的人有饭吃；而我们的工作，则在打破人家的饭碗，使原来有饭吃的人，也因此而吃不到饭。

这是最反动的工作、最不开明的工作，在目前这种动荡的环境中，尤其不应采取。

也许拥护这种裁员办法的人会反唇相讥："你这一种说法，是不是不赞成政府淘汰冗员？"关于这一点，我们有进一步说明的必要。第一，政府下命令所裁的人，是否都是冗员？上面所提出的法院与医院的两个例子，便可证明此次所要裁减的人之中，有许多是社会上所需要的。第二，即使政府中有冗员，政府也不可以一裁了事。我们觉得才无大小，必有其适当的用途，假如利用得当，世界上绝无真正的废物。一个人在甲职上，不能表现成绩，在乙职上，也许可以有所作为。问题是，使职业的要求能够与就职者的能力相适称。所以政府在目前的状况之下，不应裁员而使人失业，而应转移这些所谓冗员的职业，使其在新的职业中能够发挥其作用。这次复兴方案中的第十点，说是尽可能恢复交通及重要工矿事业，以图增加生产。这是一个极为贤明的目标。政府应当通盘筹划，使这些新的生产事业中，能够容纳别个机关中所裁下来的人员。

这种做法，在公务员中，只会发生一个转业的问题，而不会发生一个失业的问题。转业可以使人尽其才，对于社会的影响是好的，而失业的结果，则可以使社会骚动，将来政府为维持秩序之所花费，将大大地超过因裁员而节省下来的一点支出。

总之，我们认为近代政府的设施，应当多从创造饭碗这方面着手，而不要去做打破人家饭碗的工作。

［载《大公报（天津）》2 月 16 日，1948 年］

美苏人口的职业分配

——美苏经济状况比较之二

一

克拉克（Colin Clark）在 1940 年出版的《经济进步的条件》一书中，曾把 33 个国家的平均国民所得，与每一个国家职业的分配，作一比较。每个国家中的职业，克拉克把它分为三类。第一类为初级职业，包括农业、林业及渔业。畜牧业附于农业之中。第二类为次级职业，包括工业、矿业及建筑业。第三类为三级职业，包括商业、交通业及一切劳务的供给。从克拉克所搜集的统计资料中，我们可以得到两个结论。第一，凡是平均国民所得比较高的国家，其人口从事于初级职业的就比较少；反过来说，凡是平均国民所得比较低的国家，其人口从事于初级职业的就比较多。这个结论，对于我们现在所研究的题目是有关的，因为克拉克所举的 33 个国家之中，前五名中有美国，而后五名中有苏联。兹将前后五名的职业分配，列表如下：

国名	初级职业（百分比）	次级职业（百分比）	三级职业（百分比）
美国	19.3%	31.1%	49.6%
加拿大	34.5%	23.2%	42.3%
新西兰	27.1%	24.2%	48.7%
英国	6.4%	43.9%	49.7%
瑞士	21.3%	44.9%	32.8%
苏联	74.1%	15.4%	10.5%
保加利亚	67.3%	17.4%	15.3%

续表

国名	初级职业（百分比）	次级职业（百分比）	三级职业（百分比）
立陶宛	64.5%	15.0%	20.5%
土耳其	73.1%	11.5%	15.4%
印度	62.4%	14.4%	23.2%

以上这些统计，乃是根据1925年至1934年的状况而言。1934年，距离现在已有十余年，职业的分配，在各国均有变动，关于苏联的，我们在下面还要讨论。

从克拉克所搜集的资料中，我们可以得到第二个结论，即从各国的经济发展史去看，在没有利用新式生产方法之前，人口多集中于初级职业。但是一个国家，如果开始采用新的生产方法，那么职业分配就要产生剧烈的变动，即初级职业中人口的百分数逐渐降低，一部分人，因为初级职业中的生产技术大有进步，用不着那样多的人，便都转业到次级职业及三级职业中去。可是次级职业能够容纳的人口，也有其最高的限度，达到那个限度以后，次级职业中人口的百分数也就不再加增了。可是三级职业中的人口，在各国的历史里，其百分数总是在加增的，一直到现在，还未有止境。

以英国的经验来说，初级职业中的人口，在1841年，为22.7%，到了1931年，降至6.4%，在过去百年之内，是一直下降的。可是次级职业中的人口，在1841年，为44.2%，到了1931年，还是43.9%，在这个长时期内，不但没有加增，反而有些微的下降。三级职业中的人口，其百分数是上升的，1841年为32.6%，但1931年则为49.7%。

美国职业的变动，从以上数字看去，是与英国相似的。初级职业中人口的百分数，在1820年，为72.3%，到1930年，便只有22.5%。次级职业中的人口，在1820年，是12.3%，以后年年有加增，到1920年，好像已达到顶点，当年的百分数是33.2%。十年之后，次级职业中的人口，其百分数便降至31.7%。三级职业中的人口，在1820年为15.3%，1920年为40%，1930年为45.8%，还在上升的过程中。

这些职业收缩、停滞、膨胀的现象，似乎是与经济发展同路而来的。凡是经济发展的国家，初级职业全部收缩，次级职业发展达到一个阶段，也无不停滞，三级职业则继续膨胀。英美的经济发展史，都可以证明这一点。

二

苏联虽然是一个社会主义的国家，社会主义的经济发展法则与过程，有许多是与资本主义的国家不同，但也有许多是相似的。职业分配的发展，便是相似的一点。苏联在实行五年计划的前夕，虽然工业已有相当的规模，但如与英美等国家相比，苏联还是一个农业的国家，因为苏联的就业人口，如克拉克的统计表所示，几乎有3/4的人都是挤在初级职业之内。

自从1928年以后，苏联进行大规模的工业化，人口的职业分配自然也随之而发生变化。从变化的性质看去，苏联在1928年后的变化，与美国在19世纪期内的变化，有一点是相同的，即初级职业中人口的百分数逐渐降低，次级与三级职业中的就业人数，则逐渐加高。可是有一点，苏联是与美国不同的，即美国的次级职业中人口的百分数已呈停滞状态，而苏联次级职业中人口的加增，并没有达到饱和点。此点可以表示苏联的经济组织还未成年，但是我们有理由可以相信，苏联经济发展到相当程度之后，次级职业中人口的百分比也会停滞下来。

研究苏联人口的专家劳立莫（Frank Lorimer），在他于1946年出版的《苏联人口》一书中，曾把苏联人口的职业分配，根据1926年及1939年的清查资料，作一比较，如下表：

职业种类	1926年（百分比）	1939年（百分比）
农业、林业及渔业	77.6%	53.3%
手工业及作坊工业	3.2%	4.3%
工厂工业、商业及劳务	15.0%	34.3%
其他职业	4.2%	8.2%

这个表的资料有两个缺点。第一，此表的根据，并非纯粹的就业者，而是就业者与其家庭人数之和，假如各类就业者的家庭，有大小之不同，就可影响到各类职业百分数的大小。第二，此表的分类，把工厂工业与商业及劳务，混为一谈，我们从这个表中，很难看出次级职业及三级职业中人口的百分数。但是从这个表中，我们也可以得到一个很重要的结论，即初级职业中人口的百分数，有显著的减少，而其他职业中人口的百分数，却有显著的加增，这是苏联大规模工业化的最好象征。另外还有一种统计，可以证实此点，即苏联都市化程度的加深。苏联的总人口，自1926年的1亿4 700万，加至1939年的1亿7 000万。其中都市人口，由2 600万加至5 500万，但乡村人口，则由1亿2 000万，减至1亿1 400万。可见苏联初级职业中的人口，不但百分数降低，其实际数目也同样降低。

苏联发表的职业统计中，曾将工人及雇员（workers and employees），作一比较详细的分类。1926年，工人及雇员的总数，为958万人，至1939年，加至2 853万人。其分布如下：

单位：万人

职业种类	1926年	1939年
农林渔业	120	390
工矿业	290	1 110
商业及交通业	180	580
公务员及社会劳务	190	690
其他	140	30

我们知道1926年苏联的就业人数为8 600万，1939年为8 400万。以此为根据，再假定苏联的二级及三级职业中的人口，均包括于上表之内，那么我们可以算出以上两个时期，每期内初级、二级、三级职业中人口的变动（初级职业中最大一部分人口为集体农场中的农民，其数目不见于上表）。可惜我们没有法子证实，苏联境内从事二级及三级职业活动的人，是否都已包括在上表所谓工人及雇员名额之内。我们有理由相信上表并未包括所有苏联从事二级及三级职业活动的人。首先，苏联劳动营中有许多罚做苦工的人，是从事工矿及交通、建筑等职业的，但他们并未包括于上表所谓工人及雇员之内。其次，假如上表所列，第二项代表二级职业，第三项至第五项代表三级职业，则1939年的就职者8 400万人口中，除去上表中所列的2 460万* 从事二级及三级职业者以外（表中所列农林渔业390万人，归入初级职业），还有5 940万** 人从事初级职业，等于就业人口总数的71.7%*** 。这个百分数，在1939年的苏联，无疑是太高了。

三

从职业分配的观点看去，苏联在革命以后，虽然已作了最大的努力来改变各项职业中的百分数，以求人民生产能力的提高及生活程度的改善，但是此项工作离完成的目标还很遥远。而且苏联的人口，因为比美国要多三四千万，所以职业重新安排的工

* 根据本页表格中的数据，此处数据应为2 410万。——编者注

** 根据本页表格中的数据，此处数据应为5 600万。——编者注

*** 根据本页表格中的数据，此处数据应为70.7%。——编者注

作，比美国也要更为繁重。苏联目前的主要工作，就是如何在最短时期之内，把初级职业中人口的百分数尽量地降低，把这些从初级职业中解放出来的人口安排到别的职业中去，从事别种物资的生产或劳务的供给。

美国现在从事初级职业的实际人数，约 850 万。美苏耕地的面积是相差无几的，假如苏联在农业的生产上，其效率也想追上美国，那么苏联便应从初级职业中，提出几十万人来，放到别的职业中去。此项工作的艰难，只要看苏联在实行了好几个五年计划之后，农村中的人口才减少了 600 万，便可略窥一斑。所以苏联的人口数量问题，在其经济改造的过程中，不能说不是一个严重的问题，虽然其严重的程度，还赶不上我国。

苏联的行政当局，似乎没有看到这个问题的严重性，因为它们不但没有实行人口节育的政策，反而用各种方法来鼓励生育。这种鼓励生育政策的提倡，也许苏联的行政当局别有用心，但是实行这种政策的结果，无疑将使苏联人民的生活程度，在最近的将来，无法赶上美国。

苏联现在人口的自然加增率，已远在美国之上。以 1938 年而论，苏联的出生率为 38.3‰，死亡率为 17.8‰，自然加增率为 20.5‰。在同一年内，美国的出生率为 17.6‰，死亡率为 10.6‰，自然加增率为 7.0‰。所以苏联的自然加增率，以 1938 年来说，比美国几乎要大 2 倍。苏联政府，并不以这种庞大的自然加增率为满足，还制定了各种法律来鼓励生育。苏联现在的法律，对于男子自 20 岁至 50 岁，女子自 20 岁至 45 岁，只有子女在 2 人以下的，课以特种的税。在这个年龄之内，没有子女的，应纳税额等于其每年所得的 6%。只有子女 1 人的，纳税等于所得的 1%。只有子女 2 人的，纳税等于所得的 5‰。已有子女 2 人，在生第 3 个子女时，政府开始发给出生津贴；生第 4 个子女后，政府开始发给每月津贴；到了生第 5 个子女时，政府开始颁给勋章。出生的津贴，是生育的次数越多，津贴的数目也越大，如第 3 个子女出生时得 400 卢布的津贴，而在第 11 个子女出生时，其津贴便加至 5 000 卢布。每月的津贴，自第 4 个子女的周岁开始，可以继续领取到子女已满 5 岁。此项津贴的数目，也视生育次数的多寡而定。如第 4 个子女的周岁时，每月可领 80 卢布，但如所生的子女是第 11 个，则彼在周岁时，每月可领津贴 300 卢布。勋章的高下，也视生育子女次数的多寡而定。生第 5 个子女时，可得二等母亲勋章（Motherhood Medal，Second Class），但生第 10 个子女时，便可得金星勋章，且可得到“英母”的徽号，以及苏联主席团的奖状［Order of Mother Heroine（Gold Star），With Scroll from the Presidium of the Supreme Soviet of the U. S. S. R.］。这种鼓励政策，对于人口的加增，到底能够发生何种影响，现在还无法判断。但是劳立莫曾根据过去苏联的人口动态推测苏联将来的人口，在 1950 年，将为 1 亿 8 000 万至 2 亿零 300 万之间，1970 年，将为 2 亿 2 000 万至 2 亿 5 000 万之间。可与这个资料比较的，为汤姆苏（W. S. Thompson）对于美国将来人口之估计。据彼的推测，美国的人口，1950 年将为 1 亿 4 000 万至 1 亿 4 800 百万，1980 年将为 1 亿 4 500 万至 1 亿 9 000 万。假如这两个估计都还相当可靠，那么苏联人口的总数，将来比美国人口的总数，还要超出更多，因而苏联重新安排人民的职业以提高其生活程度的工作，也必较今日更为繁重。

（载《世纪评论》第 3 卷第 9 期，1948 年）

美苏的农业生产

——美苏经济状况比较之三

一

苏联的经济改革，相关方面虽然很多，但最有价值的一点，应推田制的改革。在1928年，第一个五年计划推行的前夕，苏联的农业生产还是分散在2 500多万个小农场上。这种小农生产制度，缺点有三：第一，农场面积狭小，不适宜于机械的利用。第二，农家数目太多，推行科学化的生产，如改良种子、除病虫害、施肥等工作，费时多而收效少。第三，小农场上产生盈余的力量太薄弱。根据苏联农业专家的研究，在第一次世界大战以前，大地主农场上的生产，有47%可以在市场上出售，中农的生产，可以出售34%，而小农的生产，只有11%可以供给市场。苏联想大规模地工业化，一定要把握着大量的农产品，一方面可以用它来交换国外的生产工具，一方面要用它供给城市中工人的消耗。所以农业的生产方法，如不根本改良，苏联的工业化政策将要受到严重的阻碍。

苏联的当局有鉴于此，在第一个五年计划中，对于农业改革的注意，不下于工业改革。农业改革的主要设施，第一便是将小农场改变为大规模的集体农场。在五年计划初次制定的时候，苏联的当局，似乎采取一种渐进的态度，希望在五年之内，只把18%的农场集体化。1929年改变方针，加速集体化工作的进行。在1929年，苏联的土地，只有4.9%属于集体农场，1931年，集体农场上的土地，便占了2/3，到了第二个五年计划完成的时候，已有4/5以上的土地是属于集体农场了。经过这种改革之后，苏联的农场，由2 500多万个，合并为24万个。集体农场的面积，平均约1 200

英亩，在每个集体农场上工作的农户，平均有七八十家。

在这种大农场之上，农业生产技术的改良，自然易于举办。技术的改良，可以分作两点来说。第一点便是生产方法的机械化。苏联的农业机械，与其他生产工具一样，属于国家。这些机械，分布于全国的曳引机站。在1930年，全国只有158站，到1940年，便增至6 980站。在1927年，全国只有25 000部曳引机，而且都是国外制造的，到1941年，曳引机加至547 000部，而且都是国内的产品。技术改良的第二点，便是科学化，使苏联的农民，与科学发生接触。这一方面的成绩，也可举几个数目来说明。在1926年，苏联只有农事实验场78处，1938年加至507处。在农事实验场及其他农业研究机关的工作人员，1926年为250人，1938年为9 800人。1926年集体农场尚无试验室，1938年有12 000多个试验室，分散于全国的集体农场。最后，全国的农业专家，在1926年为16 000人，而在1938年竟增至107 000人。

苏联的农场，除了集体农场之外，还有国家农场及集体农民的私有农场。以1938年的分配情形来说：集体农场所有的土地，占耕种面积的85.6%，国家农场的面积，占9.1%，集体农民的私有农场，占3.9%。这种私有农场，最大的不得超过2.5英亩，普遍在1英亩左右。在私有农场上，农民可以养1头母牛、2头小牛、2头母猪、10只绵羊或山羊，鸡兔的数目无限制，蜜蜂可养20窠。私有农场的面积，虽然百分数不高，但农产品的价值却占总价值的21.5%。如只以畜产品来说，私有农场上的产量，还超过集体农场上的产量。

美国农场的数目，在1940年，有609万个，此数如与苏联的集体农场数目相比，固然大得多，但是苏联除了24万个集体农场之外，还有1 900万个集体农民的私有农场，所以苏联农场的总数还是多于美国。再以农场的面积来说。美国的农场，在过去40年内，有扩充的趋势。1900年，美国农场的平均面积，为146英亩，而在1940年，则为174英亩。美国农场的平均面积，固然比苏联农场要小得多，但是我们应当记得的，就是苏联每一个集体农场，平均有78家农户在上面工作，每一农户分得的农场面积，不过16.2*英亩，约为美国农民的平均农场的1/10。美国的农场上，在1940年，有曳引机156万部，卡车104万部，汽车414万部。美国农业机械化程度之深，还不是现在的苏联所能赶上的。

* 根据上下文，此处应为15.4。——编者注

二

苏联的农场面积，与美国的农场面积，相差无几。两国农场上的耕种面积，也几乎相等。在这种情形之下，我们把这两个国家的农产品数量，作一比较，应当是很有意义的。兹将 1938 年左右的两国主要农产品的产量，根据国际联盟所发表的统计，列表如下：

农产品	单位	苏联产量	美国产量
小麦	千公担	408 800	201 720
大麦	千公担	82 000	60 562
黑麦	千公担	209 300	9 795
雀麦	千公担	169 900	139 011
玉米	千公担	26 900	655 577
稻米	千公担	3 170	11 035
番薯	千公担	419 600	93 193
牛乳	十万立脱	279 932	477 933
牛油	千公吨	197	1 016
乳酪	千公吨	35	291
肉类	千公吨	3 303	7 475
牛肉	千公吨	1 295	3 584
羊肉	千公吨	444	407
猪肉	千公吨	1 564	3 484
烟草	千公担	1 546	6 067
皮棉	千公担	8 700	23 295
羊毛	千公吨	154	217

以上这些农产品，可以分为四类。第一类为谷物，包括小麦至稻米六种。六种产量合计，美国的产量，超过苏联的产量 1 亿公担以上，但分开来说，六种谷物之中，苏联除玉米及稻米外，均超过美国。第二类为番薯，苏联的产量，超过美国很多。第三类为畜产品，自牛乳至肉类均属之，苏联的产量，远不如美国。第四类为工业原料，包括烟草、皮棉、羊毛三种，美国的产量，也都超过苏联。

从这些统计中，我们可以看出美苏农业的性质有好几点不同。苏联所种植的谷类，以小麦及黑麦为最重要。这两种谷类，是给人类消耗的，它们所占的种植面积，在1939年，几乎等于苏联耕种面积的一半。在美国，谷类最重要的一种乃是玉米，而玉米在美国，乃是养猪的主要饲料。我们可以这样说：在苏联，谷类产品的价值，远在畜产品之上，而在美国则相反，畜产品的价值，远在谷类产品之上。在苏联，谷类与番薯，在食品中占主要的地位，而在美国，此项主要的地位，则为牛乳及肉类所占据。此种农产品性质的不同，当然造成两国不同的营养水准，这是一个很复杂的问题，我们不能在此细论。

苏联的农业，在第三个五年计划以前，注重谷类的增植，但自1939年起，对于家畜的繁殖，也开始注意了。那年政府曾有命令，要许多区域减少谷类的面积，加增饲料的面积。结果是1939年的饲料面积，增至3 400万英亩，较1928年，多了2 500万英亩。苏联的农场，可以利用作为牧场的面积，还是很大的。假如苏联的政府继续发展畜牧业的政策，那么提高苏联人民的营养水准，应当是一个易于达到的目标。

三

苏联农场上的机械化，其程度远不如美国，我们在上面已经提过。因为这两个国家机械化程度的不同，所以农场上所吸收的农民，其多寡也大有不同。根据不详细的数目字，我们估计，苏联农场上的农民，比美国农场上的农民，至少要多5倍。梅兰德（J. Maynard）在他的名著《苏联农民》一书中，曾比较英苏两国农场上所需的人力。他说：在苏联，平均每100英亩的农场上，要用12个农民工作，而在英国，同样的面积，只要3人至5人便够了。美国机械化的程度，不但超过苏联，也超过英国，所以100英亩，还用不了3人至5人。美国利用人力，既如此的节省，同时全美农民所耕种的面积，又与全苏联农民所耕种的面积相等，所以美国每一个农民的所得，超过每一个苏联的农民，自在意料之中。

美国农民的平均所得，已较苏联的农民为高，可是他还有一点占便宜的，就是他的租税负担，较之苏联的农民，要轻得多。以1945年的情形来说：美国农民的收益，达245亿美元，土地税的支出，不过5亿2 000万美元，等于总收益的2.1%。当然农民所纳的税，不只是土地税而已。他与美国其他职业中的人民一样，是要纳所得税的。据局部的调查，在本薛维尼亚州，农民向联邦政府、州政府及地方政府所纳的税，等于农民所得的13.6%。农民自己可以动用的部分，占所得的86.4%。

苏联集体农场上的农民，加入集体农场，从事生产，到了年终，能够分到多少利益呢？官方1938年研究22万个集体农场分配的结果，如下表：

项目	分配的百分比
政府征购	15.0%
付曳引机站的报酬	16.0%
市场上出售	5.1%
归还政府所借种子	2.0%
种子基金	18.6%
饲料基金	13.6%
慈善事业基金	0.8%
根据劳作日的多寡分配予农民	26.9%
其他	2.0%
总计	100.0%

这个统计，表示集体农场上的农民，在年终收获的时候，只能分到收获量的26.9%。这是他的实物所得。此外，集体农场的货币收入，如政府征购所付的款项，以及农作物在市场上出售所得的款项，除付开销及赋税、基金等项目以外，根据劳作日多寡分配予农民的，在1938年，约为52.8%。政府以各种名义取之于农民的，据估计，在33%与40%之间。集体农场为办理各种公益事业，又要从收获量中提取相当的成数。最后农民所得，合实物所得与货币所得而言，在35%与40%之间。(政府征购所付的价格，远在市价之下，约等于市价的1/5。)由此可见，苏联农民的负担是很重的，其的牺牲是促成苏联工业化的主要因素。我们希望苏联工业化的结果，在将来也可以给苏联的农民分享，像美国的农民得到美国工业化的好处一样。

（载《世纪评论》第3卷第11期，1948年）

奠定基础于陕西之中国经济的演进与展望

自古以来，中国人民务农为本。直到今日，农民犹占全人口的75%到80%。由于他们这种生活方式的持久性和延续性，现代的中国人之所以对过去的历史产生很浓厚的兴趣，就是因为历史仍旧可以给予他们现实的生活不少的教训。即以西汉一代（公元前206—公元8年）的史料来说，当时好多的民生经济问题亦是今日需要解决而犹未解决的问题。除掉若干事物和思想受到西方的影响，中国人仍旧觉得，要改进社会和经济的现状，其改进的途径要到历史上去寻觅，因为一部中国史乃是中国人数千年来经验和智慧的记录。

虽然现代的农村生活和2 000年前的不是完全相同，但是中国人的谋生之道自古迄今却完全是一样的。大多数的中国人都是小农民，他们只有很少的耕地。其中拥有田地的自耕农固然不少，但大部分是佃农。他们所生产的差不多仅足够其消费，只有很少的剩余用来交换他们所不能生产的一切。

因为他们的田地都很少，所以他们总是没有余粮以防饥荒岁月的万一之需。自古迄今，此乃中国经济上的一大中心问题。

为了明了古代农民的社会经济实况，公元前400年左右，战国魏文侯相李悝之言，便是当时中国五口之家的家庭预算：

> 今一夫挟五口，治田百亩（周代的亩，比现在的亩小，约合1/6英亩。——注），岁收亩一石半，为粟百五十石，除十一之税十五石，余百三十五石。食，人月一石半，五人终岁为粟九十石，余有四十五石。石三十，为钱千三百五十，除社闾尝新春秋之祠，用钱三百，余千五十。衣，人率用钱三百，五人终岁用千五百，不足四百五十。不幸疾病死丧之费，及上赋敛，又未与此。此农夫所以常困。

(《汉书》卷二十四)

这周代农家的预算是很值得我们注意的，在他的纯收入当中，要以66%花费在食的方面——显明地启示着生活的标准低微之至。研究中国现代家庭的预算，其现象相似，其生活标准之低，不减当年。

中国政治家最重大的任务是使农民们食饱衣暖，安居乐业。像华北一带的雨量很不正常，而且是不足，所以远在周代（约公元前1046—前256年），灌溉工程就很发达了。灌溉工程最初兴建在韩与魏两国所在的中国北部的平原上。直到公元前3世纪，灌溉始兴于秦（今日的陕西）。因此奠定了秦始皇帝（公元前221—前210年）统一中国的经济基础，这一段史实据《史记》卷二十九载：

> 而韩闻秦之好兴事，欲罢之，毋令东伐，乃使水工郑国间说秦，令凿泾水自中山西邸瓠口为渠，并北山东注洛三百余里，欲以溉田。中作而觉，秦欲杀郑国。郑国曰："始臣为间，然渠成亦秦之利也。"秦以为然，卒使就渠。渠就，用注填阏之水，溉泽卤之地四万余顷，收皆亩一钟（一钟，六斛四斗也。——注）。于是关中为沃野，无凶年，秦以富强，卒并诸侯，因命曰郑国渠。

灌溉之法是秦昭王时蜀守李冰，由陕西传到四川去的。他在群山之中开渠，导岷江之水入渠而纵横交流。从此以后，成都盆地就再也没有发生过饥荒。汉代的灌溉智识普及全国，远及新疆。在工程上说起来，中国人远在基督纪元之先，就解决了防御干旱的问题，这种智识是不是经常地予以运用，那当然是另一问题。

泛滥和干旱一样足以酿成灾患。中国人防御水灾的唯一老法子就是筑堤。砍伐森林和泛滥的连带关系，中国人大多不了解，而且有这样观念的人也很少，好多山麓的林木都被砍伐了，并且遍地都长的是荒草。因此上雨水* 的流速是如此的高，大量的泥滓都被流到江河里去。河床因淤积而逐渐升高，其高度会在附近地带的水平面之上，致河水被逼住了往堤坝所形成的沟渠里流去。大雨破堤是一而再，再而三酿成泛滥的主要原因之一，特别是在中国北部，此类现象屡见不鲜。

威廉氏（F. W. Williams）曾说："中国历史上可以很显著地看出，没有一次大乱或革命不是与饥荒相伴而行的"（引译自Ellsworth Huntington的*The Character of Races*，第154页）。好几个朝代的政府都是被饥饿的暴徒们推翻倾覆的，其中显著的要数王莽（公元8—23年）、隋（公元581—618年）、唐（公元618—907年）和明

---

* 此处文意不明，原文如此。——编者注

（公元1368—1644年）。自然，每一政府的崩溃有很多的因素，而灾荒、干旱和泛滥乃是其中最为重要的。许多的政治家和贤明的统治者早就注意到这一事实，他们深深地体会到和平与秩序的维系有赖于灾荒之消弭与预防。此一问题自古至今对中国人永远是念念不忘的，今日中国人对此之不敢或忽，正如西方人之重视失业问题。

中国人除了注意灌溉和防洪的任务，还利用仓廪以防灾荒。李悝早就注意及此，主张由政府供应农产品并调节粮价，丰年时由政府收购，荒年时平价供给。根据他的推想，在普通的年岁，每100亩平均每年可收获粟150石，但在特别丰收的年份，收成可能增加3倍，即600石。在很好的年份，收成可能增加2倍，好的年份增加1倍。假设五口之家每年消耗200石，则特别丰收的年份可以多出400石；很好的年份，250石；好的年份，100石。在特别坏的年份，每100亩的收成只有30石；很坏的年份，70石；坏的年份，100石。这该是中央政府的一大任务，就是在收成好的年份收购农民的剩余农产，在收成坏的岁月里再卖给人民。这样一来，丰收之年不至于因谷贱而伤农，荒歉之岁当可避免野有饿莩的现象。

李悝的理论是否实践过，这在今日是难以断定的，但在汉宣帝（公元前74—前49年）时代，用大司农中丞耿寿昌之议，全国遍设仓廪，用平粮价，乃是史实。从此后历代朝廷，屡发敕令，督饬地方官员建立仓廪，歉收之年可以避免掉饥荒之苦。除在各地普设仓廪外，政府更在京都及通都大邑如沿运河两岸大埠建立很多大规模的仓廪。这在一个交通不太发达、想把粮食运输很长的距离事实上几乎是不可能的年代，在国家是一件必要且必不可少的工作，可是始终没有创下一个制度来保证仓廪之长足，并防官员之盗卖以济私囊。

待到仓廪的供应不足时，饥饿的人民便群起而为盗，或往别的地方迁徙。有一次孟子（公元前372—前289年，或说公元前390—前305年）到了梁国，王告诉他，为了减轻人民所遭遇到的不幸，他在灾区里散了粮食，并移走了一部分人口。虽然有不少次的迁移是政府督导的，但也有很多次是人民自动迁徙的。在发生灾荒的岁月，难民们多半由灾区往邻近的地带逃。等灾荒过了，他们重新回来，也有就在那新的地方成家立业久住下去的。

中国的移民和灾荒有连带的关系，Ellsworth Huntington曾在他所著的*The Character of Races*里讨论过（另有两本书也是值得参考的——一是W. H. Mallory的*China Land of Farnine*；二是H. F. MacNair的*With the White Cross in China*）。据他说，在公元前3世纪，公元4、5世纪，以及12、13世纪里，中亚细亚一带一次次的荒芜，每一次的荒芜较诸上一次厉害，一次比一次深刻。外族乘此机会，特别是在长城以南发生不靖的时候，常常来侵犯中国。结果呢，千百万的人便纷纷地向南或向东南移徙。迁徙这一行动，几千年来主要的原因莫不是为了逃避饥荒。也就因此，古老的中国扩张了，中国人就此习于各种气候水土不同的生活。至今引以为憾的就是，中国移民的史实，始终没有人系统地研究过。可是有一点是很显然的，中国人经过这样多的年代，养成了任何水土无不服受的天性，所以他们今日在任何气候的地带，从寒冷的西伯利亚到燥热的东印度，都能够埋头苦干，克勤克劳。

中国经济生活另一值得重视的乃是佃农的生活，事实告诉我们，一般农家耕种的面积小得可怜，甚至于田主用以维持极其简朴的生活，都感到有点儿困难。如果一个农民是佃农的话，他和他的家庭只能靠他所耕种的田地里所收获的一小部分来维持生计，因为其余的都要缴给田主作为地租。其生活之艰苦，形同受罪的程度是可以想象得到的。

地主制度与佃农问题早就被中国的许多思想家考虑到了。若干提议认为，井田制的裨益良多——把每一片田，分如“井”字而成九块。按诸井田制，四周八块分给八户人家，中央一块由八家合力耕种，而其收获为国家所有。这么一个制度能否付诸事实，至今依然是一个争辩未决的问题。无疑地，此一观念自古迄今给予中国的影响至大。

在西秦（公元 385—431 年）之始，北魏（公元 386—534 年）及唐（公元 618—907 年），国家总是想分配给每一个家庭一块田地。唐代的实施可以视之为例。唐高祖李渊在公元 624 年，给每家每丁配田百亩，痼疾者 40 亩，孤鳏者 30 亩。所配之地的 20％被认作私产，拥有者之子孙得承其权，继其业；其余 80％为公产，拥有者死后由政府收回。此一制度在一个朝代的伊始是可以实行的，因为当“创天下”之初，人口少而田地多，但到后来，人口逐渐增加，而可配之田日少，这一制度也就维持不下去了，结果每一朝每一代佃农制度势必应运而生。

防止佃农制度扩大的途径就是限制每一个人田地的所有量。公元前 2 世纪西汉最有权威的哲学家董仲舒乃是中国历史上第一个主张限制田地所有权的人。他有很多的门生和信徒，但是他的主张危害着地主们的权益，而地主们多半是政治上的有力者，所以他的主张就从来没有发生过很有力的效验。

设或是因为史实上没有嫡系继承权益的存在，所以中国的地主就从来没有形成一个世袭的特殊阶级，就没有一个家庭能在世袭的特殊阶级里停留上好几个世代的。当一个地主死了之后，他的田地产权差不多是平均分配给儿子们。结果，儿子们良莠不齐、贤愚不等，在一起之始，他们都还像他们的父亲，也算得上是大地主；可是等到他们的地产再分配给下一代，那么所分得的每一份田地，如果单凭田租的收益来维持生活就很困难，甚至于不可能了。因此，地主的地位降低了。拿整个的社会来看，一个地主维持不了几个世代，逐渐堕落，而一个佃户逐渐兴起，由佃农而成了自耕农，最后居然是大地主了。在中国这农业社会的阶梯上攀登的速率老是缓慢的，因为争取每一小块的田地而累积成数是很困难的（这在赛珍珠的《大地》里描述得很透彻）。

根据农业研究所 1937 年的统计：地主，46％；自耕农（田地产权的部分拥有者），24％；佃农，30％。国民政府正致力于租佃制度的若干法定的条例：第一，规定租佃的最高率（不得高于全部农产收获的 37.5％）；第二，简化信用农贷。这么一来，在荒歉之年他们不至于完全被地主剥削得一无所余。虽然这些条例的实施可能有助于佃农，但一般农民以及佃农的特殊问题有待解决，其解决之道与中国全面的经济建设有着密切的关系。

就这一点来说，许多的问题发生了：为什么中国经过了 2 000 多年还依然是一个农业国家？为什么中国的工业化在特别努力的提倡下仍不能发展得和西欧一样？这些问题使得好多的历史学者和经济学者语为之塞，至今拿不出适当的答复。姑聊及数事，或有补于此一问题的解答。

文官考试（科举）制度致中国经济趋向静态的发展。寒窗十载，一旦金榜题名，一个聪明而有才干的人就此取得社会上的声望和政治上的地位。由于这一点，有雄心和有才能的便都专心一志于文章的琢炼，而疏忽了科学的研究（请参读冯友兰发表于 *International Journal of Ethics* 杂志第 32 卷第 3 期的《为什么中国没有科学》一文）。他们一天到晚钻在线装的古籍里搜索知识，企图博古而通今，用以代替经过个人的观察和实验而学习与研究的精神。在这样一个一贯的作风下，文学史籍方面注释与考据的著作比较容易层出不穷而汗牛充栋，但科学的发明因此就很难产生了。这么一来，学者们的心就根本没有用在大众的日常问题上。总之，工业之在中国，其智识的基础是缺乏的。

自周代以来，外族人跟中国人一接触相处之后，立刻就会发觉他们自己文化的低劣。他们有很多的地方要跟中国人学习，而中国人需要向外族人学习的极少极少，甚至于可以说是没有。有些曾经统治过中国的，像 13 世纪的蒙古族人，以及 17 世纪的女真族人，岁月一长，世代一久，在生活和思想的各方面他们被中国人的方式和方法同化了，甚至于在中国的熔炉里消失了他们在生活的方式和思想的方法上的本体。由于这一个原因，到了 19 世纪末叶，大多数的中国人自以为他们的国家是世界上文化最高的国家，此一愚昧的自信阻碍了西方文化在中国的传布，并妨害了工业化的进展，这一妨害使中国的工业化至少要耽误 100 年之久。

有些史学家认为，缺乏资本为中国工业不发达的主要原因。此一看法可能是正确的，但殊不值得过分重视。中国有史以来真正有钱的人和巨富之家不胜枚举，这些人家的财富是怎么消耗掉的倒是值得研究的。那多半花费在奢豪的享受或田地的投资方面，此有助于国家岁入的重新分配，但无裨于新资本的产生。国家的财富是被重新分配了，而这重新分配没有为国家增加新财富。这当中缺乏一种因投资而产生新资本的媒介。一个农业经济的体系里可能有很多很大的富翁，但是他们的财富，如果各方面的环境和条件犹未成熟相宜而且是适当的话，是绝不会转移到工业方面去的。

现代是中国历史上两大重要时代的第二个时代。第一个大时代在公元前 3 世纪的中叶，当时秦始皇完成了大一统，那是一个在政治上由封建诸侯制度转变成帝国的时代。由于此一转变，中国完成了几件罗马帝国所未能完成的事。欧洲各国在过去 1 500 年间所发生的残酷战争，中国人因秦之统一而幸免。

在现代，除了政治的转变，中国受了西方的影响，正在度过一个重要的经济转变期。我们可以说是必然的，中国如果不跟西方发生接触，一定依然是一个农业国家，而且务农为本的表现必甚于现状。虽然数百年来中国和西方的贸易有限，然而不待等到 19 世纪末叶，特别是在甲午中日之战（公元 1894—1895 年）之后，中国人开始赞许西方的文化到相当的程度，特别关切其物质方面的表现。中国留学生由西方各国归来更增加了中国人对西方赞许的成分，还没有等到中日事件爆发，在 1931 年之后，西方的工业化引起全中国普遍的重视。今日中国当局诸公咸认为，若没有工业建设，一个国家万难富强安乐，以谋独立，以御外侮，并且，没有工业建设，一般人民的生活水准休想提高。

这结论决定了政府在联合国家胜利之后，而努力的方向。中国将追随英、美、苏实行中国工业化。现在全国人口中农民占 75%到 80%的现状势将一变。农业加以改进，耕种的农田可达 3 亿英亩，而耕种这 3 亿英亩的田地用不着全人口的 50%，其余的人力可以从乡村里节省下来运用在矿山、工厂、交通、运输、商业和别的生产事业上。那么，好多的人可以转移到城市里去寻找较好待遇的工作，剩下在乡村里的农民，可以有较大面积的田地耕种，可以有较多的市场销售他们的农产品。这么一来，他们可以获得较多的收入，同时在生活上可以给予他们的孩子较好的机会。

工业化也可以让难得利用的天然资源被利用。中国的煤藏据估计是世界上最大的。铁矿虽不足供大规模的开采，然而足够中国未来50年甚或100年之用。西北的油藏据近年初步的勘测，其蕴储之量相当于美国的1/3。至于金属矿产适于铁类合金之用者，有充分藏量的锰、大量的钨，镍矿和钴矿也有些。虽然铜、铅和锌的产量不足，而丰富的锑矿和锡矿颇足以弥此缺憾。为了中国，也正是为了世界的复兴，这许多的矿产以及其他的天然资源一定要及早开采。

中国的工业化更有其另一意义的存在。欲维系今后远东的和平，需要一个强有力的中国。但中国如果一天不工业化，则一天强大不起来。故中国欲与世界上其他国家并肩负责维护和平，特别是东亚方面的和平，则非工业化不可。中国人为了负责和平的维系，在经济上和军事上，一定要有所准备，如是，就没有一个国家胆敢轻言侵略。中国人是世界上爱好和平的人民，一个强大的中国对别的爱好和平的国家，乃是一股维护和平的泉源，而不是一种威胁。

工业化的实施一定要从各方面共同努力。在一切建设计划展开之先，中国必须完成一个健全的现代运输系统，一定要尽量运用海航、铁路、公路和空运以代替古老的帆船、手推的独轮车、驮运和人力。在1937年以前，仅有汽车公路10万余公里，铁路万余公里，海航船只的吨位不到100万吨，同时航空线只有2条。在战后的10年之内，中国必须修建铁路线至少2万公里，以连贯全国最重要的工商业中心。水运公道，合乎货物的运输，由西到东很有几条畅通的水路，沿海航线也有好几千英里，需要很多的船只以建立国内的埠际贸易，由此而逐渐发展国际贸易。

全国各地用现代的运输连贯起来之后，其经济自然因之而转变，大规模的工厂当然会遍设起来：所有的人口将全是主顾。国内庞大的自然资源必为利用。在1937年以前所有的工厂之所以集中在沿海一带，自有其很多的原因，而最大的一个原因乃是为了沿海各省有较好的运输设备。

现代运输遍设于内地将为普设现代工厂的前驱。全国七大工业区但愿能在不久的将来见诸事实：（1）东北区，以沈阳、长春、哈尔滨为中心；（2）北方区，以北平、天津、石家庄为中心；（3）西北区，以西安、天水、兰州为中心；（4）东方区，以上海、南京、杭州、芜湖为中心；（5）中央区，以汉口、湘潭、衡阳为中心；（6）南方区，以广州、柳州、桂林为中心；（7）西南区，以重庆、咸宁、昆明为中心。在这所述的地带，原料是丰富的，劳力是充沛的，工业建设的一切条件具备，专待以富厚的潜力付诸实践。上述的每一个区域里必须建立各种不同的重要工厂，如是，则每一区域各自独立健全，且与其他区域相互呼应，以收联系之功。其工业中之最重要者有：动力、金属、工具与机械、化工器材、军需物资、食品、衣着、建筑材料、运输及交通器材、印刷设备。前四者既为国防又为民生所必需。战后中国宜注重国防工业抑或民生工业之发展，主要的当随今后国际局势而决定。如果集团安全的体系能够逐步趋于实现的话，政府当然应该以较多的时间和较大的精力，用之于民生工业（请参读 H. F. MacNair 所著《经济建设及其计划》）。否则，中国为谋求自由独立、自力更生计，将不再一味信赖其他国家对中国所提供的保证，以及其所谓之安全！

（载《西北经济》第 1 卷第 1 期，1948 年）

论研究的态度答申辛温先生

编辑先生：

你寄给我《复兴日报》2 月 4 日的一份，使我有机会读到申辛温先生《论贫富距离与按劳分配》一文，至感。申先生的文章中，错误之处甚多，造成这些错误的原因，是他的研究态度不客观、不科学，他的脑筋中，充满了一些偏见，充满了一些没有事实作根据的一套意识形态。这些偏见，使他不能正视事实，有时反去歪曲事实。

这不是一种可取的研究态度。研究的态度，是无论说一句什么话，总得自问一下：我的话有什么事实作根据？假如自己发现是没有事实作根据的，就要赶快搜集事实；假如事实证明以前的假设或理论错误了，就要修正这种假设与理论，绝不可因事实与理论不符，而决心放弃事实，坚守他的理论。

譬如申先生在那篇文章的开始，就说分配制度有三：第一种是按劳资分配的资本主义，资产收入多，劳动收入少。我不知申先生说这句话的时候，曾参考过什么事实。现在全世界各国，有全国收益分配统计的国家不少，我很愿意申先生举出一个资本主义的国家来，资产收入是多于劳动收入的。假如申先生放弃他的偏见，去研究一下客观的事实，自己一定会大吃一惊。

在申先生的文章中，一大部分是公式化的洋八股，以事实来证实他的言论之处很少。在全篇中，只有一处引了一段事实，原文如下：

> 即以吴先生所津津乐道的所得税制度而言，在吴先生视为均贫富的手段，而为不同的统计资料所表明，则系在第二次世界大战年份内，美国资本家的利润，在纳税之后，较诸战前几乎多 3 倍有奇。

我手边有杜鲁门总统于 1947 年 7 月 21 日给国会的咨文，列入国会备案第四〇九号，文后列了许多统计，其中有一种，是说美国公司的利润，在纳所得税以前，与纳了所得税以后的比较。我把 1938 年至 1945 年的情形，抄录如下：

单位：亿美元

年份	纳所得税以前的公司利润	纳所得税以后的公司利润
1938	33	23
1939	65	50
1940	93	64
1941	172	94
1942	211	94
1943	245	104
1944	238	99
1945	202	89

由于美国是 1941 年的 12 月参战的，所以表中所列，前四年都是战前，而后四年则为战时。后四年利润之和，在纳所得税后，为 386 亿美元，前四年利润之和，为 231 亿美元。由此可见在大战年份内，美国公司的利润，较战前还没有增加 1 倍。即以纳所得税以前的利润来说，前四年为 363 亿美元，后四年为 896 亿美元，也只增加了 2 倍以上，而没有到 3 倍有奇。这两项字数的比较，所得税的功用，甚为显然，不必多说。在同期内，美国的薪资收入如下表：

单位：亿美元

年份	薪资总额
1938	447
1939	478
1940	518
1941	643
1942	847
1943	1 091
1944	1 212
1945	1 229

前四年薪资之和，为 2 086 亿美元，后四年薪资之和，为 4 379 亿美元。由此可见美国在大战期内，薪资的收益也有显著的增加。繁荣的好处，并没有为资本家所独占。

申先生的文中还有一段，最可表现他的思想方法，这段文章如下：

> 英国净收入在6 000镑以上的，1939年有7 000人，1945年只有45人，但能否作为收入平均化的证明，殊未敢必，或者竟是独占的结果，大资本家是人数少了，而收入多了，亦未可知。

他对于我所提出的数字，想作另一套的解释，这种怀疑的态度，是可取的。但怀疑之后，最好便去搜集事实，以视他的假设是否合乎事实。可惜申先生没有这样做，只以空想的假设自满，这又是他那一套意识形态在那儿作祟。因为假设申先生去找事实，假如事实竟打破了申先生的假设，那么申先生一定会感到不安，因为他与他的那一套意识形态，已经结了不解之缘，有点难舍难分。可是，这绝不是研究的态度。

我手边有英国政府于1947年4月发表的白皮书，让我举出一点统计来，打破申先生的假设吧。在1939年，英国人民收入在2 000镑至10 000镑的，其收入之和，在纳税前为3亿6 000万镑，纳税后为2亿5 600万镑。收入在10 000镑以上的，其收入之和，在纳税前为1亿7 000万镑，纳税后为8 400万镑。1945年，英国人民收入在2 000镑至10 000镑的，总数达4亿[illegible]200万镑，较前期为大，但纳税后只有2亿2 000万镑，较前期为小。收入在10 000镑以上的，其总收入为1亿3 800万镑，较前期为少，纳税后只余2 600万镑，较前期少得尤多。换句话说，英国收入在2 000镑以上的人，在前期共得3亿4 000万镑，而在后期，只得2亿4 600万镑，英国富人的收入，现在确不如前了。这是所得税造成的铁的事实，不是主观的意识形态所能消灭的。

最后，我愿意讲一句话，就是中国在建设的前夕，别个国家的经验，可以供我们借鉴的很多。英美的经验可供我们参考，苏联的经验也可供我们参考。择善而从，是我们应取的态度。只有真理可以作我们的指导，但偏见是获得真理的最大障碍。我们不要为公式所蒙蔽，不要为宣传所迷惑，更不要做权威的应声虫。我们应当以客观的态度，根据事实说话，没有事实不说话，用假设去搜集事实，用事实来修正假设，虚怀探讨，与日俱新。这样的态度，我认为对于我国将来的建设，是最有帮助的。

吴景超敬上

2月18日于清华园

转载《复兴日报（太原）》

［载《知识与生活（北平）》第24期，1948年］

美苏的工业生产

——美苏经济状况比较之四

一

工业生产能力的大小，看设备的优劣与多寡而定。美苏工业设备的优劣，不易比较，但是设备的多寡，根据两国所发表的统计，是可以比较的。现在我们选定若干种重要的物资，比较两国在1940年的设备如下：

物资	单位	苏联生产设备	美国生产设备
发电能力	百万千瓦	8.1	42.0
炼油能力	百万吨	33.7	210.3
炼铁炉	个	122.0	231.0
炼铁能力	百万吨	15.7	49.9
炼钢炉	个	348.0	1 200.0
炼钢能力	百万吨	19.9	72.6
火车头	千个	24.9	45.2
货车	千辆	809.6	1 680.5
火车轨道	千公里	102.5	618.9
卡车	千辆	767.8	4 497.6
汽车	千辆	157.2	26 915.8
电线	百万公里	1.6	147.6
制造水泥能力	百万吨	8.2	43.7
锯木能力	百万立方公尺	31.5	85.0

以上这 14 种物资的生产能力，在 1940 年，苏联没有一样可以赶上美国，而且相差还远得很。

1941 年，美苏都参加战争。战争对于这两个国家的工业设备所产生的影响，是完全不同的。先说美国。美国的本土，始终没有受到敌人的蹂躏，所以工业设备，一点也没有受到摧残。相反地，美国因为作战的缘故，对于工业设备，大有加增。根据凯普兰（A. D. Kaplan）的研究，美国在战争期内，由公家投资而加增的工业设备，共值 157 亿美元，由私人投资而加增的工业设备，共值 61 亿美元，两者相加，共为 218 亿美元。战前美国的工业设备，如照账面上的价格计算，共为 390 亿美元，但如照市价计算，须加 40%，共值 546 亿美元。所以新添的工业设备，等于原有工业设备的价值的 1/3。但是战时造厂，只求速成，成本的考虑在其次，所以 218 亿美元的估价，也许高了一点。而且这些设备，有好些是完全为作战之用，如制造弹药工厂，对于平时工业，并无贡献。假如我们根据这种考虑去修正上述的数目字，那么美国新添的工业设备，可以作平时生产之用的，等于战前设备的 15%至 20%。如只以生产设备中最重要的发电能力来说，1939 年美国计有 4 000 万千瓦，1944 年便加至 5 000 万千瓦，五年之内，发电设备，加增了 25%。

苏联的处境，与美国的刚刚相反。战争爆发之后，苏联的领土便被德军侵入，主要的工业区受到很大的损失。据苏联官方的报告，战争期内，苏联所受的损失，包括 1 710 个市镇、6 000 000 座桥梁、31 850 家工厂、4 100 个车站、1 135 口煤井、3 000 口油井、61 个区域发电总站、37 家钢铁厂、66 家化学及肥料工厂、749 家机械工厂、445 家纺织工厂以及 1 500 家食品工厂。但是苏联一方面抗战，一方面建设。乌克兰的工业区被毁了，乌拉区及西伯利亚区的工业却勃然兴起。而且在德军后退的时候，苏联即着手于收复区复兴的工作。根据苏联设计委员会主席的报告，就在 1945 年，欧战* 停止的那一年，苏联工业的总生产，比 1940 年，只低 8.3%。1946 年，在第四个五年计划推行的前夕，苏联的工业生产，可能已赶上战前的数量了。

二

我们已把美苏两国在战前的生产能力作一比较，同时对于战争期内的变迁，也大略地加以估计。现在我们便可进一步，对于两个国家的实际生产数量，比较一下。

---

* 在本文集中，“欧战”“欧洲大战”指两次世界大战。此处根据时间，可知指第二次世界大战。——编者注

我们可以先看一张很有趣味的统计表，是苏联官方发表的，用以鞭策国内从事工业生产的工作人员的。苏联的工业生产，企图赶上并超过资本主义的国家，但在 1937 年，苏联的生产，与美国生产的百分比，有如下表：

物资	苏联生产等于美国生产的百分比
总生产	32.7%
电力	24.2%
煤	28.4%
石油	17.7%
铁砂	37.8%
钢	34.4%
铜	11.6%
机器	41.5%
卡车与汽车	4.2%
只算卡车	19.2%
曳引机	42.4%
康拜因（combines）	259.2%
水泥	27.0%
鞋	50.8%
糖	131.8%

根据这个苏联官方的统计，苏联工业的总生产，只等于美国的 1/3。以单独的物资来说，在上表所列的十几种物资之内，除康拜因农业工作机及糖的生产外，其余的都不如美国。

以上是 1937 年的情形。

我们再把这两个国家在 1940 年以前的生产量，选出几种重要物资，根据国际联盟所发表的统计，列表如下：

物资	单位	苏联产量	美国产量
煤	千吨	164 600	464 712
石油	千吨	30 260	182 657
铣铁	千吨	14 950	42 999
钢	千吨	19 100	60 765
铝	千吨	55	187
铜	千吨	107	922
铅	千吨	75	483
锌	千吨	95	612

这个表里的统计，除了苏联的铜与铅是 1939 年的产量外，其余的都是 1940 年的产量。自 1941 年至 1945 年，美国的产量，因为要满足战争的需要，有突飞的进展，但是苏联的工业生产，因受德国东侵的影响，大有减色，到了 1945 年，还没有恢复到 1940 年的状况。第四个五年计划，是从 1946 年开始的，预定到 1950 年完成。苏联希望在第四个五年计划完成的时候，工业的生产，要比 1940 年加增 48%，其中电力要加增 70%，煤要加增 51%，石油要加增 14%，铣铁要加增 35%。美国的工业，是在私人手中，并没有像苏联那种长期的生产计划，所以美国到了 1950 年，工业的生产量，到底是个什么样子，没有人可以预知。现在我们选出几种重要物资，把美国 1943 年已经达到的生产量，与苏联 1950 年预期的生产量，作一比较如下：

物资	单位	1943 年美国的生产量	1950 年苏联预期的生产量
电力	十亿度	230.7	82.0
煤	百万吨	589.3	250.0
石油	百万吨	203.4	35.4
铣铁	百万吨	56.9	19.5
钢	百万吨	80.5	25.4
铜	千吨	1 103.9	251.2

由上表，我们可以看出，苏联在 1950 年计划的生产量，远赶不上美国 1943 年已有的生产量。苏联的第四个五年计划，不过是十五年计划的一部分。斯大林在 1946 年的一次演讲中，曾提到几种物资，在 1960 年计划的生产量。他说在 1960 年，苏联希望能够产煤 5 亿吨，石油及钢各 6 000 万吨。这几个数字，与 1950 年苏联预期的生产量相比，提高了许多，但是还赶不上美国在 1943 年这几种物资的生产量。

我们可以这样说：美国工业的生产力量，非常大。苏联过去已经实行了三个五年计划，还无法赶上美国。至于 1960 年以后的情形，现在就无法预料了。

三

关于美苏的工业生产，不但在产量的比较上，受人注意，就是工业发展的速率，也曾引起许多人的讨论。比较美苏工业生产的速率，有一个困难的问题，就是时期的选择。假如我们比较 1917 年以后两个国家生产的速率，对于美国似欠公平，因为

1917 年以后，美国工业化已达相当的程度，而苏联可以说是正在开始。一个正在开始工业化的国家，其工业生产速率，总是比较高的，正如一个婴孩，其上长的速率，绝非成年的人所可比。举一个例子来说，一个每年只生产 10 部汽车的国家，第二年如生产 20 部，其速率是加了 1 倍。另外一个国家，如第一年已能生产 1 000 部汽车，第二年即使加产 200 部，其速率也只加了 20%。所以我们比较两国的工业生产速率，不能以苏联建国后的情形，与美国同时期的情形相比。另外一个办法，便是 1870 年至 1900 年美国的工业生产速率，与苏联自 1918 年至 1948 年的工业生产速率相比。这两个时期的长短是相同的，都是 30 年。美国在 1870 年的生产设备，与苏联在 1918 年的生产设备相仿。我们如比较这两个时期的生产速率，也许可以给我们一个答案，告诉我们资本主义的国家，其发展的速率，是否能够赶上社会主义的国家。不过这种比较，对美国与苏联，都有欠公平的地方。对美国欠公平的，就是 19 世纪的生产技术，远不如 20 世纪。美国在 1870 年以后 30 年所能够利用的生产技术，远不如苏联在 1918 年以后 30 年所能够利用的。对苏联欠公平的，就是美国那 30 年，都是太平日子，美国人可以在无外患内忧的状态下，发展其国内的经济，而苏联在这 30 年内，有两三年的内忧，有五六年的外患，建设的力量，有时给破坏的力量抵消了。所以这种比较，也有困难。

我在采用了各种比较方法之后，觉得有一个方法是比较妥当的。这个方法，就是在苏联的发展期内，选择一个最有利的发展时期。这个时期，我选定自 1928 年起，至 1940 年止。1928 年，是苏联开始实行第一个五年计划的日期；1940 年，是苏联加入欧洲大战的前一年。在这个 12 年内，苏联实行计划经济，动员全国的力量，在和平的状态之下，发展它的国力。苏联的发展计划，是工重于农，而重工业又重于轻工业。我们从各种工业生产统计中，特别选出重工业中的煤、钢及石油的生产，来与美国比较。这三种物资，是工业化的基础，也是苏联所最注重的。

我们先找出苏联在 1928 年这三种物资的生产量，又找出苏联在 12 年之后，便是 1940 年，这三种物资的生产量。然后我们去查美国的经济史，看看每一种物资，哪一年的生产量，与苏联 1928 年的生产量相似，哪一年的生产量，又与苏联 1940 年的生产量相似。我说相似而不说相等，是因为以年份为单位的生产统计，很难找出两国产量相等的年份来。

兹先将苏联 1928 年及 1940 年三种物资的生产量列表如下：

物资	单位	1928 年产量	1940 年产量
煤	万吨	2 910	16 470
钢	万吨	420	1 910
石油	万吨	920	3 020

美国这三种物资的生产量，可与苏联比较的年份及其产量，列表如下：

物资	单位	与苏联 1928 年产量相似的年份	产量	与苏联 1940 年产量相似的年份	产量
煤	万吨	1870	3 400	1891	16 860
钢	万吨	1890	420	1905	2 020
石油	万吨	1901	930	1913	3 350

美国煤的生产，自与苏联 1928 年的产量相似的时期开始，经过了 21 年，才达到与苏联 1940 年相似的产量。同样的算法表示，钢的增产，经过了 15 年，石油的增产，经过了 12 年。平均地说，美国这三种物资的生产，自与苏联 1928 年产量相似的时期开始，须经过 16 年，才达到与苏联 1940 年相似的产量。

12 年与 16 年比较，似乎资本主义下的生产速率，不如社会主义下的生产速率。但是我们很难作这种断定。首先，我们现在只比较了三种物资的生产速率，假如我们把物资的种类增加，特别是把消费物资也选几项一并加入计算，结果一定不同。可惜这一类的统计资料，不易搜集。其次，我们要注意的，就是美国生产上列的三种物资，都是在第一次世界大战以前，便达到苏联 1940 年的生产量了。在第一次世界大战以前，生产的技术，远不如第一次世界大战以后的进步。美国在 1890 年至 1905 年炼钢的方法，绝不如苏联在 1928 年至 1940 年所用的方法新颖。所以我所采用的比较方法，大体上对于美国是欠公平的。但是就在这种不大公平的比较方法之下，美国所表现的成绩，与苏联相差无几。

四

工人的生产效率，是影响生产数量的一个重要元素。苏联的生产计划，对于如何达到预定产量，固然是时刻注意的，同时苏联也在想方设法提高工人的生产效率，使每一个工人的生产数量也可与年俱增。提高生产的总量，与提高每一个工人的生产数量，是两个不同的问题。从提高人民生活程度的观点去看，后一问题较之前一问题，尤为重要，因为只有提高每一个工人的生产数量之后，生活程度的提高才有稳固的基础。

苏联的工人生产效率，是年有进步的，但始终没有达到美国的水准。马歇克（J. Marschak）曾举了一些统计，比较苏联与其他各国工人的生产效率。他以两个时期的数字相比，第一时期为1929年，第二时期为1937年。以煤的产量来说，每一苏联煤矿工人在前期的每年产量为179吨，后期为370吨。德国为323吨与435吨，美国为844吨与730吨。美国后期工人产量的减少，与不景气的经济状况有关，但即使在不景气的时期内，美国煤矿工人的每年生产量也几乎等于苏联工人的2倍。以铣铁的产量来说，苏联每一炼铁炉工人的每年产量，在1929年为240吨，1937年为756吨。英国同样的工人，1932年的产量为366吨，1937年为513吨。美国工人的产量，1929年为1 729吨，1937年为1 620吨。苏联工人的产量，在1937年已超过英国，但还不到美国工人的一半。以棉纺织业来说，苏联工人，在1929年，每人每年可织布4 938平方公尺；1937年，可织8 200平方公尺。美国工人，在1929年，可织16 800平方公尺；1937年，可织17 650平方公尺。苏联工人的效率，在织布上，也还不到美国工人的一半。

效率高低的原因，在生产问题中是一个最重要的问题，同时也是一个尚须再加研究的问题。英美生产效率差异的原因，政府曾派委员会研究，经济学者也有私人从事探讨的，可是这个问题至今尚无定论。苏联与美国的效率差异问题，研究的更不多见，可靠的结论也就更少。普通地说：工人的教育程度，与此有关；工人技术的造诣，与此有关；工业设备的新旧，与此有关；管理技术的高低，与此有关。最后还有一个最不容易分析的元素，与此也有关系，就是两个国家不同的经济制度。这个问题，在不久的将来，一定会成为一个最时髦的问题，因为资本主义与社会主义的优劣，最后也许要引用这一类的研究结果来下公平的判断。

五

美苏的工业生产，还有很不同的一点，就是产品的性质。苏联第一个五年计划，决定消费物资的生产，在最后的一年，要达到230亿卢布，资本物资要达到210亿卢布。第二个五年计划的最后一年，消费物资要达到472亿卢布，资本物资要达到455

亿卢布。这两类物资数量的价值，相差无几，在任何国家的经济史中，都是罕见的。第三个五年计划，对于资本物资的生产，尤为偏重。在第三个五年计划的最后一年，消费物资要生产 695 亿卢布，而资本物资居然提高到 1 145 亿卢布。这种牺牲目前的享受，以加速资本的形成，恐怕只有集权国家里用计划经济的方法来生产，才办得到。

美国产品的内容，我们可以 1939 年的情形为例。清查局的工业分类表，把全国主要的几百种工业，分为 20 大类。在此 20 大类中，又可再汇合为 7 大部门：（1）衣着工业；（2）食品工业；（3）住宅工业；（4）行的工业；（5）文化工业；（6）原料工业；（7）工具工业。概括地说，前五个部门，是生产消费物资的，而后两个部门，则是生产资本物资的。1939 年工业产品的总价值为 568 亿美元，其中资本物资的价值为 208 亿美元，约等于总值的 36%。可是苏联在第三个五年计划的最后一年，预定要生产的资本物资的价值，等于消费物资的 165%。这种差异，是影响目前两国人民生活程度的一个重要因素。

（载《世纪评论》第 3 卷第 16 期，1948 年）

生产效率与生活程度

生活程度的提高，是人类历史中最可宝贵的一种收获。以现代欧美国家中人民的享受，来与旧石器时代的人类比较，或与初民社会中的人民比较，其差异是很显然的。我们作这种比较的研究，其实可以不必追溯得太远。因为生活程度提高的速度，在最近100年内，尤为显著。现代的一个技术工人，其享受比中古时代的一个贵族还要多些。他现在外出坐汽车，在家中可以听无线电，这些都是以前的贵族所梦想不到的。

提高生活程度的主要因素，是生产效率的加增。在19世纪的末年，美国有一位经济学者，曾举了很多的统计，来说明此点。他认为近代人生产效率的加增，完全是由于机器的利用。一个工人，只靠两只手，他的生产能力是有限制的，但是在两只手之外，还供给他一部机器，或几部机器，那么他的生产能力就要加增无数倍。

举几个例子来说：在1英亩土地上，生产30蒲式耳的大麦，如只用人力，需要63点钟另35分钟；如有机器帮忙，只需要2点钟另42分钟。在1英亩的土地上，生产20蒲式耳的小麦，如只用人力，需要61点钟另5分钟；如有机器协助，只需要3点钟另19分钟。在工业方面，以纺纱来说，如用人力纺12支纱100磅，需时间约3 117点钟；如用机器，只需19点钟。制造100只鞋，如用人力，需时间2 225点钟；如用机器，只要296点钟。这种生产效率的加增，还没有看到止境。以英国来说，在这数十年内，每人的生产能力，平均每年加增1.5%。只拿工业来说，每个工人的生产能力，加增尤为迅速，平均每年要加增3%。美国的成绩，比英国还要好些，自1870年起，至1930年止，工业中每人的生产能力，平均每年加增4.3%。如综合各业来说，平均每人的生产能力，每年要加增3.7%。

机器既然是加增工作效率的重要元素，所以近代化的国家中，生产的工作，大部分要靠机器，机器的力量，已经取人力而代之。这种现象，我们如去参观欧美国家中的一个水力发电厂，便可看得很清楚。我记得看过一个水力发电厂，里面只用 24 个工人，但发电的能力，是 10 万基罗瓦特。我们可以想象，每一个工人所控制的力量是多么大。美国最近有一个研究团体，发表了一份报告，说明人力、兽力与机器的力量，在美国过去 100 年的兴替。在 1850 年，兽力在生产力中，占最主要的地位，计 79%，人力占 15%，机器力占 6%。1930 年的情形，完全改观了。机器力在生产力中占了第一位，计 83%，兽力只占 12%，人力只占 5%。他们预料到 1960 年的时候，机器力的比重，还要加高，要占 96%，那时兽力在生产力中的贡献，只有 1%，人力只占 3%。

现代化的国家，都是以人力控制机器来生产的。这种生产方式，可以把一个人能够生产的货品，无限制地加增。他的生产既然加增了，享受自然也随之而加增。这两件事情，如影随形，不可分离。有了机械化的生产，自然有舒适的生活程度。生产如不加增，而希望生活程度有所改变，是不可能的。这是近代经济发展史给我们的一个教训。

我们如接受这个教训，就应当进行下列数点工作：

第一，我们应当放弃我们古老的生产方法，采取现代化也就是机械化的生产方法，以提高每一个人的生产能力。

第二，我们要把机械化的生产方法，输入每一个人的生产部门，不但工业要机械化，就是农业、渔业、矿业、交通业、运输业，都要机械化。

第三，我们提高生产的最终目的，是要提高人民的生活程度，使近代文明赋予我们的利益，能为大众所共享。所以生产的结果，应由政府设法，使其能到大众的手中，而不是为少数人所独占。

（载《独立时论集》第 1 期，1948 年）

美国如何应付未来的失业问题

在资本主义的国家中，有三个重要的问题，还没有得到合理的解决。这三个问题，就是贫富的不均、独占的资本，以及商业循环所造成的大规模失业。

像美国这种国家，过去未尝没有在这三个问题上，去努力求解决。关于均贫富所采取的步骤，有最低工资律，有社会保险律，有累进的所得税，及过分利得税。关于控制独占资本所采取的步骤，有国会历次通过的反对托拉斯的法律。这些法律，并没有达到一般改革者的希望，但是美国的政府，早已在那儿想各种方法，来应付这些问题。我国可以说美国政府所采取的步骤，不够彻底，不够痛快，但不能说它对于这些问题，没有看到，没有注意。唯有对于大规模的失业问题，美国的政府过去因为没有健全的理论作指导，所以在失业问题将要发生时，不能采取适当的动作。等到失业问题发生之后，政府便手忙脚乱，即使有所举动，对于大局也并无多少补益。

1929 年发生的经济恐慌，距今已将近 20 年。在这将近 20 年之内，美国人士，对于失业问题，已有了新的认识。这种新的认识，是由于两种原因造成的。其一是理论方面的新贡献。自 1929 年以后，世界各国的经济学学者，对于失业问题，发生新的注意，进行新的研究。自从凯恩斯的《就业、利息和货币通论》一书问世之后，英美的学者以及政治家，对于失业问题，得到一个新的启示。他们开始承认，一个国家里面的总消费与总投资，与就业问题有密切的关系，从全民就业到大规模的失业，一定是由于后一期的总消费与总投资，较上一期大为减少。如要使大规模的失业不致发生，政府应以维持充分就业为其主要工作。政府应当在社会上有减少消费、减少投资的征兆时，即以政府的财政力量，来维持消费与投资，使其永远保持一个可以达到充分就业的水准。这个理论，在第二次世界大战时，得到充分的证明。这是使美国人对于失业问题得到新的认识的第二种元素。在第二次世界大战期间，美国整个的社会因为战争的需要，消费与投资均有大量的加增，在这种状况之下，失业问题消灭了，人民的购买力加增了。整个的社会表现繁荣，远非太平时代的1932年及1933年所可比拟。

这种新的认识，使得美国的国会，于1946年，通过了就业法案，这是他们应付未来失业问题的新工具。

别的国家里，有许多人，根据过去的经验，预测美国不久就会面临经济恐慌。是的，过去每隔若干年经济恐慌便要光临美国一次，以其时考之，美国应当快要遇到经济恐慌了。于是，有人便肯定地说，美国经济恐慌的爆发，不会迟于1948年。他们甚至说，在这半年内，美国经济的发展趋势，反映了经济恐慌的预兆，并且它已加速地成熟了。

我们觉得这种预言，是最可注意的，是最有趣味的。假如这种预言不幸而言中，那真可以表示美国朝野的无能，表示资本主义无法医治它那深入膏肓的疾病。但是据我们的观察，除非美国政府把就业法案看作儿戏，除非美国政府不照着就业法案所规定的执行，否则美国未来的经济恐慌，应当是可以避免的。

美国1946年的就业法案，有几项重要的规定。第一，它规定在总统府里，设一个经济顾问委员会，每年的12月，要作一个报告给总统。第二，每年的正月，总统在国会开幕时，要作一个经济报告，送给国会。第三，国会的两院，应组织一个特别委员会，包括14个人，研究总统的报告，并对国会建议，对于就业问题，是否要采取行动。

在这三项规定之内，总统的经济报告，是最重要的。这个报告，富于教育性及建设性。从这个报告里，美国的公民可以知道过去一年美国的经济状况，以及未来的展望。这种公民教育，实在是很重要的，但是美国在以前是没有这种资料丰富、分析细密的报告，来教育民众的。总统今年的经济报告，共分六章。第一章报告1946年的就业、生产以及人民的购买力状况。第二章报告1946年与就业有关的经济状况，如物价、工资及利润等。第三章比较1939年、1944年及1946年的经济预算。第四章报告1947年就业、生产及人民购买力的估计。第五章泛论1947年社会上对于经济预算四个重要部门的有利及有害因素。这四个重要部门，就是消费者的开支、投资、国际收支及政府预算。这四个重要部门之和，等于社会上的总消费及总投资，与就业问题的关系最为密切。第六章是总统对于就业问题的建议。这一章的内容，包括很多方面。总统对于达到充分就业的办法，提出短期工作及长期工作两种，短期工作包括五点，长期工作包括六点。这些短期工作及长期工作，都是要花钱的。钱花出去，有的可以加增人民的消费，有的可以加增社会上的投资。万一在本年度内社会上消费与投资的总量下降，因而有引起大规模失业的可能时，总统的法宝早已摆出来了。只要国会通过给钱，总统便可利用这些法宝，使失业问题不致发生，或即使发生，也可于短时内消灭。

据美国人自己的估计，假如美国国内，有 6 000 万人得到工作，便算达到了充分就业。在自由尚未丧失的社会中，人民有选择职业的自由，在调换职业的过程中，短期失业是不可避免的。在生产技术还在精益求精的社会里，工厂的新陈代谢，是不可避免的事，因此也会引起失业的问题。这一类的失业，可以用失业保险来救济。只要失业的人数，不超过 3%到 5%，在美国这种社会中，应当视为常态，不足为奇。但如失业人数，超过了这个数目，那就是一种病态，总统应当立刻采取行动。假如总统与国会能充分地合作，实行就业法案的规定，那么 1932 年及 1933 年那种失业人数在 20%以上的状态，应当是可以避免的。

美国的就业法案，还只有一年的历史，它是否真能够解决美国未来的失业问题，只有未来的事实可以回答。我们很愿意注意这个问题。

（载《独立时论集》第 1 期，1948 年）

飞机铁路，不可反对

最近读到一篇文章（指张东荪所著《我亦追论宪政兼及文化的诊断》，载于近期之《观察》周刊。——注），其中的一个论点，就是反对西洋的制度。作者认为舶来品来到中国以后，遂把中国文化上的优良方面冲毁了，并且举飞机与铁路为证。他说：

> 例如飞机，除了在抗战期中，尽了其正面的功能以外，其在中国反足以助成同胞间的自相残杀，认为害多于利，并无不可。远一些的如铁路，铁路所到之地，即是外国货物倾销所及之场，农村凋敝，资本集中，富者愈富，贫者愈贫。姑举二例，其他还是甚多，不必枚举。总之，外来的东西，不论是制度抑或是器具，到了中国以后，总是害多利少。

外来的东西，制度与器具，在中国所发生的影响，各有不同，不可一概而论。我们在没有一一地分析以前，便下一个笼统的结论，说它们到了中国以后，总是害多利少，乃是一种极不科学的说法。关于此点，我们不拟多加讨论。现在所要讨论的，乃是飞机与铁路，来到中国以后，果然是害多利少吗？

作者反对飞机的理由，认为它在中国，足以助成同胞间的自相残杀。其实中国同胞间的自相残杀，乃是人与地失去平衡的结果。这种现象，在农业社会中，有其隔了若干年便要出现一次的必然性。凡是念过中国历史的，都知道在过去 2 000 余年之内，同胞间的自相残杀，真是不知出现了若干次，而且其残忍的程度，较之近代，有过之无不及。我们只要提出赤眉、黄巢、张献忠、李自成这些名字，便可联想到那些时代人类互相残杀的惨况。现在大家都深恶痛恨的内战，其残忍的程度，之所以还没有追上前恶，其原因之一便是，现代的交通较以前更方便。因为交通比较方便，所以在战区中的人民，也比较易于逃生，而且军队的给养，也可随着军队前进，兵士不必与人民争食，也减去了一个互相残杀的重要原因。这次内战中有一个很有趣味的例子，就是永年城的长期被围，还没有闹出“人相食”的惨案来。飞机给驻军不断地输送食粮，无疑对于此事有所贡献。

作者反对铁路的理由，认为铁路帮助外国货物倾销，使农村凋敝。我不知作者是否考虑到这一点，就是凡是铁路，都是对开的，它从海口运货物到内地，也从内地运货物到海口。当其由海口运货物到内地时，其中固然带有外国货物，但不尽是外国货物，因为海口也有中国工厂，它的制造品，也要运到内地去推销。但是许多人所忽略的一点，就是内地的货物，如桐油、大豆、猪鬃、棉花、钨锑等等，也可以靠铁路运到海口，而由海口运到国外去推销。这种国际贸易，对于外国，对于中国，都是有利的。许多人不明白国际贸易，绝非靠单方面的卖或单方面的购所能进行，他们只看到外国货的进口，而忽略了中国货的出口。许多人更不明白国际收支，必然是要平衡的，所以看到海关报告的入超，心中不免大吃一惊。假如他们明白国际贸易不过是国际收支的一个项目，历年中国的入超自然有其平衡之道，也许对于外国货的进口，就不会像以前那样仇视了。我们深信国际贸易，对于整个人类的幸福，是一种贡献，因而欢迎它的发展。铁路可以协助国际贸易的进行，所以我们欢迎它的建设。我们不但否认铁路所及，农村凋敝之说，相反地，我们要承认铁路可以促进农村的繁荣。铁路所到的地方，农民的生活便趋好转。事实摆在面前，我们只要以沪杭、沪宁、津浦、京汉沿线农村中的生活，与铁路所不及的西北农村相比较，到底哪一种农村中的生活比较舒适，明眼者自可了然，无容辞费。

我们认为西洋社会中的新式生产方法，较之我国所采用的古老生产方法，其效率的高下，相去太多。我们如欲提高中国人民的生活程度，非改革我们的生产方法不可。新式的交通工具，乃是新式生产方法中之一环，而且是最重要的一环，所以凡是主张中国工业化或者现代化的人，无不主张中国从速改良交通。新式的交通工具，如铁路、轮船、汽车、飞机，把各地不同的人民，织成更细密的分工合作网，因而使每一个人的生产，每一个地域的生产，可以发展到一个最高的程度。这种细密的分工合作，与加增生产的关系，凡是读过亚当·斯密《原富》第一章的人，都应当是很明了的。但这种大规模的分工合作，只有在现代化的交通工具之下，才有实现的可能。格拉斯教授曾谓，英美各国已进展到都市经济，而中国还是停滞在市镇经济的阶段之内。这种差异的形成，乃是因为中国的交通工具还未现代化，以致中国人的分工合作，还为地域所限制，没有发展到最高峰。假如市镇经济之下人民的生活程度，也可以提到很高的境界，那么我们并无理由一定要追上英美，走进都市经济的阶段。可是一切事实都已证明，只有在都市经济之下，借助新式交通工具的联系、大规模的分工合作，人类的生活程度方可显著地提高。所以我们要努力现代化，要发展都市经济，要采用新式交通工具。当然这种新式交通工具，是包括飞机与铁路在内的。

（载《独立时论集》第 1 期，1948 年）

美苏的贸易组织

——美苏经济状况比较之五

一

一个在纽约、芝加哥或华盛顿住惯的人，假如他忽然有一天去住在莫斯科或者基辅，或者卡尔科夫，他会马上得到一个印象，就是在苏联的都市中，商店的数目，比美国的都市中要少得多。苏联在帝俄时代，据说商店在100万家以上。1930年，国家商店与合作商店，合计只有16万余家。以后虽然年有加增，但在1935年，也只有29万余家，1939年，还只有35万余家。有人曾计算过，在1935年，苏联的都市中，平均要有555人，才分得到1家商店；而在乡村中，平均要有806人，才分得到1家商店。美国在1939年，批发商共有20万家，零售商共有177万家。只以零售商店来说，美国平均每74个人分得到1家。这些统计，表示美国商业劳务的供给，比苏联要大好几倍。

美国的商业，完全是民营的。苏联的商业，大部分是国营的。这是美苏经济结构中一个很重要的差异，其所发生的影响，我们在别的论文中，还要细说，此处不必赘述。

苏联的商业机构，在过去30年内，经过许多的变迁，才表现出今日的形态。简单地说，苏联境内，现在有三种商店。第一种商店为合作商店。在第一次五年计划期内，合作商店，在各种商店中，占最重要的地位，都市及乡村中人民需要的供给，大部分靠合作商店来满足。1935年9月，政府下令，合作商店，不许在654个重要都市中营业。合作商店，只好将都市中的业务移交国家商店经营，但乡村中的贸易，仍由合作商店办理。此种合作商店，其流动资金，大约有一半是由合作商店的社员供给的。社员参加合作商店时，要交入会费3卢布，又交会员费50卢布。此项收入，在1938年，占合作商店资本的44.7%。第二种商店为国家商店。此种商店，在第一次五年计划期内，其数目只等于所有商店的13%，其营业数量，等于总营业量的25%。到了1939年，它的营业数量，已经加到64%，在各种商店中，占最重要的地位。第三种商店可以称为集体农民的市场，是在1933年以后才准设立的。在1933年以前，农民的产品，除了自己消耗的以外，余下来的，都要照官价卖给政府。这种办法，减低农民对于加增生产的兴趣，农产品的总值，由1929年的147亿卢布，跌至1932年的130亿卢布。政府为矫正以前那种政策的错误起见，特于1933年改变办法，规定每亩应当征实的数量，农民于交纳规定数量的实物之后，如有剩余，可以自由在市场上出售。但此种市场上，不得出现商人阶级，出售农产品的人，应当都是生产者，而购买农产品的人，应当都是消费者。在苏联，此种集体农民的市场，为唯一的自由市场。这个市场上的价格，乃是决定于供给与需要的数量，并非由政府所规定。

二

苏联的资本物资，是没有市场的。此种物资的生产及分配，完全由政府统筹办理，只有消费物资，才在市场上出现。消费物资，由市场上移转到消费者的手中，在苏联的历史中，曾采用两种不同的方法。第一种方法为定量分配制，此制于1929年，在莫斯科及列宁格勒开始，逐渐推广到其他的都市。起初只有面包是定量分配的，其后糖、茶、植物油、牛油、番薯、鸡蛋、肉、果酱、面条等物，也均定量分配。自1931年至1932年，食物以外的消费品，如肥皂、纺织品，也开始配售。在定量分配制盛行的时候，工业制造品，有一半是用这种方法配到消费者手中的。苏联为什么要在实行五年计划的时候采用定量分配制，我们只要审查一下五年计划的内容，便可明白。以1928年的生产计划来说，资本物资的生产，达70亿卢布，消费物资的生产，也只有87亿卢布（以1926—1927年的价格计算）。1932年，资本物资的生产，达180亿卢布，消费物资的生产，只有163亿卢布。生产资本物资的人，其所得的工资，并不用以购买资本物资。生产钢铁的人，并不购买钢铁；生产机器的人，也不购买机器。这些物资，我在上面已经说过，是不在市场上公开出售的。所以这些在钢铁、机器以及其他生产资本物资工业中的工人，其所得的工资，也是用以购买消费品。可是消费品的供给有限，不能满足一切工人及其他有购买力者的要求。在这种消费品求过于供的状态之下，苏联政府不得不采用定量分配制度，以达到公平享受的目标。苏联的配给是分等级的，劳动工人比公事房中的雇员所得的分配较多。以 1930 年的情形来说，劳动工人所得的面包及肉类分配，两倍于公事房中的雇员；所得糖的分配，要多 25%。分配制度实行之后，有一个弊端便发生了，就是工人因为配给的数量既有一定，多得工资，也不能加增享受，便不肯努力加增生产。为纠正这种弊端起见，苏联政府又从消费物资中提出一部分来，以较高的商业价格在市场上出售。都市中的每一个人，在他的规定配给数量之外，只要他有钱，便可以商业价格，购得他的额外需要。定量分配制，于 1935 年起，逐渐取消。自由购买制，代替了定量分配制。自此以后，市场上便没有配给价格与商业价格之分，只有一种官价。此种划一的官价，较商业价格为低，但较配给价格为高。为使劳动工人在生活上不致受价格的影响，政府曾将工人的工资普遍地加了 10%。定量分配的取消，要归功于农业的进步，及政府所控制的农产品的加增。苏联人民的消费，在 20 世纪的 30 年代，还是以食品为主要。当面包、糖、肉及茶等物资加增的时候，定量分配制便无存在的必要。可是到了 1941 年，苏德战争爆发的时候，定量分配制又重新树立起来了。这种办法，原拟在战事结束之后便要取消，但因 1946 年的收获不佳，一直到 1947 年的 12 月，才在改革币制的时候，同时宣告取消。在第二次采用定量分配制的时期内，与第一次一样，市场上的货物，除了配售价格以外，还有商业价格。这两种价格，在 1944 年，相差很大，但到 1946 年，便逐渐接近。以白面包而论，1944 年的 7 月，配售价格为每公斤 2.8 卢布，商业价格则为 140 卢布，后者等于前者的 50 倍。到 1946 年的 10 月，同量的面包，配售价格已涨至 8 卢布，而商业价格则降至 60 卢布，后者只等于前者的 7.5 倍。苏联政府有意使这两种价格逐渐接近，以便取消配给制度时，划一的价格易于产生。

美国在参加欧战以后，对于若干消费物资，如牛肉、糖、罐头水果、皮鞋等，曾实行配给制，其余的时期，则完全采用自由购买制。我们比较这两个国家的配给制度，觉得有好几点是不同的。第一，苏联的配给，是分等级的；而美国的配给，除汽油等少数例外，是不分等级的。第二，苏联的消费物资，一部分用于配给，一部分则以较高的商业价格，公开出售；美国的消费物资，如不配给则已，如果是配给的，则无论何人，都只能购得其配给的数量，不能以高价在公开市场上，购买其份额外所需的数量。

三

苏联的经济学者，对于苏联贸易制度的开销，较之资本主义社会中的贸易开销为低，认为是社会主义的一个优点。据胡巴德（L. E. Hubbard）在其所著《苏联贸易与分配》一书中所引的统计，商业的费用，在苏联只占营业总值的11%到12%，而在资本主义的国家中，则占25%到30%。但是苏联的商业费用，其计算的方法，有修正的余地。我们根据贝柯夫（A. Baykov）在他的《苏联经济制度的发展》一书中所引的材料，知道在1937年，苏联的贸易总值为1 259亿卢布，商业费用为153亿卢布，后者等于前者的12.2%。但是在贸易总值中，销售税便有759亿卢布，所以贸易净值只有500亿卢布。假如我们以贸易总值为计算商业费用的依据，那么销售税的数目愈大，商业费用的百分数也愈低。苏联政府只要下一道命令，加减销售税的数目，也就可以使商业费用的百分数加高或降低。这种计算方法，是毫无意义的，因为它不能表示商业费用的实际情形。正当的算法，应以贸易净值为依据。再以1937年的情形为例，那年贸易净值为500亿卢布，商业费用为153亿卢布，后者等于前者的30.6%。以这个百分数与胡巴德所举的资本国家商业费用相比，两者是不相上下的。

我们如再比较美苏两国商业开销的内容，还可发现若干不同之点。首先，在美国，许多消费商品，是由商家派人送上门的，如牛奶、面制点心之类。在1美元的面制点心价格之内，根据艾佛莱（R. Evely）的计算，有22美分是计在送力的账上。假如消费者自己跑到面包房去买，价格可以便宜一些。在苏联，从事商业的人数太少，商店对于顾主，很少把货物送上门。既然没有这种劳务，自然也少了这一项开支。其次，美国的商人，为推销货物计，对于广告，是不惜重资的。此种广告费用，视商品不同而异，如咖啡的广告费用，等于成本的22.6%，而蔗糖所花的广告费用，只占成本的3.2%。在苏联，广告费是可以省去的。艾佛莱研究了7类消费物品的结果，发现在美国，商业费用的大小，视商品的不同而有高下，高的可达成本的34.9%，低的只占成本的6.1%。从理论上说，美国商业中有好些费用，在苏联是不必花的，所以苏联的商业费用在理应当低于美国。

在此，我们愿意指出两国商业最基本的一点不同，就是美国为一个消费品丰富的国家，摆在商人面前的问题是，如何引诱消费者购买大量的消费物资，所以他们得用种种方法，如派人送货上门，如花钱登广告，以求得消费者的慷慨解囊。美国的消费者，总觉得四面八方有无数的商人，在那儿服侍他们，在那儿恳求他们的光顾。苏联的情形刚好相反。苏联的消费物资，现在还是求过于供。商店中只要有货，总会有人上门购买，所以店员可以坐在店中等候顾主上门，不必自己跑上顾主的门送货。苏联的店员，不必在招徕生意上用功夫，因为他们的货物总是可以销完的，而且配给的货物数量，是中央机关规定的，销完之后，并不能额外请求添货。他们不能因为多销货物而多得佣金，因此他们缺乏招待顾客的热诚。苏联的商业劳务，其品质因此不如别的国家。这种现象，在消费物资不能大量供给之前，是无法改进的。

（载《世纪评论》第3卷第20期，1948年）

婚姻向何处去?

《生育制度》，费孝通著，上海商务印书馆发行，1947年9月初版，200页。

“生育制度”，是费孝通先生于抗战期内在西南联合大学及云南大学开授的一个学程。他在这个学程中的讲稿，在六七年中，不断地补充修正，于抗战胜利后才行付印。费先生的书，我已经读了不少，但这一本书，无疑是后来居上，在他所有的社会学著作中，要算最有贡献的一本。就在中国的社会学界中，过去20年内，虽然不断地有新书问世，费先生的这本书，内容的丰富，见解的深刻，很少有几本书可以与它站在同一水准之上。潘光旦先生在这本书的长序中曾说：“本书的条理的畅达轩豁，剖析的鞭辟入里，万变而不离功能论的立场，章法井然，一气贯串，未始不是一家言的精神的充分表示。”我对于这种欣赏的话，完全同意。现在愿借介绍这本书的机会，提出书中的几个重要问题来，与费先生及读者商榷。

一、婚姻的基础及功能

谈到婚姻制度，一般人总以为婚姻是为满足性生活而设立的，它的基础，是建筑在古人所谓“食色性也”的“色”字上面。但是作者的看法与此不同。他说：“人类性欲的满足，即使没有求偶、婚姻和家庭，同样是可以得到的。”（第3页）“在很多人民中，两性关系，并不以婚姻始，也并不限于夫妇之间，而同时值得我们注意的，是夫妇之外的性生活，无论如何自由，并不会引起婚姻关系的混乱。这使我们觉得婚姻关系和两性关系并没有绝对的联系，因之，我们似乎不应把限制两性关系，视作婚姻的基本意义。”（第 30 页）“单靠性的冲动和男女的私情，并不足以建立起长久合作抚育子女的关系来的。若婚姻的意义不过是男女的结合，或两性关系的确立，则婚姻不但是一件人间的私事，而且不必有很多人为这事加以筹备了。可是在任何地方，一个男子或女子要得到一个配偶，没有不经过一番社会规定的手续。”（第 35 页）这几段话，说明婚姻制度的产生与维持，并非专为满足人类性生活的要求。两性间如只为着要得到性生活的满足，可以不必有婚姻制度。

许多社会学者，都是这样看的。像孙末楠（Sumner）与凯勒（Keller）的说法一样，作者颇看重婚姻的经济基础。婚姻是人类分工合作的最基本的单位。“人们好像是任何差别都能利用来作分工基础的，年龄、性别、皮肤的颜色、鼻子的高度，甚至各种病态，都可利用。性别可说是用得最普遍的差别了。以现在为止，人类还没有造出过一个社会结构，不是把男女的性别，作为社会分工的基础的。”（第 25－26 页）

作者虽然看重婚姻的经济基础，但他并不像若干社会学者一样，把婚姻看作一个经济的组织。分工合作，是婚姻的一种功能，但并非婚姻的主要功能。婚姻的主要功能，是在以永久共处的方式，来共同担负抚育子女的责任。作者对于这一点，在这本书中曾三番五次地说明。他以为：“我们与其说，因为两性的爱好，所以愿意共同抚育儿女，倒不如说，因为要共同抚育儿女，两性间需要有能持久的感情关联。”（第 25 页）“每一个社会所容许出生的孩子，必须能得到有人抚育他的保证。所以在孩子出生之前，抚育团体必须先已组成。男女相约共同担负他们所生孩子的抚育，就是婚姻。”（第 30 页）“人间所以有夫妇的结合，无非是为了要使孩子们能得到适当的抚育。”（第 40 页）“婚姻是人为的确立双系抚育的手段。抚育既是不可避免，所以人类的问题，是怎样可以最有效地抚育。婚姻的方式，就依这标准来决定的。”（第 75 页）

这种说法，特别注重婚姻的家庭基础。《人类婚姻史》的作者卫司脱麦克（E. Westermarck）早就提供了这个意见，可是这种看法因为与常识的看法不大相同，所以不能为一般人民所采纳。但是从学理方面看去，这种主张实在是颠扑不破的。中国过去的婚姻，是由父母之命与媒妁之言而成立的，在受过新式教育的人看来，不大合乎理性，但如把婚姻看作满足性生活、经济及抚育子女三种功能的混合制度，那么中国过去的婚姻是极其合理的。只有把一种新的功能，即感情生活的满足，也放进婚姻制度中去，然后中国过去的办法才似乎是不合理的。但是满足感情生活的功能，很少有几个社会，认为应由婚姻制度来担负。现在的人，把它看作婚姻制度的中心功能，是使婚姻不能稳定的主要原因。关于这一点，我们留到下面再谈。

二、生育制度的功能及性质

我对于作者讲婚姻的部分，大体上是同意的。对于讲家庭的部分，有好些地方，我们的观点就有点出入了。作者对于生育制度的功能，据我的了解，是偏重于经济的解释，而且是站在社会的观点去分析的。他说："社会分工结构，靠着人发生作用，可是人不能永远生存的。他不久就要死去。当然，从个人的立场看，他一死之后，正可以不必管天下兴亡了，正是'吹皱一池春水，干卿底事'。他死后社会结构发生什么困难，他大可不必过问。可是在他未死之前，若是别人一批一批地死去，社会分工合作的完整性，不能维持时，他的生活就会发生困难。这些活着的人，却不能不关心别人的死亡。他们要维持自己的生活，必须保持社会的完整性。他们既不能强人不死，或是约定在同一社区里生活的人一齐死，就不能不把死亡给予社会完整的威胁加以免除。这里才发生了生育制度。"（第 18 页）

在 20 世纪分工已极细密的社会里，这种说法是很有道理的，任何一个公民，如要维持自己的生活，就必须保持社会的完整性。但在初民社会之中，在历史上很多国家的社会里，很多人所关心的，不是社会的完整性，而是个别家庭的连续性。家庭是分工合作的单位。在一个家庭之中，不但有两性的分工合作，而且有世代的分工合作。这种经济单位的自给自足性，是很高的。在这个家庭里，每一个人所最关心的，不是社会上任何个人的死亡，而是家庭分子的死亡。中国社会中流行着一句俗语，就是"养子防老"。养儿子的作用，等于近代工业社会中的老年保险。"老年丧子"对于老年人的威胁，等于工业社会中保险公司的破产。从个人的观点去看，不从社会的观点去看，抚育子女，实可收维持老年生活的功效。个人所以需要生育制度，就是因为"老"与"死"不是同时在人类的经验中出现的。老的经济意义，就是丧失了工作的能力，而死的意义，则是丧失了生命。在已老未死的一阶段中，老年人需要侍养，家庭是老年人得到侍养的一个最可靠的保障。在工业革命以前，还没有一个机构，可以代替这个功能的。所以从个人的立场去看，从免除老年生活上的威胁去看，也会产生生育制度。我之所以要如此说，是要强调生育制度的产生，乃是合乎个人的私愿的，而不是全由社会安排出来的。

因为有这点看法的不同，所以我就不能同意作者的损己利人的生育论（第 12－15

页）。作者说：“生育既是一件损己利人的事，若是社会不把这件事作为通盘性的责任，社会完整也就缺乏了保障。谁不愿把这责任让别人去担负，自己优哉游哉地逍遥于为子女做犬马的劬劳之外？”（第 172 页）作者又举了一个极为有趣的例子，说明社会督促这班优哉游哉的聪明人生子女。“在云南呈贡的一个村子里，每年有一个聚会，凡是结了婚不生孩子的要罚酒敬神。若是罚了还不生效力，就得把不尽责的男子，按在地下打屁股。结婚不是私事，生孩子也是一项社会分子的天职。”（第 173 页）假如生育真是一件损己利人的事，恐怕不但呈贡的人，“得按在地下打屁股”，大约全国任何县份的人民，都有挨打的可能。但是在别的地方，很少听到有采用这种办法的必要。反是，送子观音宝座前的香火，倒是在很多乡下都可以看到的。假如人们必须经社会的督促，才肯负起生育子女的责任，为什么有这样多的善男信女，乞灵于观音大士之前？

假如照我上面所说，生育子女的人，有他那种自私的、经济的打算，那么生育制度的存在，岂非得到一个更为合理的解释？除了经济的元素以外，我们也不可忽略宗教元素，在生育制度中，过去也曾发生过很大的影响，而使种族的延续得到更稳固的保障。现在还有许多许多的人，相信死后的灵魂，需要子孙的祭祀，然后才可保证在另外一个世界不过冻馁的生活。假如一个人在死去时没有生育子孙，他就变成一个“若敖氏之鬼”，也就是一个饿鬼。不但他自己挨饿，而且会连累他的祖宗也挨饿，所以“不孝有三，无后为大”。经济的动机与宗教的动机，都可以使大多数的人，把生育子女，看作一种利己而非损己的工作。人种之所以能够繁衍到今日，这是重要的原因。

三、婚姻与家庭向何处去？

20 世纪是一个变动的大时代，一切都在变动，婚姻与家庭自不例外。

我们在上面已经说过，婚姻的基础在家庭，所以我们先从家庭说起。作者在这本书结尾时曾说：“家庭虽则也是曾吸收了很多政治、经济、宗教等功能，但是它有一个基本的抚育作用守得住，虽则其他功能已经逐步移了出去，它还是能存在。”（第 199 页）可是我们看到生产发达的国家中，这个抚育的功能，已有为政府逐渐取而代之之势。以生育子女的责任而言，过去可以说是完全放在父母的身上，现在则政府也插足来分担这种责任了。法国政府，在 1860 年，就开始对于国内的某些阶级，发给子女津贴。英国新的社会保险制度，对于做母亲的，在生育的时候，给以 4 镑的津贴。从生第二个子女起，每个子女，每星期可得津贴 5 先令。苏联对于做母亲的，从生第四个子女起，便给奖金。那些没有结婚便生子女的，从生第一个子女起，便由国家发给津贴，而且可以领到子女长大到 12 岁的时候为止。这是讲抚育这一段，政府分担家庭责任的情形。至于老年那一段，政府也同样地挺身负责。在英国，男子过了 65 岁，女子过了 60 岁，便可领到养老金，如单身的可以得 20 先令一星期，偕老的可以得 35 先令一星期。别的工业国家，也有类似的办法。关于社会性的抚养，即关于子女行为习惯上的教导，在许多国家中，教育制度的重要性已经超过了家庭，老师已取父母的地位而代之。这种趋势，如继续发展下去，是否可以发生一种局面，就是那些生了子女的母亲（特别是那些在社会上有职业的母亲），当她们离开医院产科的时候，便把孩子留给国家的抚养机关教养，而自己则单独回到寓所？抚育制度，发展达这个地步，家庭是否还有存在的必要？

作者似乎不相信有这一个可能。他说："社会共同来经营集体抚育的方式，为了些我们还不太明白的理由，好像还不太成功。在抚育作用采取集体负责的原则，在现代社会里，只有部分地实行，好像现有的学校，但也只限于抚育作用的极小及后来的部分。"（第 28－29 页）可是我们如放眼看一下某些社会里，一个生下来的小孩，在几个月的时候，白天总是住在托儿所里，稍长则入幼稚园，入小学中学，青年时期，可能完全离开他的父母，在大学中过上四年至六七年的生活。在他加入社会之前，这样的一个人，是花在家庭中的时间多呢，还是花在别的社会机构中的时间多呢？他所得的抚养，是来自家庭中的占大部分呢，还是来自别的机构中的占大部分呢？仔细地计算一下，我们不得不承认，家庭已逐渐地把它的抚育功能，移给别的社会机构了。

婚姻的一个重要基础，既然是家庭，则家庭变动必能影响到婚姻。这种影响，已在许多地方表现出来。在初民社会中，不结婚的男女是例外，而这一类的人，在近代社会中常见，此其一。结婚之后，不生子女的，逐渐加多，此其二。婚姻以外的生育，所谓私生子，在许多国家中，已成为一种很普遍的现象，此其三。由于禁止幼工律及老年保险律，子女已失其经济的价值，因而人们生育子女的愿望逐渐降低。此种愿望的降低，辅以节育方法的普及，使许多国家的生育率在过去一百年内，有每况愈下之势，此其四。也许由于节育方法的利用，还没有吞一粒药丸那样方便，也许真如卫司脱麦克或麦克独（W. McDougall）辈所说，人类有爱好子女的天性，所以生育就是在经济发达的国家中，也还未断绝。但是婚姻与生育在若干人的心目中，是可以分开的，则是事实。假如像作者在书中所说，"婚姻是社会为孩子们确定父母的手段，从婚姻里结成的夫妇关系，是从亲子关系上发生的”（第 30 页），那么不预备生育子女的婚姻，其稳定性是大可怀疑的了。事实已经证明，没有子女的婚姻，其分离的可能性，三四倍于有子女的婚姻。

婚姻的经济基础，也在风雨飘摇之中。在初民社会以及农业社会中，不管是男猎女耕，或男耕女织，夫妻分工合作的关系，是很密切的。在这种合作的情形之下，双方如有一方离开这个经济单位，生活就受威胁。这种休戚与共的经济关系，把婚姻巩固得如胶似漆。但在近代的社会中，家庭已经不是一个生产单位。男女合作的对象，已经不是夫或妻，而是整个的社会。起初是男的渐渐脱离了家庭，加入社会的生产，其后，女的也步男子的后尘，参加社会中的生产。起初是生产功能脱离了家庭，逐渐地，消费功能也脱离了家庭。起初是家庭只有一本账簿，逐渐地，夫或妻在银行中各人有各人的户头。这种在经济生活上已经脱离关系的夫妻，想维持长久的关系，是困难的。事实已经证明，在都市中的婚姻，其分离的可能性，大于乡村，就是因为在都市中，婚姻首先摆脱了经济的意义。

婚姻如失去家庭及经济的基础，专靠性的关系来维持，是极其困难的。人类的性关系，最近才有人开始作科学的研究，但在这个园地之中，我们的知识是有限的。汉米顿（G. V. Hamilton）、台维斯（K. B. Davis）、迪克孙（R. L. Dickinson）与毕姆（L. Beam）所研究的对象，少的只有几百人，多的也不过 2 000 余人。最近，印第安纳大学的金瑟（A. C. Kinsey）教授及其同事，在国家研究委员会的鼓励及罗氏基金的协助之下，才发愿于 20 年之内，调查 10 万个男女及青年的性生活。现在为止，他已调查过 12 000 人的性生活。根据初步的报告，美国 12 岁的男孩，已有 5%有过性的经验。13 岁的男孩，7 人中有 1 个人已有此种经验。20 岁以下的男子，有 73%在结婚以前即有性的经验。此种习惯，与教育程度似有关系。小学未毕业的男子，有 98%在结婚以前即有性的经验。受过中学教育的，婚前有性经验者，即降至 84%。受过大学教育的，婚前有性经验者，更降至 67%。结婚之后，在婚姻关系以外满足性生活的男子，有 30%至 45%。这些统计，似乎证实了作者的理论，即“在很多人民中，两性关系，并不以婚姻始，也不限于夫妇之间”（第 30 页）。

在婚姻的三个基础，都开始呈现动摇的时候，近代的男女，于是想把婚姻关系，建筑于一个新的基础之上，此新的基础，即俗所谓恋爱，其功能即在满足感情生活。何谓恋爱？作者曾请教过一位美国的太太，怎样去形容恋爱的境界。她说：“世界上的一切都好像不在念，连自己也在内，只有他。”（第 64 页）作者根据这个定义下一推论说：“这个形容若是正确的，则可以说恋爱和考虑正是相反的。因之，我们若让青年人自主择偶，以恋爱来代替考虑，婚姻能否美满，似乎很成问题了。”（第 64 页）其实，事实已经证明，如把婚姻建筑在恋爱的基础之上，这种婚姻是极不稳定的。好莱坞明星的婚姻，都是建筑在恋爱的沙滩上的，他们最后的归宿，好像都在锐浪（Reno）离婚市*。

家庭在变，婚姻也在变，将来会变成什么样子，谁都不能预言。但作为一种制度看，它正如私有财产制度一样，好些人以为它是永存的，哪知在转眼之间，它已变了花样了。

（载《新路周刊》第 1 卷第 1 期，1948 年）

* 此处语意不明，原文如此。——编者注

工业化与人口问题

（甲）本文

在今日的中国，如想提高人民的生活程度，绝不可忽略生产方法的改良。从另一个角度看生产方法的改良，就是增加资本的供给。机械是资本中最重要的部分。每个工人所能控制的资本的多寡，就可表示机械化的深浅，也就可表示生产方法的优劣。一个中国乡下的铁匠，他所控制的资本，或者说，他所利用的工具，其价值是很低的，所以他的生产效率，也随之而低。在美国的一个钢铁厂中，每个工人所控制的资本，也就是说，他所利用的生产工具，其价值是很高的，所以他的生产效率，也随之而高。

一个工人，专靠两只手，其生产的能力是有限的，但是在两只手之外，如以资本来协助他，那么他的生产能力可以加增若干倍。英国矿业工人的生产能力，与别个国家比较，算是高的，但在美国工程师的眼光中，英国的矿业犯了资本不足的毛病。换句话说，英国的矿业，特别是煤矿业，机械化的程度还不高。

美国每一工人所能利用的平均资本是 4 600 美元。我们无妨借此统计来算一下中国工业化中所需要的资本。假定中国的人口，为 4 亿 5 000 万，其中就业的人数，为 40%，即 1 亿 8 000 万人。此 1 亿 8 000 万就业的人，如每人给以 4 600 美元的资本，以协助其生产，即需资本总量 8 280 亿美元，此数等于美国 1940 年国民收入的 10 倍以上，或 1945 年国民收入的 5 倍以上。

此庞大的资本需要，几乎可以说是无法满足的。此项资本的来源不外两途，一为靠自己储蓄，一为向国外借贷。但中国因为大多数的人都是贫穷的，所以储蓄的力量很低。根据中国农业实验所的报告，中国的农民，有一半以上是欠债的。这些人不但没有储蓄，而且每年的消费还超过其收入。他们以借贷的方法来补偿收入的不足，因而使那些有储蓄的人，不能以其储蓄来投资，而是以其储蓄借予他人，满足消费上的需要。在这种情形之下，如要靠我们自己的储蓄，来满足工业化上的需要，不知要等到何年何月了。中国有储蓄的人，占总人口的百分之几，我们无法知道。

假如靠自己的储蓄，不能产生我们在工业化中所需要的资本，那么向外国借贷的希望又如何？诚然，在中国政治问题解决之后，向国外借贷成功的可能性是很大的。但是我们的胃口太大了，没有一个国家，可以填满我们的欲壑。美国即使每年借10亿美元给我们，10年也不过100亿美元而已，此与8 280亿美元的需要比较，相差还是很巨大的。

由于以上的分析，我们可以断言，在最近的两三代，我们即使朝野一心，努力于工业化，但是我们每一个工人平均所能利用的资本，其数目必远较美国为低，因而我国工人的生产效率，也必然不能与美国工人的比较。结果也必然是：我国工人的工资低，生活程度也低，绝不能达到美国劳工的生活水准。

在这种情形之下，我们愿意提出现在一般人所不愿讨论，或有意忽略的一个问题，那就是中国人口的量的问题。中国人口的量，与工业化所需资本的多寡，是有密切关系的。我们在工业化的过程中，需要资本那样多，完全是因为我们人口的数量太大。假如我们不减少人口，而减少资本，那么我们工人的生产效率，必无法与美国相抗衡。但假如我们的人口减少，我们资本的需要也就减少了。假如我们的人口只有1亿，其中有4 000万人就业，那么我们的工业化，为想达到最高的效率，也只需资本1 840亿美元，这是一个比较易于达到的目标。

英国以提倡社会安全出名的俾佛利支先生，曾有一篇文章，说明他的乌托邦的内容。他说，在他的乌托邦中，人口比现在要稍少些。他希望英国只有500万人，而中国则只有3 000万人。假如中国只有3 000万人，那是同汉唐时代的人口差不多了，我们的生活，一定比现在要舒服得多，一切的问题，也都容易解决了。不过减少中国的人口，使其退回到3 000万人，不是短时期内所能做到的事，正如使中国人民，储蓄8 280亿美元，不是短时期内可以做到的事一样。但是我们希望政府以节制生育为其人口政策，规定各地办卫生事业的人，凡在各地努力降低死亡率的人，都应同时努力，降低人民的生育率。换句话说，我们要各地的医生，把节制生育的各种方法，传布到中国的每一个角落。假如每一对成婚的夫妇，生育子女，不得超过2

人，则在目前的死亡率之下，将中国的人口，降低为 2 亿人，其可能性要比储蓄 8 280 亿美元大得多。

我们现在愿再作进一步的讨论，即假定中国储蓄 8 280 亿美元，是一件可能的事，再看此事对于中国工业化的影响如何。当然，假如中国境内可以利用的资本有那样大，工人的生产效率，一定可以达到很高的水准，因此他们的生活程度，也可提高到很高的水准。但是有一件事要注意，就是中国的资本还没有发达到这个程度之前，就要发现中国国内的资源不够用了。在机械化的生产方法之下，农业、矿业以及利用国内资源从事制造的工业，其吸收就业人口的能力是有限的。譬如在机械化的农业生产方法之下，农业中大约只需要 1 000 万的就业人口。假如土地不增加，而只增加农业中的就业人口，必然会降低农民的生产效率，因而降低他们的生活程度。在各种实业之中，只有工业，如能从国外获得原料，又在国外觅得市场，那么它的扩充，是不受国内资源限制的。工业扩充到利用国外资源的阶段，则运输业、金融业、商业以及劳务的供给，都可以随之而扩充。英国就是走了这样的一条路。英国在 1907 年，其国内的生产品，有 30.5%是输出国外的，到了 1930 年，也还有 22%的生产品输出国外。英国的棉纺织业，可以说大部分是靠国外市场而生存的。在第一次世界大战以前，英国的布在国内市场中只能销去 1/7。纺纱所用的棉花，则完全来自国外。美国与英国，在这一点上，是大不相同的。美国的生产，只有 5%是销往国外的。

假定资本不成问题，那么走英国的路，以提高庞大人口的生活程度，也未尝不是一个好的办法。可惜这条路并不好走。不好走的原因，除了资本问题撇开不谈外，国外市场，早已有人捷足先登，我们这些后进的国家，已难有插足的余地。即使可以插足，这种生活方式的危险性也是很大的，英国纺织业的没落，便是一个惊心动魄的例子。所以在天下还未一家的今日，工业的市场，应当注重在国内，国外的市场只可置于次要的地位。假如这一点判断是可靠的，那么中国工业所利用的资源，应当大部分用国内供给，其产品也应当以大部分在国内的市场中销售。在这种情形之下，工业吸收人口的能力，也就是有限制的，与农业、矿业相同。

在中国工业化的过程中，人口庞大和资本缺乏，为我们将要遭遇的巨大困难。这两种困难也许是可以克服的，但需要相当的时日，而且还需要合适的政策。只要我们开始降低生育率，开始以资本来辅助劳工的生产，那么人民的生活程度，总可以往上升的。可是上升的速度，不能期望得太快，而且在两三代之内，想赶上英美等国家，大约是不可能的。

（乙）评吴景超论“中国工业化与人口问题”

李化方

我们读到吴景超先生的这篇大文——《工业化与人口问题》。他说：“我们愿意提出现在一般人所不愿讨论，或有意忽略的一个问题，那就是中国人口的量的问题。”吴先生认为中国人口太多，阻碍了中国工业化的前程，若想中国工业化，非大量地减少中国人口不可。我们觉得吴先生的这种主张并不新奇，因为那是18世纪末年僧侣主义者马尔萨斯（Malthus，1766—1834）的人口论的翻版（马氏的《人口论》初版于1798年）。马尔萨斯从社会的贫穷出发，而归结到人口过剩，吴先生从阻碍人民生活水准提高出发，而亦归结到中国人口过剩。这倒是古今同理，中外媲美了。吴先生这篇文章主要的立意，是指出中国工业化的道路（目的是提高人民的生活水准）。他认为中国若想工业化，必须有与中国人口数量相配合的资本，这个资本配合的数量，如以美国为标准，每个工人平均要能利用资本4 600美元。中国现有人口4亿5 000万，其中可能就业人数为40%，是1亿8 000万人。这1亿8 000万就业的人，每人配给资本4 600美元，就需要资本总量8 280亿美元。像这样庞大的资本数额，吴先生深切地了解：“几乎可以说是无法满足的”（原语）。因为要靠中国人自己储蓄，是不容易做到的；若向国外借款，更难以如愿，数目太大了。可是吴先生在前面已经确立了中国工业化需要资本数与人口数相配合这一前提，而现在又感到无法筹集这样庞大的资本（中国人口偏有这样多!），于是吴先生的主张陷入了矛盾不解的困难。为解决这一困难，吴先生就乞灵于150年前马尔萨斯的人口论。一则曰：“将中国的人口，降低为2亿人，其可能性要比储蓄美元8 280亿大得多。”再则曰：“假如我们的人口只有1亿，其中有4 000万人就业……也只需资本1 840亿美元，这是一个比较易于达到的目标。”甚至还欣赏英人俾佛利支的主张：“他（指俾氏）希望英国只有500万人，而中国则只有3 000万人。”吴先生接着又说：“假如中国只有3 000万人，那是同汉唐时代的人口差不多了，我们的生活，一定比现在要舒服得多（?），一切的问题，也都容易解决了。”我们读了吴先生这些宏论，可以明了吴先生所主张中国工业化的实现，是以中国人口大量降低为前提的。他最理想的中国人口数量是3 000万，因为这样，生活就舒服了，问题也都容易解决了。假如不能，中国人口最多不能超过2亿，不然，是会阻碍中国工业化的，也就妨碍中国人民生活水准的提高，这是多么可悲的事呀！吴先生为贯彻他这一主张，灵机一动，又“作进一步的讨论”（原语）。就是假定中国储蓄8 280亿美元资本，是一件可能的事，也用不了这样多的人口。因为中国若能利用那样大的资本，一切都可机械化，工人的生产效率一定提高。生产效率一提高，无论农业、矿业以及从事制造的工业，其吸收就业人口的能力，是有一定的限量的。照吴先生推算，中国农业要达到机械化的生产，只能容纳1 000万的就业人口（不知吴先生是根据什么推算出来的）。工业虽有无限扩张的可能，但必须走英帝国主义的老路，就是向国外攫取原料，开拓市场，否则工业也要受到国内资源市场的限制，而不能任意扩张。但吴先生认为中国走英帝国主义的老路，是很危险的，未必可操胜算。所以中国工业的发展，只能限于利用国内资源及国内市场。“在这种情形之下，工业吸收人口的能力，也就是有限制的，与农业、矿业相同”（原语）。吴先生在开头已肯定中国每一个工人若能利用4 600美元的资本就能工业化，现在又说就算有这么多的资本，也不能容纳这么多的人口，仍有一部分人无工可做，而陷入饥饿。可见中国就是工业化了，也不能解决中国人口过剩的问题。吴先生这篇大作，似乎不是为中国工业化指示道路，而是仇视中国这样大量的人口，其反复论断，无非为要减去现有人口数量的5/9，由4亿5 000万降低到2亿。至于怎样才能降低人口的数量，吴先生所提供的办法，倒没有重复马尔萨斯的自然淘汰说，用战争等来消灭过剩人口，而是“希望政府以节制生育为其人口政策”。所以吴先生在他大作的结论中说：“只要我们开始降低生育率，开始以资本来辅助劳工的生产，那么人民的生活程度，总可以往上升的。可是上升的速度，不能期望得太快，而且在两三代之内，想赶上英美等国家，大约是不可能的。”好一个“两三代之内”呀，100年下去了，我们这一辈是没有希望了，我们的儿女也没有希望，只有等我们的孙子来享工业化的幸福吧。就是我们的孙子，也不能享受现在英美人民那样的幸福。若想与英美人享受同样的幸福，还有待于更远的将来。吴先生为中国工业化设计，在遥远的百年以后，这不是等于没有设计吗？因为我们的儿子，不一定依计进行，况说我们的孙子呢。他们或许比我们这一辈的人高明得多，在一二十年内就能使中国工业化。所以我说吴先生这篇论文，不是为中国工业化指示道路，而是仇视中国大量的人口。这一批评，我觉得并不过火！吴先生感到中国人口过剩，是人民生活水准低落的主要原因，这是中了僧侣主义者马尔萨斯人口学说的毒，把马尔萨斯已死的学说，又重新复活起来。从另一个角度上（资本与资源）来说明中国人口过剩，阻碍了中国工业化发展。这是将中国不能工业化，委诸自然法则，任何人也可以不负这个责任了。吴先生是一位热心提倡中国工业化的学者，但他所设计的办法，虽然推到百年以后，但我觉得将永远不能实现。因为一个国家人口的增减，绝不是政府的人口政策所能奏效的。比如，法国现在所实行的人口政策是奖励生育，增加人口，但是实际上法国近年来的人口，不但未曾增加，反而有逐年减少的趋势。如在 1932 年每万人中增 12 人，1934 年每万人中增 10 人，1937 年每万人中减 3 人，1938 年每万人中减 8 人。德国也是实行人口增加政策的，但它在 1932 年每千人中仅增 4.8 人。政府想增加人口而实行人口政策，其效甚微；政府若想减少人口而实行人口政策（目前世界各国还没听说有标榜减少人口政策的），恐怕将与前同，也不能收到预期的效果，除非制造“五胡乱华”那样的环境，大肆杀戮，陷之以饥馑。吴先生又不肯这样残忍，而提出节制生育这一温和办法。假如想用这个办法，来降低我国现有人口数量的 5/9，就是有一二十代也不一定如愿以偿。这不是给中国工业化开了一个绝方吗？我觉得若想中国工业化有效而且迅速，还得抛开人口问题，而在生产方法上另寻出路！

（丙）答

李化方先生的大作拜读了。李先生文中未提新见解及新材料，故不拟为文答复。近来关于人口问题的讨论颇多，将来也许再写一文作总复，在行将出版的《新路周刊》发表，届时尚请指教。

（载《西北经济》第 1 卷第 3 期，1948 年）

评土地改革方案

中国土地改革协会，于本年3月20日，发表土地改革方案。这个方案，一共分为七章，要点在终止佃耕的制度化，使佃农变为自耕农。他们所提议的办法，是由现在佃耕他人土地之农民，分年清偿地价，取得土地所有权。地价应规定为现租额之7倍，分14年交纳，现租额超过正产物的375‰的，仍以375‰计算。自交纳地租清偿地价的第一年起，原土地所有人之土地所有权即行终止，因此即终止交纳地税。取得土地的新自耕农，负交纳地租的义务，在其地价清偿未完之前，此项地税不得超过其土地每年生产额的10%。

这是一个转移私人财产权的主张，这个主张的理论及法律的根据，我们不拟在此多加讨论。现在只把它当作一种使耕者有其田的办法看，我们觉得有几点可以商榷。

首先，以14年的时间，来完成移转地权的工作，是否拖得太长？中国人的平均寿命，在三十几岁左右，在现在这种动荡的时代，乡下人更难得作长时间的打算。假如我是一个佃户，听到别人提出一个办法，要我在14年后，才能成为真正的自耕农，我是不会感到很大兴趣的。我个人的意见，以为与其拖长14年，不如缩短为7年。地价既然规定为现租额之7倍，而租额又不得超过正产物的375‰，那么此项地价，分作7年交纳，并不加增现有佃户的担负。而且我还进一步地提议，在佃户没有取得土地所有权之前，地税还是由原土地所有人交纳。换句话说，佃户在清偿地价的7年内，不负交纳地税的义务。

这个修正办法的好处就是，在土地改革的过程中，任何一方面，都不会因此种改革而在生活上发生威胁。照协会所定的办法，地主在土地改革期内，所得的地价，只等于原有地价的一半。以前他可得正产物的375‰。在此租额之中，他须交税10%，净得 275‰。我所提的办法，并不影响地主以后 7 年的收入。他所要准备的，就是在这 7 年之内，得另谋生活的方法。7 年是很长的时间，他应当可以从容地布置他以后的生路。如照协会所提的办法，他以后 14 年的净收入，只等于正产物的 188‰。虽然他不再负纳税的义务，可是他的生活基础，马上便会动摇，他的生活程度，非立即降低不可。这便可以引起地主的反感，以及其暗中的阻碍与抵抗。再从佃户一方面说，他的清偿地价的担负，虽然比以前交纳地租的担负要减轻一半，可是佃户以前是不负纳税义务的，现在却把这个担子加到他的身上了。在 188‰的地价之上，再加上 100‰的地税，虽然总额只有 288‰，较之以前他所纳的地税还要轻些，可是我们不可忘记现在乡下的一个重要的事实，就是一切的摊派，多是以土地的多少为标准的。佃户以前没有土地，许多摊派轮不到他的头上。现在，照协会所提的办法，地税是由他交纳，摊派也自然地落在他的身上，所以他的担负，总算起来，是否较以前减轻，还是不得而知。照我所提的办法，佃户在最近 7 年内，担负虽然没有减轻，可是 7 年之后，田就是他的，这对于他是一种安慰。而且在这 7 年之内，税不要他交，摊派有许多也不会加到他的身上，他的担负，不会因为土地改革而加重。

其次，我们愿意提出的，就是耕者有其田，并不能解决农民的生活问题。中国大多数的农民，是自耕农。根据民国二十六年（1937 年）中央农业实验所的调查，华北一带，除了察哈尔、绥远两省之外，佃农的百分数，没有一省是超过 20%的。陕西的佃农百分数，只有 18%，山西只有 15%，河北只有 11%，山东只有 10%，河南也只有 20%。所以协会的土地改革办法，即使完全实现了，得到实惠的，也只有农民中的少数人。这个重要的事实，可惜都被中外的专家忽略了。因为忽略了这个重要的事实，所以许多人提出的办法，都犯了小题大做、大题小做的毛病。在现在这个阶级，消灭地主这个不劳而获的阶级，使耕者有其田，我们自然是赞同的。但如以为这一件事做到了，农村便从此太平，农民便从此安居乐业，那未免把复杂的问题看得太简单了。

政府假如想要安定农村，使大多数的农民，不管是自耕农或者是佃农，对于政府发生好感，那么与土地改革并行的工作，应当是赋税政策的彻底改革。赋税改革的主要目的，是要使政府开支的担赋，放在富人的肩上，不要在贫苦的农民身上打主意。现在农民最感到压迫的，绝不是田赋，也不是地租，而是诛求无已、倾家破产的摊派。尽管中央政府三令五申，不准摊派，不许拥派，但政府的军政开支，因为政府不肯重赋富人，最后还是落在那些没有力量、不会说话、穷苦无依的农民身上。摊派的灾害，重于地租。假如政府只在地租上着眼，而忽视了摊派，那就是小题大做、大题小做，绝不会得到大多数农民的拥护。所以一切的土地改革，应辅以赋税政策的改革，才有重大的意义，才可得到丰富的收获。

最后，我们愿意指出，土地改革，以及赋税改革，都是除弊的工作。这些工作做到了，对于农民的生活，当然是有好处的。但是这些工作，除弊是兴利的起点。假如我们真要提高农民生活的程度，那么我们还要把眼光放远，做许多建设的事业。但这已超出本文的范围，容当另外为文讨论。

（载《现实文摘》第 2 卷第 10 期，1948 年）

论耕者有其田及有田之后

(甲) 本文

一、耕者如何能够有其田

在十几年以前，我曾在《清华学报》上发表过一篇论文，题为《从佃户到自耕农》。在那篇文章中，我曾作下列的结论：

(一) 佃户是乡村中一个被压迫的阶级，我们如要为他们谋福利，当设法使他们成为自耕农。

(二) 美国的佃户，有许多靠自己的力量，便升为自耕农的，但中美的情形，相差太远，中国的佃户，如无外力的帮助，很难改变他们的身份。

(三) 丹麦以政府的力量，帮助农民购地，结果使国内佃户的百分数，从42%降低到10%，此举中国颇可效法。

(四) 中国如实行丹麦的政策，有三点仍须注意。第一，政府应效法爱尔兰减租的办法，使地主肯将土地出售。第二，应以东欧各国的成例为鉴，由政府以公平的方法，规定土地的价格，俾地主不致居奇。第三，购买土地所需之款，应由政府全部借给农民。至于此种款项之来源，或由政府举债，或发给地主以土地债券均可。政府借给佃户购地之款，利息应低，可由佃户将本息于若干年内摊还，其数目之多少，以不加重佃户负担为原则。

十余年的光阴，忽忽地过去了。佃户的地位，似乎没有什么改良。抗战胜利以后，国内各方面的人士，对于这个问题发生兴趣的人，逐渐地多起来，土地改革的方案，我们也看到不少。根据各方面的意见，我愿意对我上面所述的第四点，便是如何使耕者有其田的步骤，作以下的修正：

（一）佃户的租额，应照土地法上的规定，以375‰计算。

（二）地价应规定为现租额的7倍，由佃户分7年交纳，取得土地所有权。

（三）在佃户尚在清偿地价的时期内，田赋仍由原土地所有人交纳，佃户同时不向地主另交地租。

这个办法的好处，就是在清偿地价的时期内，佃户与地主之间、地主与政府之间，所有的支出与收入都没有变更，所以社会上一点骚扰也不曾引起。可是地主与佃户心里都很明白，7年之后，土地的所有权便要转移了，地主可以从容地另谋生路，不致张皇失措，佃户想到不久担负便要减轻，心中必定感到很大的安慰。

此种改革，一方面可以提高佃户的生活程度，另一方面可以消灭一个在生产过程中已无功能的地主阶级，使他们另谋生计，由不生产者变为生产者，所以对于整个的社会，是有利的。

二、只变动生产关系而不变动生产力不能算是根本的改革

中国佃户的百分数，根据南京金陵大学卜凯等的调查，张心一先生的估计，以及中央农业实验所的调查，都不算是很高。概括地说，中国的佃户，在农民中，只占30%左右。假如上面所提的办法实现，那么7年之后，这些佃户便都变为自耕农了。

自耕农的生活程度，是否比佃户高得很多？中国全国的农民，假如都是自耕农，农村中是否便会繁荣？凡是在乡村中住过的人，或者在乡村中做过调查的人，或者有亲戚朋友在乡村中当自耕农的人，对于上列的问题，恐怕不会给一个肯定的答复。中国的自耕农，现在的生活是苦的，以前也是苦的。假如农村中的生产力没有重大的变更，他们很难有希望脱离贫苦的日子。在2 000多年以前，就有人描写过中国自耕农的生活。《汉书·食货志》记载李悝治魏时的自耕农生活如下：

> 今一夫挟五口，治田百亩，岁收亩一石半，为粟百五十石，除十一之税十五石，余百三十五石。食，人月一石半，五人终岁为粟九十石，余有四十五石。石三十，为钱千三百五十，除社闾尝新春秋之祠，用钱三百，余千五十。衣，人率用钱三百，五人终岁用千五百，不足四百五十。不幸疾病死丧之费，及上赋敛，又未与此。此农夫所以常困。

现在的自耕农，与李悝时代的自耕农，其生活程度有何差异？他们一年收获所得，除了交税、祭祀、衣食等的花费之外，是否还有很多的剩余？我们只要放眼观察一下，

就知道 2 000 余年以来，自耕农的生活，实在是没有进步，没有可以值得羡慕的。

这种生活，在生产力没有变更的时候，是没有什么好的办法把它加以改进的。中国古代的仁君，最多只能做到薄赋敛。薄赋敛的结果，也只能使这些自耕农生活不致恶化而已。这虽然在中国的历史上，已经是难能而可贵，但是这种典型的中国自耕农的生活，如与近代文明国家自耕农的生活相比，实有天壤之别。

近代文明国家的自耕农生活程度，之所以能够上升，就是因为他们把握着新的生产力。曳引机及其他新式农业机械，是新的生产力的象征。有了这种新的生产力，一个农夫可以耕种的田地，便扩充了若干倍。我们用人力与兽力来耕种，所以每一个农夫只能耕种 3 或 4 英亩的土地。但是已经采用或局部采用了机械耕种的国家，农民所能耕种的面积便扩大了，如德国的平均农场为 22 英亩，瑞典为 25 英亩，丹麦为 40 英亩，美国为 174 英亩。在这样大的农场上，收获自然非小农场所可比。因此这些国家的农民，以其收获所得，除了交税，除了满足衣食住的需要之外，还有剩余，可以作教育、医药卫生、娱乐、旅行、交际、慈善事业及储蓄之用。他们生活程度之所以提高，是他们有大农场、用机器耕种、每人的收获量丰富的缘故。

三、如何变动农业中的生产力

我们为想提高中国农民的生活程度，使其可以与文明国家的农民相比拟，非变更他们的生产工具不可。

可是在过去二三十年之内，提倡中国农村改革的人，很少在这个问题上用心思。只有这次抗战胜利之后，善后救济总署的主持者，才大胆地在农业机械化一问题上，作初步的尝试。现在有好些省份，如河南、浙江、湖北等省，都得到了一些曳引机，作开垦荒地的工作。我于 1946 年的 11 月，曾到过湖北京山县的罗汉寺，参观那儿合作农场上曳引机的工作。我同农场上的技术人员谈话，知道罗汉寺一带的土地，在抗战期内，已有六七年没有耕种过了。野草的根，入土很深，如用牛耕，每日只能犁地 2 亩，但用曳引机，每日可以犁地约 100 亩。因为机器的效率高，所以京山合作农场，开垦 20 000 华亩荒地，共拟招收 400 家农户，每户可以分得农田 50 亩。50 亩这个数目，比较长江一带的平均农场面积，至少要大 2 倍。所以将来合作农场上的农民，其生活程度，一定可以比普通农民高些，这是可以想象得到的。

京山农场，是在荒地上建筑起来的，所以没有地权的问题。在人烟稠密的地方，如欲推行农业机械化，许多困难的问题便发生了。

第一，农业机械化之后，需要农户的数目便减少了，这些多余的农户，安插到什么地方去？

第二，细碎的农场，像目前中国乡村中所呈现的，并不适于机械的使用。为使曳引机可以发挥其作用起见，现在的农场，应当如何合并？

第三，假定农场已合并了，参加工作的人，其土地权的收获及其个人工作的收获，如何计算？

这几个问题，在理论上都是需要解决的。解决了这些问题，然后中国的农业机械化才可以实现。

四、农业机械化的步骤

我们先讨论第一个问题。

农业机械化的一个目标，就是要提高农民的生产效率，以少数的农民来耕种中国的已耕地。在已耕地并不减少而农民数目减少的条件下，每一农民的收获量，自然增加，因而他的收入、他的购买力、他的生活程度，也就自然随之而提高。所以曳引机到了农村，引起一部分人民的离村，乃是我们所想达到的目标，不必惊奇。我们所要考虑的，乃是这些剩余的农民，应当安插在什么地方。我们的答案，是把他们安插到别的职业里。因此，农业机械化，应当与中国现代化或工业化同时进行。我们应当计划，假如在下一年内，新兴的工业、矿业、交通业、运输业以及其他的职业中，需要若干人力，我们便以等于这些人力的曳引机，送到农村中，去换出农民来。这样办，农村中的生产力不会减少，因而到别的职业中去的人民，在粮食上也不会发生问题，可是在别的职业中，因为这批生力军的加入，生产便会加增，事业得以发展，结果一定可以使全国的收益加增。这个办法，并无新颖之处，欧美与苏联，在现代化的过程中，人口的移动都是从农业转到别的职业，我们不过采用他人已经走过的途径而已。

我们在此要特别指出的，就是这儿所提出的农业机械化办法，乃是一种渐进的办法，由局部的机械化，以至全部机械化的办法。我们之所以不主张农业立刻全部机械化，首先，曳引机不是一下可以造得出许多部的，但是如欲中国的农业全部机械化，需要 250 万部左右的曳引机，其他的机械还未计算在内。这一大笔资本，不是短时期内可以创造出来的。其次，即使我们能够弄到这么多的曳引机，我们也不应马上采用全部机械化的办法，因为如采用这种办法，马上就会发生大规模的失业问题。根据别个国家的经验，农业以外的职业，吸收人口的能力，在短时期内，是有一定限度的。原因是就业机会的产生，乃由于资本的加增，而资本的加增，无论是利用外资，或自己积蓄，都不是想要多少就有多少的事。每一种实业中，不加增资本，而加增就业的机会，只有在降低生产效率一个条件下可以达到，而降低生产效率，是与社会进化背道而驰的，为我们所不愿意采取。美国自 1910 年至 1930 年，农业以外的就业人口，从 2 570 万加至 3 830 万。在 20 年之内，加了 1 260 万人，平均每年只加 60 余万人。苏联自 1926 年至 1939 年，工人及雇员的总数，除开就业于农林渔业的不计外，从 830 万加至 2 460 余万。在 13 年之内，加了 1 630 余万人，平均每年增加 125 万人。假定我们的工业化，其速度可与苏联相比，也就是说，假定我们每年可以从农业中提出 125 万人，参加别种职业的生产，那么我们每年送到农村去的曳引机，最好每年只能代替 125 万人的工作。多造曳引机，只会使工农的就业人数失调，不是妥当的办法。苏联在推行集体农场时，没有顾到这一点，以致曳引机到了农场之后，一部分的农民无法安插，结果只好打破社会主义的信条，对于加入集体农场的农户，每户分配私有农场 1 英亩左右，以便他们可以充分利用其闲暇。在集体农场上是用新的生产力，而在私有小农场上还是利用旧的生产力，即人力及兽力。由此可见，农业全部机械化，不是短时期内可以完成的，我们因此应当作长时期的打算。

五、土地国有与农业机械化

我们现在可以讨论农场的合并问题。

目前我们这种小农场制度，阻碍了新生产力的使用，是很为显明的。我们如欲利用曳引机来耕种，非铲除现在田亩间的经界不可。如何使这个目标实现，同时又使农民肯自动地来赞助这种运动，乃是我们所要讨论的问题。

我们现在假定以 7 年的时间，来完成耕者有其田的工作。在 7 年之内，现代化所需的劳力，由现在都市中的游民或乡村中无地的雇农来供给。7 年之后的第一年，中国农业以外的实业，假定可以吸收 125 万人。此项劳力，应当用什么方法来吸收呢?

为讨论的方便起见，我们假定此 125 万人，将平均分配于 100 个都市的新兴事业之中，于是每一个都市应向其附近农村吸收 12 500 人。为使这个目标易于达到，政府有几件事，是要事先妥为筹划的。政府所应筹划的第一点，就是要制造或购买若干曳引机，使其所产生的能力，等于 125 万人的能力。第二，政府应在 100 个都市的附近，兴办合作农场。在合作农场之上，是用曳引机耕种的。每一个都市，即要向附近的农村吸收 12 500 人，以每一农户平均有工作人口 2.5 人计算，等于 5 000 农户。此 5 000 农户，也就是要转业的农户。政府于兴办合作农场、圈定农场范围之后，应以保证转业后之所得，不会少于过去 5 年平均所得之条件，劝导合作农场中一部分的农民转业。转业之农民，其土地移转给政府，政府所付的地价，也是等于地租 7 倍的债券，分 7

年付清。转业的农民，一方面得到政府的保证，在新的职业中，其所得不下于过去5年的平均数，另外还可坐食地租7年之利，所以他们应当是赞成这种办法的。

此5 000农户转业之后，合作农场上的劳力大为减少，但因有曳引机的替代，所以生产力并未减低。这些加入合作农场的农户，我们假定他们都是自耕农，但其田亩之多寡是不等的。政府对于他们的参加，只附一个条件，就是所有的土地都要以债券收归国有。政府于7年之内，付以等于地租7倍的地价。所以合作农场成立7年之后，农场上的土地便由私有移转为国有了。合作农场成立前的7年，是土地由地主转入自耕农手中的时期；合作农场成立后的7年，是土地由自耕农手中转为国有的时期。合作农场的推广，也就是国有土地的推广。等到农业机械化全面达到了，所有的农地也都变为国有了。这是利用生产力来变更生产关系的办法。可是加入合作农场的自耕农，是否可以赞成这种办法呢？我们推想，假如合作农场的办法，对于他们有利，他们是会赞成的。而有利与否，要看合作农场上的收获如何分配以为定。

六、农业机械化之后的收获如何分配

我们现在可以讨论收获如何分配的问题了。

我们理想中的合作农场，是由参加农场工作的自耕农的土地，与5 000户转业农民的土地合并而成的。这样的一个农场，其土地面积，如平均分配于参加农场工作的自耕农，则每一农户的所得，可能比他参加合作农场以前的土地面积大好几倍，这是我们最要记住的一点。但是因为有曳引机帮助耕种，所以土地面积虽然大了好几倍，这些农民也照顾得过来。他们耕种的所得，在合作农场成立后的7年内，因为土地权还未完全移交给国家，所以要照常纳税，也许是等于收入的10%。另外我们假定曳引机是要租金的，此项租金，也等于收入的10%。余下来的部分，除提出若干公积金外，其余的在7年之内，一概照自耕农参加合作农场时所贡献亩数的多寡分配。今有甲、乙两自耕农于此，甲在参加时有田30亩，乙在参加时有田20亩，那么乙的所得，应为甲的所得的2/3。在此7年之内，转业农民5 000户的所得，由政府代收。政府于收到此5 000户农民原有土地上分配得到的实物或代金后，以37.5%付给转业农民，作为转业农民应得的地价。余下来的62.5%的实物或代金，政府即用以收回自耕农的土地。自耕农在每一年内所应得的地价，等于一年的地租，如是者7年，自耕农的土地便为国家所有。

在合作农场办理以后的7年之内，自耕农的收获，除了本人土地上的收获外，另外还加上37.5%的地价所得，所以他们的收获是加增了。他们的支出，表面上似乎加了一项，即曳引机的租金，但是如无曳引机，他们得买牛或者雇用人力，此项支出，照浙江省试用曳引机的计算，可能大于曳引机的租金。收支相抵，他们是有利可图的。7年之后，所有合作农场上的土地都为国有了。政府对于这个农场，或者收租，或者把自耕农一律当作国家农场的雇员看待，一律付给薪资。无论是采用哪一种办法，对于农民都是有利的。因为农场的面积较前扩大了，所以自耕农即使变为国家的佃户，其所得也会超过他们在自耕农时代的所得。试举一例说明此点。假定在自耕农时代，某农民甲有田20亩，每亩收获谷物3担，共为60担，除去田赋1/10约为6担外，余下的为54担。加入合作农场之后，因为有转业农民留下的土地，每一合作农户分配得到的土地一定要大好几倍。现在假定只大2倍，又假定每亩的收获量亦如前，共为180担。除去向国家纳租37.5%应为67.5担外，尚余112.5担。他的收入，比在自耕农时代还多，所以他的生活程度也会好转，这都是新生产力所造成的结果。

七、结论

我们所提出的土地改革计划，不但是生产关系的改革，也是生产力的改革，似乎比主张耕者有其田的人更进一步。这种计划的实行办法，尚待详细的规划，理论上也许有若干点还要修正。这样一个大问题，我们不敢说看得已经十分周到，希望国内对于这个问题有兴趣的人士，共同加以研讨。

4月7日于清华园

（乙）讨论

一、徐毓枬

据我了解，这个计划之重心只是两点：

（一）在7年以内，解决地权问题，消灭地主与佃户两阶级，使全国从事农业者都变为自耕农。

（二）然后视国家工业上人口之需要，逐渐举办合作农场，利用新式农具，让一部分人转业。合作农场成立后7年之内，自耕农又丧失其地权，地权属于国家。

对此计划，我愿作以下批评：

（一）这个计划不区分大地主与小地主，只要是地主，其地权皆将被消灭。我不明白为什么地主阶级特别成为攻击对象。今日巨富收入之主要来源，怕不是地租，而是投机利润或利用政治势力之榨取；今日巨富财产之主要形态，也不是土地，而是外汇、黄金、股票。不从这些巨富入手，而从这些地主着眼，因而累及无辜小地主，实在不能算公平。

（二）我不明白这个计划用意何在，如果是：

（a）政治的，解决农民土地荒心理，使他们安心务农，那么到了耕者有其田以后便应终止。现在这个计划是先给佃户田，然后再把田收为国有，让佃户们空欢喜一场！是否有玩弄手段之嫌？

（b）如果目的仅在于把土地收归国有，办理合作农场，则又似乎不必“一番工作两番做”。国家只须视工业上人口之需要，逐渐圈地办理合作农场，把地权收归国有。此时可分为三种情形：（1）所圈地全是地主的，则让一部分佃户转业。如果留在合作农场上之原佃户，加上新式农具，可以维持原产量（这是这个计划之基本假设），则在此产量之中，提出 37.5％，补偿地主，如是者 7 年。其剩余的产量，则作为农场劳动者（即原来的佃户）之工资，也许政府还可以剩余一部分。（2）如果所圈地全是自耕农的，则让一部分自耕农转业。在全部产量中，提出 37.5％，依土地大小分配给所有——转业与未转业的——自耕农。其剩余产量，则依土地大小分配给未转业的自耕农。如是者 7 年，其后地权都属于国家，此农场上即无自耕农，只有工资劳动者。（3）如果所圈土地，一部分属于地主，一部分属于自耕农，处理原则亦甚简单：让一部分人转业；提出全部产量之 37.5％，作为收买地权之用；其剩余产量，则按参加面积，分配给各户，其属于地主者，即作为政府之收入，为支付未转业佃户之工资。

（三）我们要进一步问：土地收归国有之目的又何在？据我从本计划看，似乎又只有两种：

（a）消除地权之不平均，我的批评是不必“一番工作两番做”，并提出一个较简单的办法，见前（二）之（b）。

（b）使得留在农业中工作的人员，其收入增加，因之其生活程度可提高。若仅为此目的，则不必牵涉地权问题。国家只须圈定土地，强迫实行合作农场制，并令一部分人转业。佃户应尽先转业，自耕农转业时，其土地由其他参加合作农场者承购，所得产量则依土地大小而分配。国家再以征税方式，补偿农具之费用。我觉得利润动机还未可一概抹杀，用 bonus wages 制，就增加产量一点而论，怕还不如私有财产制。

总之，我觉得这个计划顾虑（或想取悦 please）的方面太多，因之专从每一方面看，都不能令人完全感到满意。我的批评可归纳为三点：第一，不公平；第二，要消除地权则不必经两次手续；第三，要提高生活程度则不必牵涉地权问题。

最后，为对原作者公允，并不让读者有“此计划一无是处”这种错误印象起见，我虽然有以上批评，但还觉得到现在为止，这个计划还是最切实、稳健、周详的。

二、戴世光

景超先生的文章读过之后，我在原则上对其中心意见是完全同意的。简单地说，原文的中心意见有两点：第一点主张土地国有，第二点主张农业机械化。前者是为了改革生产关系，强制地使不劳而获的地主们改业参加生产；后者是为了改进农业的生产力，使农业逐渐工业化。这两层在原则上我没有异议，可以不必作补充的讨论。即就原文的内容而言，似乎也认为原则上没有什么问题，而问题却在方案方面或者在计划方面。这一层由原文的主要部分全用在讨论如何设计、如何运用、如何逐步完成预定的步骤等，即可证明。因此，我愿就计划方面提出两点意见，以资讨论。

（一）为什么不直接将土地收购归为国有，而采取土地由地主转入自耕农手中，再将土地由自耕农手中转为国有的办法？在没有讨论这个问题的利弊以前，我们须先说明下列两点：第一，在计划上我们不能假定依旧维持“民可使由之，不可使知之”的态度。计划中的程序既然分为先后两个 7 年的阶段，一共不过才 14 年，国家自然应该明白地公告，使农民不分地主或者佃农全须理解土地改革的实施步骤。第二，全面计划的推动必须具有强制性。例如，在开始的时候要地主计划着另谋生路，于 7 年后将取消其土地的所有权，并于 7 年内照样缴纳地税，这是需要由国家以法律强制执行的。再例如，所谓“劝导”合作农场中的一部分农民转业，以素来安土重迁的农民性情和着重生活实际的习惯，对转业也须具有强制性。由于第一点说明，佃农自然会为其本身的经济利益，作一个长期的打算。最初 7 年佃农须以地租清偿地价，7 年后虽成为自耕农，但不论被劝导转业或者参加合作农场，都仅能在 7 年中收回地租 7 倍的地价。土地所有权的问题，佃农将对之毫无兴趣。结果，一者影响佃农（也包括自耕农）对土地的爱惜和培植；一者增加行政上的手续。由于前列第二点的说明，可见土地改革的实施必须具有强制性（强制性问题并不因方法的缓急而有区别）。既然如此，何不直接分 7 年或 14 年，按地租 7 倍的地价，以债券收购地主和自耕农的土地归为国有？

（二）转业农户人口离开农村，并不能减少农业人口，不会间接地改善农民的生活程度。原文中的计划，每年由农业人口中提出 125 万劳动者，并以每一户平均有工作人口 2.5 人计算，共提出 50 万农户。我暂以平均每农户 5 口人为准，则转业的总人口为 250 万。根据目下我国人口总数中农业人口的比例估计，共应有农业人口 3 亿 5 000 万人。每年被劝导转业不过占农业人口的 0.7%（亦即 7‰），以上还是静止人口的看法。实则，以我国人口的动态情形而言，苟予以安定休养生息的机会，则每年的自然增加率将不止 10‰。增减之下，农业人口并不能因实施转业计划而减少。若按原文假定合作农场的土地面积较自耕农原耕种的面积大 3 倍的说法，则划入合作农场的自耕农户仅为原有农户的 2‰左右。如果圈入合作农场的范围包括得较广，则所增加的土地面积就极为有限。再就农业机械化而论，农业生产中运用机械也只能提高每单位劳工的生产效率，并不能显著地增加每单位土地面积的生产。所以，按原文计划的转业办法，既不能减少农业人口；复因转业的比数太小，平均农户所耕植的土地面积难以加多，结果，农民的生活程度并不能显著地提高。根据上列的分析，为了都市工业的发展，需要增加劳力，农村人口转业是必需的；但是，为了扩大农场，农业机械化和提高农民生活程度，仅以转业为主要计划，却是不够的。

以上两点意见，或以为过于偏重计划方面的问题，实则原文的主要性质如此，尚希著者予以指正。

三、陈振汉

景超先生现在所提出的还是一个初步的原则上的方案；我仅就下列三点，来和大家简单讨论：

（一）我们如果要靠农业机械化来减少农民人数，提高他们的生产效率和生活水准，农业以外的产业活动不仅应能完全吸收农村中为机械所排斥的剩余劳力，使农业人口相对地减少，而且应能吸收农村中由于人口自然增殖所增加的人力，使农业人口逐年绝对地减少。换句话说，我们要推进农业机械化，而不使农民失业问题更加严重，一定要使得每年里面离村人口所占全体农民的比率，大于农业人口的自然增殖率。景超先生假定在 7 年以后我们进行与苏联五年计划以来相等速度的工业化，因工商业的进展，新建设的“都市”每年能够多容纳 125 万人，那么只要每年因农业的机械化所促成的离村农民，不超过这个数目，即不致有农民因农业机械化而失业。这样即可达到“已耕地并不减少而农民数目减少的条件”，每一农民的收获量与生活水准可以增加和提高。私意以为在景超先生所假设的情形下，我们只能说农业机械化本身不至于造成农民失业，至于要达到减少整个农民数目、提高生产效率的目的，一定得工业化达到一个速率，使得工商业活动每年所能吸收的农业人口（同时如果农民原来已经充分就业），也就是每年机械所替代的农民数目，超过每年农业人口的自然增殖率。如果中国现在的农民是3亿，照景超先生的假定，每年用曳引机替代其中的125万人，每年所减少的不过全部农民的0.4%。中国人口自然增殖的确切状况，恐怕少有人知道。克拉克曾根据金陵大学卜凯等的调查，估计中国人口平时的每年增殖率为1%。即使假定增殖率为0.5%，如以每年0.4%的速率替代，仍无法使农民数目绝对地减少。在国民收入增加以后，增殖率可以逐渐减低，但随着人口的自然增殖，125万人所占全部农民的比率也更微细。

（二）景超先生所提出的方案，主旨在以农业机械化来变动“农业中的生产力”，他所憧憬的中国未来农业似乎是普遍应用曳引机的大规模耕植农场，机械化农场依据技术与经济需要，得有最低限度的规模，因此景超先生主张合并现在的细碎小农场，铲除田亩间的经界。不过这种耕种方式不但需要具备经济条件（资本与劳力的相对供给数量），而且需要具有技术与地理条件。在技术条件上最便于利用曳引机、收获机或复用机（combine）的是旱作（dry farming），许多作物的种植，如水稻蔬果，是很难或甚至无法利用机械的；在地理条件上曳引机的最有效的利用是在土质均匀、施种简易的大平原或草原，尤其适宜于开垦这类荒地。拿俄国的农业机械化经验作为例子，在各种农业生产里面，集体耕作与机械化比较具成效的，只是谷物种植，在畜牧方面结果很坏，在蔬果栽培方面则根本尚未怎样尝试。就地理区域来说，在欧俄境内机械化最有贡献的是在南俄草原乌克兰与西部西伯利亚。乌克兰土壤肥沃，只需耕种以时，不施任何肥料便可坐待收获。至于开辟草莱，也与景超先生所视察过的京山罗汉寺一样，是曳引机与复用机最有用武之地，然而就是在这样有利的地理环境下，直至第二个五年计划当中，机械耕种在俄国尚未能如何提高每亩耕地的产量。在中国，荒地已经很少，与俄国同样适宜于利用机械的土地量恐也不多，大概只有在东北比较适宜于机械耕作，此外是在西北与黄淮流域麦作区域，但这些地带最多恐不过占全国可耕地的3/5。

当然这不是说在江南水稻地区以及其他不甚适合机械耕作的区域，农业生产技术已无可改进、无可用资本替代人工的余地。肥料、种子的改良，水利建设的推广与电力灌溉的试用，这些把农业资本化以提高劳工生产效率的办法，全国各地应绰有施用的余地。私意只是以为苏俄式的机械化集体农场在中国所能推行的范围未必很广。

（三）无论何种方式的农业投资，在中国需要立刻推行与否，比较主要的考虑，还是在今后工业化过程中，资本供给是否充足，使得在工业建设以外，复有余力顾及农业方面。将来的实际情形此时姑且不谈。景超先生本文的主旨也只在就农业改革谈农业改革，私意终以为如就提高全民的生产效率着眼，在今后相当时间内，工业投资要比农业投资为重要。中国的耕农并不是单纯的劳工，而是熟练劳工；他们的耕种效能与稼穑经验，实际是生产资本。中国的工业化工作暂时恐怕只能做到吸收农村中的剩余劳力与增殖人口，消除隐蔽失业，不能即作全盘以机械替代充分利用着的人力的打算。

四、韩德章

吴先生特别指明变更生产关系应顾到变更生产力，这一点十分值得重视。因为在生产效率低微之情况下，单靠调整生产关系是无济于事的。关于农业机械化的实施，笔者认为有下列四点，可以商榷：

（一）农业区位与工业区位，各有其形成的因素存在，不必一致，因此新兴工业尽可以向一百个都市集中，而机械化的农业生产中心，仍可设置于远离都市的地带，甚至散在东北、陕甘宁青康等边陲。农业地带与工业中心靠铁路运输取得联系。

（二）机械化的农业——指用曳引机与收获打禾两用机的大规模与高速度生产而言——只适于专业化与商业化的粗放经营，在人口较密的国家，稍受限制。所以在推行农业机械化时，要顾到个别农业地带之自然环境、作物制度、人口密度、农产品市场等等条件，个别地带不能一概而论。

（三）为实施农业机械化，应竭力设法发展钢铁工业与机械工业，同时开发西北油田，并发展炼油工业，以求耕具与液体燃料之自给。

（四）新生产制度实施之际，农产品之分配制度亦需要有合理的调整，一切农产品之检验、分级、整理、加工、包装、仓储、运销等，均应有统一的控制。消除中间商人之剥削，其意义与消灭地主阶级，一样重大。此外，农业机械化的社会影响，亦值得注意。农民因机械化而节余的人力，不只可以转业为从事次级产业之用，节余的时间劳力，还可以用于教育、卫生、社交、娱乐、政治活动……农业机械化不只改善农村经济，同时还靠它来改造农村社会。

（丙）总答复

我写完《论耕者有其田及有田之后》，送给一些朋友去批评，承徐毓枬、戴世光、陈振汉、韩德章诸先生把他们的意见写出来给我，读后非常感激。韩德章先生的四点意见，及陈振汉先生的第二点意见，全是补充性质，不必答复。其余各位先生所提出来的意见，我综合答复如下：

一、消灭地主阶级，是否公平？

公平的观念，历代常有变更，属于“价值”范畴，不能像科学原理可以用事实证明。我个人的看法，以为一个阶级，假如在生产过程中有其贡献，那么消灭这个阶级是不公平的；假如在生产过程中并无贡献，只过一种寄生的生活，那么消灭这个阶级是公平的。同时，我们还要看我们所采用的方法是否合理。地主阶级，虽然已失其功能，但乃是社会制度的产物，社会对于其地位的形成，也要负一部分责任。因此，我们不可以为某人是地主，便要驱逐他，或者杀掉他。我们应当给他一个机会，使他可以从一个不生产者，变为一个生产者。这就是我们提议以 7 年的时间，来消灭这个阶级的理由。我的文章，是谈土地问题，在此范围之内，自然不必牵涉到别的不劳而获的阶级。徐先生说我的文章中不攻击别的巨富，为不公平，其实此乃为题目所限制。别的问题，应当在别的题目下讨论。

二、一番工作为什么要两番做？

徐先生及戴先生都提出一点来质问我，那就是：为什么不直接将土地收归国有，而要分作两段办理。他们两个人既然提出同样的问题来，显然是我没有把我的意思说得清楚。其实我的意思是很简单的：我之所以要分作两段做，是因为要解决两个不同的问题。第一个是生产关系问题，这是可以全国同时解决的，可以在 7 年之内到处解决的。解决之后，全国便没有地主，也没有佃户，而只有自耕农。地主剥削佃户的事实，在 7 年之后，可以完全不存在。第二个问题乃是生产力问题，这不是短时期内可以解决的，我们要逐步地推进，需要比较长久的时间。

在我的文章中，我曾提议，在全国农民都成为自耕农之后，我们即可开始农业机械化的工作。第一年由农村中吸收 125 万人，令其转入别的职业。此 125 万人，假定等于 50 万农户，中国目前大约有 6 000 万农户，那么 50 万农户，不过总农户的 1/120 而已。所以在我们开始改良农村生产力的第一年，只有很少数的农户要转业，也只有很少数的农户要加入合作农场，因此也只有很少数的土地要收归国有。以后机械化的范围逐渐扩大，国有土地的面积也就逐渐加增。

这两种工作所需的时间既然不同，自然不能在同时期内完成。

如照徐先生所提出的办法，国家只须视工业人口上之需要，逐渐圈地，办理合作农场，把地权收归国有，那么我要问：在合作农场以外的佃户，是否让其依旧向地主纳租呢？假如徐先生的意思，是在合作农场没有推行之前，地主与佃户的关系依旧，那正是我所反对的。我以为生产关系的规定，是法律方面的事，只要舆论赞同，或行政者有此勇气，则变更法律，不过是议会中举手之劳，实在是很容易的。而生产力的变更，却不可一蹴而就。我们不能因为后者推动得慢，而把前者也搁下来。

同样地，我以为戴先生所谓佃户因为土地有两次改革，因而对土地所有权问题不发生兴趣，也是过虑。他以为佃农变成自耕农以后，一定要被劝导转业，或参加合作农场。其实是不然的。如上面统计所表示，只有少数的佃户，在成为自耕农之后，是马上又要走上转业或参加合作农场之路的。大部分的佃户，在成为自耕农之后，因为农业机械化迟缓的缘故，是要花很长的一段时间，也许是终生要在他自己的农场上耕作的。但是他的收获，没有地主向他要租，这是使他的生活程度，即使没有机械化，也可以略为提高的一个因素。所以徐先生谓要提高生活程度，不必牵涉地权之说，我不同意。难道一个交租的农夫和不交租的农夫中间就没有一点分别吗？

三、农业机械化与人口问题

戴世光先生及陈振汉先生，都提到人口问题。他们一方面看到农业机械化转业人数的有限，另一方面看到我国人口自然增殖率之高，因而怀疑：即使转业者每年有125万，农民的生活程度，是否可以提高。我对于这个看法，极表同情。我在没有写这篇文章以前，脑海中原来另有一个题目，名为“三管齐下的经济建设”，说明农业机械化、工业化及节制人口，应当同时办理，才可以收提高生活程度之效。后来觉得人口问题牵涉太广，有另外写文章说明之必要，所以在这篇文章中，便没有提。其实我很同意陈、戴两位先生的看法，认为如乡村中移出的人数，不能超过增殖的人数，那么生活程度是很难提高的。可是我也要说明一点，就是中国人口，在目前那种高的自然增殖率之下，如不立即推行工业化及农业机械化，则农民的生活程度有更趋于恶化之虞。农业机械化，虽然不是提高农民生活程度的唯一因素，却是许多因素中一个很重要的因素。

（载《新路周刊》第1卷第2期，1948年）

（本文同名文摘载《地政通讯》第3卷第7期，1948年）

还我言论自由

刘大中　徐毓枬　潘光旦　赵人儁　戴世光　吴景超

在行宪和选举闹得正热闹的时候，我们在报上看到下列四项与言论自由有关的记载：

（一）沪市府奉内政部的命令，取消《国讯》周刊的登记证，并勒令停刊，理由据说是"该刊近来所载文字多对政府不利"。《世界知识》周刊受了警告，因为该刊"经常攻击友邦美国，挑拨国际感情"。《时与文》周刊也受到警告，理由是该周刊对政府"肆意攻击"。（见天津《大公报》4 月 8 日）

（二）国立南开大学经济研究所出版的《经济周刊》（附登天津《大公报》），本登有北京大学教授樊弘所著的《孙中山与马克思》一文。在 4 月 7 日所出的第 24 期上，先发表了一半，但是后一半却因为"某种原因"未能续刊。（见该周刊第 25 期编后语，天津《大公报》4 月 14 日）

（三）在上海《大公报》所召集的出版业座谈会上，有一位与会人曾有下列意见发表："目下出版界最大障碍，莫过于言论出版没有自由。依法登记的书刊，随时会遇到各地当局的没收处分，以致苏州的书店为了避免意外损失，只能卖线装书。"（见天津《大公报》4 月 23 日）

（四）《太平洋》杂志因故"奉令"停刊，并不准出最后一次的"休刊号"。（见 5 月 3 日北平《世界日报》的广告版）

我们并不经常阅读上面所提到的各种杂志，所以我们不知道所谓"对政府不利"和对政府"肆意攻击"指的是什么。但是《世界知识》周刊居然因为攻击美国而受到了警告。一个堂堂国立大学所编的一份学术性周刊，居然不能刊完一位国立大学教授所著的一篇学术性的文章。我们的言论自由在什么地方？在这种情形下，内政部长居然在国民大会报告说："胜利以来，内政部对于言论自由一点已充分予以办到。"这岂不是自欺欺人？

言论自由是人民的基本权利。对于我们在教育界和文化界服务的人，这种自由尤其重要。如果没有这种自由，我们就不能对社会尽我们推进文化和教育青年的责任。我们如果不争取言论上不折不扣的绝对自由，我们不但对不起自己，而且对不起社会。

言论自由是人民的神圣权利之一。这个道理太浅显了。但是政府似乎仍然并未明了，或是明知而故犯。我们在向政府提出两个要求以前，只得再把言论自由的要义重复地申说一下。

言论自由是文化进展的推动力，这是历史明明白白告诉我们的事实，可以不必细谈。我们愿意特别提出的是，在国民确实能够享受言论自由的时候，一个坏的政府如果不能变好，至少也可以不再变得更坏。

政府虽然不过是人民的奴仆，但是因为它掌有种种权力，往往有利用这种威权迫害人民的机会。无论政府主持人的本性是好是坏，只有在人民时时刻刻毫无顾忌、毫不姑息地监督、鞭策之下，才会不养成滥用威权的习惯。一个有滥用威权习惯的政府，只有在人民享有言论自由的时候，才能把这坏习惯戒除。历史告诉我们，没有一个有这种坏习惯的政府能够存在得久。世界上绝无想限制人民言论自由的民主政府；民主政府也只能在不折不扣的言论自由下才能真正为人民谋福利。

政府也曾三番两次说要保障言论自由，我们以君子之心度人，希望政府不是在欺骗人民。同时，我们也有权要求政府证明保障言论自由的诚意，立刻去办下列两件事：

（一）检讨过去限制言论自由的行为，把所有违背宪政精神的停刊和警告案件，一一平反。

（二）依法严惩过去滥用职权压迫言论自由的官吏。

（载《新路周刊》第1卷第4期，1948年）

方生未死之间

《方生未死之间》，考验社出版，87 页。

这是一本小册子，一共收了六篇文章。史任远先生在这本书的“序”里说：“这里的六篇文章，是我国新文化运动发展的新阶段上最佳的收获。”在这本书里，我们看到作者们不约而同地提出一个新的人生观。这个新的人生观是有价值的，但是作为知识青年的安身立命之所，则是不够的。

我们先来介绍这本书所提倡的人生观是什么。

它提倡我们用全副心肠去贴近人民：

> 冷淡和麻木必须死亡，狭隘和自私必须绝迹，虚伪和欺骗更是不容存身。代替冷淡和麻木的是鲜明和积极，代替虚伪和欺骗的是诚恳和老实，代替狭隘和自私的是实实在在地承认旁人、关心旁人，用全副心肠关心人民的命运，和他们结下死生不解之缘，由衷地恨其所恨、爱其所爱。我们不但要扩大我们生活的广度，加深我们生活的深度，而且要加紧我们生活的密度；我们不但要精通世故，而且要切近人情；我们不但要和我们人民生活在一起，而且要爬到他们的心去疼他们。（于潮：《论生活态度与现实主义》，第 53 页）

于潮文中所提到的生活三度，嘉梨在这本书另外有一文加以详细的解释。何谓生活的三度？

> 三个通俗的词确切地表现出生活的三阶段和三方面：世面指生活的广度，世故指生活的深度，人情指生活的密度。三个通俗的词同样确切地表现出生活者在生活三阶段和三方面中对于生活对象所采取的关系：说一个人的生活范围广，人

们说他见的世面大，见之一字道出这一阶段中人和世界的关系，看看而已；说一个人的生活经验丰富，人们说他阅历的世故很深，阅历两字道出这一阶段中人和现实的关系，阅历者，过过而已；说一个人真心体贴旁人，人们说他近人情，近之一字道出这一阶段中人和人民的关系——到这里，生活者和生活对象的关系已经不复是走马看花地看看，也不是曾经沧海地过过，而是体贴入微地贴近了。（嘉梨：《生活的三度》，第 62 页）

因此，作者们都提倡一种多情善感的生活：

真实的生活是以听觉来接触五声，以视觉来接触五色，以嗅觉来接触五味，并且以敏感的心来接触七情的。真实的生活是有着对友人的爱，对仇人的恨，是有着大欢喜、大悲哀、大快乐、大愤怒的。（项黎：《感性生活与理性生活》，第 44 页）

他们提倡以这颗多情善感的心，参加人民大众的生活，成为他们当中的一个：

问题的重心在：我们不单是要在实际生活中去了解他们，而且要在实际生活中改变我们自己，改变我们的生活态度。假如我们不能在实际生活中改变我们自己，改变我们的生活态度，变成他们当中的一个，而是以一个客卿的地位，生活在他们当中，我们既不能如实地写出他们，也不能好好地领导他们。人民既不是研究的对象，也不是被领导的材料。假如你能写出他们的真情实感，那不仅是你客观地研究了他们的缘故，而且是你在基本上是属于他们的缘故；假如你能领导他们到底的话，那也不仅是你策略地了解了他们的缘故，而且是你在基本上是属于他们的缘故。（于潮：《方生未死之间》，第 37 页）

以上这些话，都有相当的道理。在学校里，教员们所专心的，只是知识的讲授，而不大讨论如何做人。这一类的书，可以弥补青年所受教育的一部分缺乏。在学校里，青年的衣食住及一切生活，已与中国的贫苦大众脱离。这一类的书，可以给青年一种警觉，要他们不要忘记校门以外那些不幸的人。在社会里，一般的人，都在日日朝朝、时时刻刻，为自己的利益打算。这一类的书，可以给青年一种指示，要他们不要只顾自己，而要用全副心肠去关心人民的命运。这一些，都是好的影响。

但是，这种生活态度的指点，也有不足的地方。

作者们所提倡的态度，实在是一种慈母的态度。一个慈母对于她的爱子，真是做到由衷恨其所恨、爱其所爱的境地了，真是爬到她的爱子的心中去疼他了。但是当她的爱子得了盲肠炎或者伤寒症的时候，他的慈母，即使有一百二十分的爱，也不能解除她的爱子的痛苦。一个素不相识的医生，对于这个家庭可以没有深刻的感情，但是在这种危难的时候，对于这个小孩，真有起死回生的功用。他之所以能够有贡献，不在他的情感，而在他的智识。一对正在恋爱着的男女，沿着河边散步，一不小心，男的失足落水了，女的捶胸痛哭，泪如雨下，这是她“爱其所爱”的表现，但这千万行的泪水，也救不起这个将要溺毙的青年。一个不相识的人路过，看到这种情形，他是善于泅水的，跳下河去，便把这个青年救起来了。他对于这个青年有贡献，不是因为他有情感，而是因为他有技能。

这两个例子，只是要说明一点，就是知识青年，如想真正地对于人民大众的福利有所贡献，没有一副好心肠固然是不行的，只有一副好心肠，也是不够的。知识青年，在能够真正为人民服务之先，得培植自己，成为一个有技术、有见解、能独立、能组织的人才。否则他们到人民大众的队伍中去，只会成为人民大众的一种寄生虫，一个加增人民负担的累赘。

总之，我们以为一个现代的知识青年，一方面固然要有丰富的热情，另一方面也要有充实的知识。这两方面，都是需要培养的。没有热情的知识，固然是浮游无根，没有知识的热情，结果也只能产生轻举妄动。我们愿意以感性生活与理性生活并重的看法，来纠正全书中偏重感性生活的见解。

（载《新路周刊》第1卷第6期，1948年）

论我国今后的人口政策

戴世光

（甲）本文

世界上的主人是人。在地球上，人的总数约为20亿；他们分布在各洲、各国、各地，生活的方式同或不同，而要求舒适幸福生活的意志则是一样的。他们参加各种活动，努力地去征服自然；研究宇宙间现象的变化；解决人与人之间和人与自然之间的种种问题。他们注意的方面非常多而广，但对于人类自己却常以为它是“已成事实”，所注意的多仅限于这种事实的描写：由于惰性反而常常不把人类看作客观的前提来研究。我们认为：对于这已成事实的过分强调是一种偏见。科学首重客观，我们研究一切问题，必须跳出圈子以外；在圈子内的人也好，物也好，全应该属于我们研究的对象。我们发现自然界的道理，我们会进而为人类幸福去控制自然；同样地，我们也应该在发现社会现象（包括自己和与之共同生活的人）的道理之后，为人类幸福对人类本身予以控制。本文的目的即为讨论这“已成事实”和将来的“必然事实”对人类自己产生的影响。尤其着重在我国“已成事实”的人口与其生活程度的关系，进而为我们人民的幸福建议可能运用的控制。

一、人口政策的性质

举凡因人口现象而发生的问题，通称之为“人口问题”，例如人口数量、性别比例、年龄分配、婚姻、职业、优生、出生与死亡等问题，都包括在内。一般所谓“人口政策”，即指解决上列所提出的各种问题的原则和方法。同时由“政策”一词，可见不仅与时间空间有关，而且具有以人为力量控制的意义。但是，就此“人口政策”所包括的范围而言，未免过于笼统广泛。这是由于人口问题非常复杂，影响非常之广，我们似乎不必将所有与人口问题有关的原则和方法都称为“人口政策”。因之，笔者在本文中所提出的“人口政策”是指一种为人类幸福对人口的数量与品质，加以控制约束的基本原则。

我们必须先说明人口数量与人口品质问题的性质。这个问题是以国家为立场，根据需要，去考虑一个国家的人口数量应该增加，还是应该减少；人口品质的优劣是任其自然繁殖，还是加以控制。由于立场和需要的不同，所以答案也是因时因地而异的。对于人口品质问题，主要关键在于环境和遗传；一般说来，都能同意“改良环境，提倡优生”的原则，以求人口品质的改善。对于人口数量问题，则意见出入甚大，所以在本文中将以讨论人口数量问题为主，人口品质问题则不再予以论列了。

欧美各国过去在人口政策中对人口数量问题常列为国策的一部分。例如，美国在1882年通过华工法，禁止华工入境，这是属于避免人口增加的政策。再如，德国和意大利在第二次世界大战前，为了侵略其他的国家，需要扩充军力人力，因而奖励生育，这是属于增加人口数量的政策。我国过去对于人口数量问题，多不能理解其重要性，根本无政策可言。延至最近，才渐渐有人提出讨论，不过，看法分歧，各有完全不相同的主张。归纳下来，主张增加人口者较多，主张少生少死维持过去我国的自然增加率者次之，主张减少人口的最少；甚至有人认为减少人口论为大逆不道、荒谬绝伦的意见。

二、由经济观点论人口数量

英国的马尔萨斯在18世纪末年发表他的人口论，19世纪末年，康澜（Cannan）建树他的人口学说［即后来卡桑德（Can-Saunders）所称的“适中人口论”］，都是对于人口数量提出他们所研究的结论。他们主要的贡献在于认为人口数量问题属于经济问题，同时都着重研究生活资料与人口数量多少的关系。康澜在他的《经济学纲要》中，表示他的看法最为明显。他说：“唯一实在的人口法则，就是这样：在任何一个时期，在一定面积的土地上，运用而能适合获得产业的最大生产力的劳力数量是一定的。假设（这种假设在短期间几乎完全正确）在一定区域行使的劳力总量的增减，全因该区域人口的增减而定，则人口法则可以说是：在任何一个时期，在一定面积土地上，而能适合于获得产业最大生产力的人口数量是一定的。”据此，足见对人口数量问题的正确看法是从经济着眼。为了幸福的生活是人类最终的目标，我们必须就经济观点来分析讨论人口数量的影响。马氏和康氏等的主要贡献即在于说明人口数量与经济生活的关系，尤以康氏的“适中人口论”更为完妥，他强调地指出：在时、地及客观的因素下，人口数量应该适应地觅得一个饱和的境界。

按理，为了增进人类幸福、改善经济生活，增加生产为必有的行为。就生产的要素来看，可以扼要地分为三项，即自然资源、资本和劳力。自然资源指可以为人所利用的土地、矿属的储藏和水力等对生产的供应。这个要素本身是有限度的。此处所谓限度，一方面指地域面积固定（除非侵略旁的国家扩大疆域）；一方面指自然资源的性质难以改变（例如沙漠不能改为水田，高山峻岭不宜农作）。资本通常指人生产的财富，严格地说，应指有用于生产的资本货物，或为粮食木料，或为机器工具，可以直接地或间接地增加生产效率的物品。至于资本要素的来源，主要须依靠人民本身的储蓄，继续不断累积的结果。劳力、自然资源和资本都为生产的基本要素，缺一不可；而且三者在数量上，在性质上，还要有适度的配合，某一个要素过多或过少，都会产生不良的影响或生产减退的情形。因此，在任何一个国家内，假使劳力的供给不成问题，它的生产状况仍会受到两种限制：一种是自然资源的限制，以供给人类生活资料的农业而论，即使资本充裕，也不能将一亩的收获增多到两亩的收获，因为资本固然能节省劳力，提高生产的效率，但不能凭空地增加生产；一种是资本缺乏的限制，资本过少，会使已有的资源不能充分地利用，大部依靠劳力直接生产，效率甚低，而且许多必须具备资本工具不可的生产（例如石油）仅依赖劳力，则虽有丰富的资源，结果仍不免“货弃于地”，难以产生经济的价值。

劳力要素却与前两者的性质略有区别，劳力一方面参加生产，一方面也是生产物资的消费者。各区域中的人口过少，劳力的供应自感不足；若人口数量太多，即便可以不参加生产，避免劳力过剩，也不能限制不参加生产的人口不消费，或者少消费。所以，劳力不足，仅影响全体的总收益，却不会减少每个人口的平均收益；人口过多，则受资本和自然资源的限制，逾度地供给劳力，并不能成比例地增加全体总收益。但全体人口则必须生存，必须维持最低限度的消费，结果，因需求关系影响生产的性质尚为余事，最重要的是使每个人口的平均收益减少。本来，生产并不是经济活动的目的，而系一种手段；消费才是真正的目标。因此，劳力过剩的问题远比劳力不足更为严重。当一个区域人口过多时，必须减少每个人口的平均收益，压低一般人口的生活程度；不仅如此，假使在资本尚未充裕时，人口即已增殖到过多的地步，则消费愈大，生活的剩余愈小，因之资本积蓄的来源愈少，结果连对有限的自然资源全难以达到充分利用的境界。所以，为了提高生产也就是为了增加消费，人口的多少必须配合资本和自然资源，非寻得一个适中的数量不可。尤其是生活程度低、生产力弱、资本缺乏的区域，人口数量过多的问题更为严重。

根据上列的讨论，我们可以获得下列的结论：(1) 如果一个国家（或一个区域）面积广阔、资源丰富，并已具有近代工业基础，但人口稀少，则应增加人口，以增加劳力。这样可以充分地利用自然资源，使资本累积的速度加快，总生产力提高。(2) 如果一个国家已具有高度的工业水准，自然资源业已被充分利用，则最好使人口数量静止，至少人口数量的增加须与生产力的增加配合，否则生活程度就有降低的危险。(3) 如果一个国家土地贫瘠，资源有限，工业基础薄弱，但人口密度业已适中，则可以采取两种途径：或者制止人口数量的增加，集中经济力量在现代化及工业化的工作上；或者厉行生活节约，降低生活程度，以求资本累积的加速，等到工业达到相当水准之后，再逐渐改善生活。(4) 如果一个国家的自然资源与工业水准与第三类相同，而人口密度业已很高，生活程度又低，则除去应该集中力量在工业建设以外，必须同时减少人口数量不可。

三、我国人口与资源

人口数量与经济生产的关系既如前节所论，现在我们再来分析我国的人口数量与资源的情形，进而研究我国现状究竟与前列的四种结论中的哪一种的前提相同。由各结论中，我们不难指出关系经济生活的生产问题的，计有四种互相影响的因素，即人口、资源、生活程度和工业水准（工业水准即可以衡量资本形成的数量）。据估计，战前的国民所得平均每人每年不过是 60 元左右，每人平均的消费值约为五十六七元，这足以说明我们低微的生活程度。在另外一方面，全国人口 80%依赖农业而生活；同时据估计全国人口每人平均分到的资本约值 7 英镑，仅为英国人的 1/50，可见我国工业水准之低和资本缺乏的程度。这两种因素的贫乏为共同承认的事实，我们可以不必从详讨论。以下我们将着重分析为一般人所忽视的人口数量和资源现状。

首先，就我国可耕地与人口数量来看，据陈长蘅的估计，平均每国民最多仅能分摊到可耕地 7 华亩（按 31 亿华亩的可耕地和 4 亿 5 000 万人口来计算）。依照美国伊士特（East）教授所定“每人需用 15 华亩的田地来维持生活的标准”，则我国人口至少应降低到现在的 1/2；如果我们希望我国国民能有生产的剩余，以为累积资本之用，则人口还应该再减少些。其次，我们再分析我国的农业人口。我国农业人口约有 3 亿 5 000 万，以此人口数与已耕地来比较，平均每农户所耕种的田地仅占 20 华亩（计为美国农户平均耕种面积的 1/40），结果人多田少，农民只得把所有的田地全用来种植粮食作物，收割之后，仅能勉强求得一饱而已，其生活程度实不能，也不应该再降低。我们试想：大部分农民在仅求一饱的情形下，如何能有生产剩余？我国80%的人民如此，我们又如何能希望大量地累积资本，提高国民的生产能力？最后，我们再试以我国的人口和资源与美国的作一个对照的比较。大致地说，我国的人口是美国的3.5倍；可耕地美国比我国多40%，稻麦的产量我国是美国的2倍强；其他重要资源，如棉花、羊毛、煤藏、铁藏及油藏等，少的美国是我国的4倍（如羊毛产量）、25倍（如油藏量），多的到70倍（如铁藏量），全是我国的少于美国，其差别的悬殊实在极为明显。由资源方面来看我国的人口数量，我们也会发现我们的人口在比例上是太多。由资源而推论我们经济发展的前途，我们相信我国即使维持现有的人口数量，也永远没有追上美国富力的可能，我国的富强程度将永远次于美国。退一步仅就稻麦产量与人口数量而言，也可以看出我国之所以要生产多量的稻麦，实系由于人口过庶的关系；而且应该注意我国与美国的两种倍数并不相等，人口倍数高于稻麦产量的倍数，这表示我们每人能分配的稻麦量相对较少。不仅如此，由于田地有限，遂影响到经济作物生产的缺乏，间接地影响到工业方面所需用的原料不够。这在美国的情形就完全不同，美国的农夫多能在种植稻麦之外种植经济作物，并用以换取工业品来维持较高的生活程度；同时国家还可以多余的稻麦出口，向其他的国家换取它自己不生产而为工业上所需的原料。所以，我们愿意郑重地提出我们的意见，我国的人口必须减少，仅求人口数量静止，经济依然是没有前途的。

四、工业化、社会改革和减少人口

目前有许多朋友认为：我国经济的症结不在人口数量方面，应由工业化和社会改革入手。这种看法对于人口数量没有意见，等于采取放任主义。实则中国的经济问题必须“三管齐下”，即工业化、社会改革和减少人口。前两者仅为必需，但是绝对不够，这可以分作几层来看。

第一，专注重工业化是不够的。我们先要问：“资本从哪里来”？根据第三节首段所提出的资料，国民所得超出消费，勉强可以认为每人每年有3元到4元的投资，实则这种情形并非常态，每每消费值反要超过所得值（以后者言，对已有的资本等于一种消耗）。即使社会安定，工业技术与人才全没有问题，为了获得实现现代工业建设所需的资本，也几乎是不可能的事。除非我们能减轻人口的压力，方能使所需的工业资本相对减少，资本的累积加速，在减少人口之后，生活程度也可以略为提高，不必因强制的储蓄而使人民生活继续逗留在饥饿线上。其次，假使初步的工业化得以勉强实现，工业方面所能容纳的劳力数量与农业中所剩余的人力相差仍极悬殊。美国的可耕地比我国的多40%，而我国的农业人口则约为美国农民人数的13倍。即使农业中的一半人口转业到工业方面，我国的农民人数仍为美国的7倍，而工业工人将为美国的4倍强。这说明农民转业以后的人力分配，人口仍嫌过多；仅靠初步的工业和集约耕种的农业，依然不能维持这样庞大的人口，一般人民的生活程度仍难望改善。

第二，专注重社会改革也是不够的。我国许多人常过分重视"不患贫而患不均"的教条，其实，如果贫的问题不解决，只管分配得极为平均，但对增进人类幸福的最终目标仍无补益，工业化的资本来源仍无着落。财富平均之后，我们相信生活程度可能略微改善，而对资本的积蓄却会更为迟缓。所以，社会改革固然是必需，但是不够。我国的问题是"既患贫且患不均"。贫的问题乃由于人口过剩，因此，必须减少人口以促进工业化；经济有了出路，社会改革才更有意义。

第三，对于人口采用放任政策会使人口的压力更大。这是说：假定在外债的支持下，初步工业化得以实现，同时自己也完成了社会改革的工作，则人民生活自然较为安定；可是安定的生活会使人口数量的增加更为迅速。以目下我国的人口自然增加率而言（指在没有战争的区域），人民虽不断地受饥饿、疾病、衣住简陋的侵害，平均每年每千人尚且增7人左右。如果生活安定，死亡率必然减低，自然增加率会立即提高。自然增加率只要提高到10‰（原来出生率据笔者估计为45‰，死亡率为38‰；要死亡率降低至35‰，自然增加率即等于10‰），则在70年中我国人口即将增加1倍，人口总数可以高达9亿。那时除非生产技术有奇迹发现，否则，生活程度必然又将降低。

根据以上的分析，我们认为仅主张工业化和社会改革是不够的，何况工业化本身又受人口过剩的压力，形成恶性的循环。我们必须"釜底抽薪"减少人口，我国的经济发展才有出路，人民生活程度才能真正地提高。

五、减少人口政策的计划及其实施方案

减少人口的原则如能成为国家基本国策，唯一的方法自然是节制生育。在节制生育的原则和方法上，有两点须加以论列：

第一，我们希望我国人口按什么速率降低，和人口总数降低到什么理想数量。据笔者估计，初施节制生育办法时，阻力必定甚大，只能希望做到5‰的自然降低率。当生活逐渐安定时，死亡率必然渐渐降低，生育节制的范围和程度也要逐渐扩大并且加强，否则，连5‰的自然降低率都不容易维持。因为才开始的时候死亡率为38‰，只要压低出生率等于33‰就可以了。等到死亡率降低至35‰时，生育率则须降低至

30‰，不如此就不能维持 5‰的自然降低率。关于人口总数的理想数量，我们认为推算甚难，因为资本积蓄、工业化的进度、自然资源和生活程度几个重要因素都不容易用数字正确地表示；即使粗略地列为数字，仍无从归纳地或演绎地获得几个因素间的函数关系。我国最近的人口总数只能暂以美国和苏联现下的人口数为准。美苏两国的面积或与我国相近，或大于我国；资源均比我国的为丰富；工业基础也远比我国的为好，我们没有理由要维持远超过美苏两国的人口数量。因此，笔者认为我国人口应减少到 2 亿，换言之，以 2 亿人口为最近将来减少人口的理想目标。以 5‰的自然降低率言，由目下 4 亿 5 000 万的人口数约需 163 年始可减至 2 亿人口。如果认为 160 余年的时限太长，则必须加大自然降低率。假使自然降低率可以达到 10‰，则时限上可以缩短到 81 年。80 年的期限我们不否认要比 160 年为理想，不过在事实上恐怕过分降低生育率是一件极不容易做到的事情。

第二，推进生育节制的方案。为了促成生育节制运动的成效，人口政策的计划须扩大到其他方面。在计划中，应该至少包括下列各点：（1）特别着重农村中的节育运动，因为农村中的生育率较高，生活更艰苦，而阻力却最大，所以，整个节育计划应以农村为重心。（2）实施教育、卫生、节育联合推进的制度。具体地说，地方教员和医生须共同负起推进节育运动的责任，教员负责传播节育的意义和知识，医生负责节育的技术问题。我们之所以要三方面联合推进，是由于教员和医生容易受地方人士的尊敬，而且与农民接触的机会比较多。（3）国家对节育方案的执行须具有相当的强制性。合理的办法须由两方面入手：一方面规定凡已经有两个婴儿的父母必须到医院接受永久节育的手术；一方面规定如有第三个婴儿出生，在该婴儿一岁后，即须交予托儿所由国家抚养。后者的用意系消极地为了减低该家庭的经济负担；积极地使之失去传统思想下对子女的希望。（4）普遍地实施老年恤金制度或设立老人院，庶免“养儿防老”的顾虑和解除老年无依的寂苦。以上四者均为拟定节育计划本身的要点，其他方面须与此计划互相配合的措施尚多，大部分均与社会改革有关，我们在本文中可以不必加以论列了。

六、结语

最后我们引卡佛（Carver）教授的名言“为什么不阻止由上天迁入的移民呢?”作为结语。假使有上帝的话，上帝固然不断地送人类到世界上来，但是，我想上帝同时还希望送来的人能够好好地生活。不然的话，上帝又何必送过多的人来受罪呢? 我们所有的努力都应该为人类生存的意义作打算，我们没有理由要生殖许多人口而使之遭受非人的生活；与其多生育人口，任其因饥馑而死，荒旱而死，贫弱无力维持健康而死，何不少生？少生育并不是罪恶，生育而使之早夭或过非人生活才是罪恶，今后下几代的幸福端视我们明智的抉择如何了。

（乙）讨论

一、陈达

戴先生认为我国今后的人口政策，要同时注重三件大事，即工业化、社会改革及减少人口。关于减少人口一端，戴先生主张采用生育节制。我对于前述的意见，在原则上表示赞成，但在若干方面，却有不同的见解，特别是关于推行生育节制的方法，及其对于我国人口可能产生的影响，今简论于后：

我国既无大规模的迁民与徙民运动，所以人口自然增加的主要来源，只在生育率与死亡率（包括婴儿死亡率）的差数。为求增加中华民族的经济与社会利益，我们必须先要降低生育率及降低死亡率。生育率如何可以降低？大致不外下列各端：人民生活程度的提高、教育的普及与提高。至于死亡率的降低，我们必须仰赖医药卫生的普遍、社会环境的改善与人民教育的普及。不过对于降低生育率与死亡率最能发生直接影响者，实推生育节制。所以基本问题，我们实应讨论生育节制如何可在中国普遍地施行。生育节制与我国的民风，根本是有抵触的。一直至最近若干方面尚有反对节育的言论。在抗战期间，在社会部所主持的人口政策委员会，几次有人提出关于本问题的讨论，但未得结论。迨民国三十四年（1945年）5月17日国民党第六次全国代表大会，才通过赞成节育的议案。依法律而言，我国的国策，已由无限制地奖励生育，转变为用理智减少人口。骤视之，社会改良家似乎可以大胆地展开节育运动，使全国人民逐渐得到节育的利益，按事实，节育是一件复杂的事情，与人民的习尚有密切的关系，要在我国普遍地通行，尚须稍待时日。关于推行节育，我们应特别注意下列各点：

（一）真理的传播。我们应该把节育的真实意义，向广大民众逐渐地传播。以一般的情形论，赞成节育者仅得些粗浅的知识，至于反对节育者又往往以一些误解或不真实的资料为根据，只有少数的社会科学者确实明了节育的理论与实际。如此节育的真实意义，不能于短期内向全国传播。为求稳扎稳打，我们必须充分利用学校、图书馆（特别是民众图书馆）及举行公开演讲、座谈会、辩论会及发行小册子等。

（二）设立节育机关。请求卫生部，把节育列为公众卫生的要目之一，由政府普遍设立并维持节育机关，庶几可于适当期间之内，使节育知识传播于全国。此种建议，实际采取荷兰的精神，因当 19 世纪末年，荷兰即依赖政府的力量，推行节育于全国各地。

（三）节育指导所。节育知识的传授是技术工作，应由节育指导所担任之。指导所的设立，必须由市镇开始，因市镇人口，大致有较高的文化水准。他们比较容易接受新的知识，及革除旧的习惯。一俟市镇节育指导所有了基础，再向乡村去推动。抗战以前的五六年，有些朋友们和我，组织北平节育指导所，头两年的节育者，大多数为教育界及知识较高、经济较佳者。按理说，他们不应该节育，但因为他们比旁人先得到消息，因此先来尝试。自第三年起，中下阶层，劳工与农夫，逐渐有来访问者。欧美与大洋洲，对于节育的推广，有同样的经验，即由市镇而乡村，自中上阶层而渐及于下层社会。

（四）合作。近年来我国正在积极发展卫生事业，普遍设立卫生院（省会）及卫生所（县市）等。节育指导所应与之密切合作。此外，凡医师、护士、助产妇、社会工作者对于本问题有兴趣并有经验者，亦应与之合作。

（五）节育对于人口的影响。节育对于减少人口的影响，是一般人所知道的，但节育亦可以提高人口的品质。诚然，节育者减少儿女以后，儿女的天赋并未因之提高，但父母对于儿女的抚养、儿女个性的发展及人格的培养等，必因人数的减少而得到更有利、更适宜的机会。这些儿童长成之后，必为更完善有用的公民。照这样一点观察，节育与优生学是同一旨趣的，虽然节育者仅注意社会环境的改良来提高人口品质，因他们对于品质的了解，是广义的不是狭义的。

二、赵守愚

“有人此有土，有土此有财”，人愈多，财愈丰。我国的人口数量的基本认识，便是根据此念，与西方十七八世纪政治算术家和重农学派，认人口多寡为财富丰啬之部分根据，是遥相符合的。这可说是从经济方面，依传统的观念，而认识人口数量。从政治方面看，有了组织，便需武力维护，武力之强弱，自然看执干戈的人数，这便是古今中外一律地着重壮丁，甚至为确定壮丁数目而实行人口普查，都希望人口愈多，则抽取壮丁的数目愈大。这种因政治立场而观察人口数量，直到如今，虽然盛行着机械化的精兵主义，亦未减弱对于人口繁庶所由发生的安全感、力量感。

就个人来说，我们对于人口的传统着重数量并希望其继续增加，亦另有其经济的和社会的背景。我们生活，历来依赖农业，而农业生产的方式和工具，比较工业、林业、矿业、商业等，其改进最为迟缓，最不彻底。机器甚至牛马，所能帮助农产的，几乎在某种环境下，人莫不优为之，有时且不得不为之，这对于人的数量，自然发生莫大的兴趣，因此每个农户，对其人口多寡，尤其男丁数目，或为其家族盛衰的关键。我们的宗法社会，以无后为最不孝，以多男子为三祝之尤，这些观念，直到如今，便是在知识阶层中，还是为人津津乐道的。在古代社会世族统治之下，有人而多，自然认为绵延权力所不可或缺，但此种人多为荣的观念，如此根深蒂固、广泛久远，颇可疑其与农业生产方式有关。

假如上述各点合理的话，我们对于戴先生分析人口数量的经济含义，以及人口数量（尤其农民数量）必须控制的卓见，自然完全赞同，只是对于政策和实施方案与数量的先后多少，还有商酌余地。我们知道在近代经济发展中，必须拉长生产程序及时间，减轻人在生产因素的配合中所占的分量，而后人的生活程度，方有真正的改进。换言之，生产必须机械化，增加资本的分量，减少人力的使用，农业亦非例外。要使农民不计较人口多寡，不着急结婚生儿，必须在农作的过程中，能有代替人力的工具。这便非农场机械化不可，要使农场机械化，便非彻底采取集体农场制，或大量有示范性的国有大农场制不可。我们要是不集中力量于改革农场制度和工作方式，而欲求使人口所由产生的农民，经劝诱或强制方法，不早婚少生育，定将遭遇农民有意识或下意识地抵制，而使一切减轻人口压力的企图归于泡影。至于机械化必须先有大量资本，而在饥饿线边缘挣扎的绝大部分农民，无资本累积的可能，此种恶性循环，如何击破，谈工业化者，自有其妙计，此不具论。

戴先生援引美苏的经济标准，认为我国人口应当降低至 2 亿，方为理想的人数，就此立论，自属正确，但如将标准降低，或许“理想的”人口可以提高些。就历史和事实讲，亦非将标准降低不可。世界上的民族，除几种大洋洲的土著和几种美洲的印第安人，有灭种的趋势外，具高度文化有意无意去控制生殖的，如法国，亦仅仅使其人数停滞，或自然增加率趋于极小。以英国人的智慧，从 1890 年以后，由于初婚和初产年龄的提高，初产和结婚年距的加长所表现的有意无意控制，而其出生率到 1933 年，亦仅自 30‰下降至 14‰。如果真的按戴先生所说，我们的人口自每年自然增加率 7‰，变为自然降低率 5‰，以求人口总数逐渐跌落至 2 亿之数，即使死亡率不变，对于出生率的压迫，将为如何可怕的生育数量的限制与下跌！个人意见，以为这四万万人口的重担，早已成为社会经济和政治无进步的根源，但就经济环境说，无论是现在或将来，现实或理想，彻底变革或轻微修改，没有很大希望可与美苏相比。我们只可求人数停滞，这已煞费气力，再从改革农产制度看看这巍巍的“人”峰，究竟可以削去几许峰尖!

三、吴泽霖

戴世光先生这篇文章的中心思想在于指出：(1) 中国的人口数量已远超过了饱和点。(2) 为了促进中国的工业化和社会改革，必须设法减少人口。(3) 减少人口必须由国家来通盘计划，尤应推进生育节制的方案。这些原则，我个人完全赞同。在提倡生育节制这一点上，我尚有一些意见来补充。

在一个工业化的国家，人民的生活享受日益提高，女子教育逐渐普遍，生育节制是极易推广的。在这种社会经济制度下，个人享乐变成工作努力的目标。子女绕膝的大家庭，变为一种累赘，既妨碍他们的经济享受，又束缚他们的自由活动。青年夫妇们都渴望获得节育知识，转相传授，传播极速。尽管政府方面不予同情或竟明令禁止，仍无法阻止这种暗流的泛滥。节育宣传家如柏兰德拉夫（Bradlaugh)、贝桑德（Besant)、山额夫人等都受过政府的干涉，法律的制裁。怒尔顿（Knowlton)、欧文（Owen)、阿尔伯德（Albutt）等所著的节育指导书籍，政府都曾严禁刊行。但事实怎样呢？这些人到处受人欢迎。节育书刊，据估计于 1879 年至 1891 年约销售 200 万册。1918 年至 1927 年共销售 600 万至 800 万册。第一次欧战结束后，法德两国尤希望积极扩充人口，严禁节育，鼓励生产，但两国的出生率照样逐年递减，并未收到人口剧增的效果。荷兰是政府公开鼓励节育的一个国家，但荷兰人口的出生率并不比周围国家的出生率为低。这就是说，荷兰周围的国家虽然并不提倡国人节制生育，但人民还是自动地实行节育。由此可知，一个国家的生产方式改变了，生活程度提高了，教育设施普遍了以后，缩小家庭，减少生育，自然而然会变成风尚，用不着政府来努力提倡的。

中国今日的工业化尚在幼稚时期。大多数的人仍集中在农村里，生活程度低得可怜，新知识更无缘接获，同时，传统思想的约束力却大到不可想象的程度。在这种社会里，政府如果出来违背了多福多寿多男子的信条，劝导他们少生子女，他们哪里会懂得其所以然。尤其生育是女子分内的事，女子在维护社会的传统上，向来最顽固。要教她们来尝试祖宗三代所不做的事，那一定会遇到不可想象的阻力。从前解放天足运动就是足资参考的一个例子。按理讲，禁止缠足，可以减少痛苦，行动便利，应当天经地义地可以顺利进行，但在清朝曾尝试几次，一再失败。一直到最后一次，足足费了 50 年的努力，才普遍收了效果。其中最大的阻力反而是女子们自己的反对，自己不愿改革。放足运动尚如此，节育运动的困难更可想而知，因为节制生育，一方面可能威胁脉息相承的祖嗣连续，一方面又牵涉到更切身的私事，有关讳莫如深的性行为。所以一定会遭遇到男女双方的反对，要克服这种双料的阻力，当然是一件难而又难的事。

根据以上的分析我们可以看出，节育运动在中国，第一步还不在技术上的传授或医药上的设备，而在心理上的改变和传统思想的解放。这种态度上的转移，绝不能靠法令公文所能奏效，也不是政府机关立刻所能左右。我们必须应用彻底的社会教育、微妙的宣传技术，使城乡大众都能了解生育不是个人的私事，它十足地可以影响国家社会的福利。国家可以也应当来指示我们，甚而可以来干涉我们，非得这方面的教育和宣传有了相当的成功，节育运动才有推行收效的可能。

中国等不到工业化之后，才来提倡节育运动。我们应当立刻开始。但据我所知道的，政府当局是一向主张繁衍人口的。这是第一道难关，我们首先应当打破，务必先使在位者获得准确的了解，然后才谈得到发动普遍的节育运动。事关基本国策的厘定，《新路周刊》提出这个问题来供给大家公开讨论，希望能够获得较为一致的结论，这是值得赞扬的。

四、刘大中

我对于世光先生所用的分析方法、所得的主要结论和所建议的方案，完全同意。下面所提出来的一点，只是技术方面的一个补充讨论。

在第五节“减少人口政策的计划及其实施方案”第一段中，世光先生说：“关于人口总数的理想数量，我们认为推算甚难，因为资本积蓄、工业化的进度、自然资源和生活程度几个重要因素都不容易用数字正确地表示；即使粗略地列为数字，仍无从归纳地或演绎地获得几个因素间的函数关系。”

这可能是一种过于悲观的看法。为决定最理想的人口数量（能使生活程度达到最高可能限度的人口数量），我们需要下列各种统计数字：（1）若干年来的全国总产值（即全国收益）；（2）资本总值及若干年来的每年新投资数值；（3）若干年来的消费总值；（4）若干年来的物价指数；（5）若干年来的人口数目。这些统计数字，在各经济发达程度较高的国家，是多已具备的。我国将来也可慢慢搜集编制。

除此之外，我们需要两个函数关系和三个恒等式：（1）各年全国总产值（以物价指数贬折后）与人口及各年投资总值（以物价指数贬折后）间的函数关系（工业技术的进展和自然资源的供给已自然地被这函数包括在内）；（2）各年消费总值（以物价指数贬折后）与人口及贬折后的总生产值间的函数关系；（3）第一恒等式，即某年投资值等于上年投资值加本年新投资值；(4) 第二恒等式，即本年新投资等于本年总产值减本年消费值；(5) 第三恒等式，即每人产值（可用以代表生活程度）等于全国总产值被人口数量除。

许多国家的第一个函数关系，已被学者算出；最著名的是 P. H. Douglas 所算的美国函数。第二个函数关系比较容易算，也比较普通。计算这两个函数，在技术上有困难，但都是可以克服的。其他三个恒等式，在计算上，并无困难。

有了这些数字和函数关系之后，计算最合理想的人口数量，是一件相当简单的事(用微分求最高数值法)，这我想世光先生是会完全同意的。为满足个人的好奇心，笔者曾用普通的函数关系计算了一下。详细的算法，过于专门，不宜在《新路周刊》上发表；所得的结果，不用数学公式也难写出。我们如果假设政府能使人民的消费水准固定在某一程度，结果就简单了许多，可以用文字简单地写出如下：

$$\text{最合理想的人口数目}=\frac{\text{资本总值}}{(\text{每人消费数值}-\text{人工的边际生产率})\times\text{资本的边际生产率}}$$

最后，笔者想替数理经济学说两句话。经济学不过是研究各经济变数间的相互关系，这些关系对于人类物质生活的影响，以及如何改善这些影响的一门学问，这些关系的实际情形是从统计数字中显示出来的。不用数学和统计学（也是数学之一种）的方法，这些关系是无从研究的。主要的经济关系为数不少，不用数学方法，人的脑筋是很难应付的；准确的结论（把各种关系都包括在内的结论）也是难得到的。世光先生是我国有数的统计学家，我希望他能提倡这种学问，而不要抱过于悲观的看法。

五、吴景超

戴世光先生对于中国人口问题的看法，我完全同意。第五节中所提出的节育方案，其中第三点我认为可以修正。戴先生既已主张凡已经有两个婴儿的父母，必须到医院接受永久节育的手术（这种手术，对于性生活，并无丝毫影响)，则自然没有第三个婴儿出来，所以第三个婴儿交给国家抚养一节，可以删除。我认为在最近的将来，国家没有能力来担负这一个责任。假如国家真来担负这个责任，反有助长生育率的影响。为釜底抽薪计，不如实行强迫教育（从 5 岁起至 15 岁止，如英国；更进而至 18 岁止，如美国的若干州)，使父母不能剥削子女的劳动力，使年轻的子女，只是父母的担负，而不成为父母的财源。英国于 1870 年通过强迫教育律后，国内的生育率即开始下降，可以为鉴。

此外，我想还要补充一点，就是现在主张不要减少中国人口的人，都要我们把目光放在改良生产、改良分配方面。我们应很明白地说明：我们的立场，与他们的不同，只是我们手中除了他们的两件法宝之外，还有第三件法宝，就是减少人口。我们并不如他们所说，手中只拿着一件法宝，只是想从减少人口方面下功夫。换句话说，我们与他们不同的，只是他们有两套办法，而我们则有三套办法。也许他们以为两套办法就够了，那么我们无妨提出几个问题来请教他们。第一，根据克拉克的计算，凡是用新式生产方法，应用到农业上面的，只要利用15%的就业人口，就可以使全国人民达到最高的营养水准。以此为准，假定中国的就业人口有2亿（就业人口，在世界各国，常在人口总数的50%以下），那么只要有3 000万人在农业中就够了。余下来的1亿7 000万人，我们能把他们安排在哪一些职业中，使他们可以在这些职业中，用最新式的生产方法，达到最高的生产效率，得到最高的生活程度？我想，只要这些反对减少人口的人，肯静静地坐下来，拿起钢笔或铅笔来，根据我国已有的资源材料，参考别个国家每一职业中的就业人数，细细地计算一下就会知道这是一个难以解答的问题。假如所要安排的，不是1亿7 000万人，而是7 000万人，困难就会减少许多。第二，对于那些特别注重分配问题的人，我们也可以请他们记住汤纳（R. H. Tawney）教授的名句，就是把希马拉亚山铲平了，把这些泥土平均分配给全球的陆地，也不能使陆地增高几寸。其所以然，是因为陆地太大。中国的全国收益，即使加增2倍至3倍，但如分配的家庭有8 000万户，每户的平均所得也是有限的。但如分配的家庭从8 000万户减至4 000万户，那么全国的收益即使只加增3倍，每户的平均所得，也可以加增6倍。这条提高生活程度的捷径，有不少的家庭在实行着。在乡下，我们常看到五房分家，假如长房有五个儿子，而其余各房只有一个儿子，到了第三代，长房的生活程度，就会跌到其余各房的生活程度之下。这类常见的事实，可惜有一些人，谈到全国收益的分配时，就完全把它忘记了。

（丙）总答复

笔者写完了《论我国今后的人口政策》一文以后，承许多位先生予以批评和补充，笔者非常感激。同时在写完本文之后，又读到粟寄沧先生在《世界日报》的专论栏发表的《减少人口可以解决中国的经济问题吗?》的文章（见5月29日和30日《世界日报》）。读后，知道粟先生对于“为了解决中国经济问题必须着重我国人口数量过多的影响”是不同意的，笔者非常高兴，因为争论愈多，愈能接近解决问题的真理。本文既已写好，当时也想送给粟先生指正，可惜时间仓促，粟先生来不及参加讨论，笔者深以为憾。不巧，给予批评的几位先生大致地在原则上全能同意本文的意见；如此，只好希望将来再有扩大讨论的机会了。现在容笔者对五位先生（另加上粟先生）的指正，综合地提出我个人的意见。

一、“三管齐下”的人口革命

在本文中，笔者即曾提出“三管齐下”的意见，认为：为了解决我国的经济问题，必须减少人口、工业化和社会改革三方面同时并进。就目前我国的经济基础和社会环境来看，不论在三方面的哪一方面推进工作，都是非常艰巨而阻力甚大的；它们本身全具有强制变革的性质。在英国工业革命的初期，对于以机器工业代替手工业的阻力又何尝不大呢？因此，为了着重这种工作的重要性，我们不妨称之为“人口革命”，与工业革命、社会革命列为我国三种必须变革的基本国策。普遍过分重视后两种变革而忽视我国人口太多的特殊现象，这是不对的，也系笔者之所以要强调减少人口这一点的缘故。吴景超先生对“三管齐下”提出的补充意见，我完全同意。陈达、吴泽霖、赵守愚三位先生在原则上都同意节制生育减少人口的原则，同时却全提出认为社会阻力太大的意见，须注意宣传的工作。社会阻力是事实，我不能否认，但是，我们不能“因噎废食”；所以，我称之为“三管齐下”的人口革命，我们必须强制变革。

二、工业化与减少人口

赵守愚先生认为等到农业机械化时，方能比较容易推进减少人口的政策；吴泽霖先生也认为工业化之后，节育运动反倒自然会扩大。仅就此种关系而言，我也承认：近来欧美人民的节制生育是一种事实体验的结果，发展颇为自然，而且是自动的。但是，在我国如果使人民自觉地由生活中体验到这种需要，必须等到工业化、人民生活程度和知识普遍提高之后，那希望就非常渺茫了。因为，资本累积和人口过剩是一个恶性循环，而且在性质上我国与欧美者也有不同之处，欧美人民是为了维持已经获得的较高的生活程度，而我们却是为了改善过低的生活程度。在我国，可以说百分之八九十的人民对资本的概念是非常模糊的，如果希望人民凭空地来推想节育与工业化及提高生活程度的关系，几乎是不可能的事。原文的分析在指明：人口过剩是因，而资本积蓄困难是果；所以至少必须同时推进节育运动和工业建设不可，否则，工业化的阻碍远为严重。

三、理想的人口数量

对于原文中我国减少人口的理想人口数量，赵守愚、刘大中两位先生分别提出了意见。赵先生认为不必以美苏两国的情形为准，一方面认为标准不必太高；一方面认为社会阻力太大，过剩人口的重担业已压在我们四万万人口自己的肩上。关于后者，笔者业已在第一节中提出意见；对于前者，笔者之所以要与美苏比较，是因为自然资源条件的关系，同时又为了我们所希望的生活程度和国家的经济力量应达到一个幸福、现代化和足以自立的地步。而且节制生育运动既然必须强制地实施，只要能开始，就不妨在国策中继续推进，以期接近适中的人口数目。

刘大中先生所提出是推算人口数量的技术问题，笔者对之极有兴趣而且也曾作过此种企图。不过，就对本文的目的而言，刘先生所提出的推算方法，我认为：其重要性系在于以之阐明资源、生产、消费、投资与劳力数量的相互关系。若为了目下估计我国今后在人口政策中所确定的人口数量，则在应用上至少有两点困难：第一，为了确定几个变量间的函数关系，至少须具有一二十年的统计资料，这一层在我国几乎是不可能的事情。第二，即使粗略地估计获得此种数字，我们据之而归纳得到此种函数，我们依然不好应用。因为，根据函数推算的条件为必须维持客观因素的纯一性，而我国过去的种种和我们希望三方面变革后的种种迥乎不同。但愿我国的现代化和三方面的变革能自今日始，则 20 年后，我们可以据之来获得更科学的答案。

四、节育计划的实施

陈达、吴景超两位先生都对生育节制计划提出修正意见。陈先生提出真理的传播，设立节育机关和节育指导所，并以合作方式推进节育运动等方法，我全能同意；与我提出办法的区别系在于为了变革是否需要对方案具有强制性的一点上。我个人以为：即使以三种变革中的工业化和社会改革而言，如果缺乏约束性和强制性，恐怕也不容易收到成效。我国政治、社会、经济的改革运动将近 40 年，今日的成效如此，何尝不是委曲求全的结果呢?

吴先生认为，“第三个婴儿由国家抚养”一层可以删除。我只同意此种办法经过一个时期以后可以不要，但在推进节育运动的初期，仍须用之以为补充的办法；因为，它是为了处理第一项节育计划的执行未能完全普遍的过渡期间，生育了第三个婴儿的问题。至于强迫教育对于生育率降低的影响，还是间接的，直接地能改正宗法观念和“财源”希望，恐怕还是在出生后，即使之与父母脱离关系为有效吧?

五、附答《减少人口可以解决中国的经济问题吗?》一文

最后我愿就粟寄沧先生的专论提出意见：第一，马尔萨斯对于着重人口与生活资料关系的贡献，我们站在纯学术的立场，不应该对之一笔抹杀；正如同我们不主张用原子弹作为残杀人类的工具，但不反对原子能是一样的。第二，我们唯其反对任人民饿死、穷死、病死，所以才主张节制生育。如果对人口数量采取放任政策，对工业资本来源未作答案，贫的问题不解决，岂不是等于任上列苦难现象继续发展吗？第三，减少人口并不是唯一的原则，我们始终是为了资本积蓄较易，生活程度相对可以提高，才主张节制生育。这一层在本文第四节已明言之，不巧，此文未曾发表在前，否则，粟先生就不会有这种误解了。

（载《新路周刊》第 1 卷第 5 期，1948 年）

中国工业化的资本问题

（甲）本文

现代生产与过去生产最不同的一点，就是现代化的生产，所需要的资本很多。在采集经济时代，一个人从他的岩穴中，跑到野地上去采集自然界所赐予的植物或小动物，身边是不带什么资本的，双手是他唯一的工具。人类自从以赤手空拳来打开生路的时候起，到20世纪为止，少说一点，也有50万年至100万年。在这样悠久的岁月中，人类的物质生活的进步，完全有赖于资本的蓄积。到了现在，我们比较各国生活程度的高下，探索造成这种不同生活程度的原因，一定可以发现一条原则，就是每一个生产者所能利用的资本，其大小是决定他的生活程度的一个最重要的因素。一个用牛耕田的人，与一个用曳引机耕田的人，其所利用的资本，是有多寡之不同的。用牛耕田的人，其所利用的资本，没有用曳引机耕田的人所利用的资本多，因而前者的生活程度也赶不上后者。谁能控制更多的资本，谁的生产力也就愈大，因而他的生活程度也就愈高。

从这个观点看去，提高中国人民生活程度的问题，也就是一个如何加增资本，扩大每一个中国人的生产力的问题。

一、中国工业化需要多少资本?

对于这个重要的问题，我们愿意提供几个答案。让我们用几种不同的方法，来计算一下，中国在工业化的过程中，需要多少资本。

第一种计算的方法，就是先开一个单子，胪列工业化的项目，然后对于每一项目，估计所需的资金。关于这一类的材料，我们所搜集到的，极为零碎。譬如安诺德(Julian Arnold) 曾替我们计算过，中国需要新筑铁路 10 万英里，以每英里需 5 万美元计算，共需 50 亿美元。法理斯（L. M. Pharis）以为中国发电的设备，过于简陋，目前所有发电能力，不过 70 万千瓦，但中国至少需要 2 000 万千瓦（美国有 5 000 万千瓦）。每千瓦的建设费，在美国为 350 美元，中国因为人工便宜，可以每千瓦 275 美元计算。2 000 万千瓦的建设费，应为 55 亿美元。资源委员会曾有一个扩充棉纺织工业所需资金的估计，中国在战前计有纱锭 500 万枚，如再加增 500 万枚，共需 5 亿 6 000 万美元。像这一类的估计，我们所没有看到的应该还有。假如每一估计，都出自专家之手，是很有价值的。可惜这种材料，只是片段的，把这些片段的材料加起来，得不到一个工业化所需资金的总数。

第二种估计的办法，是看我们在工业化的过程中，每年拟在农业中，抽出多少人来，使其转业。同时再看每一个转业的人，社会应该替他安排多少工作所必需的资本。有了这两个数目字以后，每年所需要的资金，便容易算得出来了。这种估计的方法所根据的理论是简单的。任何一个农业国家，在其工业化的过程中，人口的职业分配，必然地要引起剧烈的变动。像中国这种国家，有 75%的就业人口，是集中于农业，而只有 25%的就业人口，分布于其他各种行业。工业化之后，此种职业分配，必然倒转过来，即就业人口中，可能只有 25%，从事农业，而其他的 75%，则从事农业以外的生产事业。这种改变，不是短时期之内所能实现的，也许要 50 年，也许要 100 年。有人曾替我们计算过，假如中国的农业人口，从 75%减为 60%，中国的全国收益可以加增 1 倍。假如再从 60%减为 50%，中国的全国收益可以加增 3 倍。这种成绩的表现，并不足奇，因为农业人口百分数的降低，就是工业化的一个象征，而工业化必然地会加增全国收益，这是施诸四海而皆准的一条原则。

在工业化的时期内，我们对于转业的人数，愿意作两个假定，一为每年 60 万人，一为每年 125 万人（此种假定的根据，参看拙著《论耕者有其田及有田之后》)。对于每一转业的人所需的资本，我们也作两个假定，一为 4 600 美元，一为 47 美元。这两个数目的距离，相差很大。4 600 美元这个数目字，是美国的资源委员会，计算美国在 1935 年，每一就业人口所能利用资本的数目。47 美元，是汪馥荪先生，估计中国目前全部就业人口，每人平均利用的资本。我们利用的资本，数目太低，所以我国工人的聪明才智，虽然天赋并不比别人差，可是我国工厂工人的生产效率，照巫宝三及汪馥荪两位先生的估计，只等于美国工人的 1/19。这种差别，亟须改进，加增资本，便是改进我国工人生产效率最基本的方法之一。

根据上面的几个数目字，我们可以算出几个不同的答案。第一，假如我们每年使60万人转业，而转业的人，每人只替他预备47美元的资本，一共只需2 820万美元。第二，假如我们还是使60万人转业，但每人要替他预备4 600美元的资本，一共便要27亿6 000万美元。第三，假如我们每年使125万人转业，每人有47美元可以利用，一共只需5 875万美元。第四，假如我们还是使125万人转业，但每人可以利用的资本为4 600美元，则所需资金的总数便为57亿5 000万美元。

在我们批评这几个数目字之前，我愿意介绍美国一位经济学者斯丹莱（Eugene Staley）对于我国资金需要的估计。他的计算，是根据若干假定而来的。第一，他假定中国以后工业化的速率，等于日本在1900年以后工业的速率。第二，他计算自1900年起，每一个十年之内，日本在工业上的投资，总数若干。第三，他以此为根据，来计算中国在以后40年内对于资本的需要。在把日本的材料应用到中国的时候，他曾根据中国的面积及人口，加以修正。有些材料，他是根据中国的面积来加以修正的，如在铁路上的投资，中国的面积大若干倍，需要也就大若干倍。又有些材料，他是根据中国的人口来加以修正的，譬如面粉厂上面的投资，中国的人口多若干倍，需要也就大若干倍。根据他计算出来的结果，是中国在战后如实行工业化政策，则第一个十年，每年需要13亿美元；第二个十年，每年需要23亿美元；第三个十年，每年需要44亿美元；第四个十年，每年需要51亿美元。

斯丹莱的估计数字，有一点是极有趣味的。在1943年正月，翁文灏先生曾在重庆有一公开演讲，谓中国战后为推行一个五年建设计划，共需资金约为战前国币300亿元。此300亿元资金，应于前四年内支付，每年平均需国币75亿元，约为23亿美元。此项估计，与斯丹莱估计我国在战后第二个十年每年需要的数字相同，也与我们上面假定每年60万人转业，每个转业的人需要4 600美元的总数27亿6 000万美元相差无几。

所以，我们就假定在最近的将来，如要实行工业化，每年需要资金23亿美元。

二、中国能够供给多少建设的资本？

在1942年，我曾根据不甚完备的资料，估计中国在战前用于经济建设上面的款项，约为5亿元。这个数目，我以为在下列的条件之下，是可加增的。

第一，假如我们能够改良税制，特别是田赋及所得税等，那么每年中央及地方的收入，应可加到 20 亿元。假定政府分配预算时，能更注意于经济建设，以收入的 20％用在这个上面，则每年便可有经济建设经费 4 亿元。

第二，假如我们能改进国内的生产，使国民每年在衣食住各方面的消耗，都可自给而无须外求。又假定我国对于进口货品之种类，能略加管制，使进口货物中的 70％皆与经济建设有关，则每年我国在国外市场 10 亿元的购买力中，可以有 7 亿元用于经济建设。

第三，假如政府能设法使国人的储蓄尽存入国内的银行，使储蓄数量，由战前平均之每年 5 亿元，增至 10 亿元。又假定政府对于人民投资的途径，略加管制，使每年的剩余资金中，有 70％投资于经济建设事业，则从国民总储蓄中，每年可有 7 亿元用于经济建设。

以上三项合计，每年用于经济建设的款项，可达 18 亿元，较过去每年之 5 亿元，超过 2 倍。

这个 18 亿元的估计，因为方法不甚严密，所以我常希望有人出来纠正它，希望有人根据比较精确的数字，作一个更可靠的估计。但是这种希望，至今还没有满足的机会。丁忱先生曾把刘大中、巫宝三两位先生对于中国全国收益加以检讨，而假定 1931 年至 1936 年之平均全国收益为 250 亿元之当时国币。同时他又假定国民储蓄为全国收益的 4％，即战前国币 10 亿元。我所希望达到的建设资金，为 18 亿元，等于全国收益的 7.2％。根据各国的经验来说，平均国民所得高的国家，也是储蓄能力最大的国家。以每一个国家的历史来说，当它的全国收益上升的时候，储蓄的百分数也越高。以中国人民的穷困，及全国收益总额之低而言，则每年储蓄的百分数，只能在 5％左右，是不足为奇的。但储蓄的数量，是颇富弹性的。一个穷的国家，在强迫储蓄的压力之下，其所储蓄的百分数，可以比一个富的国家在普通状态下所储蓄的百分数为高。苏联的经验，可以说明此点。不过目前如想中国人民自己的储蓄，可以达到每年 23 亿美元，亦即等于战前国币 75* 亿元，亦即等于全国收益的 1/3，恐怕是办不到的。假如一定要做到这一点，则已在饥饿线上徘徊的中国民众，非要再降低生活程度不可，这不是讲人道主义的人所愿意提出的主张。

因此，我们以为中国以后经济建设所必需的资金，无妨用两种方法筹集：既向国内募集，同时也向国外募集；既利用本国的资本，同时也用外国的资本。这是一条使中国在最短期内工业化的捷径，我们应当在这条途径上多想办法。

---

* 此处原文数据为 76，根据前页改为 75。——编者注

（乙）讨论

一、丁忱

（一）我认为在讨论工业化的资本问题的时候，我们不仅须注意如何筹集更多的资本，如何求最大的资本积聚，以加快工业化的速度，而更应注意这积聚资本的负担，究竟落在社会上哪一部分人的肩上，工业化的利益，究竟又为社会上哪一部分人沾享得最多。前后两种考虑可能是冲突的。日本的工业化，论速度，的确值得羡慕；论利益，几乎却为少数人独享了。这两种不同的考虑，应该决定一个先后，然后根据这先后的标准来抉择筹资的方法。例如，英国在拿破仑战争之后，政府债台高筑，而这些公债，几乎全部为富人所有，同时政府又以消费税来还本付息。这样加速了英国的资本积聚，对于整个的工业发展有莫大功效。但是，多数人的血汗，肥了少数的有钱人。这种情形，我们不得不留神。

（二）以往中国的资本积聚大部分假手于社会上的两个阶层。一个是农村里的地主，一个是都市里的买办资本和官僚集团。因为这两种人的收入最大，除消费之外，可能有储蓄的。而大多数的劳动人民，自顾衣食尚不暇，哪来余力积储。但是，这两种人对于积聚资本，都没有良好的成绩。一部分将收入挥霍在豪华的享受上，一部分窖藏起来了。在平时窖藏收入，从整个社会的立场来说，是一种浪费，毁灭社会上一部分购买力。如果同时没有新购买力制造出来，用诸投资，则整个社会就少了一部分资本积聚。更要不得的是买办官僚们把资本送到国外去。当这批资本逗留在国外时，就简直等于把中国老百姓辛勤的产物，白送给洋人去消费。这种事实应该令我们警惕。

（三）景超先生根据美国资源委员会和汪馥荪先生估计的两个资本数字，和两个假定的转业人口数字，得到四种不同的答案。汪先生的数字既然是中国目前全部就业人口每人平均利用的资本，而工业化过程中，生产机构的资本深度必然会加深，那么，就以汪先生的数字作为转业人平均所需用的资本数量，则结果一定是偏低的。如根据美国 1935 年每一工作者所应用的资本值来估计又必然偏高。因为景超先生所假定的转业人数说明了他想象中的工业化不是很快的。同时中国的节储能力也限制了工业化的速度。

（四）在生育率和死亡率都高的中国，任何有关工业化的估计，都不得不把人口的变迁计入。生育率的降低，往往在死亡率开始下降之后，在这段相差的时间之内，人口的数量可能有大量的增加。因此不但转业的工作者需要新资本，新工作者也需要新资本。

（五）至于斯丹莱先生的估计，实在颇成问题。他所假定的某种投资与人口、某种投资与土地面积的绝对关系，实可怀疑。例如，政府建设项下的投资，交通和农业的投资，很可能与人口的数量有密切的关系。农业投资即使按土地面积推算，也应该是可耕地的面积，而非全部土地的面积。此外，中国人口增加的速率，真会如日本在20世纪初叶一样地快吗？这些都是问题，我们如果把他的假定略略修正，所得的结果，可能有百分之二三十的出入。

（六）对于资本的供给方面，景超先生指出了三个来源。我以为银行信用的扩张，也应该列为重要来源之一。缓和的物价上涨，对整个工业化的进行是有益的。当然，如果用这种方法筹资，银行应该全部国有。

（七）我同意景超先生的主张，估计工业化的资本需要，最好由专家把个别建设计划加以估计。在没有这种精细的估计时，我个人却偏好从估计资本的生产率入手。这是一个技术问题，在此从略了。

二、谷春帆

中国工业化资本需要数目及可能筹集数目，在目前几乎无可估计。需要数目之大小与假想中工业化范围之大小成正比例。若不先决定将来工业化计划之范围，吾们即无法估计其需要。在工业化的初期，绝不能希望一步就与美国相比。所以根据美国每一就业人口利用资本之数目，而假定每一个中国人，从农业转入工业，也需要4 600美元资本，显然是过高的。反过来，根据中国目前全部就业人口，每人平均利用的资本额47美元，而以为每一个中国人由农业转入工业，也只需配给资本47美元，又显然太低，并且失去工业化的意义。因为中国就业人口平均资本之低，正为大多数人是农业人口，大多数资本是农业资本。假使工业化的目标，使每个工业人口的资本，仍与农业人口的资本相仿，则工业化也就无从谈起了。

民国三十三年（1944年）在重庆时，我曾经大胆假拟过一个中国工业化五年计划。我假定只有必需的（私人不愿意即刻举办的或不便举办的）几种工矿事业、水利、交通、兵工由国家来办，估计最低限度需要的资金。至于可能希望由私人资本自行举办的企业，我没有估计在内。同时对于农业改良的资本（除去水利灌溉以外），也未曾估计在内。照此范围估计最低限度五年计划需要如下：

	战前国币（百万元）	美金（百万美元）
工矿事业	3 050	1 525
水利灌溉	500	
交通	1 297	1 148
兵工	1 000	
预备费	1 487	
总计	7 334	2 673

照以上数目折合美金，五年共需约 51 亿美元，平均合每年 10 亿美元。但是这种估计出入很大，绝不是一两个人所能凭空推测的，所以我很后悔不该太草率发表。我觉得现在与其大家随便推测估计，还不如约集各方面专家，真真好好来从头估计一回（当然先得确定一个范围），比较更切实用。

至于中国可能自筹的建设资金，我也曾以为五年之内，至多可筹措战前国币 93 亿 7 500 万元，合美金 31 亿 2 500 万元。外币部分当时亦有一估计，现在事隔数年，情势全非。但根据美国联邦准备银行的月报，去年年底中国存在美国银行之款尚有 2 亿 2 990 万美元。这还是短期的，长期的投资如股票之类不在内。如建设开始，逃亡的资金肯流回，加上可能的日本赔款、华侨汇款中可能的部分储蓄，也许可凑一相当数目。但这些估计，皆以积极实行工业化为前提。所以国家的财政政策、租税政策、国际贸易政策、土地政策以及就业与消费政策，皆以极端筹措资金为前提。假使这种假定的政策不成立，则我曾根据 1912 年至 1938 年进口机器价值，求其每年增殖趋势，仅为 5 518 969 镑，合 2 000 余万美元。尚系连外国投资在内。如只算中国本国资本之增殖率，则每年仅约 700 万美元。这是纯任自然的趋势，自然谈不上工业化（见拙著《中国工业化通论》）。

景超先生 18 亿元可用资金的估计方法，我不大详细。他提到战前储蓄平均每年 5 亿元，并希望国人储蓄尽存入国内银行，使其达到每年 10 亿元。我想指出战前银行存款年增 5 亿元，并非即系人民有 5 亿元储蓄，可能其中竟无或甚少人民储蓄。假使真有储蓄，倒也不必定要存入银行，方能作为工建资金。

三、汪馥荪

吴先生的《中国工业化的资本问题》，最主要的地方，是在估计中国工业化过程中资本的供给和需求。因此我们的讨论，也想集中在计算的方法和逻辑上面。

从资本的供给说，吴先生所估计的 18 亿元，实在是一个极含糊而重复的东西。拆开这18亿元：第一笔是政府自课税收入中提出的“建设经费”4亿元；第二笔是人民的储蓄10亿元中拿去投资的7亿元；剩下来的7亿元，吴先生说是进口货物10亿元中70%的资本物。我要指出，吴先生所估计的中国资本供给量，实际上只有10亿元，那是第二笔——人民的储蓄量。因为只有储蓄才真正是投资所需的“经费”，而这一笔“经费”才真正构成资本。首先，吴先生说政府在税收中提出4亿元作为建设经费，我们要问：这一笔钱是不是要老百姓扣住不用方能得到？老百姓的收入中扣住不用的正是他们的储蓄，那在理论上已经包括在第二笔数目里面，当然不能再算。其次，吴先生说进口有7亿元是“和经济建设有关”的资本物，要知道这7亿元资本物并不是从天上掉下来的，而是要拿东西去换的。如果拿米去换，那么国内吃的米，总值就少了7亿元，那依旧要老百姓扣住一点花。扣下来的一笔钱，正是拿去买外国输进来的机器以及一切“和经济建设有关”的东西的。中国国民储蓄可能增至多少？超过10亿元或者不及，那是另外一个问题。我们不能忽略的，是估计中国资本的可能供给量，只有从国民的储蓄入手，像吴先生那样的估计方法，不但概念模糊，而且可能给我们一种和事实不符的印象。

就资本的需求而言，吴先生估计的四个数字，实际上是两个极端的组合。我不明白吴先生为什么采用这种下手的方法。是不是中国就业人口手中的资本除了最高的4 600美元和最低的47美元以外，再不许有其他的选择？吴先生说翁文灏先生估计的数字，和他的第二个估计近似，所以他偏好他的第二个估计。如果吴先生除了赞成翁文灏先生所估计的资本数目以外，并且赞成这一笔数目用途的分派，那么，吴先生本身的四个估计，都显得是多余的。两个数字的近似，只可以说是巧合。如果不是这样，如果吴先生觉得他的第二个估计，有独立存在的理论和根据，那么，吴先生给我们的印象，似乎是中国工业化的发展和理想，要和美国一模一样。也就是说，美国自1910年至1930年农业以外的就业人口，每年平均增加60万人，我们工业化初期每年也要转业60万人；美国每一就业人口所能利用资本的数目，是4 600美元，中国初期转业的人，也必须有这种装备。我怀疑吴先生为什么要那样厚待他们，而把其他占绝大多数的丢开不顾。说句比较武断的话，单单每年有60万幸运儿，要工业化，行吗？

四、刘大中

在工业化的过程中，所需资本的供给，自然是一个极重要的问题。在读毕景超先生这篇文章以后，笔者想提出下列几点意见，供大家讨论。

（一）用过去我国每年资本形成的数值，去约略代表我国将来可能自动供给的资本数值（voluntary savings or investment）自然不失为一种办法。但是估计我国过去每年的资本形成数值，几乎是一件不可能的事。（至于资本形成应当如何估计，为什么我国过去的数字无法估计，我们留在最后一段中略述。对于这种技术问题没有兴趣的读者，可以把这最后一段略去。）

（二）我们虽然不知过去资本形成的确数，但是大家都同意，这个数值一定极小，在经济繁荣的年度是一个很小的正数，在衰微的年度是一个不至于太大的负数。所以在分析工业化问题的时候，我们可以假定人民可能自动供给的资本数值是零（在工业化的前夕和头一两年），这种假定离事实必然不远，于分析结论的正确程度也必无太大的影响。所以要想工业化，我们就不能不用强迫的法子，或是利用外资。

（三）按景超先生所提出的数字，在工业化的初期，我们每年需要23亿美元的资本形成。我们的全国总生产值，在正常的状态下，也不过85亿美元。要从85亿中省出23亿来，除去采用极高度的累进所得税以外，我们恐怕还必须直接限制消费（如定量分配等）。不过，我们就是把所有的法宝都使出来，23亿恐怕仍是得不到。要想极力少用外资的话，除了用通货膨胀一法外，更无其他途径。政府可以用印钞票的办法，银行可以用扩充信用的方式，投资到建设性的企业中去。

（四）提到通货膨胀，大家难免头痛。其实，用通货膨胀去建设，和用通货膨胀去战争，完全是两回事。为经济建设的目的而行轻度的膨胀政策，在不久的将来，物资的供给就会因建设而加多，膨胀的趋势就可遏止。为减轻这种上涨的速率和缩短上涨的期限起见，我们在工业化的初期应集中精力在消费工业的建设上，把资本投到纺织、机械化农业、食品制造业、皮革业等范围中去。在全国总产值提高、人民所得增加后，自动的储蓄一定会增加，我们就可再打重工业的算盘。这似乎是比较合理的步骤，但与现在一般的见解恐不相同。主张先开发重工业的人所持的理由，恐怕不完全是经济方面的。

（五）达到每年23亿美元资本形成的困难，不在这总数之不易筹措；用强迫性的办法（包括轻度通货膨胀），这是办得到的。实际的困难，是在这23亿中不能自制的工具器械那一部分。这一部分是必须进口的。我们即或把同值的出口货生产出来，外国也并不一定会买——出口是无法强迫的。我们只有两个法宝来应付进口超过出口这一部分。第一个是征用人民在外的存款和资产。凡是无决心办这件事的政府，就是误国害民的政府。第二个是利用外资。我们似应尽可能地把外资数目压低到这必不可少的水准上——在所有的法宝都用完了以后。

我们现在讨论一下资本形成值的估计方法。在这篇文章中，景超先生以战前用于经济建设的款项，来约略代表我国每年聚集资本的能力；然后又用赋税、进口和银行存款可能增加的数量，来代表我们资本形成能力可能增加的程度。这自然是因为我国统计资料缺乏，不得已而采用的一种方法。

如果要正式估计过去每年资本形成的数值，我们可以从投资或是储蓄方面入手；用这两种方法所得的结果自然相同。每年中投资和储蓄的基本关系如下：

（政府总支出－税收）＋私有国内投资＋对外投资＝私人储蓄＋企业储蓄

政府总支出和税收是指本年度的数字而言；其他各项是指在本年度中增加的数值而言，这些项目在本年度中如有减少，它们前面的符号就应当是负的。

在政府总支出中，有些项目是无永久性的服役性质，而不是资本形成性质，所以应当除外。我们的基本关系可以写成下列形式（在下式中，投资与资本形成的意义相同）：

因为：政府总支出＝政府资本形成＋政府其他支出

所以：本年度资本形成总值

＝政府资本形成＋私有国内投资＋对外投资　(1)

＝私人储蓄＋企业储蓄＋税收－政府其他支出　(2)

第（1）式指出从投资方面计算资本形成值的方法。我们需要知道本年度公有和私有厂房、建筑、器械、存货的增加，以及国外投资的数目。除最末一项勉强可从国际收支表中估计外，估计其他各项所必需的数字，在我国绝不存在，连概数都无从猜度。

第（2）式指出从储蓄方面计算资本形成值的方法。税收一项勉可估计。从我国政府的预算和决算表中（就算所公布的数字相当精确——这自然是说梦话），我们无法把投资支出和“其他”支出分开。

估计私人储蓄，我们可从两方面下手：第一，从私人所得减去消费和赋税支出。但是关于消费支出数字太不完整，无法估计。第二，从本年度人民手中现款、银行存款、对外放债、有形资产、对外负债等项的变动中估计（例：假如现款增加 10，存款减少 2，不动产增加 6，存货减少 5，对外负债减少 1，本期人民储蓄就等于 10）。有关这些项目的统计数字，在我国是太半不存在的，所以无法猜度。

计算企业储蓄也可以从相似的两方面着手，所需的资料更多，更是无法估计或猜度。

估计我国过去的全国收益（即普通所谓“国民所得”，这个名词无论从逻辑上或是从外国名词 national income 的翻译上来看，都是不妥当的，在此我们不谈），已是极困难的工作，所得的结果已是极不可靠的了。估计其中的资本形成部分，困难还要加倍，结果更不可靠——简直不可靠到完全无用的程度。这步工作实属劳而无功，以后似可不做。我们以后似应把我们的时间和精力用在搜集将来的新数字和资料上，使我们有估计将来资本形成值的可能。

五、蒋硕杰

景超先生在前面的大作中对中国工业化所需要的资本和我国可能供给的资本作了一个初步的估计。我对于这方面的统计数字从来没有加以精密的研究，对吴先生的估计自然无法作“量的”批评。但是我对吴先生大作中的估计方法却愿贡献一点意见。

中国工业化所需要的资本总额及每年之需要额并没有客观的标准。这需要的大小完全看我们所打算达到的工业化的目标和达成这目标的时限而定的。所以一切关于中国工业化所需要的资本的估计，都只是条件的，而不应看作绝对的。

吴先生所举的资本需要的第一种估计方法，自然需要我们先确立一个类似苏联的五年计划的工业化的全盘计划，然后才能算出每年及全计划期间所需要的资本。

吴先生所举的第二种方法，仍然只能给我们一个条件的估计。就是我们须预先决定每年计划从农业中抽出多少人来和给每人装配多少资本，才能决定每年所需要的资本数额。吴先生对转业人数作两个假定：一为每年 60 万人；一为 125 万人。这两个似乎没有什么根据的假定，相差竟达 1 倍以上。对于每一转业者所需要的资本，吴先生根据美国每一就业人平均所利用的资本数额及中国目前每一就业人平均所利用的资本估计作两个假定（即 4 600 美元及 47 美元）。这两个假定相差几达百倍。以上四个假定组合起来，我们可以得四个答案。但是这些答案究竟有什么意义呢？我们果真必须每年使 60 万人或 125 万人由农业转至工业吗？转业的人果真每人需要 47 美元或 4 600 美元的资本吗？尤其成为问题的是，以后每年转业人数和每一转业者所需要的资本仍旧应该继续不变吗？这是我们读后不由自主而生发的疑问。据我个人的看法，这几个问题的答案都应该是否定的。

根据经济学原则，资本与劳工的最适当的配合比率应该使资本及劳工之边际生产力的比率恰好等于资本及劳工之使用价格（即利息与工资）之比率（参阅本刊第 4 期，刘大中著《社会主义下的生产政策》）。以中国这样缺乏资本而拥有过剩的劳工供给的国家，在开始工业化的时候自然应该尽量地节省稀少而成本高的资本，而充分利用丰富而低廉的劳工。否则，尽管从技术方面看效率较高（每一工人之产量较大），但是用经济的眼光来看仍是不经济、不合算的。所以在工业化开始的时候就要使每一工人有美国工人平均所利用的资本数量是非常不合理的。美国的生产事业何以如此的高度资本化，是因为资本的供给经过多年的日积月累已经非常的丰富，而劳工则感觉相对的缺乏，所以必须而且可能多方以资本代替劳工。中国的情形恰好相反。如果资本还没有蓄积起来，就算采用美国的高度资本化的生产方法，岂不等于舍低廉的生产因素而代以稀为贵的生产因素吗？所以中国工业化的步骤应该是随资本之蓄积而逐渐提高各种产业中（包括农业）每一工人所利用的资本数额，不应一步登天似的使少数的工人先有与美国工人相等的资本设备，而使大多数的工人仍旧辗转于几乎没有资本协助的原始生产方式之下。

在工业化的初期采取比较节省资本的生产方式还有一种意义，就是在高度资本化的生产方式下，资本之周转率较小，投资变为成品平均所需要的时间较长。因为在高度资本化生产之下，资本大半投在经久的固定资本设备和生产这些设备的设备上面，所以总资本额对每年成品产量的比率很大。也就是说，在高度资本化的生产上的投资对于每年成品产量增加的贡献率较小。反是，资本化程度较低的生产中，资本之周转率较大，亦即投资变为成品的速率较大。所以中国的工业化如果要求其有迅速提高全国的生产水准及人民的生活程度的效果，也应当采取资本化程度较低的生产方式，同时应首先着重于消费品及接近消费品之工业的建设，不应好高骛远地先将目前可以应用的少额资本大部分都倾注在需要大量的资本而距离消费品生产很远的工业上面，除非从国防的观点着眼我们有此必要。质言之，在工业化的初期，我们宁愿向外国购买纺织机来开设纺织厂，不必自己大规模设厂制造纺织机；宁肯向外国购买机车开辟交通，不必自己设厂制造机车；等等。这样，同一数额的投资可以对全国的生产总额及人民的生活水准有较大的裨益。全国的总生产既然可以提高得快一点，那么以后的工业化所需要的资本也就比较容易在国内募集了。

信笔写来似乎多少超越了批评景超先生的估计方法的范围，但是以上议论明白地指出我们是无法武断地决定每一转业工人所需要配合的资本数额的。至于每年转业的人数也是无从武断地预定的。我们必须先知道我们每年能供给多少资本，方能决定我们究竟能采取何种的工业化计划及每年应转业的人数。所以我们觉得先估计工业化资本之需要而后估计资本之供给，似乎有“将车架在马前”之嫌。

吴先生估计我国可能供给的建设资本约 18 亿元（战前币值），但是吴先生对这估计还不十分满意。我一时也提不出更精确的数字来，但是愿意提出一个估计方法来和吴先生及其他同道来共同商榷。我觉得我国可能供给的用于建设的资本可以下列的恒等式推算出来：

全国总生产（即国内原则的国民所得）＝国内总消费＋国内总投资＋输出－输入

所以：国内总投资＝全国总生产－国内总消费＋（输入－输出）

从这个等式看来，我们可以知道我国每年可能用于建设的资本等于我国在充分就业下可能达到的最高的全国净生产总额减去全国人民（包括经常住在中国的外侨）所必需的消费，再加上我国可能维持的国际贸易上商品劳务的入超。

据巫宝三先生的统计，我国生产总额减去国内消费恐怕不能有多少的剩余。以1936年而论，全国生产所得（即国内净生产）约为257亿元，而同年国内消费达253亿元，相差仅4亿元（都以1936年的物价作标准）。1936年是战前很繁荣的一年尚且如此，在其他生产较低的几年（1931年至1935年之五年），全国生产与消费之差竟没有一年不是负数的。经过长年的抗战与内乱之后，全国生产恐怕绝对不能达到1936年的水准。所以即令1936年的消费数字还可以减削，这方面的希望实在微弱极了。我们在前面之所以主张在工业化的初期，投资应求其有速效（即采取资本化程度较低的生产方法），就是为着要想早一点使生产水准提高，使生产减去消费的余额能早日增加，或者至少使生产与消费间的亏缺能早日消灭。

至于商品及劳务的入超要靠什么来维持呢？我们只要画一个国际收入平衡表，将所有的国际收支项目都列入，就可以知道入超需要哪些项目来维持了。

国际收支对照表

收入	支出
所得项目	
1. 商品劳务之输出	1. 商品劳务之输入
2. 外国旅客及政府在中国之支出	2. 中国旅客及政府在外国之支出
3. 华侨对国内汇款	3. 外侨对国外汇款
4. 中国在外国投资之利息及利润（包括外国政府的公债利息）	4. 外国在华之投资之利息及利润（包括外债利息）
5. 其他（如外国对华各种捐款等等）	5. 其他
资本项目	
6. 外国对中国之新长期投资，或中国在外国之投资之回调	6. 中国对外国之新长期投资或外国在华投资之回调
7. 外国在中国之存款及短期票据之增加，或中国在外国之存款及票据之减少	7. 中国在外国之存款及短期票据之增加，或外国在中国之存款及票据之减少
8. 外国对中国之赔款	8. 中国对外国之赔款

续表

收入	支出
9. 金银之输出	9. 金银之输入
10. 纸币之输出	10. 纸币之输入
11. 其他	11. 其他

这表的收支两方必然是平衡的，所以商品的入超必须有其他项目上的收入超过支出来弥补的。可是其他的所得项目下恐怕难望有很大的盈余，其中最重要的一项即侨汇现在也大非昔比了。所以大规模的商品劳务的入超还得靠各项资本项目来维持了。

资本项目中最主要的收入自然还是靠外国的投资，但是我们不可忘记中国在外国拥有相当数额的资产。据魏德迈将军的谈话，仅在美国者已不下15亿美元。这些资产假使能使它向国内移转，也可以成为我国工业化的资本来源之一。还有日本对我国的赔款，也是不可遗忘的一项。最后不可忘记，现在我国民间藏有相当数额的美钞和港币。这些外钞是被人民保藏着作为价值贮藏的工具的。一待国内经济、政治都稳定下来，人民就不需要用外钞来作为储蓄的工具了。那时外钞自然会流回外国，也可以成为入超的一种抵补。

以上我只不过提出一个估计的方法而已。因为手头资料缺乏，无法作一严密的量的估计。不过，资本的供给确是我国工业化的关键问题。既然已经有景超先生出来倡导，我想我们社会经济研究的同人应该大家合力作一个精确可靠的估计。

（丙）总答复

（一）我写了《中国工业化的资本问题》之后，送给好些朋友去看，请他们批评。蒙丁忱、谷春帆、汪馥荪、刘大中、蒋硕杰诸位先生，供给我许多宝贵的意见，非常感谢。

（二）这一次的讨论，得到一个最重要的结论，就是估计中国能够供给多少建设的资本，须采用严密的方法。

在这一点上，刘、蒋两位先生贡献的意见尤多，我对于他们的见解，完全同意。不过有方法而无统计资料，还是产生不出答案。因此，我们希望以后政府及民间的研究机关，对于有关资料的搜集、整理及公布，应该多花一点精力。假如对此问题有兴趣的人，都能朝这一个方向共同努力，也许不久的将来，我们便可对于中国的资本形成，作一可靠的估计。

我对于战前国内资本形成的估计，就是因为国内可用的资料有限，所以不能照刘、蒋两位先生所提出的方法进行。而且战时后方所能参考的书籍无多，所以估计方法所根据的理论，也有欠缺的地方。不过汪馥荪先生所批评的一点，我想还要声辩。汪先生以为政府建设经费，已经包括在人民的储蓄之内，此点我不同意。汪先生是研究全国收益的专家，我愿意提出下面一个假设的全国收益内容分析表，来讨论这一点：

1. 全国生产总值	180
2. 除去折旧等支出	10
3. 全国生产净值	170
4. 除去商业赋税	15
5. 全国收益	155
6. 除去企业储蓄	5
7. 私人所得	150
8. 除去私人赋税	15
9. 私人可以利用的所得	135
10. 除去私人储蓄	15
11. 私人消费	120

上面这表内，第四项及第八项，为政府的收入。政府在这些收入中，在理论上讲，是可以提出一部分来，作为投资之用，而成为公有资本的。假如它这样做，那么公有资本的形成，并不与第六项及第十项的企业储蓄及私人储蓄重复。假如政府从第四项及第八项的收入中，以之支付平常开支及投资，还感不足，而以发行公债的方法来弥补，然后我们才应由第六项及第十项中，减去公债发行的数目。除非公债把这两项储蓄完全吃去，我们绝不能说，政府的建设资本，已包括在人民的储蓄之中。

（三）关于资本的供给方面，丁忱先生以为银行信用的扩张，也应列为重要来源之一，刘大中先生对于此点，更有发挥。在中国没有达到充分就业时，这当然是一个可以利用的方法。丁先生又提到乡村中地主的窖藏，可加利用。我在1942年，写那篇《经济建设与国内资金》时，也曾提到“许多乡下地主豪绅，其剩余资金并未存入银行”。因此我在另外一篇文章中，曾提议“在各县各乡，都设立银行的机构，使一切节衣缩食的人，都能把他们的盈余，存入银行之内。只有在这种金融网完成状态之下，全国人民的剩余资本，才能全体动员，用于生产事业之上，否则有一部分资本，一定会冻结在老百姓的箱里或地下，对于国家的建设，是一严重的损失”（见拙著《中国经济建设之路》，第95页）。谷春帆先生说“假使真有储蓄，倒也不必定要存入银行，方能作为工建资金”，也许他忽略了在中国储蓄可以变为窖藏的一项重要事实。除了乡下人的窖藏之外，蒋硕杰先生又提到“我国民间藏有相当数额的美钞和港币”。这种城里人的窖藏，诚如蒋先生所说，只要国内经济、政治都稳定下来，是可以变为建设的资本，用以成为入超的一种抵补的。此外，谷、蒋、刘三位先生，都指出中国逃亡在外的资本，如加以利用，也可成为我国工业化的资本来源之一。谷、蒋两位先生都提到此项资本的数目字，但因为根据不同，所以相差很大（2亿2 000万与15亿）。不管实际数目字如何，这是一笔可以利用的资本，自无疑义，问题是用什么方法可以使这些逃避资本重返祖国。这是一个实际的问题，值得仔细研究。

（四）关于资本的需要方面，我所供给的数目字，只是表示用各种方法所能得到的数目字。数目字的本身，只是一种参考、一种尺度，并不代表客观的需要，也不代表主观的企求。特别是我根据转业人数及每人所需资本数目而得到的几套数目字，只是表示“取法乎上”与“取法乎下”两个极端的情形之下，我们对于资本的要求。至于将来真正建设的时候，对于资本的需要，大约是一个政权的意志的表示，与我那几套数目字，也许根本无关。不过私人的猜度，以为任何政权的决定，总会落在那最高与最低数目字两者之间的任何一点。

（五）刘大中与蒋硕杰先生，对于中国工业化的过程中，应当注重轻工业、抑重工业，都有详细的讨论。他们的意见是一样的，就是中国应当先发展消费品工业，也就是一般人所谓的轻工业。从提高人民生活程度的立场去看，这是无可非议的。中国过去对于这个问题的讨论，在抗战以前是一个阶段，那时大家都注意于人民生活程度的提高，而且实际也是朝消费工业方面发展。抗战发生之后，大家的观点都有改变，再加以俄、德两国昭示的榜样，抗战所加于我们身上的痛苦经验，使得大家都觉得国防没有巩固之前，人民的生活是无保障的，因此一般的见解，认为中国应当先发展重工业，虽节衣缩食，亦所愿为。抗战胜利以后，这个问题似乎已在论坛上退隐，不成为注意及讨论的焦点了。我很高兴刘、蒋两位先生不约而同地提出这个问题来，希望以后可以有再加讨论的机会。

（六）最后我要补充一点，就是关于资本的需要，并不限于生产工具这一方面。生产工具的加增与改良，诚然可以提高我们的生产力，因而这一方面资本的形成是必需的。可是另一方面，生产工具必须由有生产经验及劳动技术的人去使用，才可以发挥效力。有了火车头而没有开火车的技工，有了炼铁炉而没有有炼铁经验的工程师，结果生产还是无法进行。在工业化的过程中，对于人才的培植，是必需的，因此而加增的投资，也是必需的。生产工具，是我们有形的资本，而经验技术，则是我们无形的资本，但是这种无形的资本，也须花去有形的金钱，才可以产生出来。这一笔资本的筹措，是在任何工业化的计划中所不能忽略的。

（载《新路周刊》第 1 卷第 7 期，1948 年）

忠告美国政府

徐毓枬　戴世光　刘大中　赵人儁
吴景超　陈　达　潘光旦　邵循正

司徒雷登氏的扶日声明，引起了我国各界普遍的不满。各学生团体和教员组织，尤其是异常愤怒，游行和“抗诉”在各地风起云涌。现在时过三周，感情上的激动已得到了相当的发泄，而事件的严重性并未稍减，问题依然存在。对日政策是一件第一等重要的大事。美政府不能一意孤行，漠视其他盟国的意见。我国人民和政府，尤其不能在喊叫躁跳之后，听其自然地演变下去。我们应当继续冷静地研究这个问题，并随时发表意见，一方面使美政府对我国民意有充分的认识，一方面督促政府据理交涉。

我们在慎重思考之后，认为美政府现在的扶日倾向和设施，是不诚、不公、不智的政策。为维护我国的利益，并为美国的国格和它本身的利益着想，我们谨向美政府忠告，希望它能改正扶日政策，并且改变它以往在日本问题上独断独行的作风。

先谈美政府对日政策的不诚。在大战结束的前后，美政府所主张的统治日本的办法，虽然从未失之过苛，但绝无今日之宽大。美政府当时的立场，可自 1946 年 12 月发表的鲍莱报告中，窥其大概。以后随着美苏间情势的恶化，美联邦政府和驻日盟总的态度逐渐转变。先有 1947 年 2 月美军部派遣的斯揣克技术调查团赴日，在今年 2 月，该调查团发表了对日绝对有利的斯揣克报告书。继有本年 3 月间美陆军次长德莱的访日，于 4 月 7 日在美发表“扶日”谈话。这些报告和建议，虽然尚未见诸实施，但都足以显示美国官方的态度随美苏关系恶化而转变。去年和今年期内，盟总在日的实际设施，也因美苏关系的恶化而趋于软化。我们承认一国政府有为其本国安全而预为布置的权利。但是假如美政府对日政策软化的主要原因，是下列各项或其中的一部分：

> （1）日本是邻近苏俄的一个主要基地，而日本人民的好感是顺利应用那个基地的必要条件；（2）日本的人力、资源和工业设备是对苏作战的一个有利因素；（3）从工业技术和设备、组织能力、作战经验上来看，在东亚各国中，日本是唯一能与苏俄发生制衡作用的国家。

美政府就应本着美国人民坦白率直的精神，老老实实地说出来，而不应拿一些次要的理由来搪塞，例如："必须恢复日本之经济至日人能以自给之程度，盖无人能期望美国赋税之担负者，无限期支付日人之费用也。"（见司徒声明书）

美政府假如肯把它对日软化的主要原因说出来，有关各国就可以向美政府表示它们对于美政府这种看法的意见。按现在美政府这种说法，其他国家只可以猜度揣测，无从达到问题的核心。就美国本国的资源来说，美政府尽有权力用百分之百去备战，其他国家或可表示意见，而绝对无权参加讨论。但是日本是盟国协力战败的敌国，所以大家都有权知道美国对日政策真意之所在，然后就各国自己的立场来谈判。

我们希望美政府现在能公开地对世界宣告，它现在的对日政策究竟是否与对苏备战有关。如有关的话，其他盟国可以就这一点发表它们的意见。美政府的葫芦里到底卖的什么药，有关的国家有权利要求知道。但是关于对日政策是否与备战有关，美政府从未干脆地肯定地表示。

有人也许会说，美政府不是已经公开承认对日政策与对苏备战有关了吗？司徒雷登氏不是明确地说："如使日本成为饥饿不安的人民，则日本亦得继续为和平之威胁，此种情形适为共产主义之所需，如吾人诚意为一般利益计，必须制止共产主义，则吾人必须消灭鼓励共产主义之因素。"但是防止共产主义与对苏备战并不是一回事。我们姑不论美政府是否有权在日本防止共产主义，但如消除"饥饿不安"是防止共产主义的主要办法，则亚洲各处无一不是"饥饿不安"，我们为什么先要使敌国日本温饱安乐？这一点就引进到美国对日政策的不公之处，我们在下段中评论。在这里，我们希望美政府说实话，不要口是心非。

美政府的对日政策，有两个不公之点。第一个不公之点，是美政府要想消除日本的"饥饿不安"，所以想要把日本人民的生活恢复到1930—1934年的水准上去（这虽是远东委员会的决议，但实际上是美政府的意见）。其实，假若现在的日本要是"饥饿不安"的话，亚洲的其他各处只有过之而无不及，而这正是日本侵略战争的直接后果。即以我国为例，在1931—1937年，我国的经济建设，确已在开始。这抗战八年的血汗和资源若用来建设的话，我国现在的生活水准一定可以提到相当高的程度。我们自然不是因为美政府将要给予日本大笔借款而眼红，但我们绝对有权责成日本以物资作赔偿，使受日本侵略各国的生活水准先行提高。在最近五年以内，日本的生活水准绝对不应提高到亚洲其他国家以上，而美政府现时所主张的赔偿办法，实处处以不妨碍提高日本生活程度为前提。从道义上讲，生活程度的降低是侵略者毁灭旁人和平生活和阻挠旁人经济建设应付的抵偿和应受的惩罚。从利害上讲，亚洲各胜利国在饥馑线上生存的人数，要比日本人数大得多；这些国家"饥饿不安"的后果，恐怕要比盟总钳制下的日本严重多了。

第二个不公之点，是美国政府对日设施的独断独行，好像其他盟国在对日作战期内并无多大贡献。事后夸功，在我国的道德标准上，原是不屑为的事，但是在美政府现时的作风之下，我们实在不能再自视过卑。论牺牲，论代价，我国固然是当仁不让；就是论实效，我们的贡献也并不比任何国家为低。若不是因为在我国四年大战的消耗和数百万大军的被冻结，谁能保险日本人在珍珠港事件后不攻克夏威夷和在旧金山登岸？美国那时候的军备情况是公开的秘密，我们怀疑在火力不等的情形下，美国的陆军是否能在旧金山守四个月（参酌 1942 年菲律宾战事的情形来看），与我国淞沪之战相媲美。现在美政府在日本独断独行的作风，我们如果肯仿效美国驻沪总领事的口吻，简直可以说是知恩不报的行为。

现在再说美政府对日政策的不智。若是美苏一旦置全人类的幸福于不顾而真以炮火相见，日本那块基地和那有限的人力物力，侵略弱国虽然有余，但对于助美败苏是不会有决定性的贡献的。同时，以日本人的性格、日本现处的环境和日本一向的历史传统，无论美政府是否予以青睐，日本在美苏作战时，也是会以全力助美的。因为一个现成而实质上无大关系的助力，美政府竟忘记了珍珠港的教训，忽略了盟国的感情和利害，一意去扶持一个素无信义的日本，这是何等不智的政策。

司徒大使说："美国人民及政府决不使其（日本）能有所为，诸君尽可放心。"防止日本帝国主义的再起，并不是美国一国的事情，也是中国人民和其他盟国的责任。关于这一件事，中国人民不预备客气，不预备听从任何一国一意孤行地去办。在日本军国主义精神未被根除以前，我们承受历史上的教训，绝不能"放心"。

现在再谈司徒雷登氏这次发表声明所抱的态度。这种施惠望报以予夺来诱胁的态度，竟会出自一位终身在中国服务，借在中国所作的事业而享名的教育家，真令人惊异不置。司徒雷登氏何以不明了中国人的性格以至于此！关于这一点，我们听到两种说法。第一种说法是，这一次的反美扶日运动乃共产党所策动的。司徒雷登氏显然并不相信这种说法，否则他绝不会撤销美援来作恫吓的。第二种传闻说，政府中有一派人士想借此挑拨中美感情，减低人民对于美国的好感。对于这一派人，撤销美援自然是一个有效的恫吓。但是司徒雷登忘了他这个声明是对中国人民说的。中国人民的反扶日运动，不管是否有人想借机利用，是真诚的、自发的。司徒氏这种恫吓式的警告，只能激起中国人民对于美国的藐视心理，加强反扶日的决心，其他一无用处。司徒氏“此举对中美间之传统睦谊实有严重之损害”（见司徒声明）。

美政府扶持日本的倾向虽已极为明显，盟总的实际设施虽已一步步地软化，但是斯揣克报告究竟尚未实施，德莱的建议也尚未见诸行事，悬崖勒马还来得及。美政府应抱诚实公平和明智的态度，从速促成对日和会，然后应以大多数盟国的意旨为意旨，并应特别尊重受害最重、了解日本最深的国家的意见，停止独断独行的作风，由各盟国协力同心引导日本走上和平民主的大路。

（载《现实文摘》第 3 卷第 4 期，1948 年）

一个解决大学毕业生失业问题的具体建议

刘大中　赵人儁　潘光旦　戴世光
王成组　邵循正　吴景超　周先庚

一年一度的大学毕业生失业问题，最近又复甚嚣尘上。现在暑假已经开始，毕业生已逐渐离校，紧张的空气因之松弛，大家对于这个问题的兴趣也就渐渐消逝。但是失业的依然尚未就业，问题的严重性并未稍减，我们必须继续去想办法，使这个问题获得解决。

一般对于大学毕业生的失业问题，有两种不同的看法。第一种是把它看成对于社会秩序的一个威胁，认为有这许多知识分子得不到衣食上的保障，必将成为“乱苗”，影响到社会的安定。第二种看法，认为国家造才不用，非常可惜。这种以“可怕”和“可惜”的眼光来看大学生失业问题的态度，是极不合理、极不正确的。在一个现代化国家中，有工作能力的公民，应享获得工作的权利。给予这些公民以工作的机会，是政府无法逃避的责任。宪法第一百五十二条说：“人民具有工作能力者，国家应予以适当之工作机会。”

按常理来论，以我国知识分子人数之少，大学毕业生全部就业应当还远不敷用，如何还能有失业问题？这自然是政治不上轨道和战乱不停的直接后果。政府对于这两项至少要负部分责任，对于大学毕业生就业应负的责任也就因之而更形加重，不能以财政上或其他困难而图推诿。

我们也曾听到政府应把失业的大学毕业生“组训”起来的主张。我们却以为，政府在负责解决大学毕业生失业问题的时候，必须遵守下列两项原则：（1）政府不得利用机会，施用“贿买”“拉拢”和“灌注”的手段；（2）在执行他们的新职务时，大学毕业生应有机会增加他们的见闻和学识。

根据上面这两项原则，在永久性的职位不能觅到以前，我们提出下列使大学毕业生就业的具体建议。

按《我们对于政府举办全国户口普查的意见》（陈达、赵人儁、吴泽霖、吴景超、戴世光、张印堂、王成组、韩德章、苏汝江、周荣德著，系独立时论社本年 3 月间所发稿件，见全国各地报纸）一文中的估计，我们如真欲举办有意义的全国户口普查，约需专门及技术人才 100 万人。这是该文作者们认为我国现时不宜举办全国户口普查，并对人口局所拟普查计划不能同意的理由之一。该文作者们因而提议先办较大规模的选样调查。我们正可以把失业的大学毕业生加以训练，去做这种选样调查的工作。如果政府执意要举办普查，则可以雇用的人数就更多了。这个工作自然需款甚巨，但是我们在前面已经说过，政府对于失业的人员有予以工作的责任。政府如果能动员几百万人去打仗，为什么不能动员几万人去做有意义的基本调查工作？

我们的这个建议，除去能解决大学毕业生的失业问题和取得关于人口的可靠统计以外，还有下列两点好处：

（一）人口调查的工作人员，不一定必须是某一科系的毕业生才能训练，文、理、法、工、农、医、师范各科的毕业生都可应用。这些失业的毕业生，在他们的专业范围之内，既找不到职位，自然不妨来做人口调查的工作。

（二）我国的大学毕业生多半都有在大城市中盘桓的倾向，正好借调查人口的机会，使他们到小县城和乡村里去，俾能明了各地的实际情形，增加他们的见闻和学识。这对无论文、理、法、工、农、医、师范各科的毕业生，都是极有裨益的。

最后一点应特别注意。人口调查工作所需的训练，是关于社会、经济、心理等各方面的，与政治无关。政府若真有决心尽宪法上的责任，用我们所建议的方法去解决大学毕业生失业问题，应绝对避免混入政治因素，而由有关各科的专家去主持必需的训练工作。

（载《新路周刊》第 1 卷第 12 期，1948 年）

政治民主与经济民主

刘大中

（甲）本文

“政治民主”的论战和争取，已经有了相当长的历史；“经济民主”（economic democracy）这一个观念，却是比较新的发现。不管历史的久暂，这两个目标已是全世界人民一致的要求。对于目标，除去少数的特权阶级外，大家并无异议；问题在：（1）“政治民主”和“经济民主”如何解释；（2）在什么制度之下，“政治民主”和“经济民主”才能实现；（3）如何把现存的状态，改成我们理想中的制度。本文拟对（1）和（2）两个问题，贡献一些意见。

一、一个直截了当的研讨方法

一谈到制度，我们就很容易联想到资本主义和社会主义，也很容易联想到美国和苏联；所以近来有许多讨论“政治民主”和“经济民主”的文字，都是由资本主义和社会主义的比较和选择入手，并且大半以美国和苏联来代表资本主义和社会主义。

我们认为把资本主义来象征“政治民主”和把社会主义来象征“经济民主”，已是极不妥当的办法；若再把美国式的资本主义与“政治民主”混为一谈，或是把苏联式的共产主义与“经济民主”看成一事，则尤无根据。资本主义和社会主义并没有一个大家公认的、一致的标准定义，用这种含混不清的抽象观念去作讨论的出发点，自然难有具体的结果。在美国式的资本主义下，人民所享受的“政治民主”并不彻底；苏联人民，在经济上比较平等，但离“经济民主”也还很远；这两个国家并不算是“政治民主”和“经济民主”的良好例证。

其实，我们要研讨“双重民主”的制度，本无须借重现有的主义或公式。当我们谈到“政治民主”和“经济民主”的时候，我们每个人的脑子里，都有他自己认为“政治民主”和“经济民主”应有的内容；我们不妨把这些内容一条一条地写出来。这些内容的实现，自各有其“必要和足够条件”（necessary and sufficient conditions），我们可以把这些条件也一一地写出来。这些条件，事实上也就是“双重民主”制度的具体轮廓。

这些条件，自然有许多是相辅而行的，这自然是最妙不过的事。但是，是不是有许多会是互相冲突的呢？假如有许多主要的条件是互不相容的，“双重民主”制度的设计，就不是一件容易的事了。在这里，我们不妨给读者一个乐观的前景。按我个人的看法，“政治民主”和“经济民主”的条件都是相辅而行的。我们甚至于可以作这样的结论：“政治民主”和“经济民主”是必须并存而缺一不可的。“经济民主”是“政治民主”的必要条件；同时，“政治民主”也是“经济民主”的必要条件。没有“经济民主”，“政治民主”必然不会持久；缺了“政治民主”，“经济民主”也一定不能永存。

二、“政治民主”的内容和条件

一个国家的人民，是否享有“政治民主”，并不在乎这个国家的宪典上是否有“人民有选举、罢免、创制及复决之权”的字样。字面上怎样写法并不重要；起码的民主政治，至少要包括下面两点：（1）每个人民都有凭着自己的良心去投一票的自由；（2）为任何一个应行选举的职位，至少要有两个不相隶属的、不受共同指挥的、确乎独立的候选人，供人民选择。但是，这两点仍只是形式上的内容；若要使这两点发生意义，以下各点必须存在（以美国而言，上面两点是存在的，但是下面各点却并不具备，所以我们说“美国式的政治民主”并不彻底）。

（一）有同样天资、品格和政治兴趣的人民，有取得同样优良竞选条件的机会。所谓“竞选条件”，我们指选民在选择候选人时所考虑的要素而言，如天资、品格、学识等项。有同样天资和品格的人，如果再能有取得同样学识的机会，他们就可以算是有取得同样优良竞选条件的机会。能否有取得同样学识的机会，在乎教育机会是否均等；而教育机会是否均等，在乎下列条件是否满足：

第一，确实普遍的、强迫的、免费的国民教育。

第二，经过考试后，任何人可享受高等教育，由国家供给一切的必需费用（包括衣食住行）。

第三，所有人民的最低收入，必须超过一个一定的水准。这一条乍一看似非必需，其实却是极端重要的。我们只要想，父母的收入如果低过维持生活的必需水准，在他们的子女受过强迫的国民教育后，这些父母可能诱迫他们的子女外出工作，弥补家用，在这种情形下，他们的子女就将失去享受高等教育的机会了。

以上三条是达到（一）项的“必要和足够条件”。

（二）有同样优良竞选条件的人，有同样实际竞选的机会。达到这一点的条件如下：

第一，新闻、宣传、广播和出版的机构，以及公共集会和演说的场所，不完全在政府掌握之中。这个条件如果办到，在朝党就无法操纵或垄断这些为竞选目的所必需的工具。

第二，人民的收入和财富相当平均［在第三节（二）项和（四）项办到后，本条件自然可以满足］。这个条件可以达到下列两个目的：（1）上面第一条中所说的机构和场所，将不能为少数私人所把持；（2）每一竞选人所需的竞选经费，都将须自许多人民处筹募，免去现时富人可不劳而获巨额竞选费的流弊。

第三，人民有绝对自由组党的权利。在这种情形下，有同样竞选条件的人，将不致因私人恩怨而无法参加已成的政党，因而失去利用政党力量的机会。这一个条件，在本节所列其他条件都已办到的时候，将必然存在，所以实际上并不是一个独立的条件。

（三）竞选人和选民在政治上的活动，不妨碍其经济上的地位。欲达到这个目标，下面两个条件必须办到：

第一，经济企业不完全在政府掌握之中。在秘密投票制度之下，人民的选票所投为谁，虽无人知道，但是如果全国所有的经济企业都在政府掌握之中，人民将很难公开地协助反对党的宣传，甚或除去有极大勇气的人以外，组织或参加反对党都将成不大可能的事。

第二，任何国有或私有企业，不能成为有某种技能的人民唯一可能就业的处所。我们需要这一个条件的理由，与上一条相同；这个私有企业的所有人或是管理这个国有企业的在朝党，可能不愿意他们或它所雇用的人员，组织或参加他们或它所反对的政党，或是为他们或它所反对的政党宣传。为达到这一个条件，我们需要一个更基本的条件，留在第三节（五）项第二条中讨论。

（四）选民对于任何政策的正反两面，在朝和在野党过去的主张和施政的成绩，以及各竞选人的主张、品格、学识和已往的历史，有同样的认识与明了的机会。为达到这个目标，我们需要：(1) 选民有同样受教育的机会；(2) 宣传的机构和工具不为任何人所垄断和把持。达到这两个条件需要的更基本的条件，与本节（一）项第一、二、三条和（二）项第一、二两条相同，不再赘述。

三、“经济民主”的内容和条件

我们认为“经济民主”的含义应包括下列各端：机会的均等、报酬的合理、进步的促进、财富的平均。下列各项是这些空泛概念的具体说明。

（一）有同样天资的人，有学习同样高深经济技术（包括各种与社会有益的学识及技巧）的机会。为达到这个目标所需的条件，与上节（一）项的第一、二、三条相同。

（二）任何人不能不劳而获。在本人劳力劳心所得积蓄上所再生的收益，不能算是不劳而获[但须受下列（四）项的限制]。所以为达到本目的，我们只需要一个基本条件：遗产制度的完全取消。欲废止遗产制度，政治上必须先做到确实代表大多数人民的利益之境界。在“政治民主”尚未切实做到以前，遗产制度必无废止的希望。换言之，上节中所列的各条，是取消遗产制度的先决条件。

（三）任何人的收入应与其贡献相等[但须受下列（四）项的限制]。用经济学上的术语来说，任何生产因素的边际产率的价值（value of marginal product）应与它的所得相等。关于这一点，我们在此不能从详解释，读者可参阅本周刊第 3 期蒋硕杰君《经济制度之选择》一文，及第 4 期笔者所著《社会主义下的生产政策》一文。为达到这个目的，我们需要下列基本条件：“竞争性不完全”的企业（imperfectly competitive industries），如由国营，应使产量扩充至边际成本（marginal cost）与价格相等为止。私营的“竞争性不完全”的企业，应尽量减少，并须受政府的严格统制，且须扩充产量至边际成本与价格相等为止。各种生产因素的报酬，应与其边际产率的价值相等。

至于竞争性完全的企业，本项的条件可以自然达到，无须另有条件。

（四）任何人的收入，不得超过一个最高的限度。这是对于上面（三）项的一个限制。（三）项无限制地实行，至少会有两种弊病：(1) 收入过高的人，常会有高度的储蓄倾向（propensity to save），因而会引起失业；(2) 收入如相差过多，社会阶层会慢慢地尖锐化，因而引起物质享受上和社会地位上的过度不平。这种过度的不平，只有害处，而并非促进人民努力工作所必需。

为达到这个目的，我们需要有极高度的累进所得税，而这种赋税制度，与本节（二）项相同，必须在第二节中所有的条件都实现后，才能达到。换句话说，“政治民主”是本项的必要条件。另外一点，我们也应提及：在教育机会均等做到以后[第二节（一）项第一、二、三条]，因（三）项而起的所得差别，自然将会日益削减。

（五）任何人都有转业的自由与可能。在“经济民主”的社会内，当人民对于他们旧有的职位感到厌烦的时候，或是旧职位四围的环境对他们不利的时候，或是他们对于其他的职位有兴趣、有信心的时候，他们应当享有转业的“自由”与“可能”。“自由”需要下列第一条，“可能”需要下列第二和第三条：

第一，国家对于人民就业的选择，不得有带强迫性的措施。

第二，任何国有或私有企业，不能成为有某种技能的人民唯一可能就业的处所[本条与上节（三）项第二条相同]。这一条若不能办到，转业虽可自由，而事实上却办不到。为达到这个目的，我们需要一个更基本的条件：任何一个国有或私有企业，不得在任何一种企业范围内，享有绝对的独占权。

第三，金融机构应办理转业贷款。在有转业自由和有其他职位可就业以后，人民仍须有钱，才能实际迁居和担负青黄不接时期内的开支。

转业的自由，不但能使人民在经济方面有充分发展的机会，于政治民主的保障尤其重要，这一层我们已在上节（三）项中讨论过了。

（六）任何人不能为一己的私利，妨碍或延缓新技术、新发明的施用。在资本主义的国家内，往往有一种新发明、新技术的专利权被某大企业购得，然后搁置不用的情形。这个理由很容易明白。假设某企业在某台机器上投资 1 000 元，每年除开收回折旧 1/10（100 元）外，还可得利润 5%（50 元）。现在有一种新机器发明出来，假设也需要投资 1 000 元；这种新机器若用去代替旧的，除去能使制成品的价格减低以外，还能给这个企业家 7%的利润（在新机器 1/10 的折旧减除以后）。利润虽然高了 2%，这个企业家必然不会立刻采用这种新机器，因为新机器一经采用，他那旧机器上的折旧就收不回来了。除非这新机器的利润，高过旧机器的折旧、旧机器的利润、制造新机器所需的 1 000 元在市场上放出可能取得的利息三项之和，否则他必会把这新机器搁置，直到旧机器已经完全折旧完了，才行使用。这种情形对于社会的害处是很大的：人民不能立即享受低价的成品，经济进步将因之延缓。这种弊病，即便在独占不存在的情况下（上项第二条办到后），仍不能有效防止，下面这三条才是防止这个弊端的“必要和足够条件”：

第一，政府应有审核各种新技术、新发明之经济价值的机构；在必要时，政府可自行开办企业，采用此种新发明、新技术。

第二，政府必须有权进入任何企业范围。

第三，国有企业在考虑是否采用某种新技术、新发明时，不得考虑废弃旧投资的损失。旧投资损失的考虑，是不合经济原理的，这一层在经济学上讲得很清楚，在此不再赘述。

现在我们可以看看上列各项与本节开始时所列各目标的关系：（一）（五）两项与机会的均等有关；（二）（三）两项与报酬的合理有关；（三）（五）（六）三项与进步的促进有关；（二）（四）两项与财富的平均有关。

四、“双重民主”的基本条件

综观上两节中所列达到“政治民主”和“经济民主”的基本条件，有的是互相重复的［如第二节（一）项的三条，与第二节（四）项和第三节（一）项完全相同；第二节（三）项第二条与第三节（五）项第二条完全相同］，这是“政治民主”和“经济民主”的基础相同的部分。有的是互为条件的［如第二节（二）项第二条需要第三节（二）（四）两项为条件；第二节（二）项第三条需要第二节的全部条件为条件；第三节（二）（四）两项需要第二节的全部条件为条件］，这说明了“政治民主”和“经济民主”的不可分离性。

我们现在把各条件中重复的去掉，把其他条件达到后自然可以达到的也除去［非真正的独立条件，如第二节（二）项第二、三两条］，再把可以归并的合写［如第二节（三）项第一条和第三节（六）项第二条］，“双重民主”所需的基本条件可以很简单地列出如下：

第一，确实普遍的、免费的、强迫的国民教育。

第二，经过考试后，任何人可享受高等教育，由国家供给一切的必需费用（包括衣食住行）。

第三，所有人民的最低收入，必须超过一个一定的水准。

第四，新闻、宣传、广播和出版的机构，以及公共集会和演说的场所，不完全在政府掌握之中。

第五，经济企业不完全在政府掌握之中，但政府必须有权进入任何企业范围。

第六，任何一家国有或私有企业，不得在任何一种企业范围内，享有绝对的独占权。

第七，遗产制度的完全废止。

第八，竞争性不完全的企业，如由国营，应使产量扩充到边际成本与价格相等为止。私营的“竞争性不完全”的企业，应尽量减少，并须受政府的严格统制，仍须扩充产量至边际成本与价格相等为止。各种生产因素的报酬，除受下列第九条的限制外，应与其边际产率的价值相等。

第九，实行高度的累进所得税制度。

第十，国家对于人民就业的选择，不得有带强迫性的措施。

第十一，金融机构应办理转业贷款。

第十二，政府应有审核各种新技术、新发明之经济价值的机构；在必要时，政府可自行开办企业，采用此种新发明、新技术。

第十三，国有企业在考虑是否采用某种新技术、新发明时，不得考虑旧投资的损失。

这些基本条件，再加上现时各种“民主”宪典中例有的规定，似可使“双重民主”确实实现。

除去前文已经讨论过的以外，上面这些条件还有两个特点：(1) 任何一条都不与任何其他条件冲突。(2) 除去第三条以外，其他各条的施行，都没有先天上的困难，而只有人为的障碍。第三条中所说的最低水准，能否超过维持生存所需的水准，除去看其他各条能否办到外，还须看国家的资源是否敷用、国际贸易是否合理（其权不操在任何一国的手中）、人民的资质是否够高、工业技术是否足用和世界和平是否能够长久维持。

一条“新路”在蓝图上是不难设计的，问题在如何能挣脱现存旧路的桎梏，走到新路上去。

（乙）讨论

一、萧乾

我看上了大中兄文中的最后一句话：“问题在如何能挣脱现存旧路的桎梏，走到新路（双重民主）上去。”这个问题一直在烦恼着我。烦恼到极端时，便会对“蓝图”也生起气来。

就我活的这三十年来说，这两样民主，我全没享受过。这不一定是抱怨，有时是替人抱怨。譬如，现在许多人在吃棒子面，甚而树皮，而我还勉强吃着糙米。今日白米、糙米、棒子面、树皮，恰好代表四个阶层。这四个阶层因为处境不同，心境也不同。吃白米的，自然希望永世吃下去；吃糙米的，偶尔不免发牢骚，然而也还是得过且过；吃棒子面的，心中便不免焦急着“什么时候才走到新路上去”，然而也未必就拔步前行；吃树皮的，反正是苦透了，索性硬冲，冲过去就算了，冲不过去也不会比树皮难吃。因此，使我想到由旧路到新路之间，人们不是“走”过去的，而是因逼而“冲”过去的。要想做到“走”过去，就得先把吃树皮的至少提高到吃棒子面的地步，就算它是初步的经济民主吧！然而就这一步做来便不容易了。因为棒子面只那么多，如把已吃棒子面的提高成吃糙米的，吃糙米的势必威胁到吃白米的人的存在。这么上下一挤，结果还等于“冲”，而且事实上无法这么鱼贯递推的。

我愈来愈明了中国人的性格、环境、社会传统，都不容许我们虚拟做工党的英国。工党的英国出现前还有过一大场由16世纪延续至今的社会革命——不仅是思想革命，而是为谷税，为义务教育，为贵庶平权，为多少实际利害而“冲”的大小乱子。省却那血肉纷飞的二三百年，一跃为“老有所终，壮有所用，幼有所长，鳏寡、孤独、废疾者皆有所养”的乌托邦，天下哪有那样便宜之事！

去年，我写过一篇被许多朋友误会了的短文《吾家有个夜哭郎》。那比喻选得太坏了，而且文中未交代清楚。那是我用文艺的笔写政论的初次试验——也是个惨败。有一天同朋友谈到这两种“民主”，谈到“一张选票还是一碗饭”的问题，那时候，政府正大忙“宪政”。在我看，在两种民主不可得兼的今日，一碗饭比一张选票实惠得太多了。批评东欧的人们，向来先攻击其“照单选举”的不民主。我想，更公道的水准，是看看他们吃白米与棒子面的比例，是调查一下其国境内还有吃树皮的没有；如有，比战前的数目如何。然而，我把那文章写得真好像是拥护独裁了。

总括说起来，我认为这两种“民主”不只是纸上的两个象征符号，也不能借方程式把它们发掘或联系起来。它们不会从天上掉下来的。那么怎么来的呢？

“怎么”，我认为至少和“什么”一般重要，在中国，也许更重要。我们吃糙米甚至吃棒子面的朋友，始终都不敢对它贬*一眼，这是我的烦恼处。

二、翁独健

近年来我们常常听到“政治民主”和“经济民主”这两个名词。在一般人的观念中，好像“民主”是有两种不同的类型的，一种是“政治的”，另一种是“经济的”。这样把“民主”分为两种的看法，恐怕不是了解“民主”的正确途径。大中先生在“本文”中，曾经明白指出：“‘政治民主’和‘经济民主’是必须并存而缺一不可的。

---

* 此处文意不明，原文如此。——编者注

‘经济民主’是‘政治民主’的必要条件；同时，‘政治民主’也是‘经济民主’的必要条件。”他并且提到“‘政治民主’与‘经济民主’的不可分离性”。我愿意在这方面补充一些意见。

我以为“民主”是“整个的”、不可分割的。“民主”只有程度的深浅、范围的广狭、方式的新旧，并没有种类的分别。同时，政治与经济，更是互相表里、无法分开的。我们试一细察近代“民主”势力发展的历史，不论在哪一阶段上，都有它的经济背景与基础，也都有根据这种经济背景与基础所形成的政治活动与制度。不论在哪一阶段上，我们都不能说，它光是政治的，或光是经济的。中产阶级的兴起，推翻了帝王贵族的专制封建，取得了政权，取得了自由发展的机会，于是他们便成为“民主”势力的中心。这种“民主”势力，在经济方面，建立了资本主义的经济制度；在政治方面，形成了议会政党的政治机构；在人们的思想中，也深深地种下了“自由”观念的根苗。这种“民主”，在以资本主义为中心、资产阶级直接或间接掌握政权的社会中，是“整个的”，是包括“政治”与“经济”两方面的。在这种社会中，资产阶级的确享受到了“民主”的权利，达到了“民主”的目的。但是，由于资本主义发展的结果，社会上造成了贫富的悬殊，使社会发生极大的失调与不安，使大多数人民实际上被摈于“民主”范围之外，于是要求进一步“民主”的势力起来了。这种新势力便是社会主义的运动。社会主义的“民主”运动，目的是打倒资本主义的经济制度，从资产阶级手里争取政权，使全民得到合理的生活。社会主义所以可以说是进步的民主主义，它也是“整个的”，也是包括“经济”和“政治”两方面的。

“民主”既然是“整个的”、不可分割的，所以我对于大中先生采用“双重民主”这个名词，觉得有可商榷的地方。“双重”两个字很容易使人误会“民主”可以分为两层或两种。我以为也许用“社会化的民主”比较妥当些。

三、吴景超

大中先生认为经济民主，应包括下列各端：机会的均等、报酬的合理、进步的促进、财富的平均。

首先，在这四项之中，我认为进步的促进，并不必包括在经济民主的含义之中。假如进步的促进，也算是经济民主的内容之一，那么就业的保证、安全的保障、生活程度的提高、生产效率的增进，也都可以算是经济民主的内容了。那未免把“经济民主”一个名词的意义，拉得太广，广到与“经济政策”一个名词的含义差不多了。

在“机会的均等”这个概念之下，当然要提到教育机会的均等。但只做到教育机会平等，还是不够的。有比教育机会平等更为基本的一个条件，就是生存机会的平等。远在70余年以前，马克思写他的《资本论》第一卷的时候，就提到在曼彻斯特市，上、中阶级市民的平均寿命为38岁，而工人阶级的平均寿命只有17岁；在利物浦，这两个阶级的平均寿命，一为35岁，一为15岁。这种差异的造成，主要是由于工人阶级中的婴儿死亡率特别高。一直到今日，任何国家中，还有这种差别死亡率存在着。一个没有成年便死去的人，是谈不到教育机会平等的。英国今年推行的义务医药制度，可以说是给全国人民生存上第一次有平等的机会。这种办法，应该是主张经济民主的人所要提倡与拥护的。

其次，我对于刘先生主张任何人都有转业的自由与可能这一点，甚为赞同，但对于他所提出的办法，则不能完全同意。刘先生所再三致意的，为任何一个国有或私有企业，不得在任何一种企业范围内，享有绝对的独占权。我很难想象任何推行社会主义的国家内，肯把银行、电信、邮政、铁路、航空、钢铁等大规模的企业，留出一个角落来，交给私人去耕耘。我不知道刘先生对于“企业”一词所下的定义是什么，但我上面所举的例子，应当是性质不同的企业。刘先生是否主张银行除国营外，还有私营的银行呢？是否主张除开国营的电报局外，还有私营的电报局呢？是否主张把全国的铁路，拿出几条来交给私人经营呢？是否主张国家只经营鞍山钢铁厂，而把大冶钢铁厂退给汉冶萍公司呢？我看不出有什么理由，必须要这样做。为预防在朝党控制全国的饭碗起见，我们只要制定一条法律，就是政府不得干涉各企业的用人权。即使所有的企业，都由国营，我们也不必仿效苏联那种大权独揽的办法。我们可以规定，每一个生产单位，由一个董事会之类的机关来控制，生产单位中人员的取舍，最后的决定权为董事会而非政府。这样，在某生产单位工作的人，如感到不满意，他可设法转到另一单位去，不但政府不能干涉他，就是他所服务机关的董事会，也不能干涉他。总之，用人权的分散而不集中，我认为不但是经济民主的重要条件，也是政治民主的重要条件。这一点做到了，那么某项企业，即使由国家单独经营，对于人民就业的选择，并无妨碍。

最后，我还想问一句：在遗产制度完全取消及任何人的收入不得超过一个最高的限度的条件之下，私有的企业，如何还有存在的可能？它们的资本，从什么地方来？

四、徐毓枬

拜读了大中先生上面这篇大作以后，有一点意见，写在下面。

（一）有一个最基本条件被忽略了。在这篇讨论“民主”之内容的文章中，却未见有信仰自由（这里信仰是广义的解释，并不限于宗教），这一点是很富于启发性的，值得重视。

大中先生的所谓内容，实在是一种社会理想；所谓条件，乃是达到这些理想之手段。大家如果承认这种理想，应当可以同意这些手段。问题就在：如果有人不信仰这种理想，情形便怎么样？

今设有人不相信第二节（一）项的前提，认为天资不能同等，因此社会必须想出方法，发现谁的天资高、才能强，然后让高强者当领袖，低下者做部属，层层如此，再由低层领袖中产生较高领袖。领袖发号施令，部属服从。在言论自由之国，你不能不让他宣传，而难保没有人相信：才能高者，希望自己当领袖；才能低而责任心不发达者，希望不负重任。故这种学说也很能迎合好多人的胃口。如果根据这种理论而组织的政党得势，一定是独裁，忘却了未得势前的社会制度给它的种种便利，进而破坏或钳制这种种制度。

如果以上分析并不是过虑，那么我们可以说，实现并保持民主（或任何理想）之最基本条件，就是对于民主之理想或理想之前提，不容怀疑。换句话说，“民主”者应该当仁不让，把自己的理想作为最佳的理想的前提，最入情入理的前提，不容他人有信仰自由。

以上的话太似非而是（paradoxical）。不论民主之定义如何，一般人总会联想到容忍（tolerance），而我们在这里说，要实现民主、保持民主，便不许他人怀疑民主之内容。其实历史上无论哪种政体——政体包括其经济的含义（economic implications），当其新兴而势力未巩固的时候，对异说绝不容忍；当其将动摇而衰落时，对异说亦绝不容忍；只有当其势力根深蒂固，一二异端邪说不足为患时，才有容忍。当资本主义非常巩固时，有一二共产党议员很有趣（amusing），大家容忍；但当共产主义要根本威胁资本主义时，情形便不同，一定要加之罪而排斥出去。

（二）因此忽略了完美理想可能引起独裁这种危险性。以上是说要实现民主、保持民主，便不许他人怀疑民主之内容。于此有附带的推论，要民主政体能圆满运用，国内政党对民主之基本内容，必须大家同意。如果有两大政党，代表两种水火不相容的理想，大家都以平等机会竞选，甲党上台便把乙党的措施全部改弦易辙，乙党上台亦如此，这还成什么政治？什么生活？甲乙两党都不能容忍。故有理想的政党往往变成独裁的政党。

理想内容可能完全是“民主”的，意思是说，和大中先生所开列的内容相符，但必须由它一手包办完成。如果有一党专政未达到民主内容，不知这种情形是否可称为民主？这个问题并不是游戏问题（idle），细察大中先生所列举的条件，除了一二例外，似乎都与独裁不悖。这一二例外是言论自由及结社自由。两者在独裁之下受到限制，即不能以推翻独裁为目的。然而这是程度问题，上面说过了，要实现民主、保持民主，人民对于民主这种理想，不容怀疑，故言论自由及结社自由，在民主之下也受到限制。

我这番话，目的不在为独裁辩护，我的兴趣不在应该不应该，而在事实发展之趋势，一个有理想的政党，为要贯彻其理想起见，往往出诸独裁。政党有仅为保持其权力不实行其理想而出诸独裁者，但为实行其理想，不致功败垂成，往往非采独裁不可。时贤往往一方面有许多民主理想，一方面厌恶独裁，未知意识其间之矛盾否？

一个主见甚深的人，在紧要关头，不肯轻易抛弃自己的意见；同样，一个主见极深的政党，一旦得势，便不肯轻易下台。理想美则美矣，但是达到这个理想之手段，却不会太美，这是我对任何美的理想之先验的忧虑。

（三）有些内容过于苛求，有些则太宽松。以下我将对于“蓝图”本身，有一两点批评。第一，我认为既有“人民的最低收入，必须超过一个一定的水准”这一条，又有“任何人不能不劳而获”这一条，再加上“任何人的收入应与其贡献相等”，便不必再限制最高收入。因为在此数条限制之下，所有人都能过最低限度的生活，收入高者，也是因为他的贡献大。如果贡献之大小可以衡量，为什么要贡献大者不依其贡献得报酬呢？“地租”观念不是一个解释：如果地租解释为不必要的报酬，则任何人都有地租，都该税去*。如果怕消费倾向太低，在美国也许有这种考虑，在我国的工业化过程中，我一向认为这种考虑是不存在的。我们只恐消费倾向太高。

我不反对实行高度累进税，但实行此税总得为一高更超目的**，而不仅为削平高峰。当然，国家收税以后，不一定消费掉，还可以作为资本累积，由政府从事投资。这就牵涉到政府与私人，在投资方面，何者效率较高等大问题，不在此处讨论。

第二，“人民有转业自由与可能”这一条，不免失之过宽。俗语说得好，“三百六十行，做一行，怨一行”。在这种情绪之下，而劳动转动率（labour turnover）不太大者，实由于转业有转业之困难与成本。依照大中先生的办法，只要一个人对其旧有职业感到厌烦，想要转业，如果需要钱，金融机关便应对之办理转业贷款。如果金融机关有求必应，则结果凯恩斯所谓摩擦性失业必大盛，国民所得蒙受许多不必要的损失。如果不是有求必应，则谁来审核？用什么标准审核？岂不间接对于人民之就业选择带

---

* 此处文意不明，原文如此。——编者注

** 同上。

有强迫措施？岂不空悬转业自由与可能之标的？作为英国新社会保险制度之蓝本的Beveridge报告书，亦只主张人民已经失业，旧业属于衰落工业，重振而吸收工人之希望不大时，才供给训练补助费（training benefit）。这种限制是很有道理的。

（四）有些内容不免冲突。经济民主的内容（三）项，即生产元素之报酬应等于其边际生产率之价值，与政治民主的内容（三）项，即竞选人和选民在政治上之活动不影响其经济地位，冲突得很厉害。理由如下：放眼目前生产业，农业也许可以说在自由竞争之下，至于工业，则只有极少数在完全竞争之下，大部分在不完全竞争之下，因之生产元素之报酬，事实上不等于其边际生产率之价值。要实现此种等式，统制恐怕不够，政府必须把这些产业接收过来，或政府自办些类似产业，加强竞争。再加上为实现第三节（六）项所须举办的企业，如此，政府举办之产业，范围甚广。工业愈复杂，国营之事业愈广。设想：如果工业上主要的就业机会，乃在国营工厂，选民还敢随意反对政府吗？

这又回到我以前所提到的忧虑，如果一国政府在经济上权力很大，直接或间接控制许多人的饭碗，不论有形或无形，政府总会倾向于独裁。为实现经济民主之内容，政府之经济功能与职权便非大不可。如果大了，政府民主之内容，便不免受损。

（五）我个人感觉，刘先生的文章，给予读者一个太“乐观的前景”。有些事说着容易，做起来难。例如，什么是不劳而获？证券市场之操纵得利，是劳而获还是不劳而获？一个大学教授之贡献如何衡量？这些小节，大概是文章太短，不能对名词一一下定义。在大体上我不同意刘先生之处，大概都导源于对于人性之估计。（1）刘先生会想，如此完美的内容，哪个有理智的公民还会怀疑。而我的疑虑是：人不一定是理智的，如果他不赞同你的理想，而主张另一种看法，你是否容忍呢？是否容忍到让自身毁灭之程度呢？（2）刘先生大概假设私人不会滥用（abuse）其权利（例如转业自由），政府机构大概不会滥用其势力（例如用饭碗压迫他人的政治思想）。而我的问题是：如果政府滥用其势力呢？如果私人滥用其权利呢？不知道刘先生是否同意我对他的了解？

因为对于人性之估计不同，所以如果刘先生是鼓励人向“乐观的前景”迈进，我则劝人在尚未起步之先，把一切可能的后果都想想清楚。

（丙）总答复

在读完了萧秉乾（即萧乾）先生、吴景超先生、翁独健先生和徐毓枬先生四篇卓见以后，我深深地感觉到《新路周刊》所采用的“论坛”方式，的确是对读者和著者都很有益的一种研讨方式。我在写正文的时候，自信的确是诚诚实实地、毫无成见地用过一番心思；在写完以后，自己觉得把许多问题至少已想到一个初步的解决。但是在读完这四篇讨论文字以后，不仅发见了几个自己未曾考虑到的问题，而且还看出了自己思索上不够周详的地方；更重要的是，对于这样一个基本的重要问题，许多朋友们的见解间，竟还有相当大的距离。

在这篇短短的答复内，我们不能对许多很重要的问题详加讨论；同时，笔者也愿意再多用些时间思索一下。在这里，我们先把几个比较简易之点讨论一下，然后把几个比较繁难而笔者对之尚无具体意见的问题列出，暂时结束我们对这个问题的讨论。

（一）“冲”与“走”，“一碗饭”和“一张选票”。萧秉乾先生认为如何走到“新路”（双重民主）上去的问题，比“新路”本身应是什么样子的问题，要重要多了；并且觉得“走”上去恐怕绝无希望，结果恐怕还是只有“冲”上去。以往有永久性的进步，究竟是慢慢演进累积来的，还是用猛烈的方法强取来的，历史家恐怕还没有给我们一个确定的答案。照目前的形势来看，“走”若是上不去的话，“冲”自然会来，这是一个趋势和潮流的问题，恐怕已非个人的愿望和冷静的考虑所能左右。

秉乾先生的文字，充满了热情，不失文艺作家的本色，但是从他这篇短短的讨论中，我们看不出他对于他自己所提出的几个问题，和对于我们所提出的问题，有什么具体的意见。我们希望他最近能写一篇较详细的文章，讨论这些问题。在这里我们愿意对他先提出一点意见。秉乾先生说：“在我看，在两种民主不可得兼的今日，一碗饭比一张选票实惠得太多了。”在我们看来：第一，这种看法过于悲观，假定“冲”已不能避免，我们在“冲”的时候，难道不能“冲”向“一碗饭”和“一张选票”并存的方向，而只能“冲”向仅有“一碗饭”的方向？由此可见，“蓝图”仍是重要的；否则，难免瞎“冲”！第二，放弃了那“一张选票”，那“一碗饭”可能吃不到。第三，没有那“一张选票”的保护，我们的子子孙孙可能要被锁链锁住，为了吃“一碗饭”而做任何事。

（二）“双重民主”“整个的民主”和“社会化的民主”。独健先生觉得“双重民主”这一名词，仍有把“政治民主”和“经济民主”分开的嫌疑，因而提出了“整个的民主”和“社会化的民主”两种代替的名词。我觉得这可能是比较好的说法。

（三）“经济民主”无所不包。景超先生觉得把“进步的促进”也包括在“经济民主”的内容之中，未免包括得太广；同时他又提出了“就业的保证”“安全的保障”“生活程度的提高”“生产效率的增进”几点，认为这几点应与“进步的促进”同弃同收。

“经济民主”的最后目的就是“生活程度”普遍地公允地“提高”。景超先生所提出的几点，都与“生活程度的提高”有关，所以我认为都应当包括在“经济民主”的内容里面；并且在我们所提出的条件都办到后，景超先生所提出的几点自然也就办到了，在这里我们不能分条详谈，从原文中应可看出其大概的所以然。他所提出的“生存机会的平等”，在财富和收入相当平均之后，自然也可办到。在我那篇短短的原文内，我只能提到最基本的几点，对于在基本条件做到后自然能办到，或是很容易办到的事，未能一一列出从详讨论。

（四）绝对公营的范围。为保障“政治民主”和人民转业的自由，我曾主张：“任何一家国有或私有企业，不得在任何一种企业范围内，享有绝对的独占权。”景超先生因此提出银行、电信、邮政、铁路、航空、钢铁等企业范围来质问。这是我的一个疏忽，这些范围是大家都认为应由公营的企业，在我的头脑里，这些都已不成问题，所以未把它们特别提出，列成例外。为保障“政治民主”和促进公营事业的效率，像银行和钢铁范围，是否能留出一小部分由私营（受公共监督），似乎值得研讨。

（五）最高的限度。毓枬先生认为：在“人民的最低收入必须超过一个一定的水准”“任何人不能不劳而获”“任何人的收入应与其贡献相等（按边际产值而定）”都已做到之后，似乎就不必对最高的收入再加以限制。人类先天资质的差别，似乎很大，即或在上述各条都已办到以后，人民的收入可能还是有很大的差别，这种收入差别的程度，可能大过促进人民努力工作所需的程度，社会阶层将因之过于明显，这是我主张把最高收入加以限制的理由。

下面的几点，我现在并无答案，留待大家思考讨论：

（一）毓枬先生说：“有理想的政党往往变成独裁的政党。”我觉得这种说法在历史上并无根据（毓枬先生说：“大中先生所列举的条件，除去一二例外，似乎都与独裁不悖。”我不知他指的是什么，他显然忽略了原文倒数第五段中“再加上现时各种‘民主’宪典中列有的规定”一语）；在历史上，从来没有一个真正服膺“民主”的政党，不许其他民主政党用“民主”的方法与它争夺政权的。但是他所提出的另一问题，却极难置答。他说：“要实现民主、保持民主，便不许他人怀疑民主之内容”，“要民主政体能圆满运用，国内政党对民主之基本内容，必须大家同意”。我们现在假想一种情形：执政党是真正服膺民主、实行民主的，有一个在野党是真正服膺独裁而要实行独裁的。再假设大多数人民在某一时期真实赞成独裁，在这种时候，执政党是应当为保持“民主”而压迫在野党呢，还是应当依循“民主”方式而拱手让独裁党上台呢？这个问题虽然难答，但可能是杞人忧天，在双重民主真正做到之后，大多数人民似乎是不会赞成改为独裁的。

（二）为保障“政治民主”和转业自由，我曾主张保留一部分私有企业。景超先生问：“在遗产制度完全取消及任何人的收入不得超过一个最高的限度的条件之下，私有的企业，如何还有存在的可能？它们的资本，从什么地方来？”规模很小的私有企业，似乎仍可做到；较大的，确实困难。在这里，一个矛盾可能存在，因而需要选择。我们希望小规模的私有企业就能予以“政治民主”和转业自由足够的保障。

（三）毓枬先生认为我所提出的保障“人民有转业自由与可能”的办法，失之过宽，因而引起流弊。但若不够“宽”的话，流弊可能更多（观下面所引毓枬先生所提另外一点便知）。最适宜的标准究竟应如何？

（四）假如我们所提出的条件都要办到的话，国营事业的确会相当广泛发达；也就是因为这个缘故，我们才提出了种种保障“政治民主”的条件。毓枬先生显然认为这些条件并不够，他说：“如果工业上主要的就业机会，乃在国营工厂，选民还敢随意反对政府吗？”相反地，景超先生却以为，即使企业全属国营，用人权仍然可能并不集中（虽然我不知道他所说的“董事会”如何产生，这种“董事会”如何能不直接、间接、明里、暗里受政府的指挥）。在这个重要的问题上，大家很明显还没有一个一致的看法。

（载《新路周刊》第1卷第13期，1948年）

家庭与个人职业

一

顾勒（Charles H. Cooley）教授曾指出现代社会与古代社会如封建社会等不同之一点，就是古代社会中，职业的分配系遵照世袭原则，而在现代社会中，职业的分配则遵照竞争原则。无论从社会方面看，或个人方面看，竞争原则胜于世袭原则，是无可置疑的。在世袭原则之下，士之子恒为士，农之子恒为农，工之子恒为工，商之子恒为商。假如职业的技能是可以遗传的，那么子代父职是最合乎理想的了。但是近代的科学已经证明，从文化里面得到的一切，乃是后天的，是不能遗传的。因此，士的儿子，并不一定适宜担任士的职务，但在世袭的原则下，这种个人与职业不相称的事实，是必然会发生的。发生之后，在社会是减低了工作效率，在个人则深感环境束缚的痛苦。在竞争的原则之下，每一个人所担任的工作，并不就是他父亲所做的事，而是他自己所能够做、所愿意做的事。所以在这种原则之下，每每可以达到人地相宜，或人称其职、职得其人的境界。

可是，在现代社会里，职业的分配，是否完全应用竞争原则呢？上面所说人地相宜的境界，是否已经实现了呢？

凡是读过索罗金（Pitirim Sorokin）的《社会流动》（*Social Mobility*）一书的人，对于上面的问题，都会给一个否定的答案。在工业的社会中，在民主的社会中，虽然一切都讲竞争，一切都讲平等，但这是表面的。我们如作一深刻的观察，就可知道，一个人在社会中的职业，大部分还是由家庭决定的。父亲在上层的职业中谋生，儿子每每也能够立足上层；父亲在下层的职业中谋生，儿子每每也只能在下层的职业中谋一枝栖。当然，现在的社会，已非封建社会可比，我们举目以观，不是看不见由上层跌下来，或从下层爬上去的例子。但这些例子，不幸都是例外。从大多数人的立场上去看，一个人的职业，还是决定于其家庭在社会中的地位。

二

造成这种现象的主要原因，就是社会中每一个人的教育，一向是由家庭担负的，现在虽然略有变更，但家庭还负一部分的责任。职业与教育的关系，是极密切的。简单地说，凡越是上层的职业，其所需的教育程度越高，越是下层的职业，其所需的教育程度也越低。一个生在下层家庭中的子女，也许天资卓越，可以受高等教育，也许受了高等教育之后，便可在上层职业中谋生，但因他的父亲经济困难，没有力量给子女受高等教育的机会，只让他在初级学校中混了几年，便打发他到社会中去谋生了。这个天资虽然高超的子女，因为所受的教育太少，不能担任上层职业的工作，结果只能停留在下层职业之中，这是聪明的子女，无法跨灶的症结所在。

很多人早就看清楚这一点，认为这是近代阶级问题中的一个中心问题。韦伯（Max Weber）曾说过，凡是同一阶级的人，他们的生活机会是一样的。社会上有好几层阶级，是因为同属一层的人，其生活中的机会相同。任何阶级的生活机会，都较差于上层，而较优于下层。教育机会，是生活中各种机会最重要的一种。我们如想消灭现在阶级中所酝酿着的那一股不平之气，必须想办法使各阶级的生活机会平等，而教育机会平等，乃是最应提前促其实现的。

所谓教育机会平等，就是社会中每一个人，不问他的出身，只要他的天赋及训练的结果，能够接受某种程度的教育，就要让他得到这种教育。这并不是说，社会中每一个人，都要受大学教育。大学教育，乃是为天资较高、智慧商数超过某种限度的人而设的。我们虽然不主张把大学教育施于那些没有能力接受的人，但是凡有能力接受的人，就要让他得到。这个理想，现在还没有一个社会达到，但已有好些社会，朝着这个理想迈进。

我们愿意先看一下在这条路上已经走过的成绩。

三

远在1717年，普鲁士的腓德烈大帝（Frederick the Great）就规定了强迫教育律。

这个法律，在1736年曾加以修正，规定无论男女，自5岁起，至14岁止，都应当在学校中受教育。这个办法，后来便为各国所仿效。在19世纪的末年，欧美各国，都有这种强迫教育的法律了。这些法律，对于入校及离校年龄的规定，各有不同。如英国，在工党登台以前，规定入校的年龄为5岁，离校的年龄为14岁。工党上台之后，把离校的年龄延长至15岁，最后还要延长到16岁。美国各州的法律不同，其中规定在14岁可以离校的有5个州，15岁可以离校的有31个州，17岁可以离校的有6个州，18岁可以离校的有5个州。强迫教育，延长到18岁，在欧洲是没有的，欧洲大陆各国对于离校的年龄，多规定在14岁。

在实施强迫教育之前，对于子女教育的责任，完全放在家庭的肩膀上。那些经济力量低微、出不起束脩的家庭，只有让子女失学，或者送子女去当学徒，以子女的劳动力去换取谋生的一点技能。这些失学或当学徒的青年，因为所受教育不足，大部分是注定在社会中担任下层职业的工作了。强迫教育的意义，从那些穷苦家庭的立场上去看，是不必出学费，也可以让子女读书，是由社会来分担那传统属于家庭的一个责任。这种分担责任的办法，无疑减少了家庭在社会制度中的重要性，但为个人的发展着想，家庭既然不能尽善尽美地完成它的教育功能，则社会的“越俎代庖”，实为必然的归宿。

那些穷苦家庭中的子女，在强迫教育律之下，可以与别种家庭中的子女受同样的教育了，但这一种法律，还没有解决这些穷苦儿女的一切困难。一个受教育的人，其先决条件是要生活上不发生困难，是要衣食住都有着落，特别是吃的问题。没有饭吃的人，是无法坐在课堂中上课的。穷苦的家庭，固然没有钱作为子女的学费，有时也没有钱来付子女的膳费。为着要解决自己吃饭的问题，有好些穷苦家庭中的子女，在放学回家之后，还要去做一点零工，以为糊口之计。有时课余的工作，并不足以糊口，结果只好逃学或废学了。这虽然是犯法的，但吃饭是一件大事，在好些人的眼中，是比守法还更重要的。

所以，专靠强迫教育的法律，并不能使所有儿童都能受到教育。为解决这个困难起见，家庭津贴制度便应运而生。发明家庭津贴制度的人，其用意也许不在解决穷苦家庭中的子女就学问题，但实行这个制度之后，穷苦儿女在读书的时候，吃饭问题无疑得到很大的帮助。这个制度，于1860年在法国开始试办，现在有好些国家，如苏联，如英国，都已采用了这个制度。其中英国的办法，比较晚出，但也比较彻底。英国的家庭津贴律，是1945年通过的，1946年起开始实行。凡是英国的家庭，自生第二个子女起，便可每星期领取津贴5先令。此项津贴，一直可以领取到16岁，也就是领取到离校的年龄为止。据估计，英国领取这种津贴的家庭，凡 260 万家；可以领取津贴的儿童，约 450 万人。

有了家庭津贴制度，穷苦家庭的子女才可以比较安心地在学校中读书，而不为衣食问题操心。每星期 5 先令的收入，也许不能解决一个人的衣食问题，但在穷苦家庭中，这是一个很大的帮助。以前，做父母的，要完全担负抚养子女的责任，现在这一方面的责任，也由社会来分去一部分了。社会不能整个地把这个责任担负起来的原因，当然是社会的生产力还未发达到一个程度，使它有能力来挑这个重担子。但是社会代替家庭抚养子女的工作，已经开始了。一经开始之后，将来就不免会有一天，社会觉得自己的精力饱满，便把这个责任整个地担负起来。这当然又要减低家庭在社会制度中的重要性，但从个人发展及福利的立场去看，这是一种收获，而非一种损失。

四

过去一二百年，先进的国家中，对于达到教育机会平等的努力，已如上述。如以我们的理想为标准，这种努力还是不够的。

英国在工党没有改革学制以前，儿童在小学毕业，进入中学的，据汤纳（P. H. Tawney）教授的估计，只占 1/7。在有些穷困的地区，只占 1/10。3/4 的儿童，在达到离校的年龄——14 岁——时，便都加入社会谋生去了。在美国，5 岁至 14 岁的儿童，有 94%在学校中读书。15 岁至 18 岁的青年，便只有 72%在学校中读书。这当然是强迫教育律所带来的成绩。可是 19 岁至 22 岁的青年，便只有 16%在校读书了。在一个最富裕的国家中，19 岁以上的青年，大多数还是为生活所迫，不得不离开学校，去谋职业了。

在这种情形之下，那些过了离校的年龄而还留在学校中读书的，一定是出身于上层家庭的子女。它们的经济能力雄厚，可以供给子女在高级学校中读书，可以让子女得到最高深的教育，因而其子女在毕业之后，可以得到报酬丰厚、地位崇高的职业。那些在 14 岁或 16 岁便要离开学校的穷苦家庭的子女，是无法与这些上层家庭的子女竞争的。

如想消灭这种不平等的现象，只有在各级学校中实行公费制度，才可达到。入学是要经过考试的，只有具某种资质的人，才能允许他受某种教育。但是考取入学之后，不但不要交学费，如欧美各国的小学、中学中所实行的；不但可以领用书籍，如美国的中学中所实行的；不但免费供给牛奶一杯或免费午餐，如英国在有些小学中所实行的；还要在这一切之外，由国家供给生活上的一切基本需要，如苏联在一些职业学校中所实行的。人虽然出生于家庭，但如社会把抚养与教育的责任还是付给家庭，那么教育的机会，是无法平等的，因而选择职业的机会，也随着而无法平等。只有社会把这个传统由家庭担负的抚养与教育子女的功能，完全由家庭的手中取出来，放在自己的肩膀上，然后每一个人受教育的机会方可平等，因此选择职业的机会也随着趋于平等。

随着社会的生产力的进展，这一天迟早会来到的。到那时，每一个人潜在的能力，都可以得到最大的发展，职业的分配，才真能够照着竞争原则进行，世袭原则必然会变成历史上的陈迹了。

（载《新路周刊》第 1 卷第 13 期，1948 年）

私有财产与公有财产

——美苏经济制度述评之一

一

我们假如想在美国与苏联的经济制度中，找出最不相同的一点，大多数的人一定会指出：在美国，财产是私有的；而在苏联，财产是公有的。对于一般人，这种模糊的分别，也许就够了，但是对于研究经济制度的人，关于这一点差异，我们还得进一步地分析。

首先，我们就要把财产分为生产工具与消费资料两种。生产工具，在美国可以私有，而在苏联则为公有。消费资料，在两个国家中，都是可以私有的。在生产工具公有的苏联，唯一的例外，就是农民在参加集体农场工作之外，还可有一块自耕的土地。在这块土地上面，他可随便种植什么东西。生产出来的成品，他可以送到集体农贸市场上去出售。除了这个显著的例外——这也许是过渡时代的情形，其余的生产工具都为公有。

其次，当私人的财产，还是以货币姿态出现的时候，它的出路，在美国与苏联是大有不同的。在苏联，当工作者接到他的薪资之后，也就是他的财产还是以货币的姿态出现的时候，他只能以货币去换取消费资料。只有少数的人，能够在消费之后，还可以把他收入的一部分，存入储蓄银行，或购买公债，取得些微的利息。在美国，以货币的收入，去换取消费资料，当然也是很普遍的现象，特别在劳工阶级中，这种现象尤为普遍。但如马克思在《资本论》中所分析的，货币的收入，在资本家的手中，便可换取生产工具及劳力，以从事资本主义式的生产。在美国，生产工具及劳力都是有市场的，私人可以在市场中购得生产工具及劳力。在苏联，生产工具是没有市场的，私人不得购买生产工具。私人更不能雇用别人的劳动力。所以从财产的动态去观察，私有与公有的差异，实在是深刻的，影响到生产、分配、消费等过程及人与人间的关系。

二

在私有财产的制度之下，每一种生产元素（土地、资本、劳力），都有一个价格，每种货品及劳务，也都有一个价格。生产元素的价格，在美国的生产机构中，其重要实无与伦比，因为它决定了利用的途径。譬如，某个地方有一块土地，这是生产元素之一，到底应当如何利用呢？谁来决定利用的途径呢？假如土地只有一种用途，假如在某种社会里，土地只许有一种用途，那么我上面所提出的问题是不会产生的。可是土地的用途，实在是不止一端的。只以农业的用途而论，它可以用于种草养牛，也可以用来种麦种稻，以及其他各种人用的农产品。同时，这块土地，也可以拿来作为住宅之用，作为工业之用，作为商业之用，作为娱乐之用，以及其他一切之用。解决这块土地的用途，在美国是不难的，谁能付出最高的地租，谁就取得这块土地的使用权。譬如，今有甲、乙、丙三人在此，甲拟将这块土地种麦，他愿意每年付 10 元的地租；乙拟将这块地盖房子，他愿意出每年 100 元的地租；丙拟将这块土地用于开百货商店，他愿意出每年 1 000 元的地租。假如只有这三个人竞争，结果这块土地一定是用于开百货商店的。在这种情形之下，土地得到最适宜的利用，因为它在这三种可能之中，是在利用产生最大价值的可能。

私人把握着生产元素，然后看谁能出最高的价格，便交给谁去利用，在完全竞争的状态之下，各种生产元素都能得到最合理的安排，产生最大的效用。这种理想的境地，在美国的经济组织中，是没有达到的。其之所以没有达到，首先，主要是由于美国经济的现实与合理安排发生了冲突。在美国的经济组织中，有许多企业，采用了大规模的生产方法，少数生产单位，其生产的成品，常占此项企业中生产总值的一个很大的百分数；又有许多企业，是天然只能允许一个或极少数单位来经营的（如各种公用企业）；又有许多产品，实质虽然相同，名目则不一致，人们因此并不把它们看成一种物品，因而任何一种商标物品的产商，多少有左右他们的主顾的消费支出的能力。这些都是独占企业和半独占企业存在的主要原因，而在带有独占性的企业里，生产元素的分配，是不能完全合理的。其次，人民收入的不平等，使富人对于他们所喜用物品的价格，有特别的提高能力，因而能使生产元素大量地被用去生产这些物品。在财富过度不均的状态下，以价格为标准的分配办法，往往产生不公平的结果。

在我们理想的社会主义中，生产元素虽然不为私有，但每一生产元素，还可让供求力量产生一个价格，然后让一切生产事业，能够付出这个价格的，便得到利用这个生产元素的权利与机会。可是苏联对于生产元素的分配，并不是根据于价格机构，而是根据于一个经济计划。在美国，生产元素的价格，如地租、利息、工资，成为分配生产元素的指南针。这些生产元素是有限的，而想利用这些生产元素的个人或企业则很多。在取舍的时候，在迎此拒彼的时候，生产元素的价格，完成了分配的功能。在分配这些生产元素的过程中，个人或企业，凡是想利用这些生产元素的，其所出的代价，并不是盲目的、武断的、感情用事的。相反地，其所出的代价，乃是很理性的，由于精密的计算而来。生产元素的价格，是企业家的担负，是他的支出，而利用这些元素所生产的物资及劳务，在市场上所能得到的价格，则是企业家的收入。他权衡这两种价格，觉得有利可图，然后才肯对于生产元素付出代价。这些价格的成在*，是他的合理计算的基础。没有这个基础，企业家的生产是无法进行的。

在苏联，这个基础是不存在的。我们并没有理由相信在社会主义的经济组织之下，这个基础一定要毁灭，要消失。相反地，我们相信在社会主义之下，假如每一个生产元素，都有一个根据需求状况而产生的价格，对于社会主义的经济，将为一种极重要的贡献。不管理论上的看法如何，实际的情形是，苏联并没有依赖生产元素的价格，来作为分配生产元素的根据。举几个例来说：苏联的土地是公有的，但在乡村中，土地利用的方式，并不受地租的影响。苏联的政府，虽然每年向集体农场征收实物，而且这种实物，虽然实际上包括了地租，但是以纳税的名义交给政府的。政府并没有事先规定，谁出得起地租，谁就可以决定土地应当如何利用。土地上应当生产什么农作物，乃是由计划决定的。我们再以利息为例。苏联的银行，对于生产单位的贷款，是要索取 2 厘至 6 厘的利息的。但是苏联的利息，并不产生分配资本的作用，只是生产者成本中的一笔开支。某项生产事业，假如其生产计划，已为政府所规定，必然可以取得在银行中贷款的方便。银行中的贷款，自然有它的一份。它所得到的一份，与它所能付出利息的大小无关。

我们还可以工资为例，苏联的工资，并不像美国的工资那样有分配劳动力的功能。

---

* 此处文意不明，原文如此。——编者注

假如某项生产事业，其发展的计划，已在政府的五年计划之中，那么这项事业所需工人的数目，也必然成为计划的一部分。苏联每年在 14 岁至 17 岁的青年中，要训练 100 万人，训练出来的青年，由政府分配在各种生产事业中，目的就是想要使劳动力在某种企业中的供给，不为工资所左右，而完全受计划的支配。

以上说明美苏两国生产制度不同之点。美国是私有财产由私人支配，其支配的标准为价格机构。苏联是公有财产由政府支配，其支配的标准为经济计划。除了这两种配搭之外，私有财产，也可由政府照经济计划支配，美国在战争期内所实行的，便是这种制度。唯公有财产由私人及公司照价格机构来支配，虽然在理论上是可行的，但实际还没有这种例子。这几种配合方法的利弊，不是在一篇文章内说得清楚的。可是这个问题，乃是经济制度中最重要的一个问题，实在是值得仔细分析的。

三

美苏因为财产制度的不同，影响到生产的方式，已如上述。我们现在再换一个观点，来看财产制度对于分配的影响。

很显而易见的是，美国在私有财产制度之下，产生了两种不同的收入，一为劳务的收入，一为财产的收入。美国人的劳务收入，两端距离是不大的。譬如，美国制造业中的工人，在 1945 年，平均每星期可得工资 44 美元 39 美分，假如他每年可以工作 52 星期，那么他一年便可得工资 2 308 美元 28 美分。在另外的一个极端，如共和钢铁公司的经理，每年的薪金为 20 万美元。杜邦化学公司的经理，每年的薪金为 175 000 美元。在美国，高的收入，必须付出高的所得税，杜邦化学公司的经理，在交纳所得税之后，收入便只有 48 251 美元了。概括地说，美国人的劳务的收入，两端的距离，在二三十倍之间。假如美国人只有劳务的收入，那么美国的社会可以说是很平等的。但是美国的富人，还有财产的收入，那是造成巨富的根本原因。美国人的收入，总数愈少的，其来源于劳务的收入的百分数也愈高；总数愈大的，其来源于劳务的收入的百分数也愈低。譬如，收入在 5 000 美元以下的，其来源于劳务的收入，占 85%以上，但收入在 100 万美元以上的，其来源于劳务的收入，只占 1.09%。换句话说，那些收入在 100 万美元以上的，财产的收入，要占 98.91%。以 100 万美元的收入，来与 2 000 美元的收入相比，中间的距离，不是几十倍，而是几百倍了。

苏联的人民，不能私有生产工具，所以其收入多为劳务所得。唯一的例外，就是因购买公债或存款于储蓄银行而得到的利息。国营企业中，有计划红利的名目，但这种红利，除一小部分用作生产者的奖金及举办福利事业之外，其余概归国库。我们在上面所提到的集体农场上的农民，每人可以经营一小块田地，这种经营的结果，也许可以产生红利。但是红利与利息，在苏联人民的收入中，实在占一个无关紧要的地位。在苏联人民的收入中，占重要地位的，只有薪资，即是劳务的收入。劳务的收入，各人是不同的。1937 年 11 月，苏联政府曾有一道命令，规定最低的工资不得少于 110 卢布。1938 年 8 月，又规定最高的薪水不得超过每月 2 000 卢布。根据这两道命令，我们可以计算得出，苏联最高的薪水，超过最低的工资 18 倍。可是苏联工厂的经理，虽然月薪不得超过 2 000 卢布，但假如他的成绩卓异，可以领到额外的奖金。在 1942 年，有几个成绩特殊的经理，得到斯大林奖金，自 5 万卢布至 15 万卢布不等。这种得到奖金的经理，假定他的年薪是 24 000 卢布，加上 15 万卢布的奖金，便可得到 174 000 卢布。他的收入，比起那每年只得 1 320 卢布工资的粗工，要大 130 余倍。

由此可见，两种财产制度产生两种不同的贫富距离。私有财产制度下所产生的贫富距离，其宽度远非公有财产制度下所产生的可比。

四

在两种财产制度之下，资本形成的方式，也是不同的。美国的资本形成，大部分是由富人来负担的。富人的收入，只有一部分拿来消费。在巨富的家庭中，消费的部分，可能是很小的一部分，而另外的一大部分，则是储蓄起来的。无论旧生产事业的扩充，或新生产事业的开办，都需要这种储蓄起来的资本。有一个估计，指出在美国，那些收入在 1 000 美元以下的，储蓄 3%，纳税 3%，而消费的支出，则达 94%。那些收入在 100 万美元以上的，储蓄 77%，纳税 17%，消费的支出，只占 6%。纳税的一部分，可能成为政府的新投资，而储蓄的大部分，在充分就业的情形下，可能变为私人的新投资，所以美国的资本形成，大部分得益于富人的储蓄。

在苏联，因为收入比较平均，消费的倾向较大，所以私人的收入，除去购买公债及存入储蓄银行的一小部分外，大部分都用在消费之上。而且在苏联的经济制度之下，私人投资于生产事业，是不许的，因此私人的储蓄也少了一个重要的动机。在这种情形之下，资本的形成，不能依赖资本主义国家中的私人储蓄方法，而采用了计划的强迫储蓄方法。这种计划的强迫储蓄方法，在实质方面，便是由政府分配一部分人力，配合一部分资源，从事生产工具的生产；在货币方面，便是由政府制定销售税，加在每种消费物资的上面，成为每种物品价格的一部分。每一个消费者，当他花一个卢布购买某种物品的时候，其中只有一部分是物品的成本，另外一部分便是销售税。销售税这一部分，等于政府加在消费者身上的强迫储蓄。譬如在1940年，糖的售价，为每公斤6.5卢布，其中5.2卢布为销售税。所以人民在消费每一公斤糖的时候，政府就强迫他储蓄了5.2卢布。这样强迫储蓄起来的钱，转到国库以后，便可用以支付那些制造生产工具的人的工资。所以苏联资本形成的代价，是全国人民降低生活程度。可是这种强迫储蓄方法的效率却是很高的。据估计，苏联在几个五年计划的时期内，人民的储蓄，约等于全国收益的1/3。这样高程度的储蓄，在美国的经济史中，就从来没有发生过。美国自1921年至1940年的20年间，全国的总投资等于生产总值的8％至9％。美国现在不需要高程度的储蓄，那个时代在美国已经过去了。相反地，美国的经济组织，现在却为庞大的储蓄所累。有储蓄而无投资的机会，使得美国的资本家感到烦恼，使得整个社会感到不安。

五

我个人的私见，以为在苏联的经济制度中，最大的问题，是生产元素的合理分配，而在美国的经济制度中，最大的问题，乃是储蓄与投资的平衡。苏联的生产元素，现在以一种不用价格作为标准的经济计划来配合，是不合乎经济原则的。它的缺点，现在并不暴露，主要的原因，就是苏联的经济，现在是与外界隔绝的，因而外界的合理生产，无法打倒苏联的不合理生产。假如苏联所生产的货品，在国外与国内，可以自由地与外国所生产的货品相接触，在价格上来争一个优胜劣败，那么苏联的生产元素，因为分配是不遵照经济原则的，其产品的价格，必无法与别人竞争而归于淘汰。假如有这一天，其责任不能由公有财产制度担负，因为根据许多经济学学者的意见，公有财产制度是仍可配合着自由竞争所产生的价格机构一同运用的。

在美国，储蓄与投资的不平衡，是过去发生商业循环的主要原因，而这种现象，是要由私有财产制度负责的。私有财产制度，造成分配的不平等，已如上述。把握着财产所得的巨富，其储蓄倾向是很高的。储蓄的款项，假如不用于投资上面，或借给别人用于消费及投资上面，必然产生整个社会的收入与支出的不平衡，因而产生失业的结果。这种失业现象的产生，假如没有政府事先设法预防，乃是私有财产制度下必然的结果。正如凯恩斯所指出的，在私有财产制度的国家，负责储蓄的是一种人，负责投资的又是另一种人。两种人各不相谋，而想他们的活动，自然地产生互相抵消或恰好相等的结果，乃是不可能的。如欲储蓄与投资互相抵消，非由政府出面做一种补救的工作不可。1946 年美国通过的就业法案，就是为做补救的工作而设的。政府事先对于各方面的储蓄与投资都做一个估计，假如发现私人的力量不能使储蓄与投资互相抵消，政府即举办一些事业，来达到这两方面的平衡。这种设施，是否可以避免美国未来大规模的失业，是可以注意的一个问题。在苏联，大规模的失业，是不会发生的。苏联的失业保险，在 1930 年便取消了，因为苏联的政府相信已无此必要。假如大规模的失业，是由于储蓄与投资的不平衡，那么苏联政府，造成这种平衡的办法，较美国政府要容易得多。在苏联，一切的储蓄，都集中于政府之手。这是政府的一笔收入。根据这笔收入，然后在支出方面，使其能与这笔收入互相抵消，在计划经济之下，真是太容易的一件事。苏联的储蓄，所以集中于政府的原因，与公有财产制度是相关的。

六

有人称储蓄为剩余价值。假如我们把这个名词所含的道德意味撇开，只看这种剩余价值在某种社会中所产生的数量及用途，乃是一种极其重要的工作。我们很可以说，一个社会里的人民生活程度，就受这种剩余价值的数量及用途而定。我们现在可惜还没有精密的统计，来比较美苏两国剩余价值的数量及各种用途，但是大略的轮廓是看得出的。假如我们把一国的生产，分为人民消费及剩余价值两部分，那么在目前，人民消费的部分，在总生产中的百分数，美国的高于苏联。剩余价值在这两个国家中产生的方法，是一样的，即由于劳动者的所得小于他的生产。由此而产生的剩余，在美国归于资本家，而在苏联则归于政府。这种剩余价值在总生产中所占的百分数，当然会影响到目前人民的生活程度。譬如，苏联假如降低强迫储蓄的数量，也就是减少剩余价值的吸取，目前（不谈将来，那是另一个问题）苏联人民的生活程度是可以提高的。但是对于人民生活程度更为重要的一点，就是剩余价值的用途。在美国，这种剩余价值到了资本家的手中，有一种浪费，是苏联所没有的，即由于此种剩余价值为私人所保有，社会上产生一种不劳而食的阶级，及此种阶级所过的奢侈生活。但在苏联，也有一种浪费，是美国所没有的，即剩余价值到了政府的手里以后，政府以一部分来创立一种特务制度，来侦察人民的行动与言论。这一部分人，对于生产是无贡献的，其数目是否超过了美国的不劳而食的阶级，是一个有趣味的问题，但是我们手中所得的材料，还不能对此问题作一回答。这还是次要的问题。最重要的，还是看剩余价值的总值内，除去浪费的一部分，其余的部分——当然是较大的部分——是如何用法。假如这较大的部分，是用以发展生产事业，而这些生产事业是与提高人民的生活程度有关的，那么剩余价值，不问其最初是到什么人手里，最后还可发挥提高人民的生活程度的功能。美国与苏联每年所产生的剩余价值，大部分是用于发展生产事业，可是所发展的事业，其内容是不相同的。其所以不相同，乃是由于在一个国家内，生产是照计划进行的，因此其发展的事业，决定于少数人的意志；而在另一个国家内，生产是照价格机构的指示进行的，因此其生产的内容，决定于消费者的偏好。后一种办法，比较能保障人民的生活程度，在我的心目中，是无可置疑的。但是后一种办法，并不为财产的私有或公有所决定。在公有财产制度之下，生产依旧可以根据价格机构来进行。苏联的政府，之所以不采取这种办法，而要制定经济计划，来作为生产的准则，是因为当权的人，有一个超经济的目标，要努力求其实现。这种超经济的目标，便是不以提高人民的生活程度为其主要工作的目标，是否可取，那是属于政治的或道德的范围，不是我们现在所要讨论的了。

（载《新路周刊》第 1 卷第 15 期，1948 年）

我们的意见：经济行政应即公开

——一个考验政府效率和廉洁程度的具体建议

刘大中　吴景超　翁独健　周炳琳　楼邦彦　赵人儁

在所谓“行宪”以后，从经济方面的行政和措施来看，政府还没有过什么合乎宪政精神的表现。就比较高远的措施而言，政府顾忌环境、推诿成性，我们已不再存什么奢望。但是，在经济情况日益败坏、人民求生不得求死不能的今日，我们至少有权要求知道政府在做些什么事，我们有权要求政府把一切有关经济行政的情况和数字公诸天下。这件事，只要政府肯把它没有权锁起来的“秘件”公布出来，就可以办得到；不像有些其他事，政府往往以“人民缺少守法精神”或“人民不与政府合作”为理由，认为没有办到的可能。

自从民国肇始，初期的军阀政府自然没有把经济行政公开的意图和能力。国民政府成立以后，渐渐有些关于发行、预算、决算、公债的数字看到，但从来不够详细；从这些数字中，人民仍然看不出各机关的行政效率，和各机关首长有无利用职权舞弊徇私的情事。自从抗战军兴* 以后，连这些数字人民也看不到了，国家财政又恢复了封建时期皇室账房的性质。我们仅偶尔在报上，看见政府把这些数字送给外国派来的使节或调查团看的新闻，或是有些首长在各种报告和演说词中，偶尔一高兴提到一两句。我们真不知道政府根据些什么法律把这些情报对本国人民保密起来；更不知道这些首长又根据些什么法律偶尔发表一两句——这又是这些人不懂法治精神的一个例证。

---

* 此处文意不明，原文如此。——编者注

经济政务，在执行以后，根本没有一件是应当保密起来的。我们现在仅把一些最重要的，列在下面。有些可以告诉我们政府财政的实况；有些可以使人民明了各机关的效率和政府对于各机关首长的供应；有些可以供给我们关于财富集中的资料；有些可以使人民知道工商界中一部分人与政府“合作”的情形。政府应当把这些“内幕”情形公布出来；内容若是精彩的话，人民自然会一致赞扬，若是相反的话，人民也可以有一个公开批评的机会。

（一）发行数目。发行的数字实在没有保守秘密的必要了。谁还不知道物价每天都在涨呢？况且蒋总统和财政部长都曾零星地报告过一两次。人民有权知道过去和现在每月的发行数字；并不是做公仆的高兴叫人民知道多少，人民就应该知道多少。

（二）政府及各机关收支的详细决算。在这项下，我们最注意的是政府的总决算及各机关对于它主管首长的供应（关于这一条，各机关必须详细分列，单独报告）。各机关如果据实报告的话，我们就可以明了人民对于这批公仆所供应的汽车费、公馆经常费、应酬费（等于各公仆用人民的钱经常聚宴）、仆役费究有多少，因而知道何以这批人总不明白公教人员的待遇有提高的必要（有多少“长”实际知道一个四口之家每月吃饱要用多少钱?）。各机关若不据实报告的话，我们也可以把它们报告出来的数字，与我们所看见各机关首长的享受来比较一下，因而明了各机关谎报账目的程度。

（三）所得税（及其他直接税）。我们所要看的，不是一个笼统的数字，而是缴纳所得税在一个一定水准以上的人数（连同名单），和他们所缴的数目。我们要看看富人究竟缴多少所得税，然后我们可以把他们所缴的税额（可能有许多是零），与他们实际的生活程度（他们实际所得的表现）来比较一下，看看他们的“守法精神”如何。各大企业的“守法精神”也可由此得到一个考验。

（四）输入限额、外汇申请和各国家银行各种放款的分配。这三项是过去政府对于工商业扶助和控制的主要枢纽。我们所要知道的是，过去这些“方便”究竟给予了哪一些企业和私人，每家企业和每个私人共得到多少。从这些情报中，我们可以看出，过去究竟有无大员、豪门、巨富勾结和利用职权牟利的情事，和程度的深浅。

政府大员以往总说人民对于他们贪污的控诉是冤枉的。他们问：“证据何在?”其实，他们把所有可能作为证据的情报，都严锁密封，称为“秘件”，人民又从什么地方去找证据？把所有关于经济行政的资料都公布出来！清廉、公平、勤慎的公仆应当不怕“泄露”这些“秘密”。

（载《新路周刊》第1卷第15期，1948年）

中国的人地比例

在讨论中国的人地比例之先，我愿意先说一下地球上的人地比例，以为参考。普通讨论这个问题的人，常常以人口密度来表示人与地的比例，这种办法，容易引起误解。地球上的土地，其可利用的程度，并非相等的。有好些地方，气候太寒，如加拿大及西伯利亚的北部，不能利用。又有好些地方，雨量不足，如非洲的撒哈拉大沙漠、蒙古的戈壁沙漠，也无法加以利用。不能利用的土地，虽然在空间上占着很大的面积，但对于人类社会并无贡献。因此，我们研究人与地的比例，应把那些不能利用的土地除开不算，而只计算那些可耕地。可耕地是人类衣食的资源，与人类的生活，最有密切的关系。

地球上的陆地面积，除开南极的大陆不计外，约为 5 200 万平方英里，其中 20%，约 1 000 万平方英里，适宜于农业。1 000 万平方英里的土地，等于 64 亿英亩。在这个数目之中，已耕地为 37 亿英亩至 40 亿英亩。全球的人口，约为 20 亿，平均每人可得已耕地约 2 英亩。如将所能耕种的土地完全开垦，则每人可得 3 英亩以上。

中国的每人所得的耕地，在世界平均数之下。关于中国的已耕地，现在有好几个估计。根据第一个估计，中国的已耕地为 1 亿 8 000 万英亩。如中国的人口为 4 亿 5 000 万，每人只得 0.4 英亩。根据第二个估计，中国的已耕地为 2 亿 3 000 万英亩，如果属实，则每人可得耕地 0.51 英亩。根据第三个估计，中国的已耕地为 2 亿 7 000 万英亩，如照此推算，则每人可得耕地 0.6 英亩。

世界上人与地的比例，为每人可得耕地 2 英亩，我国人与地的比例，为每人可得耕地自 0.4 英亩至 0.6 英亩，相形见绌，昭昭在目。

这种劣势的人地比例，与我国人民生活程度的低下，是有因果关系的。生活程度愈高的人，对于土地的需要也愈大。美国每一个人，在衣食住行四方面，对于土地的需要，为2.8英亩至3英亩。他们的生活程度最高。欧洲人的生活程度较低，每人只需要土地1英亩至1.5英亩。亚洲人的生活程度更低，每人只需要半英亩。

我们都愿意提高中国人民的生活程度，使他们在衣食住行等方面有较高的享受。这种愿望是否能够实现，要看我们能否改变现在那种劣势的人地比例。

我们先从地这方面着眼，看看我们能否加增土地的供给。中国的可耕地，据专家的估计，约4亿2 000万英亩。假如这种估计是可靠的，那么即使把所有的可耕地都利用了，平均每人还分不到1英亩。这一点假如做到，我们的生活程度，可以比现在略微提高，但离我们的理想目标，还远得很。

我们因此得转移目标，从人口方面着眼，来改变我们的劣势人地比例。我们想得到的第一个办法，就是移民。我们经过了多年的努力，移往海外的华侨，总数还不到1 000万。现在地广人稀的地方，均在白人的掌握之中，他们是反对黄种人前往的，所以移民的出路，现在极为有限。南洋群岛一带，也许还可以吸收少数的华侨。但这些地方吸收华侨的能力，不足以改变我国的人地比例。据局部的调查，中国的生育率，还是超过了死亡率。假如目前的自然加增率为1%，那么中国境内，每年就要多出450万的新人口，移民的最大限度，每年不会超过100万人，所以我们觉得移民解决不了我们的问题。

我们想得到的第二个办法，便是工业化。工业化的作用，可以使一部分农民，移到别的职业中去，因而降低农业中的人口，加增工商业中的人口。这种职业间的移动，可以扩充农民的农场，可以加增农民的收入，同时因为工商业中的人口也是生产的，所以工业化可使平均每一个就业的人的生产力提高，全国的国民收入也可因之而上涨。但是工业化在大多数的情况之下，不能改变一个国家的人地比例。例外的国家，如英国，工业有畸形的发展，可以拿国内的制造品，换取别个国家的食物及原料。这种国家的人地比例，不能只以本国的耕地为标准，而应将别国替它生产食物及原料的土地也算入。所以英国如以本国的土地为标准，每人分得的耕地，只有0.76英亩；如将别国为英国生产粮食与原料的土地也加入计算，则英国每人可得耕地1.7英亩。英国是以工业化的方法，来改变本国的劣势人地比例的。但是英国经济方面的痛苦与困难，也造端于此。英国把生命线寄托在别人土地上的谋生方法，不足为训，而且英国的榜样也不易学，学它得有资本，有市场，有殖民地，有海洋运输的工具，有保护交通线的海军，而这些条件，都是中国所缺乏的。中国的工业化，只能以本国的资源为原料，以本国的人口为市场，在这种情形之下，每一个人的生活资源，不能超过1英亩所能供给的。

最后的一个办法，只有节制生育了。节制生育的第一个目标，要使中国的人口不再增加，以免现在劣势的人地比例，更加恶化。根据欧洲工业革命后的历史，根据英人在印度推行医药卫生的经验，当一个国家开始工业化，或者注意医药卫生的时候，人口必有猛烈的增加。假如我们不大规模地推行节育运动，可能使中国人将来每人分不到半英亩的耕地。假如我们能够避免这个灾难，使中国的人口，在最近一代内，不再增加，那么我们希望再进一步，使中国的人口，因生育率的大量降低而逐渐减少。如果有一天，中国的人口不是4亿5 000万，而是2亿5 000万，或1亿5 000万，那么我们的人地比例，便可改善到与世界的平均比例一样。在许多无识的人看来，必定以为这是最可反对、最应避免的。但是，我们如把这个问题从各方面去平心静气地研究一下，一定会觉得，减少中国的人口，对于中国有百利而无一害。

（载《读书通讯》第164期，1948年）

稳定新币值的有效措施

——金圆券发行的激增已威胁到平民的生活，
除“订货款”外政府应即“停放封存”，
同时发行物价指数债券以吸收游资

刘大中　陈振汉　吴景超　蒋硕杰　胡寄窗　关大中

据金圆券发行准备监理委员会本月 6 日的公告，自 8 月 23 日起至 8 月底止，金圆券的发行总额已达 2 亿 9 600 余万元；现时仍在市面上流通的巨额法币数量，还没有包括在内。据政府在改革币制以前宣称，现时流通的法币总数用 5 000 余万美元即可全数收回，应折合约 2 亿金圆。换言之，在 8 月底前的一个星期中，通货总数激增至少 50%。

通货数量这样的急剧增加，虽然是极危险的事，但应当早在政府的意料之中。政府的支出，并不能因法币改为金圆券就会减少。税率虽已按战前标准调整，但是核算稽征都需要时间，实际税收的增加至少要在相当时期以后才会实现（两个月已是很乐观的估计）。目前政府收支不抵的部分，仍须用增加发行的方法去应付。换句话说，现在金圆券增发的速率，不会在改币以前法币增发的速率以下。不但如此，金、银、外币的兑换，尤其可以增加发行数量。据蒋总统 6 日在国民党中央党部报告，截至 9 月 5 日，政府兑进的金、银、外币已达 4 500 万美元。所以，为这一目的，政府已经增发 1 亿 8 000 万金圆券了。

在金圆券发行激增的冲击力量下，物价已显不稳状态。因为政府禁止超过限价的记载，报纸已用空格代表多种物品的价目。在这样的危险局面下，政府最大的努力却用在限价的监督上；这好像是只用冰枕去降低病人的体温，而不用消炎药去退烧，实在令人不解。

在战事继续演进中，人民的痛苦自然无法根本解除。但是人民至少有权要求战事的费用由有钱人去担负，此后人民绝不能再容忍不负责任的膨胀政策，使战事费用落在一般人民的头上。与膨胀政策相反的方式，自然是采用高度的累进所得税；但是，即使政府有足够的勇气和毅力去执行这种政策，现时也没有够高的行政效率能使这种政策在短时期内发生效果。我们仍只能从比较间接的方式上设法。

为抵消金圆券增发的膨胀力量，政府应立即停止全体行庄（国家银行局在内）的放款，同时封冻存款。银钱业过去在领导物价上涨方面的贡献，已是大家熟知的事了。在过去几年之中，行庄最主要的业务是支持囤积。吃惯了珍馐美味之后，自然是不甘于粗茶淡饭。银钱业在改革币制以后的活动，可以从天津《大公报》“经济新闻”栏两篇报道中窥知一二，我们节录如下：“自从政府公布紧急经济管制办法以来，两个星期物价得以平抑。但市面银根松泛，已成不可掩之事实。游资充斥，折放甚至低利卑辞，仍遭闭门羹，货物遂又遭人青睐。”（9 月 3 日）“当局厉行减息之后，又值银根甚松，存货户头因无高利压迫，得以从容坚持不售，希图转机，并有接近金融事业职员，乘银根松泛无出路机会，以向外推展拆放为借口，假借低利贷款，收购货物，连日各货市价暗中坚俏，上述亦为其中原因之一。”（9 月 7 日）

在物资的供给一时不能增加和金圆券发行激增之下，行庄放款如不停止，物价如何能够不涨，何况行庄放款又是以囤积物资为主要出路呢？放款如果停止，存款也必须同时封冻，否则放款等于不停。理由是很简单的。假设张三与某行庄有交情，在某行庄账上有一笔存款（实际上是某行庄所有，或是某行庄与张三所共有）。这个行庄用张三的图章签发一张支票，交给李四去购货囤积。名为提取存款，实际这自然是放款。所以“封存”必须与“停放”同时执行。

“停放封存”以后，一般商人自然会感到“不方便”，但是这正是压迫商人出囤最妙的方法。对于工厂所需的正当资金，我们主张恢复去年年底所用的“订货贷款”，由中央银行按下列步骤办理：

第一，现时上海的仓库检查，似仅限于普通货栈和银行仓库，这是相当愚笨的事。我们听说有许多与工厂有关系的奸商，已经把他们的存货移到工厂里去了，所以各工厂的存货也必须查点。

第二，凡是存货超过限度的工厂，不得申请贷款。

第三，领得贷款的工厂，在借款到期的时候，必须把物品售予政府，然后由政府抛售。或是，经审核后，工厂可以直接售予趸售商人，但是必须把所售数量和价值呈报政府，政府自然必须随时检查该厂与该商的仓库。

这种“停放封存”和仓库检查的办法，必须继续执行，直到政府税收的增加，已达预期的标准时为止（王云五氏所估计的每年24亿）。

政府并应同时发行物价指数债券，用以吸收行庄以外的游资。关于物价指数债券的优点和发行办法，蒋硕杰、李崇淮诸君以前曾著文解释，本期专论栏并载有胡寄窗先生一文，详细讨论，在此不再赘述。

（载《新路周刊》第1卷第19期，1948年）

（本文同名文摘载《现实文摘》第3卷第10期，1948年；《国防新报》革新5-6，1948年）

论经济自由

——美苏经济制度述评之一

（甲）本文

“经济自由”这个名词，在传统的经济学中，包括两个概念，一为消费的自由，一为择业的自由。自从罗斯福总统提出免于匮乏及免于恐惧的两种自由以后，有一些人，以为这两种自由，也应当包括在经济自由的含义以内。我们的看法，与此不同。我们以为“经济自由”这一名词，最好还是维持其传统的含义。至于免于匮乏及免于恐惧的两种自由，则应置于“社会安全”（social security）这个名词的含义之内。所以我们在这篇文章里，只讨论消费的自由，及择业的自由。

一

在美国与苏联，都曾经有一个时期，消费者无自由可言。这个时期，便是定量分配时期。苏联在实行第一个五年计划后不久，便利用定量分配的方法，来控制人民的消费。这个办法，到1935年才取消。1941年苏联与德国间的战争爆发，定量分配制度，又重新树立起来，到了1947年的12月，在改革币制的时候，才行取消。美国在第二次世界大战的时候，对于若干物品，也实行配给制度，但其范围不如苏联之广，譬如面包与牛奶，在美国始终可以自由购买，没有放在配给制度之内。

配给制度妨害人民消费自由的症结，就是在配给制度之下，人民对于每种物品购买的数量，不是决定于自己的嗜好及购买力，而是由政府代为决定的。自决与被决，是消费自由有无的分界线。在普通的情形之下，每一个人，对于某一物品的需求，都有其适当的数量。这个适当的数量的满足，是使人类感到生活舒适的最大因素。这个适当的数量，只有本人知道，别人如借箸代筹，总难恰到好处，因而总难使人满意。所以配给制度，乃是一种不得已的办法。任何政府，凡是顾到人民生活程度问题的，总不愿剥削人民的这种基本权利。如果取消配给制度，不发生别的重大社会问题，那么任何政府都会取消配给制度的。

在今日，苏联与美国，都已取消配给制度了，但是这两国人民的消费自由却并不一致。造成这种不同的消费自由的主要原因，乃是苏联是实行计划经济的，而美国则否。计划经济限制人民的消费自由，我可以举美国第二次世界大战时的一个例子来说明。美国在参战以后，可以说是实行计划经济的，国内大部分的生产能力都用以生产作战物资，同时有好些消费物资则停止生产，汽车便是其中之一。美国在作战的前夕，即 1940 年，曾生产汽车 440 余万部，可见人民对于汽车的需求。战时充分就业的目的已达，人民的收入加增，对于汽车的需求更高，可是因为政府下令停止制造汽车，所以人民即使有购买汽车的愿望，又有购买汽车的能力，也无法购到汽车。这是在计划经济之下，人民的消费自由受到限制的例子。在计划经济之下，生产元素的分配操在政府的手中，人民没有方法，以其有效的需求（即有购买力作后盾的需求），来指挥生产元素的分配。可是战争一旦停止，政府的计划经济取消，消费者的主权重新抬头，美国的生产元素又重受消费者的支配，于是汽车又重新恢复过去的大量生产，以满足人民的需要。

在苏联，配给制度取消之后，消费品的生产，还是在计划经济之下进行的。为满足人民的需要，苏联的政府，对于消费品的生产，当然也有计划。凡是在市场上出售的，都是计划中要生产的。没有包括在计划中的物资，自然不会有人生产，也自然不会出现在苏联的市场，正如汽车不出现在美国 1942 年的市场一样。苏联消费者的自由，因此是有限制的，他只能在已经生产出来的物品之中，选择其愿意购买的。他的有效需求，不能指挥生产元素的分配。在美国，消费者的要求，假如得不到充分的满足，自然会行使他的购买力，压迫物价上涨。在物价上涨的状况之下，自然有一些企业家，眼见有利可图，便会配合一些生产元素，来从事此种物品的生产。最后，大量的产品问世，尽可使消费者的需求得到满足。所以实际上美国生产元素的配合及其移动，无形地、间接地是受消费者指挥的。只有消费者能够指挥生产元素的配合的时候，消费者的自由，才可以说是得到真正的满足。

二

我们现在讨论经济自由的另一方面，即择业的自由。

在计划经济之下，每种重要物资的生产，已由计划决定，则生产此种物资的劳力，势非与之相符不可，否则计划即无由完成。我们因此可以想象，计划经济是无法容许择业完全自由的，因为在完全择业自由的状态之下，每一实业，或某一工厂，所能得到的劳工，其数量绝不能与计划所必需的数目相吻合。我们再看事实，就可知道，苏联的实际就业情形，是在政府控制之下的。

首先，关乎最上层的就业者，即大学毕业生。苏联的大学，是由各生产部门管辖的。每一生产部门所需的高级人才，由这一生产部门所管制的大学或高级专门学校供给。自 1933 年起，此种受过高级教育的毕业生，即由生产部指定其在某处工作，以五年为期，在五年之内，其行动须完全受生产部的指挥。派定工作之后，不去到差，或私自与生产机构商定工作，是犯法的，须受刑法的处分。自 1938 年起，此项毕业生，在毕业前六个月，便须与生产部主管人员面谈，由主管人员计划其工作性质及工作地点。每一生产部门，对于此项毕业生及其他专家，均有一记录。生产部门的主管者，随时可以知道某人工作的所在地，在必要的时候，加以适当的调动。

其次，关于技工的训练与就业，在 1940 年以前，一部分在学校中训练，一部分在工厂中训练。1940 年起，苏联新设立两种学校，专门训练技工：一种期限两年，招收 14 岁到 15 岁的青年；另外一种期限六个月，招收 16 岁到 17 岁的青年。苏联的政府，希望在这两种职业学校中，每年能够训练出 80 万到 100 万的技工来，作为劳工的生力军。为使学生的数目易于招足起见，苏联用一种利诱的方法，即到职业学校中受训练的，不但不取学费，而且一切生活的需要都由国家供给，可是在别的学校中上学的，得交相当数额的学费。在这种新的教育制度之下，那些出得起学费的，便送子弟入中学大学，那些出不起学费的，只好进职业学校了。另外，还有一种招生的方法，即指定集体农场保送，每一集体农场，人口满 100 人的，便要保送两个青年到职业学校。在职业学校毕业之后，每一个毕业生，须在指定的地点工作四年。

最后，关于粗工的募集，系由中央将全国的行政区域，分配予各生产部门，由其在指定的行政区域中招募。每每是某一行政区域，由某一部门利用，但也有一个行政区域，由两三个生产部门同时利用的。在指定的区域内，生产部门可与集体农场商洽，由集体农场在某种工资之下，供给劳工若干名，期限至少是六个月或一年。

从以上的办法来看，苏联的人民，在他们第一次就业时，选择的机会是很少的，与其说他们的职业是选定的，不如说他们的职业是派定的。就业之后，大学毕业生在前五年，职业学校的毕业生在前四年，也没有随意变动职业的权利，可是政府却保留权利来调动他们。至于普通的粗工，那些初次离开乡村到工厂中去做工的，对于有规律的生活自然不习惯，所以苏联在五年计划开始的时候，工人的流动率是非常之高的。1931 年以后，政府规定工人及其家属的食品配给证，由工厂发给。工人一旦离开工厂，其配给证即由工厂收回，同时取消他在工厂宿舍中的居住权。这种办法，对于控制劳工，使其不轻易离职一点，发生很大的效用。自 1938 年起，又有两种新的办法，来限制工人的自由离职。第一种办法，为工作证的发行，凡在工厂中工作的人，都应将工作证交给管理员，在离职的时候，须由管理员将离职原因，载明于工作证之上。工人从甲厂取回此项工作证之后，方能在乙厂另谋一职，没有工作证的工人，别的工厂不能雇用。第二种办法，即将工人所享受的社会保险权利及假期权利，与其在一工厂中做工时间的长短发生联系。假如一个工人，在某一工厂中，继续工作的时间很长，那么他能得到的福利也就较多。在这两种办法之中，工作证是限制工人选择职业最厉害的工具。在这种办法之下，一个工人，即使对于自己的职业不满意，但是如得不到经理的允许，他是无法另谋生路的。

在美国，一个职业学校的毕业生或大学的毕业生，不一定就能找到工作。在不景气的时期，像 1929 年到 1933 年的那几年内，他的工作更无把握。可是他有好些就业的途径，以及选择这些途径的自由，是苏联的人民所不及的。第一，他可请自己的亲戚朋友帮忙，上层家庭的子弟，许多人利用这一途径而得到第一个职业。第二，在美国的 1 200 万个生产单位之中，其中用人在 300 人以上的，在 15 000 单位以上。初出茅庐的人，可以自我介绍，向这些生产单位求职。这些大的生产单位，新陈代谢的过程是很快的，一年总要添用许多新人，合格的人，自有被录用的可能。第三，美国在联邦政府与地方政府的合作之下，在全国设立了 4 500 个职业介绍所。这是美国的劳工市场，需要与供给的总和。谋事的人，可以把他愿意担任的工作，告知职业介绍所，职业介绍所必尽它的能力，替谋事的人寻觅一个适当的位置。在 1947 年，有 1 150 万人，委托职业介绍所谋事，其中有 630 万人，得到他们所愿意做的工作。美国的工人，在就业以后，政府并没有任何规定，防止他的转业。他可以找报酬最高的地方去工作，一旦这种地方被他发现了，没有人可以阻止他离开他的旧职，而去就他的新职。

三

在择业自由的一个观念之内，还包含着创业的自由。择业与创业，严格地说，是有显著分别的。择业的前提是社会上已有某种位置的存在，这些位置需要人来填补，择业便是根据自己的能力与兴趣，在已有的位置中，选定一种而置身其中。创业的前提，是社会上还没有创业者理想中的那个位置，他以他自己的能力，或集合若干人的能力，创造出那个新的位置来，然后来占据那个位置，从事经济的活动。创业的自由，在苏联与美国，都是在少数人的手中。但这少数人的数目，在两个国家中，却有大小的不同。在苏联，创业的自由，在国家经济委员会的手里，或者说得更具体一点，在政府及党的少数大员的手中，他们在决定某项事业要扩张的时候，也就是行使创业自由的时候。普通的人民，是没有创业自由的，因为既创一业，就得在此业中，放进资本，放进劳力，而这两种生产元素，都不在人民的掌握之中。

在美国，大事业的开创，非有大资本不可。所以创业的自由，似乎只有资本家能够享受。这种看法，只有局部的真理。在某种情形之下，美国没有资本的人，或者资本很少的人，也可以创业，这是因为美国的资本是私有的，在契约的条件之下，可以移转归他人使用。所以志在创业的人，如自己没有资本，可以利用别人的资本。福德公司的创业者，在他 30 岁的时候，月薪不过数十元，但他得到几个朋友的协助，集合了几万元的资本，设立福德公司，现在已经是 10 亿美元以上的事业。至于志不在大，只想创立一种小规模的生产事业，以为独立谋生之计，如办农场、开杂货店等事业，那是很多的人如果想办是必然办得到的。这种创业的自由，是独立生活、脱人篱下的必需条件。它的存在，表示经济权的不集中，是维持人民福利所不可少的。

四

根据以上的讨论，我们可以得到一个结论，就是经济自由的享受，美国人民大于苏联人民。这种情形，与财产的私有或公有的关系很小，而与计划经济的关系却很大。我很相信，社会主义与经济自由，根本上是不冲突的。假如社会主义放弃了计划经济，经济自由便可恢复，正如资本主义或任何主义，一旦采用了计划经济，经济自由必然丧失。汉姆（G. Halm）教授曾说："一方面照着计划生产，一方面不许消费自由，是不可能的。计划与自由选择，不能并存。"也许有人觉得世间还有别的价值，在经济自由之上，为实现此种价值，牺牲经济自由，亦所不惜。在战争的时候，我们大家都有这种感觉。为着祖国的独立与安全，经济自由应当牺牲。但在太平的时候，经济自由是否应当牺牲呢？苏联与美国，对于这个问题，显然有了两个不同的答案。

（乙）讨论

一、徐毓枬：论美苏制度下之经济自由

吴先生在这篇文章中，引用许多事实及数字，我对于他引的这些事实，完全没有

下过功夫，所以讨论只能限于先验的理论的范围。

他说：定量分配时期没有消费自由。这句话在一种意义上说，并不完全准确。例如，英国在第二次世界大战期间，实行肉类配给，只规定每周肉类消费之值，而不规定肉之种类，消费者在限定价值以内，可以自由选择牛肉、羊肉或猪肉，又可自己选择，要小量而美好者，或较大量而较次者。他也可以不吃通常所谓的肉，而吃肝脑内脏之类。又如，衣服配给，也只限定点数 Coupon，在总点数范围以内，消费者可以自由选择多添一件衬衫、一双袜子、一条领带，或放弃这些零星小物，添一件大氅。根据吴先生自己的事实，苏联人民在政府已经生产出来的东西之中，还可以自由选择，政府也没有限定他某种东西一定只能消费多少。

以上所说，只是说明一点：任何名词，在社会科学范围以内者，都很难下一个唯一的、意义毫不含混的定义。我们似乎不能说，在肉类以内选择，在衣着类以内选择，不是一种消费自由。吴先生所谓消费自由，似乎应该定义的是消费者有间接指挥资源使用途径之自由。然而仔细一想，这个定义还是不行。例如衣着总额虽然有限制，但如果消费者多用毛织品，少用棉织品，无异于指挥资源用于畜牧，而不用于农作。如果根据吴先生所说，苏联人民在已经生产出来的东西之中，还可自由选择，则某种东西可以畅销，顷刻售空，某种东西滞销，堆存甚久，只要政府是有效的，应该多产前者而少产后者，故苏联人民亦有间接指挥资源使用方法之权。如果苏联人民在事实上没有这种权利，那不是制度本身问题，而是制度之效率问题——除非证明，某种制度一定缺乏效率。

吴先生又认为计划经济与消费自由冲突。这恐怕又得牵涉到定义问题。真正的计划经济是什么？在承平时期而且一国之资本总量已经达到相当可观程度时，应当依什么来计划？那时最佳的“计划”，是否即是利用市场机构，由价格来决定资源使用？这些问题有趣，但与当前的讨论并无密切关系。据我想，据我了解，苏联在承平时期之所谓计划经济，实在只是规定一个资本的累积速率（rate of capital accumulation）而已。每年在充分就业之下生产出来的总所得，有几分之几，政府不让人民消费，而作资本累积之用，即投资。如果这种了解是对的，我也想不出理由：为什么在可以消费的这一部分所得之内，消费者没有选择自由。战时和平时不同，在战争期间，时间因素非常重要，瞬刻之差，也许可以影响全局，故如果短期内缺钢，则不仅新的汽车生产应该停止，旧有废铁如栏杆之类，在必要时亦应拆除。但平时不必如此迫切，如果有一样重要原料，同为投资工业与消费工业所必需，则一方面不妨让价格因素，限制消费需求，他方面再扩充该原料之产量，让该原料足够投资与消费两者之用。想象一下，如果美国在平时实行计划经济（我的定义，即规定一个资本的累积速率），又设想需用钢甚多，则在美国生产力情形之下，在承平时期，可以不必采取停止汽车生产这种严峻措施。一方面让汽车价格提高，限制消费，他方面扩充钢之产量，则据我想，不出两三年，钢之产量可以同时满足汽车工业与投资工业之需要。在美国这种资源这种生产力之下，计划经济和消费自由，就可以消费的一部分所得而论，可以并不冲突。如果苏联不能办到这点，这又不是计划经济本身的问题，而是资源——包括水准甚高而未专业化的劳力（generalized labour）——及生产力的问题。再强调说一次，并不是计划经济与消费自由本身冲突，而是某种国家之客观环境限制了消费自由。

定义答问*一般人都会看作是腐迂问题，但是我们躲不了它。如果所谓消费自由，是指在限定了的消费总额之内，消费者之选择自由，则计划经济可以与消费自由不悖，甚至我们可以使配给制度亦与消费自由不悖（例如我们只限定消费价值，或允许配给票自由交换等）。就这种意义的消费自由而论，我认为吴先生没有建立他的论证：苏联的消费自由少，美国的多——至少没有能从制度本身来建立这个论点。

今试再换一个定义。所谓消费自由，是指如果消费者愿意这样做，他们可以把社会总所得，全部用于消费。试就这个定义，比较美苏两国之消费自由。

在这个定义之下，苏联骤看处于不利地位。它要实行计划经济（我的定义），因此不能让消费者，即人民全体，把全部社会总所得消费掉。因此它或者把生产元素之价格定得低，其他物价定得高；或者把生产元素之报酬，封存一部分，迫令他们购买债券或储入银行；或者其他方法。而在表面上，美国没有这种种限制，但是我们是否可以由此推论，说美国有此种意义的消费自由呢？

今设在 t_0 时，消费者之消费倾向提高，拟以其全部所得用于消费。我们知道，消费增加，则投资之利润增大，故投资亦有增加之趋势。此时可分为两种情形：第一，如果 t_0 时在充分就业状态，当然不能消费与投资（以实物计算）两者同时增加，故美国亦无消费自由。第二，设 t_0 时不在充分就业状态，有失业资源存在，则失业者可以就业，暂时使消费之增加与投资之增加不悖。今设在 t_0 时达到充分就业，则在 t_0 时，就 t_0 时消费者悬拟之目标而论（即把 t_0 时之全部总所得用掉），美国人有了消费自由，但设在 t_0 时，美国人仍想把 t_0 时之全部社会总所得消费掉，则又不可能。由此，美国人之所以有消费自由，乃是因为有失业之存在。而苏联之所以没有，是因为苏联在开始时即在充分就业状态下。如此一说，美国在这方面不仅考不到好分数，反而不如苏

* 此处文意不明，原文如此。——编者注

联了。

只有一种说法，可以挽救这种逻辑结论：投资者亦是消费者，如果投资者亦决定全部消费，则美国尚有消费自由。是的，但是除非美国经济制度本身有大变，否则我们看不出为什么投资者突然违反其利润动机，在有利可图之时决定不投资。我们要强调，现在我限于制度本身问题。

综上所述，在消费自由方面，就制度本身而论，美国未必优于苏联。再看择业自由与创业自由如何。

先论择业自由。就吴先生文中看来，似乎苏联青年也还有择业自由。在他毕业之前，他还有机会和负责人谈话，不难想象他可以借此机会，表示其志愿。从先验方面说，我们也想不出理由，为什么负责人一定要违反其志愿。

然而这点是小点，无足轻重。我们想象，如果苏联人如此说：职业之最大决定因素，乃是教育。在美国，教育机会是不平等的，没有钱上学很难，故矿工之子大概仍是矿工，即使要在社会阶梯上往上爬，也得费两三代时间。而在苏联，教育机会是均等的，只要有此智力才干，矿工之子可以即刻跃升几级。故苏联之择业自由，至少在纵的方面，要比美国大许多。即使在横的方面——同一级劳力之各种不同行业——稍差，大概还抵得过吧？再说，同是小工，今天修路，明天垦地，有什么可以选择？我不知道吴先生如何回答这种说法。

再说创业自由。是否必须是私人为谋利而建立的事业，才算事业？如果（例如）受资源委员会之托，办理一厂，便不算事业？如果后者也算事业，则问题不外：（1）在非谋利动机之下，一定办不好。这不是自由问题，而是效率问题。（2）这种机会比在美国少。如果把小杂货铺也算在里面，也许是如此；但如果算大企业，则在苏联之机会也许更多。因为：第一，教育机会平等，容易取得创业之才能与智识；第二，资本是国家的，无须因筹募资本困难而不能创业。福德到底是例外。到底是创立福德公司容易呢，还是受国家之托，办理一新厂容易呢（当然假定创办人之才智相同）？

无论从消费自由来看，还是从择业自由与创业自由（吴先生所谓经济自由）来看，吴先生都没有建立他的论点：美国比苏联好。回难* 再把本文一看，我似乎为苏联辩护，或为苏联写了一篇颂。为避免此种误解起见，我愿意指出几点：第一，我知道的事实太少，还没有资格辩护或歌颂；第二，我仅从制度本身立论，至于实际施行时之结果如何，当然是另一问题，不过这应该称为人谋不臧，或客观环境欠缺；第三，我

---

* 此处文意不明，原文如此。——编者注

只就经济自由一点而论，没有计及其他，当然评判一个制度之优劣，须从全面看。

我所写的，也许只是常识，时贤之不一面倒者，大概会说：在苏联，经济民主多一些；在美国，政治民主多一些。不论这句话之真正含义是什么，大概总会有一些真理成分在内。如果有人说苏联在经济上（就制度而论）也不行，我们大概得郑重考虑、考验。在这方面，吴先生是否证明得太多了？

最后还有一句话，比较美苏两国在目前之情况，评论其得失优劣，当然是有意义的一件事情，不过这种比较法，是否太于苏联不利？上面已经说过，在一种意义上的消费自由，苏联之所以不如美国，是因为前者在目前之生产能力及资源——尤其是人力资源——不如后者。如果我们承认，苏联之天然资源还可和美国相比，有成为目前美国之可能性，则苏联制度不行之有效证明，应该是：（1）在该制度下，永远达不到目前美国的情形；（2）该制度之进步速率，永远赶不上美国，故将始终保持目前这段距离。舍此两者，仅说它目前不行，似乎对苏联不公平。我们能够因为目前一般英国上中阶级人士之消费量（以实物计），还赶不上中国同一阶级人士，而说英国经济不行吗？

二、刘大中：经济自由、社会主义和新投资的计划

景超先生这篇文章的中心思想，是下面这一段。他说：经济自由“与财产的私有或公有的关系很小，而与计划经济的关系却很大。……社会主义与经济自由，根本上是不冲突的。假如社会主义放弃了计划经济，经济自由便可恢复，正如资本主义或任何主义，一旦采用了计划经济，经济自由必然丧失。”

我们对于这个中心思想，颇有怀疑之处。景超先生这篇文章写得过于简单，对于他所用的几个主要概念，未曾详加解释；我们在讨论怀疑之点以前，有按我们对于这篇文章的认识，先加以阐述的必要。

景超先生所谓的“计划经济”，当是指全面的计划经济而言（所有一切产品的数量和价格，都先由政府事先决定，然后按这个计划去生产和配售），似乎绝不是指局部的计划而言。局部的计划，即使在最资本主义化的近代国家中，也难完全避免。例如在美国，政府现在每年都有使全民就业的计划，更不要说在社会主义的国家中了。

我们对景超先生所提出的下面这两点意见，表示同意；但是对于与这两点有极密切关系的另外两点，觉得很难有一个确定的答案，因而觉得我们在第一段中所列的“中心思想”颇有问题。

（一）在实行全面的计划经济下，人民的消费自由、择业自由和创业自由将完全丧

失（这三项自由，即景超先生所说的“经济自由”）。

在“创业”自由内，应当把“扩业”自由包括进去。“扩业”指旧企业厂房器械的增加而言，与“创业”同为社会对于新投资的需要。在下面就要谈到，新投资的决定是本问题困难之点的核心。

（二）全面的计划经济，并不是社会主义制度所必须有的特征。

景超先生并未解释他所谓的社会主义是哪一种，但是我们觉得社会主义起码的要求，应是生产工具的公有；关于这一点，景超先生应无异议。在生产工具公有的社会主义下，全面的计划经济仍不是一个必须要有的特征，这一点我们与景超先生一致。政府并无须制定一切物品的产量和价格。政府只须命任何企业的主持人：（1）扩充产量至边际成本与价格相等为止。（2）各生产元素的配合数量，必须使各该元素的边际产率与其购价相等；同时，各种物品和生产元素的价格，应定于使供需相等的水准上。在这些条件之下，全民福利可达最高程度，全国资源的利用也就达到最合理想的境界。这一部分理论比较专门，读者可参阅本周刊第 3 期蒋硕杰君《经济制度之选择》和第 4 期笔者《社会主义下的生产政策》两文。

从这两点中，我们却发现了两项极根本的困难！

（一）生产工具在社会主义下既不能私有，人民当然不能用他们的储蓄直接去购买生产工具（厂房器械），他们只可把储蓄存到国家银行内去；想要“创业”和“扩业”的人民，只可到国家银行去借款，用以购买厂房器械。这些厂房器械，事实上仍为国家所有；所得利润的一部分，须以利息的形式交还国家，其余的，如非购用原料和人工所需，仍须存入国家银行，所有人不能自行用以购买厂房器械。这种办法的结果是很简单的：新投资的方向和数量，主要的将由国家决定。

从表面上看起来，国家只要按我们在上面（2）项中提出的原则去执行，将利率定在能使新投资的需要与人民存款的数量相等的水准上，然后凡是能出这个利率的人，都可以把款借给他，就用不着国家自己去决定某人应借多少。因此，人民“创业”和“扩业”的自由，仍然可不丧失。但是，事实上这是办不到的。因为：第一，借款是长期的事情，不像普通的物品和劳役的购买可以“钱货两交”；国家在考虑是否借款予某人和应借多少的时候，不能不考虑这笔借款在长期内的危险性（以后的利息是否能收到，本钱是否能收回等）。在这种考虑下，人与人之间的因素是不能避免的。第二，人民存入的储蓄数量，不一定正是维持经济繁荣和全民就业所需的投资数量，有时过多，有时太少；政府将必须予以增减（这一点在资本主义下，也不能避免）。因为这两个缘故，在生产工具公有的社会主义下，人民“创业”和“扩业”的自由，将必受到限制；

政府对于新投资这一项上，也必不能放弃全面计划的责任。

（二）在生产工具公有的制度下，政府在任何企业中都有所有权，对于这些企业的人事方面，无论纸面上如何规定，事实上必多少有左右的能力，人民“就业”的自由，也必会受到限制。

在经济组织发展到现时状况的大前提下，生产工具的公有（至少是一大部分的公有），是达到合理的经济“平等”所必要的条件。但是生产工具的公有，将必会限制经济上的“自由”；而经济自由是政治自由的必要条件之一，也是我们所不能放弃的。政治学和经济学学者的主要使命之一，是在这些矛盾之中，求得一个最好的折中办法。景超先生的这篇文章，并没有能够指出这个最好的折中之路。同时他的“中心思想”（见本讨论文的第一段）也不见得完全能站得住，因为：经济“自由”与财产的私有和公有颇有关系；在生产工具公有的制度下，经济“自由”必多少要受限制；社会主义至少在新投资方面，不能放弃“计划经济”。

三、赵守愚：经济自由的名与实

比较美苏经济制度的理论探讨，我偶尔听到、看到，每次总感觉有些不安，认为是否真个在比较，还是确实可以比较。美国的经济制度，凭借得天独厚的天然资源，又有聪明进取的各种人口，经过 300 年的洗练，各项企业正是一再地扩张后凝结，凝结后又扩张，到了本固枝荣、绚烂璀璨的地步，大行动和发展已有定型，政府和人民都充分地坚强自信。反之苏联建制，仅仅 30 年，前代封建愚贫，摧毁不暇，实行共产后，屡逢内战和外力干涉，经过第二次世界大战，患难中虽为朋友，和平后又成冤家，它的主义既然冒犯天下的大不韪，无论其是否在他国内部挑拨离间，总是对于各国的既得利益的莫大威胁，而这些利益的代表便是各国政府，因此苏联可以说直到如今，始终是在猜忌防御的心境中，所以它的制度需要随时修正，以适应新起环境。假如世界真有和平共处的一日，苏制是否仍如目前，颇成问题。我们以比较有定型的美制和有游动性的苏制，去取长补短，虽富有意义，其结论终究是试探性的。

景超先生的大文，便是此种比较的一面，其所提出的美苏制度中消费和择业的自由问题，乃是个人主义和现行苏联式集体主义相互对照经济活动的枢纽，最是基本之谈。景超先生认为两制对于此问题的中心区别，在于是否推行计划经济，既然生产有计划，则消费自须控制，而择业亦不容自由。前者因为生产因素有限制，所以生产亦有限制，因此消费不能听其任意选择品类和数量；后者生产既规定有数量目标，为达成此项目标，则从事生产的人员，自然须有严格的调度与数量管制，以免除阻碍生产的工人“瓶颈”问题。这些分析我们完全同意，凡是缅怀购买随意的愉快和作辍迁换的无碍*，这些自由的丧失，确实为苏制最惹人厌恶的重点。但是在美制下，消费和择业真个能符合美国人所标榜的个人主义的理想吗？自从独占性和不完全竞争之生产集团逐渐扩大其范围和劳工组织日趋严密以后，消费和择业都发生限制。以消费论，除生活必需品消费者无用其精密的选择而外，其稍涉竞争性可以大量生产可能加以控制的物品，消费者只可就其已生产品类和数量去采购，或事先被生产者以有计划的推销技术如广告播音等制造需要，待消费者自行入瓮。前天友人谈起可口可乐每杯售价5美分，成本仅合1美分，捐税和意外消耗占1美分，而广告费却用去3美分，这约略可见此项冷饮的大量销售，乃由于消费者的意愿，而意愿的发生，大部分乃为广告所感召。又如影片，消费者仅可于看后批评，多少坏片，仅凭广告，便可充分地制造需要，招徕顾客。这些人有计划去影响消费，其中道理只是谁能控制生产元素，谁便可按照计划去生产和推销。政府如此，私人集团亦如此。所谓消费者的自由意志，在高度资本化的国家内，同样是有限制的。至于择业，就多数人而论，以先有职业为上；中人之才，任何职业只须有良好训练，总可成为有用人才；只是极少数天资卓越者，乃有职业和兴趣问题，同时发生，于是有择业的烦恼，感觉个人发展须知其前途有无障碍。并且职业的选择，向来有天然和人为的故障，不能完全自由。天然的如天赋不同，才技意志自然差异，因此某种优厚高职，仅限于少数奇才异能，而多数则沉沦于贫苦低业；人为的如训练的机会、转业和迁徙的费用、就业消息的通塞、工会会员的有无限制等。初次就业，凭本能，尽人事，调换职业，便感觉阻碍重重，这些现象，70年前早即有经济学家名其为“无竞争性的劳工集团”，以表示若干职业因才技和环境所囿，短期中甚至于世代都无法迁换。这些集团的存在，在若干国家甚为普遍，美国号为新兴邦国习俗专拘，比较轻微，亦是屡见不鲜的（譬如纽约、波士顿的财商集团，便有金融世家之称，外人难得打进门阀）。

我们诚然和景超先生同样地欣赏消费和择业的自由，美制所由发生的若干矛盾，其程度强弱，见仁见智，颇可争论，我们只是比较美苏经济制度中的理想境界。景超先生希望保存社会主义，而废止计划经济，以求实现真正的消费和择业的自由，而充分地发挥个人主义的真谛。我则以为这些自由，无论在美苏，都有其限制，只是在苏联，比较更为普遍、更为彻底。（彻底到某种程度致使苏制在某些办法上优于美国，譬如教育训练机会之平等，真实人才更易脱颖而出。）至于说废除计划经济，这恐怕有些

---

* 此处文意不明，原文如此。——编者注

不合时宜。计划经济在今日，不仅是办法和制度，而且是推进经济生活的公认工具，在苏联由政府执行，普及整个经济体系，在美国由个别企业执行，因互不相谋，往往此企业的计划和彼企业的计划，在执行时难免发生冲突，或重复浪费。社会主义而无计划经济，则缺乏强制执行能力，将必待人人俱能各尽所能各取所需，有些河清难俟，又须回复至乌托邦的社会主义。就理想而谈理想，我希望一个国家，能以计划经济，保证全民得到最低生活的必需数量，避免一方冻饿、他方火烧小麦水泡棉花的不合理现象，在此生活必需以上，听人民依其收入和志愿，自由消费。关于职业，则希望教育训练的机会公开平等，保障就业，在生产足够的必需品最低总量和战争尚未废止以前军需的必要数量而外，各人均可依其本能与训练，以从事发展个性及才智的企业。

（丙）总答复

我的《论经济自由》一文写成以后，蒙徐毓枬、刘大中及赵守愚三位先生赐予指正，甚为感谢。

一、定义和方法

首先，我要补充说明我对于“制度”一词的用法。我所谓“制度”，包括（1）功能、（2）价值观念的系统、（3）组织、（4）办法、（5）工具五个方面。这已是近代社会学者所常用的一套概念，不必在此多加说明。因为我对于制度的看法是如此，所以我对于制度的研究，是离不开事实的。概念与假说是我研究的起点，但是这些概念与假说，是否与客观的现象相符合，必须经过搜集事实与分析事实的过程，始能得一结论。又因社会制度是常在变动的，所以我们研究所得的结论，还须时时与新的事实相印证，因事实的变迁，我们的结论也得随时修正。社会制度的研究，因此是永无止境的。也许我研究的办法，与徐先生的方法不同，所以我们的结论相差得那样多。徐先生那种根据“先验的理论”的讨论，自然有其价值，但与我的方法，“引用许多事实及数字的”，既然不是在同一领域中下功夫，自然难望得到相同的结果。譬如徐先生曾假定消费者把社会总所得全部用于消费，并由此观点出发，比较美苏两国之消费自由，但是这个问题，在我的脑筋中根本不存在。因为在美苏两国中，都没有这种事实，所以在理论上虽然是有趣的，但已超出我的研究范围。

二、消费自由的阶段

从这次讨论里，特别从徐先生的文章里，我们可以看出，消费自由的程度是有不同的，由于此种不同，我们可以把消费自由分为四级或五级。第一级为定量分配制，配给消费者以某项数量的某种物品，这是最不自由的一级。第二级为积点分配制，也就是徐先生所说在英国施行的。消费者在某一种物品之中，只要不超过分配所得的积点，还有选择的自由，但消费者不能以甲种物品的积点来购买乙种物品，这是他不自由的地方。第三级为消费者对于市场上出售的一切物资，可以自由选择，不受积点的限制，但是他的需要不能影响生产元素的分配。第四级的境界，即英美各国所常说的消费者的主权，消费者可以其购买力来影响生产元素的分配。假如消费者对于某项物资的需要加增，生产元素便移转去生产该项物资。但是在这种情形之下，消费者的自由还是受购买力所束缚的。最高的一个境界，即各取所需的境界，也可称为神仙境界。在一切物资与劳务的供给，还没有多到像空气一样的时候，那种境界，只是可望而不可即的。以美苏两国来说，苏联的消费自由，已到了第三级，而美国则到了第四级。徐先生说：在苏联，衣着总额虽有限制，但如果消费者多用毛织品，少用棉织品，无异于指挥资源用于畜牧，而不用于农作。假如苏联的政府注意人民的偏好，然后根据此种偏好来决定资源利用的途径，那就是以价格机构为标准来分配资源，也就与美国的办法一样了。可是事实上，苏联的计划，并不是研究了消费者的偏好而定的。假如生产元素的分配已在计划中规定，苏联政府并不因人民的需要加增，便牺牲其原计划，而拨出一部分资源、一部分人力，来加增毛织品之生产，以供给人民的需要。人民的愿望与计划者的意志相冲突时，在计划经济之下，我看不出人民的愿望如何可以获得胜利。

三、择业自由与教育机会

徐、赵两位先生都提到教育机会与择业自由的关系。教育机会诚是经济制度中的一个重要现象，我因为拟在别的场合中讨论，所以在本文中未提。我在此处要指出的一点，就是徐、赵两位先生对于这一点的观察与事实不尽相符。徐先生说在美国，教育机会是不平等的，而在苏联则是均等的。赵先生说苏联在某些办法上优于美国，譬如教育训练机会之平等。我的看法是，教育机会目前在两个国家中都不平等，而苏联较美国更不平等。美国的公立中学都是免费的，而且书籍也由公家供给。苏联自 1940 年的 9 月起，中学的最高三级，每年要收学费 150 卢布至 200 卢布，大学及高级专门学校，每年要收 300 卢布至 500 卢布。这个法律，使苏联在 14 岁以上的青年，多数只能进免费的职业学校，以便在 16 岁时便可就业。而在 1940 年，美国 15 岁至 18 岁的青年，有 64.9％在学校中读书。苏联的人口，多于美国。可是在 1938 年至 1939 年，苏联人民在大学及高级专门学校中读书的，只有 60 万人。在 1940 年，美国 19 岁至 22 岁的青年，在大学及其他高级学校受教育的，便有 149 万人。两者相比，美国教育机会的比较平等，显而易见。这种比较，当然是指现状而言，并不假定苏联将来赶不上或者赶得上美国，那是要靠将来的事实证明的。

四、社会主义与经济自由

赵先生说美国自从独占性和不完全竞争扩大范围之后，人民消费的自由大受限制，此点我极同意。因此，我们以为美国假如实行社会主义，使生产照刘先生所提出的两项原则进行，也就是照完全竞争的理想状态之下进行，那么赵先生所说的弊病，都可免除。我所谓的社会主义，最重要的是生产工具公有，并不包括计划经济。在另外一篇文章中，我对于此点，曾有详细的说明，此处不必赘述。在此，我只能简单地答复赵、刘两位先生所提出的问题。

赵先生的社会理想有两点，一为保证全民得到最低生活的必需数量，二为保障就业。这两个理想，在社会主义的国家中，都可以不必靠计划经济来达到。最低生活程度的保障，只须制定最低工资率及社会保险律。全民就业的目的，只要政府负起责任，在失业发生的时候，创造职业来吸收失业者便行。这一切，不但社会主义的国家中，是以此为鹄的，就是资本主义的国家，不靠计划经济，也可以达到。凯恩斯在其《就业、利息和货币通论》中，曾说明计划全民就业与计划经济是完全不同的。计划经济，要安排就业者的工作园地，而计划全民就业，则是由国家来保障就业总数，至于就业者的工作园地，最大部分还是由价格机构来安排的。总之，计划经济，是如刘先生所说，指全面的计划经济而言。至于局部的计划，在现在的资本主义社会中，在理想的社会主义中，因为若干考虑，是不能避免的。譬如教育劳务的供给，至少是初级的一部分，现在世界各国，都放在局部计划之内，而不是让价格机构来决定供求的。

刘先生提出的问题，是最难答复的一点，因为现在还没有事实来证明谁是谁非。在我理想中的社会主义，经济权完全是分散的，譬如美国明天忽然实行社会主义了，现在的生产单位，除了为增加生产效率所必需的以外，其余的依旧单独存在，受不同的董事会所指挥。董事会依然根据价格机构来定生产方针，可是生产的目标，不为谋利，而是依照刘先生所提出的原则。董事会的人选，只有一小部分是政府所派的，其余的大部分，由不同的社团举出。每一生产单位中工作的人，与该单位的董事会或董事会所指派的经理，发生契约关系，不与任何政府机关发生契约关系，因而生产单位中的工作者，既非政府所雇用，也不为政府所解雇。这是保证私人就业不受政府干涉的办法，也就是分裂政治权与经济权的方法。全国生产机关，都向政府交租，交利息。如有红利，也交国库，此项财产收入，以前属于个人的，现在属于国家，由国家转存银行。凡是要创业的，可以商请银行投资，正如在资本主义的社会中，私人创业也要与银行接洽一样。无论是资本主义或社会主义，对于新投资的审核，总是有一部分人担任的。创业者受到此种限制，从整个社会的福利来看，乃是必需的，否则创业者失败的例子，必然会要加增。在社会主义之下，创业者说服银行家的困难，并不较资本主义之下加增。政府收到的利息、红利及地租，也许还不够新投资的需要，在人民的同意（通过国会的立法）之下，可以利用强迫储蓄的方法来加增资本的蓄积。徐、刘两位先生，都以为政府如规定一个资本的累积速率，便是全面计划经济。据我看来，并非如此。假如政府规定了资本的累积速率，同时又规定了新资本的用途，那就走上了全面计划经济之路。假如政府以新资本交给银行，而让人民或公司出相当的利息（此项利率，必须使新投资等于新储蓄的数量）来利用这些资本，那么人民的消费主权，还可充分地行使，便非计划经济了。

社会主义，是人类的一个很高的理想，经济自由，也是人类文化史上一个辉煌的成绩。如何兼而有之，乃是第一次世界大战以后，欧洲大陆以及英美的社会主义者所常辩论推敲的一个问题。我们关怀人类的福利，对于这个根本问题，实在愿意更多的人，来绞他们的脑汁。

（载《新路周刊》第1卷第21期，1948年）

制裁独占的立法

刘大中　吴景超　赵人儁　邵循正　戴世光　潘光旦

立法院在9月1日复会以后，还没有什么重要的表现。关于出版法的修正、临时财产税的征收、农地的改革、国家银行商股的收回等项，虽然还没有具体的决定，但至少已经有人提出草案。对于独占企业的防止和制裁，立法院似乎还没有顾到。其实，在一个还没有实行社会主义的国家内，制裁独占的法规的树立是一件极重要的事情，其迫切性并不在其他基本立法以下。

一般人对于"独占企业"这个概念，常有误解，以为只有在某一个企业单位独自经营某一种工商业时，才算是"独占"。其实，"独占"的解释，并不应当这样的狭窄。有的时候，经营一种工商业的企业数目，虽然不止一个；但是因为数目过小，或是其中有几家特别庞大有力，因此这种工商业的销量和价格，可以被这几家企业单位操纵（单独地或联合起来去操纵）。在这种情形下，独占企业为增加利润，势必减低产量、提高价格，同时对于在这个工商业内工作的劳工，也有剥削的能力。

在我国目前的状况之下，制裁独占的法规的树立，尤其是当务之急，理由如下：

（一）我国的工商业虽然还不发达，但是已有集中的迹象。在面粉、纺织业、化学工业、银行业、进出口业等范围中，我国也已有了"土皇帝"，比起外国的"大王"来，虽有小巫见大巫之感，但在本国确已可称霸一时。这些"土皇帝"与外国有联系，与政府大员有关系。一旦大规模的经济建设真要开始的时候，这班人一定可以捷足先登，加深独占的程度，消减建设的效果。在其势未成以前，先加以有效的防止，自然比改正既成的局面要容易得多。

（二）在新近生效的中美商约中，美国的企业和私人在我国享有高度的"国民待遇”（幸而农业、矿业、公用企业、内河航行等范围还没有包括进去）。换句话说，美国的企业和私人，在我国经营商务、制造、加工、金融等行业的时候，其所享受的权利和我国自己的企业和私人相同。从条文的字面上看，我国的企业和私人自然也可以在美国经营这些事业，享受与美国人民相同的权利；但是因为资力和技术的限制，我们只可望洋兴叹而徒唤奈何。在目前战事进行的状态下，美国的资本自然是请都请不来的。但是，一旦环境稳定美资真的大量涌入的时候，美资不难在上述任何一个企业范围内造成独占的局面，我们如想只享外资的好处而不受其害，制裁独占的法规的树立，是应做的事之一种。

独占式的称霸在美国最为普遍，所以美国有种种制裁独占的法规（antitrust laws），禁止企业间用“连锁股权”或其他方法去彼此勾结，不准暗地里分割市场，或是取一致的行动去抬高价格。这些办法是我国制裁独占的法规中应有的一部分；但是，为我们的目的，这些办法还是不够的。一则暗地勾结同作弊的情形是极难发现而更难证明的。二则我们根本反对任何一个民营企业在某一种工商业中取得独霸的地位，它是不是与其他的企业勾结，还是另外一个问题。

我国制裁独占的法规应有的内容，在此不拟讨论。下面这几个原则，似可作为我们研究时的参考：

（一）各企业股权的销售，完全采取记名式，转移时必须立即登记公布。

（二）禁止“持有公司”（holdling company）和企业间的“连锁股权”（interlocking ownership）。

（三）禁止任何一个私有企业的产量（或是资本）超过同业总量（或是资本总值）的一个固定的百分数。

（四）在特殊的情形下，如果第（三）项不能或是不宜施行，政府应对该企业的定价和产量方面，加以特殊的统制。在理论上，政府应强迫该企业扩充产量至其边际成本大约与售价相等为止。这种原理一时自不易实施，但应为我们管理独占的最后目的。

（五）对于国有的独占企业，政府亦应制定法律，使其扩充产量至其边际成本约与售价相等为止。

（载《新路周刊》第1卷第22期，1948年）

二十年来贫穷问题之研究

二十年来对于贫穷问题之研究，英国的成绩超过其他各国。远在 19 世纪末叶，Charles Booth 对于伦敦的贫穷问题，S. Rowntree 对于约克的贫穷问题，都有研究发表。1929 年，伦敦经济学院曾把 Booth 所研究的问题重新考查一次。Rowntree 于 1935 年，也把他三十几年前研究的对象，复查一道。此外，如 Bowley 曾于第一次欧战以前，选择英国五个城市，研究贫穷的实况，1924 年，在此五个城市中，重查一次，以视贫穷人数的变迁。除了这几个有名的例子外，英国的社区研究，以贫穷问题为中心的，在最近二十年内，还有很多，不必细举。

英国的研究，给我们好几种重要的指示。第一，社会问题，是时刻变迁的，所以我们对于一个问题，应当不断地注意，不断地研究。第一时期所得的结论，在第二时期内，因景过情迁，也许不能适用。譬如英国穷人的数目，以及贫穷的原因，上面所举的几个研究中，都表示在几十年之中，有很大的变动。第二，英国社会学学者研究贫穷问题的方法，许多可作为我们的参考。第三，他们所得的结论，对于近来的社会立法，颇有影响。如 Booth 及 Rowntree 在前期的研究中，证明贫穷的主要原因为工资太低，此种发现，对于英国在 1910 年通过的最低工资律颇有关系；后来的研究，证明贫穷的主要原因为失业，此种发现，亦直接有助于最近社会保险法的施行。

中国的贫穷问题，在最近二十年内，不但引起国内学者的注意，同时也引起国际人士的探讨。但是科学的结果，还未多见。中国穷人之多，及贫穷问题之严重，已为研究这个问题的人的共同认识。第一，来说明此种事实的，为家庭预算的研究。在别的国家中，工人的生活费，用在食品上面的，常在 50%以下，在美国，竟低到 33%，而在中国，在食品上的花费，常占 2/3，有时竟高到 80%以上。费用花在食品上面的百分数之高，为贫穷的一种表现，是无可否认的一种事实。第二，国外学者，如Clark，如Bean，曾根据各国全国收益材料，计算平均每人所得。在他们所研究的33个国家之中，中国的平均国民所得占末位，在东欧各国及印度之下。第三，有人认为中国之穷，与生产力量之低下有关，如T. T. Read曾搜集30个国家的“生产力量”资料，按其生产力量的多寡次序排列，中国又是居于末位。

中国穷人在全人口中到底占多少，是一个很有趣味的问题。为解决此一问题，对于贫穷一名词，先须下一严格的定义，然后抽样调查，或可得一可靠数目。J. B. Taylor曾根据若干家庭预算及营养专家的意见，假定一家5口，在战前需150元之收入，始可在贫穷线以上生活。但是根据华洋义赈会的调查（包括240个村庄，7 097个家庭)，华东的家庭，有一半以上，华北家庭，有4/5，其收入均在150元以下。收入在50元以下的家庭，华东有17.6%，华北有62.2%。中国贫穷问题的严重，于此可见一斑。

至于解决贫穷问题的方法，近二十年来，各界人士所表达的意见，概括地说，可以分为两大派别。一派注重生产，以改良生产技术，加增全国收益的方法，来提高人民的收入及其生活程度。一派注重分配，以为一方面有地主豪门，另一方面有被迫无告*，是中国贫穷的主因。这一派想从修改财产制度下手，来改善人民的生活。这两派的主张，时盛时衰，在抗战时期是生产派抬头的时代，抗战以后，主张重分配的理论，似乎更受人民的欢迎。从长期的观点看去，加增生产是一个农业国家铲除贫穷的最后必由之路。我们希望这一天能够早日到来。

[载《益世报（天津)》10月16日，1948年]

---

* 此处文意不明，原文如此。——编者注

资本形成的途径

——美苏经济制度述评之一

一

资本是生产因素中最富于发酵作用的一个因素。一个国家，如想改变它的经济组织，加增生产能力，提高生活程度，一定要设法解决资本问题。美国的资本形成的过程，有许多地方，是与其他工业国家相似的，但苏联的资本形成，却走上一个簇新的途径。这种比较的研究，对于经济落后的国家，极有参考的价值。

我们研究别国的经济史，注意这些国家资本形成的方式，便可发现一个共同的步骤，那就是，在任何国家的工业化初期，总要大量地利用外资。利用外资，是滋生本国资本最快的方法，比自力更生要容易得多。一个善于利用外资的国家，在依赖外力发展本国的企业之后，便可产生巨大的资本，于偿还外资之后，还有余资投于海外，使本国的地位，从债务国变为债权国。在 19 世纪，我们看见欧洲至少有三个大国，是依照上面所叙述的途径发展的。在 19 世纪开始的时候，英、法、德三国都是债务国，它们欠外国的债务，超过它们在国外的投资。英国从债务国变为债权国，是在 1825 年以后。法国地位的改变，是在 1850 年以后。德国地位的改变，是在 1870 年以后。

美国在 19 世纪，始终是一个债务国。在第一次欧战开始的时候，美国在外国的投资，为 35 亿美元，而外国在美的投资，为 72 亿美元。欧战结束之后，这个局面完全改观。美国在外国的投资，增至 70 亿美元，而外国在美的投资，却减至 40 亿美元。美国的债权国地位，至此遂告确立。

凡是一个国家，如能由债务国的地位，进到债权国的地位，国内的各种企业，一定都已很为发达。在这种国家中，新的资本，多由各种企业利润的方式产生。每种企业，在它的生产过程中，一定有它的开支，由此种开支而产生的货品与劳务，出售于市场，就可得到一笔收入。从收入中减去开支，便为企业的利润。美国资本形成的主要来源，便是此项利润。我们可以 1946 年的情形为例，说明美国各种企业产生利润的实况。此项统计，只限于公司组织，凡是合伙及独资的生产单位，其所产生的利润，都未计入。

单位：百万美元

公司企业名称	税前利润	税后利润
各种企业	21 140	12 539
矿业	564	407
制造业	10 858	6 338
商业	4 622	2 727
金融及地产业	1 637	1 013
运输业	740	379
交通及公用事业	1 411	856
其他企业	1 308	819

美国的生产事业，规模较大的，都采用了公司组织，如交通及公用事业，公司组织几乎占全数。在矿业中，公司组织，占 96%，制造业中占 92%，运输业中占 89%，金融业中占 84%。所以表中的统计，虽然只限于公司组织，但富于代表性。在这个表中，我们看到美国国家资本的一个重要来源，那便是各企业的利润。政府以所得税的方式，将此项利润，在其没有分配给私人之前，便移转了几近半数到国库中去。这是把私人资本转变为国家资本的一个方式。政府得到这一批资本，使用以巩固国防，并供给教育、卫生等劳务。在目前，美国政府对于直接生产的事业，很少参加，这是美国政府与苏联政府在利用国家资本这一点上的根本不同之点。

我们对于表格中的统计，另外应当注意的一点，就是税后利润。这样庞大的利润—— 125 亿美元——并非完全分配给私人的。根据美国过去分配利润的惯例，大约有一半分配给股东，一半则作为公积金及准备金，保留在公司里面。此项保留的利润，为美国各公司发展事业的主要财源。美国的公司，在扩张事业的时候，其所需的资本，常有一半以上，是自己供给的。1946 年，美国公司的新投资，共值 270 亿美元，其中 168 亿美元，等于总价值的 62%，是由公司自己供给的。1946 年公司的新投资，超过了那年的总利润，可见其中有一大部分，乃历年累积而成，乃过去公积金及准备金的解冻。美国有好些公司，在扩充事业的时候，对于市场上的资本，几乎无所需求，或需求甚少。美国钢铁公司，美国几家大的电器公司及汽车公司，过去 20 余年之内，很少利用别人的资本。美国的头号铁路公司，自 1921 年至 1937 年，曾扩充资金 100 亿美元，其中 72%是自己供给的。由此可见，美国生产资本的一个主要来源，即是没有分配给私人的利润。

根据联邦准备银行的调查，在 1947 年，公司的税后利润，有 61%没有分配给私人，1946 年有 55%没有分配给私人。私人所分到的利润，在 1946 年，达 56 亿美元。同年美国人的利息收入，为 32 亿美元，地租收入，为 69 亿美元。这几项，都是私人的“财产收入”。私人的“劳务收入”，即薪水与工资的收入，是美国人民收入中的最大的一个项目，达 1 168 亿美元。另外还有一笔私人的收入，达 349 亿美元，为农民、独资或合伙的商人及自由职业者的收入，其中兼有财产与劳务的成分，很难归入任何一类。在这些收入之中，大部分是用于消费，与资本形成无直接关系。第二笔大的开销，便是私人向政府交纳的赋税，在 1946 年，为 188 亿美元。这是国家资本的第二个来源。政府除向公司及私人征税外，其收入还有第三个来源，即间接税，此税在 1946 年，也有 169 亿美元。政府的收入，在美国很少转变为直接生产的资本，但是政府的各项开支，间接地有助于私人生产事业的进行，则是无可否认的。在私人的收入中，与资本形成最有密切关系的，乃私人储蓄的一部分。

私人储蓄，在美国，自第二次世界大战开始后，有惊人的加增。在第二次世界大战以前，没有一年私人储蓄的总数是超过 100 亿美元的。1929 年，只有 37 亿美元。1933 年，在商业萧条期内，美国人的储蓄是一个负数，达 12 亿美元。换句话说，在那一年内，美国人不但没有储蓄，还把过去的储蓄用去 12 亿美元。但在 1941 年，便是珍珠港事件发生的那一年，美国的私人储蓄，已达 98 亿美元。1944 年，增至 356 亿美元。和平以来，私人的消费量加增，储蓄的数量下降，1946 年为 148 亿美元，1947 年为 109 亿美元，历年累积的结果，美国的私人储蓄，在 1947 年，已达 1 720 亿美元的巨数，其中 206 亿为现金，323 亿为短期存款，518 亿为长期存款，581 亿为政府债券，92 亿为其他储蓄。在这个总数内，政府债券是否可与其他储蓄等量齐观，大成问题。政府债券，大部分是作战时期发出的，转移人民的所得，以为作战之用。所以这 500 余亿美元的政府债券，其所代表的物资及劳务，早已在战场上化为云烟。它在美国的经济组织中，以后恐怕只能产生通货膨胀的作用而已。

但是私人自收入中积存下来的储蓄，假如这种收入是在生产的过程中产生的，则所储蓄的价值，即代表实际物资及劳务的价值，因此便可成为美国资本形成的一个重要来源。这种储蓄，转变为实际资本，有好几条途径。每逢新生产事业要创立时，或旧事业要扩充时，此种事业所发行之股票或债券，便成为私人储蓄投资的对象。我们上面提到，在 1946 年，美国公司的新投资，为 270 亿美元，其中公司自己只供给了 168 亿美元，余下来的一部分，便是取于私人储蓄。私人储蓄，由自己选择投资的对象，是一种办法。另外一种办法，便是存入银行，或信托公司，或保险公司，而由此类金融机构代为经营。无论采用哪一种方法，经营的结果，还是以利润或利息的方式，流回私人的手中。

由于上面的讨论，我们对于美国资本形成的方法，可以得到一个轮廓的概念。美国的资本，是由生产事业繁殖出来的。在生产的过程中，产生了地租、利润、利息、薪金与工资等私人收入。私人收入有三个出路：一为消费，与资本形成无直接关系；二为赋税，可能产生国家资本；三为储蓄，可以由投资的途径转为实际资本。各种生产单位，特别是公司组织，在其所产生的利润中，只以一部分分配给私人，其出路已如上述。另外的一部分，其出路之一，即为赋税，为国家资本的一个来源；其出路之二，即为扩充生产事业，加增社会上的实际资本。所以美国的资本形成，负责的有三方面，即企业、私人及政府，但资本的来源只有一个，即国内的生产事业。

二

我们已经说明了美国资本形成的方式，现在我们可进而叙述苏联资本形成的方式，并说明美苏在资本形成一点上，其同异之处何在。

我们首先要说明外资在苏联建设中所处的地位。在十月革命以前，苏联是一个债务国。从 19 世纪末叶开始，外国在俄国的投资，平均每年达 2 亿卢布。俄国的铁路、煤矿、工厂、银行，都利用了大量的外资。瑞典在 1876 年，便开始投资俄国的石油工业。到了 1914 年，石油工业的资本，有 60%属于外国人。在 1912 年，煤矿业的资本，有 70%属于外国人。外国人在俄国的投资，在第一次欧战发生的时候，共达 20 亿金卢布，其中 32%属于法国，22%属于英国。另外中央及地方政府的债券，在外国人手中的，还有 50 亿金卢布。俄国有一位经济学学者估计，在铁路、工业及商业中的资本，外资占 34%。这是 1912 年的情形。

苏联在实行新经济政策时，已经打算利用外资。在 1921 年至 1924 年的几年之内，外国人对于投资苏联的建议，达 1 256 起，但实际外国人投资的总数，只达 1 亿卢布，此与战前的情形比较起来，减少了许多。外资的不来，是因为苏联对于帝俄时代的旧债，不肯还本付息，因而丧失了信用所致呢，还是因为资本主义的国家，对于一个新兴的社会主义国家，暗中封锁信用所致呢？这个问题，各方面的答案不同，但苏联建国之后，无法利用外资，则是事实。

斯大林于 1931 年 6 月在经济工作人员会议上的演说，有一段提到苏联虽然没有得到外国的帮助，但苏联有自己累积资本的方法。他说：

> 我们考察资本主义各国历史，便可知道无论那一个想把自己的工业提到更高阶段的新起国家，都不免要有外国的帮助，即长期的信贷或借款。西方各国资本家有鉴于此，所以完全不肯给予我国丝毫信贷和借款，以为我国工业化事业得不到信贷和借款，就一定会遭受失败的。可是资本家们失算了。他们没有估计到我们国家与资本主义国家的区别，殊不知我们国家有一种特别的积累来源，足以恢复并继续发展工业。……试问这几百万万卢布是从何处得来的呢？是从轻工业方面，农业方面，预算上的积累方面得来的。我们不久以前的情形就是如此。*

在 1931 年斯大林演说的时候，第一次五年计划已经实行了一半。他觉得过去的三种资本来源是不够的，还要另外开辟一个来源。他继续说：

> 我们已不可专靠轻工业，专靠预算上的积累，专靠由农业方面得到的收入了。轻工业是一个极丰富的积累来源，而且它现在也大有继续发展的可能，可是这个积累来源不是没有止境的。农业也是一种丰富的积累来源，可是在目前农业改造时期，农业本身也需要国家资助。至于国家预算上的积累，那末你们自己知道这种积累是不能够而且也不应当没有止境的。还有什么呢？还有重工业。所以，必须设法使重工业——首先是机器制造业——也能拿出积累来。所以，除加强并扩展旧积累来源而外，同时还要设法使重工业——首先是机器制造业——也能拿出积累来。**

从斯大林的这几段话里，我们知道苏联积累资本的来源有三：一为农业；二为工业，包括轻工业与重工业；三为国家预算。苏联如何从这三个来源得到经济建设的资本，还得细加解释。

---

* 斯大林：《列宁主义问题》，外国文书籍出版局，1946，第 464 页。——编者注

** 同上书，第 465 页。——编者注

（一）我们先看农业。在工业化国家中，资本的积累，很少依赖农业，因为别的企业，产生资本的能力，要比农业大得多。以美国来说，农业产品的总价值，在过去 20 年内，还不到全国收益总值的 1/10，所以如在农业中来作积累资本的打算，则所积累的资本，其总值一定是有限的。但在农业国家中，农业是最重要的生产部门，它所生产的价值，在全国收益中占极大的百分数，所以一个农业国家，如想自己供给资本，便非在农业中打算盘不可。从这个观点看去，苏联实行集体农场制度，可以说是给积累资本的工作一个极大的方便。首先，在实行集体农场制度之前，苏联有 2 500 多万个小农场，而在实行集体农场制度之后，农场的数目，便减至 24 万个。苏联征实的工作，自从实行集体农场制度之后，不知简单化了多少。其次，在集体式的大农场上，才可利用曳引机，政府租曳引机给集体农场，又可取得以实物支付的租金。政府征实与索取曳引机的租金，为政府把握农作物的两个主要办法。以征实的数量而言，各个年代不同。最多的时期，如 1931 年，政府征实所得，等于农民收获量的 36.8%。最少的年份，如 1934 年，也达 19.5%。1933 年至 1935 年的平均征实数量，等于农民收获量的 20%。梅兰德（J. Mayrard）曾计算征实及曳引机的租金，两者合计，在 1932 年，等于农民收获量的 38%，1935 年，等于农民收获量的 42%。这儿所说的收获量，是指农民仓中的收获量。如另外采用一种标准，指田间的收获量而言（田间的收获量，没有把收获时的损失除开，所以总数较大于仓中的收获量），则 1932 年农民对于政府上述两项目的开支，等于收获量的 27%，1935 年的开支，等于收获量的 34%。政府把握此项物资后，变为生产资本的途径，主要有二：其一，将一部分农作物输出国外，换取生产工具及设备，如机器及车辆之类；其二，将一部分农作物加工，制成消费品，在市场上出售，而以出售所得，支付各项企业中工人的薪资。生产工具与劳动力，是生产资本中的重要部分，而这些，都可以农业中生产之农作物换取。

（二）我们看苏联的工业如何积累资金。在资本主义的国家中，工业的利润，是资本的主要来源，美国的情形，便可说明这一点。苏联的工业，有所谓计划的利润，是在产品的各种成本之上所加的一笔。譬如某项产品，成本为 90 卢布，外加 10 卢布的计划利润，便成 100 卢布。100 卢布，即为该项产品的出厂价值。计划利润，平均每年有一半移交给国库，另外的一半可以由工业自己保持，以为发展事业及工人福利等项的开销。在 1931 年，政府的收入为 234 亿卢布，其中 24 亿卢布为计划利润。1940 年，政府的收入为 1 781 亿卢布，其中 214 亿卢布为计划利润。计划利润，在整个预算中所占的百分数，各年不同。1937年，只占6%，而在1940年，则占12%。苏联工业中的利润，其产生的方法，与美国不同；在资本形成中所占的地位，其重要性也不如美国。

（三）在苏联的资本形成过程中，我们应特别注意斯大林所谓“国家预算的积累”。这个名词，不大能够表示积累的方法，比较容易令人了解的名词，乃是“强迫储蓄”。所谓“国家预算的积累”，乃是强迫储蓄的另一个说法。我们试看苏联的预算，在1931年的收入234亿卢布中，销售税要占116亿。在1940年的收入1 781亿卢布中，销售税要占1 058亿。销售税的重要性，从两种事实中可以看出。首先，销售税的收入，常占政府所有收入的50%以上，以1940年为例，销售税占总收入的59.4%。其次，我们再看1940年政府的支出，用于生产事业的，为571亿卢布，用于国防的，为561亿卢布。所以，销售税的收入几可开支以上两项最重要工作。销售税加上计划利润，便可开支此两项重要工作而有余。销售税是一种间接税，在苏联征收，之所以不感困难，乃是由于一切商业都把握在政府的手中。政府在所有商品的出厂价格之上，加上若干成，名之为销售税，即等于商品的市场价格。因此，苏联每一个公民，凡是要消费的，都要纳销售税，也就是要被迫储蓄。这一点是与美国情形大不相同的。美国的储蓄，大部分是由收入较多的人供给，穷人对于储蓄是不负责任的。穷人的收入较少，不但没有储蓄，而且还要欠债。以1935年来说，收入最多的10%的人，一共储蓄了62亿美元，最穷的1/3的人，欠债12亿美元，中产阶级，储蓄了9亿美元，全国的净储蓄，为59亿美元。由此可见美国的个人储蓄，大部分由最富的10%的人负责。在苏联，销售税的所得，等于个人的强迫储蓄，移转于国库。但在此大量的储蓄中，谁都贡献了一部分，收入多的人固然在消费时要纳销售税，收入少的人在消费时也要纳销售税。苏联的储蓄工作，真可以说是人人负责的。如上所说，这样储蓄起来的资本，是建设苏联的动力，而其代价，则为在建设时期，生活程度的普遍降低。缩紧腰带，咬紧牙关，乃是苏联人民创造资金的办法。与销售税的性质相似的，为政府公债。在这一个项目上，政府的收入，在1931年为33亿卢布，在1940年为114亿卢布。苏联的政府公债，大部分是强迫推销的，其意义也等于强迫储蓄。

美国的储蓄，是自动的；而苏联的储蓄，则为强迫的。从累积资本的观点看去，强迫所产生的结果，较大于自动的，殆无疑义。美国从1879年以来，每年资本形成的价值，常在全国收益的10%左右。苏联的资本形成，常在全国收益的25%至1/3。此种资本形成率，大于1914年以前的俄国约2.5倍，大于1914年以前的英国约2倍。

以美国生产力之大，假如政府采用强迫储蓄的方法，降低人民生活到中国人的水准，则使其人民的储蓄等于全国收益的90%，并不是在理论上为不可能的。但在各国的经济史上，除了苏联之外，我们还没有遇到一个国家，其资本形成率有苏联那样高。此种现象之所以出现于苏联，应以它的特殊国际环境来解释。别的实行社会主义的国家，如在开始工业化的时候，能够得到外资的援助，则亦不必压低人民的生活程度，来增加强迫储蓄的数量。

（载《新路周刊》第2卷第2期，1948年）

从四种观点论美苏两国的经济平等

“经济平等”一词，含义甚多，我们很难找到一个大众都能接受的定义。现在谈经济平等的人，对于这个名词，各人有各人的用法。现在我们采用几种不同的定义，也就是从几个不同的观点，来看美苏两国中经济平等的实际状态。

一

“经济平等”的第一种含义，就是各人所得的来源是一样的。在理想的社会主义国家中，私有财产的制度取消了，人民的所得，照理只有一个来源，便是劳务的收入。在这种情形之下，虽然各人的劳务所得有多寡之不同，但无害于经济的平等。这是正统派的社会主义者对于平等的看法。恩格斯曾说：“无产阶级平等要求底实在内容，就是要消灭阶级。任何超过这一范围的平等要求，都必然会得出荒谬结论来的。”* 列宁解释这一句话说：“恩格斯写得千真万确：平等概念除消灭阶级而外，就是最荒谬的一窍不通的偏见。”** 遵照这种解释，一个国内，如有一部分人靠劳务的收入维持生活，另外还有一部分人靠财产的收入维持生活，那就表示阶级存在，也就表示经济不平等；反之，不工作的不许吃饭，大家都靠劳务的收入来维持生活，那就表示阶级已经取消，也就表示经济平等。

如以这个定义来衡量美苏两国，那么这两个国家的经济都是不平等的，但美国经

* 斯大林：《列宁主义问题》第5分册，唯真译，解放出版社，1948，第682页。——编者注

** 同上。

济不平等的程度超过苏联。

美国是一个资本主义的国家。全国的收益，有一部分为劳务的收入，另外一部分则为财产的收入，所以从上面的定义去观察，美国是一个有阶级的国家，也就是一个经济不平等的国家。研究美国经济的人，都很愿意知道，在美国的全国收益中，有几成是劳务的收入，又有几成是财产的收入。这两种收入，在过去的几十年内，变动的经过如何。这些都不是容易回答的问题，其所以不容易回答，就是因为美国的公私统计，凡是讨论全国收益的，都不是采用二分法（即将全国收益分为劳务收入与财产收入），而是采用三分法。三分法的内容：一为被雇者的收入，这是劳务收入，不成问题；二为公司利润及存货调整，此为财产收入，亦不成问题；只有第三个项目，包括经营者及地租的收入，不易处理。地租收入，可以归于财产收入一项之内。只是经营者的收入，包括一切非公司组织的事业单位的收入，如农业经营者、商业经营者、自由职业者的收入，其中到底哪一部分是财产收入，哪一部分是劳务收入，是不易分别的。譬如，美国中部的一个农民，拥有田地 170 英亩，自己一人利用曳引机来耕种，年终收入 5 000 美元。这 5 000 美元是劳务收入呢，还是财产收入呢？或者两者兼而有之呢？

关于美国的全国收益，我们虽然不能采用二分法，但是过去各阶级中收入的演变，也有几点可说。第一，被雇者的收入，在 1947 年，占全国收益的 59.9%，较之 1929 年的 55.9%，显有改善。公司的利润，在付税以前，1929 年占 11.8%，1947 年占 15.5%，也有加增；但在付税以后，前期仍占 10.1%，后期则占 9.4%，略有下降。地租与利息的收入，1947 年的百分数，均低于 1929 年。地租在 1929 年占 7%，在 1947 年只占 3.9%。利息在前期为 7.9%，而后期则为 1.9%。农业经营者及自由职业者的收入，后期的百分数，都较前期为高。在美国这种资本主义的国家中，欲求财产收入的压低，只有在税则上想法，如所得税、遗产税及过分利得税，都是很好的工具。过去美国的政府，曾在这个途径上用过功夫，公司利润百分数的升降，可以说明。但是这种努力，还没有达到社会改良者所希望的。

苏联是一个实行社会主义的国家，照理应无财产的收入，可是现在这种收入，已经出现。利息便是财产收入的显例。我们在上面已经说过，阶级的取消，并不是说大家的收入便会一样。在劳务的收入中，还是有多寡之不同的。在这种情形之下，便发生一个很实际的问题，那就是：苏联的政府，对于那些收入较多的人，应当鼓励他们消费呢，还是应当鼓励他们储蓄？在需要资本甚为迫切的苏联，自然是走第二条路，即是鼓励人民储蓄，而利息的付给，便为鼓励储蓄的工具。在 1937 年，苏联付出的薪资，为 82.247 兆卢布，同年人民投资于政府公债的数目，为 18.274 兆卢布，储蓄银行的存款为 3.985 兆卢布。人民的总储蓄，占薪资总额的 1/4 以上。公债与储蓄的利息，平均约为 4 厘，所以利息的收入，在 8 亿 8 000 万卢布左右。有人怀疑，在这种情形之下，苏联是否会产生资产阶级。贝柯夫的推论是，这是不可能的。他指出苏联的公债，为 5 000 万人所保有，每人平均分得债额 365 卢布，银行储蓄，为 1 400 万人所保有，每人平均储蓄额为 285 卢布。平均每人的储蓄数量不多，所以专靠利息维持生活是不可能的。贝柯夫的推论，有一点是站不住的，就是他假定每人所保持的公债或储蓄款额是一样的，但据柏格森的报告，在 1937 年正月，苏联的储蓄存款，有 67%在 10%的人手里。假如这个报告是可靠的，那么这 10%的人的利息收入，也就可观了。不过苏联的公民，即使有利息的收入，也不能把它转变为资本，从事于再生产，因为生产元素，如机器及他人的劳力，不是私人所能购买的，而且苏联的宪法中，也不许有不劳而食的人存在，所以假如有人真想靠利息维持生活，他的归宿可能是在集中营。

二

第二种经济平等论者，其判断一个社会的平等与否，不注重收入的来源，而注重各人收入的数量是否有很大的悬殊。

不管收入的来源如何，只看收入的数量，那么社会中贫富的差别，在美国与苏联是同样存在的。收入的不同，自然会影响到生活的不同。生活程度上的差异，在美国与苏联的社会中，也都是一样存在的。有人以为收入的不平等，以及生活程度的不平等，乃是资本主义的产物，但据斯大林说："马克思主义认为，各人底胃口和需要，无论按质量或数量来说，无论在社会主义时期或共产主义时期，都不会是，而且不能是彼此一样，大家平等的。"* "如果由此作出结论，说社会主义要求把社会组成员们底需要都平均，划一和均等起来，要求把他们的胃口和个人日常生活都均等起来，说按马克思主义者底计划，大家都应当穿一样的衣服，吃一样和同量的饮食，那就是胡说八道，诽谤马克思主义了。"** 由此可见，苏联在现阶段的社会中，并不要求个人收入

---

* 斯大林：《列宁主义问题》第 5 分册，唯真译，解放出版社，1948，第 681 页。——编者注

** 同上书，第 682 页。——编者注

的平等。现在我们所要研究的，就是在两个国家中，这种不平等的程度有何深浅的不同。

简单地说，从收入的数量去看，两个国家都是不平等的，但不平等的程度，美国甚于苏联。

我们先看巨万者的收入。在美国，净收入每年在百万美元以上的，1914 年约有 60 人。以后 10 年内，此种富豪的数目，在 20 与 200 之间，1929 年达到最高峰，共有 513 人。在不景气时期内，此数骤降，在 1932 年，只有 20 人，1936 年，也只有 61 人。最近这种富人的数目，想必又加增了，但详细数字不详。苏联收入最多的人，到底一年可以拿到多少卢布，我们没有看到统计。但从 1940 年所通过的所得税法案中，我们曾看到一个规定，就是自由职业者，如作家、艺术家及医生等，每年的收入，有 1 000 卢布可以不必纳所得税，但收入超过 30 万卢布的，其超过部分，纳税 50%，由此可见，苏联也有收入在 30 万卢布以上的人。假定有一位艺术家，每年的收入为 50 万卢布，以官价汇率 5.3 卢布等于 1 美元来计算，这位艺术家的收入，也还不到 10 万美元，所以苏联的富翁，远赶不上美国的富翁。

但是比较两国富豪间的距离，还不如比较一国内贫富间的距离有意义。美国的最低工资，自 1938 年规定为每小时 25 美分以后，1945 年加至每小时 40 美分。1948 年 1 月，杜鲁门总统曾提议将最低工资增为每小时 75 美分（1947 年 12 月，美国制造业工人的平均工资为每点钟 1 美元 27 美分）。今假定有一个工人，每点钟得最低工资 75 美分，每星期工作 40 点钟，可得工资 30 美元，每年如做工 52 星期，可得工资 1 560 美元。苏联的最低工资，1937 年规定为每月 110 卢布，每年应为 1 320 卢布，约合 254 美元。苏联的最低工资，虽然赶不上美国，但是贫富间的距离，却比美国为短。

除了以上的统计外，我们还可以对收入集中的情形作一比较。根据美国 1936 年的统计，最富的 10%的家庭，其收入占全国收益的 36%；最富的 20%的家庭，其收入占全国收益的 51%。在另外一个极端，最穷的 10%的家庭，其收入占全国收益的 2%；最穷的 20%的家庭，其收入占全国收益的 5%。关于苏联的情形，传说极不一致。托洛茨基在一篇文章里，曾说苏联有 11%至 12%的人民，其收入占全国收益的 50%。这种说法，显然有点夸张。就是对于苏联抱敌视态度的达林（David J. Dallin）在他的《真实的苏联》一书中，也只承认有 12%至 14%的人，收入占总额的 30%至 35%。另外那些在集中营中被迫服劳役的，人数占 8%到 11%，收入只占 2.3%。关于苏联集中营里面的人数，各人有各人的估计。他们是否有达林所说的那样多，其收入是否如达林所说的那样少，乃是苏联经济组织中的一个谜，外人是无法猜透的。对于苏联收入的分布，我们愿意采取柏格森的结论。他研究了1934年苏联的薪资支出，发现苏联收入最少的10%的人，其薪资占总数的3%；收入最少的20%的人，其薪资占总数的7.8%。另一个极端，收入最多的10%的人，其薪资占总数的24.3%；收入最多的20%的人，其薪资占总数的40.3%。这个统计，勉强可与美国的统计比较。它表示苏联收入集中的程度，也还不如美国。造成这种差异的主要原因，当然是美国人除了劳务的收入，还有财产的收入。假如美国的收入统计中，把财产的收入除开，那么美国贫富间的距离马上就可缩短不少。就我们手边所有的统计来说，美国同一工厂中工人的收入，以及规模相似的事业其经理的收入，彼此相差是无几的。譬如，苏联同一工厂中的工人，最高工资与最低工资之间，据道布（M. Dobb）的计算，约为3∶1。美国钢业公司的工资，虽然分为30等，但最低工资，为每点钟1美元9美分，最高工资，为每点钟2美元25美分，相差的比例，还到不了3∶1。苏联的经理，平均每月拿薪水2 000卢布。美国的大公司经理（在战前曾有人调查过264个此类经理的薪水），在制造业中，平均每人每年得79 200美元；在公用事业中，得48 600美元；在铁路局中，得40 600美元。彼此相差，也不太大。专靠薪水的收入，美国很少几个人能每年拿过十万美元，但加上财产的收入，便有不少人超过百万美元了。

三

希克斯（J. R. Hicks）在他的名著《社会骨架》一书中，在讨论平等问题时，说是铲除不平等，是一种乌托邦的思想。收入的不平等，只是外面的表现。社会上还有更深刻、更基本的一种不平等现象，就是权力的不平等。这种不平等弥漫于各种社会之中，我们很难想象一种有组织的社会，权力的分派，是平等的。在人类演化的过程中，这种权力的不平等，曾以各种不同的姿态出现：主人控制他的奴隶，贵族控制他的佃奴，地主控制他的佃户，资本家控制工人，组织者控制被组织的群众，官吏控制人民。从各种不平等的现象中去观察，收入的不平等还是坏处最少的。这种不平等，可以测量，因而也有方法控制。现代的社会，必须控制这种不平等。但是为人类的自由着想，我们不要前门拒狼，而让后门进虎。

这个警告，是值得我们仔细思量的。在现代的社会里，为企求某一种平等，很容易陷入另一种不平等。我们要求收入的比较平等，很容易引进经济权力的更不平等。在“经济平等”这个名词的含义之中，我们不要放弃“经济权力平等”这个概念。所谓“经济权力”，在资本主义的社会中，与私有财产颇有密切的关系。谁把握着财产，谁就把握着经济权。美国的国会，为调查经济权的集中问题，曾指派一个委员会，专门搜集这一类的资料。其所搜集的意见，已达数十册之厚。专家根据这些资料而写成的丛刊，也有数十余种。我们对于美国经济权集中的情形，是有相当认识的。我们从这些意见之中，看出很重要的一点，就是经济权的意义，不但包括财产所有权，还应包括财产使用权。这两种权利，在以前的社会中，是集中的，在现代的社会中，则可分开。像美国的电话与电报公司，股东多至几十万人。握有公司股票的人，虽然把握着财产所有权，但不能行使财产使用权。然而，公司的经理，可能并未保有公司的股票，但整个公司的资产都由他指挥使用。这种经理的经济权，是很大的，有许多人归他指挥调用，有许多物资归他安排支配。这种人在美国的社会中，薪水很多，地位很高。

用同样的观点来看苏联的经济组织，可以看到它的一个特殊而有深刻意义之点。在苏联，生产工具是公有的，私人对于这些资本，并没有所有权。可是苏联的生产工具，总得有人使用，所以财产使用权是寄托在若干人手中的。在苏联，财产使用权的集中程度，超过美国，所以经济权力的不平等，苏联大于美国。我们可以举几个例子来说明此点。美国的钢铁工业，是相当集中的。美国钢铁公司，是美国钢铁业中的巨子，它手下的公司，便有 130 家，可是美国钢铁公司的产额，只占美国钢铁总产额的 40%。在美国的钢铁厂中，除去美国钢铁公司之外，还有 8 家，每年的产量，均在 100 万吨以上。美国没有一家公司，能够指挥全国的钢铁生产。在苏联，所有的钢铁生产事业，都归一个生产部门主管。这个主管部门的首长，对于钢铁事业中的指挥权、用人权，绝非美国钢铁公司的董事长或经理所能望其项背。再以汽车工业来说，美国有 3 家大汽车公司，其出产量占全国的约 90%。但在 1939 年，除了这 3 家公司之外，每年生产汽车在 1 万辆以上的，还有 5 家。苏联的汽车工业，与钢铁工业一样，也是归一个生产部门主管。这些生产部门，都归行政院指挥，而行政院又听命于党的中央政治局。所以苏联经济权力的集中，世界各国没有一国能比得上。在苏联工作的人之不敢得罪政府，甚于在美国工作的人之不敢得罪资本家。在美国，因为经济权还未十分集中，做工的人，得罪了一个资本家，还可在别的资本家手下谋一位置，甚或自立门户，小本营生。在苏联，得罪了政府，还有什么别的政府可以收容他呢？在 800 余万平方英里的苏联领土之内，他有何处可以成家立业呢？苏联国内政治权与经济权的集中，是苏联人民的最大不幸。不过这种不幸，与社会主义无关，因为在理想的社会主义体系之下，经济权力，即财产的控制权与使用权，依旧是可以分散的。

四

若干社会学者，讨论“经济平等”这个概念时，特别注重机会平等。机会平等的核心，就是教育机会的平等。一个人假如在受教育方面，与别的人得到同样的机会，因而得到他的天资可以吸收的教育，然后根据他所受的训练，在社会中得到一个适合他的才能的位置，他对于这个社会应无怨尤。从这个观点看去，一个社会，假如在教育上，使所有的公民机会平等，这个社会也就是平等的。

关于美苏两个国家中的受教育机会，我在另外一篇文章中，曾指出两点：第一，苏联中学的最高三级，是要收学费的，而美国的公立中学，完全免费；第二，在大学及其他高级学校中就读的青年，美国的人数多于苏联。此外，我们还可以举出几点来比较。一为两个国家在教育上的花费。美国于1940年，花在教育上的，共为39亿美元。同年苏联花在教育上的，共为227亿卢布，以官价折合美金，共为43亿美元。苏联在教育上的总支出，多于美国4亿美元，但如以用在每一个人民身上的教育费用来说，则苏联以人口较多，其平均数低于美国。二为高级学校中学生的出身。据乌格朋（W. F. Ogburn）的报告，美国自由职业者的子女，有52%进大学，而粗工的子女，只有6%进大学。与此类似但不能作严格比较的一个统计，是1938年苏联高级学校中学生的出身。在总额535 000人中，出身于劳工家庭的，占33.9%；出身于农民家庭的，占21.6%；出身于薪水阶级的，占42.2%；出身于其他家庭的，占2.3%。苏联薪水阶级的人数，绝无农民及劳工阶级那样多，但其子弟在高级学校中读书的，超过任何一个阶级的子弟。在社会主义的国家中，尚有此种现象，可见教育机会平等之难。教育机会如不平等，则欲企求收入的平等，或经济权的平等，亦为妄想。

五

我们已经从四个不同的观点，来讨论经济平等的意义。从收入的来源与收入的数量两方面去看，苏联均较美国为平等。从经济权的分派去看，美国又较苏联为平等。这些现象，与两个国家的经济制度有密切的关系，如经济制度不改变，这种差异，也难改变。教育机会的平等，现在苏联似乎不如美国，此点与经济制度的关系不大密切。将来到底教育机会，在哪一个国家中更为平等，第一要看谁能生产盈余较多，第二要看各国的政府是否肯以更大的盈余用于教育之上。这两个国家，在教育上都是不很吝啬的，因而在这两个国家中，教育机会的平等，假以时日，将来似乎都有实现的可能。

（载《观察》第5卷第13期，1948年）

苏联的生活程度

一

研究经济制度的人，对于经济制度的批判，可以采用各种不同的标准，但是有一个标准，是无法忽略的，那就是生活程度。这是最合乎人道主义的一个批判标准。假如我们说某种经济制度是优美的，这种判断的一个重要根据，必须是某种经济制度对于人民的生活程度有所贡献。

用这个观点来研究苏联的经济制度，我们便遇到重重叠叠的困难。我们都知道，表示生活程度变迁的最好标准，便是实际工资指数。实际工资与货币工资的不同之点，就是实际工资所表示的数目，是已经把物价涨落的因素剔开了。计算实际工资指数所常用的公式，是以生活费用指数来除货币工资指数，再乘 100。假如得数在 100 之上，那就表示实际工资有加增，也就表示生活程度有改进；反之，假如得数在 100 之下，那就表示实际工资有减少，也就表示生活程度在下降。举一个具体的例子来说：假如今年的货币工资与去年一样，生活费用也与去年一样，并无变动，那么以上列公式去求实际工资指数，其得数必然等于 100，表示生活程度并无变动。假如今年的货币工资加了 1 倍，以去年为基期，今年的货币工资指数，便为 200。同时生活费用只加了 50%，因此生活费用指数只等于 150。以上列公式计算，本年的实际工资指数便为 133，表示生活程度有改善。假如今年的货币工资指数为 150，而生活费用指数为 200，则实际工资指数便为 75，表示生活程度在下降。

苏联是一个实行计划经济的国家，对于物价及工资的统计，政府必定要搜集的。假如没有这种统计，计划便无法进行。可是苏联的政府，自 1930 年起，便不公布物价指数；自 1935 年起，便不公布工资指数。这种重要的材料，苏联政府为什么不愿意让别人知道呢？好多人都说：苏联政府不公布这些统计的原因，就是想使别个国家的人民，无法知道苏联人民的实际生活程度。这种解释是否对，我们姑且不讨论，但是因为没有工资与物价的材料，我们便无法对苏联人民的生活程度作一个客观的判断。我们如想了解苏联的生活程度，只好采用旁敲侧击的方法，从零星的资料中，去获得一鳞半爪的认识。

二

我们先介绍几位研究苏联经济的人，对于这种认识的尝试。

雨各（A. Yugow）曾根据苏联工会提供的国际联盟的资料，计算“莫斯科每周食篮”（Moscow weekly food basket）的花费。每周食篮中的物品，在 1928 年，要花 2.5 卢布。1935 年，同样的物品，其定量分配价格，为 13.38 卢布，其公开市场价格，为 34.82 卢布。一个普通的工人，每月所得的工资，在 1928 年，可买此种食品 29 篮，但在 1935 年，如照定量分配价格，可买此种食品 13.9 篮，如照公开市场价格，只能买 5.3 篮。1935 年底，定量分配制度取消，市场上的价格趋于一致。在那个时候，每周食篮的价值为 19.2 卢布。1937 年 7 月，此项食篮的价值为 20.8 卢布，1939 年 7 月为 24.2 卢布。一个普通的工人，每月的工资，在 1935 年定量分配取消之后，可买此种食品 9.6 篮，1937 年可买 13.6 篮，1939 年可买 15.7 篮。雨各的研究，表示苏联工人的实际工资，在 1939 年，虽然比 1935 年已有改善，但还赶不上 1928 年。换句话说，自从开始实行计划经济之后，苏联工人的生活程度，不但没有提高，反而有今不如昔之感，这是可以使别国的人惊讶的。

哥当（M. Gordon）有一个研究，是比较 1937 年与 1911 年的情形的。这个比较的用意，是要我们明了在第二个五年计划完结的时候，人民的生活，比第一次欧洲大战以前的生活，有何变动。他所研究的对象，不是普通的工人，不是拿平均工资的工人，而是拿最低工资的工人。在 1911 年，纺织工厂中的女工，其所得的工资是最低的。以莫斯科而论，平均工资为每月 17 卢布，而丝厂中的女工，只有 10 卢布。在 1937 年，苏联工人的最低工资为 110 卢布，除去工会会费及政府强迫公债，实得 105 卢布。但如以 1937 年几种食品的价格与 1910 年相比，肉价涨了 17 倍至 18 倍，面包与番薯的价格上涨的程度，与肉类相等，蔬菜涨了 25 倍，油及脂肪涨了 35 倍至 40 倍。在 1911

年，3.3卢布可以购黑面包65磅、番薯11磅、小麦5磅、酸菜4磅、肉3.3磅、向日葵子油1磅、牛羊脂0.5磅。同数量的物品，在1937年，要花58卢布。货币最低工资，如上所述，已自1911年的10卢布，加至1937年的105卢布，将近11倍。但是工人的食品价格，则从3.3卢布，涨至58卢布，增加了差不多18倍。所以从那些拿最低工资的工人立场去看，1937年的生活程度，还不如1911年。

胡巴德曾采用类似的方法，比较苏联工人在1928年、1933年及1936年的生活程度。他选定了12种食品，计算一个工人对于这些食品在1928年11月的消费量及其价格，知道每一工人在这12种食品上，每月要花12.48卢布。同样的食品，在1933年，要花54.04卢布；在1936年，要花97.67卢布。胡巴德根据他所搜集到的零星资料，算出这三个时期，工资与食品价格的指数如下：

时期	工资指数	食品价格指数
1928年	100	100
1933年	223	432
1936年	395	781

除去食品以外，胡巴德又研究一个工人家庭，平均每年在衣着上所花的钱。衣着的项目，包括鞋、棉制品、毛制品及其他纺织品。在1928年，一个工人家庭，花55.21卢布所能购买得到的衣着，在1936年购买，便要花667.5卢布。根据这个调查，胡巴德对于苏联工人的生活程度，下一结论说："在1937年，苏联的熟练工人，所得工资较多的，也许能够比1928年购得较多的物资，但是对于那些所得工资较低的工人而言，他们在1937年，是否能够较1928年有更多的消费，是大成问题的。"

三

我们看了三位专家的研究之后，心中一定会产生如下疑问：这些人所举出的事实，是否可靠？苏联实行了计划经济若干年，难道结果不但不能提高工人的生活程度，反而不能维持工人的生活程度于1928年或1911年的水准吗？

我们想从别的方面，搜集一些统计，以为审查上面所举数字的参考。

苏联的实际生产数字，是时常公布的。我们且看在几次五年计划的时期内，与人民生活程度最有关系的几种生产数字是什么样子。

物资	单位	1913 年	1928 年	1932 年	1937 年
谷类	百万公担	816	733	698	1 202
牛	百万头	60	70	40	57
羊	百万只	121	146	52	81
猪	百万头	20	26	11	22
棉制品	百万公尺	2 227	2 742	2 417	3 447
毛制品	百万公尺	95	93	88	108
皮鞋	百万双	8	29	84	164

这些统计数字，可以帮助我们了解苏联人民生活程度的变迁。表中所列的七种物资，前四种与食品有关，后三种与衣着有关。表中所列的四个时期，1913 年表示第一次欧战以前的情形，1928 年表示第一次五年计划开始时的情形，1932 年表示第一次五年计划完结时的情形，1937 年表示第二次五年计划完结时的情形。以食品的供给而言，第一次五年计划完结的时候，人民所能享受的物资数量，不如第一次五年计划开始的时候，也不如第一次欧战以前。第二次五年计划完结的时候，人民的生活，较之 1932 年已有改进，但以肉的供给而论，还达不到第一次欧战以前的水准。美国的农业专家哲斯纳（N. Jasny），根据他详细的计算，曾说苏联平均每人对于肉、牛奶、鸡蛋及白面包四种食品的消费，在 1937 年及 1938 年，都没有达到 1928 年的水准。只有对于糖及鱼类的消费，后期超过前期。哲斯纳所举的四种重要食品中，肉、牛奶及鸡蛋三种食品的消费量，1937 年不如 1928 年，与上表所列的统计并不冲突。但是白面包的消费量，为什么也会达不到 1928 年的水准呢？政府所公布的数字，不是 1937 年谷类的产量，超过了以前的任何一个时期吗？哲斯纳曾提供一个解释。他说，苏联的农业生产数字，都是一种估计的数字，而且在 1933 年以后，这种估计，并非收获以后的估计，而是收获以前的估计。换句话说，苏联的农业生产估计，在 1933 年以前，为仓中农作物的估计，1933 年以后，为田间农作物的估计。这种事前的估计，如在事后发现过高，可以作减低的修正，但不得减少 10%以上。1937 年以后，事后减低收获量估计的办法也取消了。在 1933 年至 1939 年，官方估计农产物的收获量，超过实际的收获量约 25%。假如我们根据这种看法来修正 1937 年谷类的收获量，应为 9 亿零 400 万公担。这个数目，还是比以前的任何一期都高。但是我们要记得，苏联的人口，在 1913 年为 1 亿 3 900 万，1926 年为 1 亿 4 700 万，1939 年为 1 亿 7 200 万。1939 年的人口，较之 1913 年的人口，加了 23%以上。假如 1937 年的苏联人民，想维持谷类的消费于 1913 年的平均水准，则 1937 年的谷类产量，应在 10 亿零 300 万公担以上。我

们上面修正的 1937 年的谷类产量数字，比较这个数字，相差约 1 亿公担。所以总括地说，苏联政府所公布的农业生产数字，似可证实上述三位专家的研究，即苏联人民在食品的享受上，在第二个五年计划完成的时候，还没有恢复到第一次欧战以前的水准，但较第一个五年计划完成的时候，已略有进步。

关于衣着方面的生产数字，在第二次五年计划完成的时候，棉制品、毛制品及皮鞋，都已超过了第一次欧战以前的水准。但是这种数字与生活程度的关系，不易解释。贝柯夫曾提醒我们，要我们不要把大工厂的生产数字，与实际人民所享受的生产数量，混为一谈。自从实行五年计划之后，以前由手艺工人及家庭中生产的物品，现在多改由大工厂来替代生产了，但是工厂产量的加增，并不能代表某项物资供给的加增。譬如在 1928 年，食品工业的生产总值，自 15 亿卢布，增至 1932 年的 34 亿卢布，各种鞋的生产，也自 1928 年的 2 900 万双，增至 1932 年的 8 400 万双。可是 1932 年食品工业及制鞋的原料如谷类及牛皮，较之 1928 年都大为减产。原料减少而制成品加增是不可能的事。根据这种理论，假如牛羊的数目，在 1937 年还没有恢复到 1913 年的数目，那么皮鞋及毛织品的产量，想要超过 1913 年的产量，是不可能的。表中的数字，只能表示工厂产量的加增，但不能表示整个供给的加增。如想知道整个供给的数字，我们应将工厂以外的生产量，即手工业及家庭工业的生产量加上计算，可惜后一项的数字是无法获得的。表中只有棉制品的产量，其进步比较可靠，依据苏联政府的公布数字，棉花的产量，在 1913 年为 680 万公担，而在 1937 年，已增至 2 580 万公担。虽然 1913 年进口的棉花，超过 1937 年很多，但苏联工厂中在 1937 年所利用的棉花，超过 1913 年很多，殆无疑义。

四

上面的各种讨论，似乎可以证明一点，就是苏联人民的生活程度，从基本需要的享受方面看去，在第二次五年计划完成之后，还没有恢复到第一次欧战以前的水准，至少还没有超过第一次欧战以前的水准（棉织品的消费为例外）。但是在另一些方面，苏联人民的享受，超过战前的水准很多。我们特别指出教育及医药两方面的成绩。

以教育而论，我们从两项不同的统计中，可以看出进步的情形。其一为政府在教育事业上的花费，在 1931 年为 20 亿卢布，而在 1940 年则为 270 亿卢布。其二为就学者的统计，在 1928 年，在初中学校肄业的，为 1 200 万人，而在 1939 年则为 3 100 万人。在大学及高等技术学校肄业的，1928 年为 177 000 人，在 1939 年则为 603 000 人。以医药的进步而论，我们也可举出两项统计。第一项统计，为医院病床及医生数目的加增。在 1929 年，医院计有病床 247 000 张，1939 年，增至 672 000 张。医生的数目，从 1929 年的 63 000 人，增至 1939 年的 110 000 人。第二项统计，是死亡率的下降。在 1927 年，苏联的死亡率为 26‰，即每千人中每年死 26 人，而在 1938 年，死亡率已降至 17.8‰。在 1913 年，俄国的病床，只有 175 000 张，医生只有 19 800 人，所以苏联在革命以后，医药方面的进步，是显然的。

五

苏联现在的生活程度，如与别的国家比较，是处于一个什么地位呢？国际的生活程度比较，是一个困难的工作，我们且先查考一下别人对于这个问题的尝试。

拜任（Paul A. Baran）曾利用全国收益的资料，来比较美苏人民的所得，因而推测两国人民生活程度的高低。他计算的结果，以为苏联在 1940 年的全国产量，值 444 亿美元，其中 141 亿美元，系用于投资及作战的准备，因此只有 303 亿美元的物资及劳务，是人民可以享受的。苏联在 1940 年的人口，估计为 1 亿 9 800 万，因而每人的所得为 153 美元，同年美国人民的平均所得则为 600 美元。美国人民的收入，平均比苏联人民高 3 倍。这个计算，有两点可以批评。第一，美苏对于全国收益或全国产量的计算方法不同，概念各异，而且市场上又无公开的汇率，在此种困难之下，将苏联的全国收益化为美金，不是容易办理的。第二，苏联人口的数目，在 1940 年，是否有 1 亿 9 800 万人？许多人口专家，对于这个数字是怀疑的，他们以为苏联在那一年的人口，只在 1 亿 7 000 万人左右。既然全国收益的数字及人口的数字都有问题，那么平均所得的数字也有问题了。不过美国人民的平均所得高于苏联人民是无问题的，成为问题的只是高出的程度。

布洛得格特（R. H. Blodgett）曾比较苏联人民与各国人民的消费状况。他说：在第二次五年计划完成的时候，苏联平均每人每年消费肉类 21.1 公斤，英美两国的平均每人消费量为 62 公斤，德国为 48 公斤。苏联每人每年消费牛乳 170 公斤，英国为 400 公斤，德国为 355 公斤。苏联人民对于糖的消费，超过革命以前 1.5 倍，但只等于德国人民消费量的 1/2，美国人民消费量的 2/5，英国人民消费量的 1/3。比较苏联人民与瑞典人民在食品上的消费，发现苏联工人所吃的面包较多，但所消耗的肉类，只等于瑞典工人的 1/3，脂肪只等于瑞典工人的 2/5，牛乳只等于瑞典工人的 1/3，鸡蛋只等于瑞典工人的 1/15。

我们还可以采用一个最具体的比较方法，即看苏联的工人，以其所得的每月工资，可以买到多少数量的某种日用品，然后再看别个国家的工人，以其所得的每月工资，买到某种日用品的数量，是比苏联的工人多还是少。今试以苏联与美国相比。美国工人的工资及日用品价格，劳工部每月都有统计发表，不成问题。苏联工人的工资及日用品价格，并无官方的统计可以参考。我们从苏联所公布的工人总数、工资总数以及其他参考资料，推定苏联工人的平均每月工资，在 1946 年，约为 375 卢布。克拉非司（J. B. Kravis）曾在 1947 年 7 月份美国的《劳工月报》上，发表过他所调查到的几项日用品在苏联的物价，其时期包括自 1944 年 7 月到 1946 年 10 月。在 1946 年 10 月，苏联的定量分配制度还未取消，所以每种日用品都有两个价格，一为定量分配价格，一为公开市场价格，后者常高于前者三四倍。现在我们以较低的定量分配价格为准，发现在 1946 年 10 月，白面包每公斤的价格为 8 卢布，牛肉每公斤为 30 卢布，白糖每公斤为 15 卢布，牛油每公斤为 66 卢布。苏联工人的每月工资，可购白面包 47 公斤，或牛肉 12.5 公斤，或白糖 25 公斤，或牛油 5.7 公斤。美国制造业的工人，平均每星期工资，在 1945 年为 44.39 美元。假令每月工作 4 星期，则每月工资应为 177.56 美元。美国上列几种日用品的物价，白面包每公斤为 20.1 美分，牛肉每公斤为 74.1 美分，白糖每公斤为 14.8 美分，牛油每公斤为 1 美元 13 美分。美国工人的每月工资，可购白面包 883 公斤，或牛肉 240 公斤，或白糖 1 200 公斤，或牛油 157 公斤。两国工人购买力的强弱，这种比较表现得最为明显。

在私人的消费方面，苏联工人的实际工资较低，赶不上美国人民，但在教育及医药方面，因为是公家花费的，所以苏联人民在这两方面的享受，与美国人民的距离较短。以教育的费用来说，美国在 1940 年的花费，共为 39 亿美元，如照官定汇率每美元合 5.3 卢布计算，共为 206.7 亿卢布，与苏联同年的花费相差无几。以就学的人数来说，美国在中小学的学生，为 2 820 余万人，较苏联为低，但在大学及高等学校中肄业的，有 149 万人，较苏联为高。同时我们应当记着苏联的人口，比美国要多 4 000 万人，所以美国在每一人身上所花教育的钱，无疑要比苏联高。在医药方面，美国在 1923 年有病床 75 万张，1942 年增至 136 万张，医生在 1940 年有 14 万人，死亡率在 1940 年为 10.8‰。如与上面所举关于苏联的数字相比，可以看出苏联在医药方面的设备，还落于美国之后，但在这些方面，落后的程度，不如在衣食住等方面所表现的那样显著。此点表示苏联在教育与医药方面，在过去的几次五年计划中，实在做过一番急起直追的功夫。

六

以苏联资源的丰富，及其分配制度的比较公平，所以苏联人民的生活程度，应该有光明的前途。其过去所表现的成绩，之所以没有如一般人所预料的那样高，之所以没有如苏联人民所希望的那样丰裕，一是因为苏联政府要用强迫储蓄的方法来积累资本，因而不能使消费品的生产尽量地发展；二是因为苏联政府过去注其全力于备战与作战，因而在重工业中的投资，在重工业中所生产的设备，多用以扩充作战所必需的物资，而没有大量地利用这些生产力来扩大消费品的供给。战争及备战，是苏联人民生活程度提高的最大敌人。以后苏联人民如想提高其生活程度，使社会主义真能对于人民的享受有所贡献，则苏联的政府及人民，必须努力与他国合作，创造一个和平的国际环境。

（载《新路周刊》第 2 卷第 4 期，1948 年）

社会主义与计划经济是可以分开的

陈振汉先生所考虑的问题，我近来也曾想过，并且曾以研究所得，写成一文，名为《计划经济与价格机构》，在《社会科学》第 5 卷第 1 期上发表（本年 12 月底出版）。所以有许多话，不在这儿重说，现在只提出一点来与陈先生讨论，就是社会主义与计划经济是否不可分。

计划经济并非社会主义带来的。埃及在金字塔时代曾实行过计划经济，秘鲁的英格斯民族曾实行过计划经济，法西斯主义的德国曾实行过计划经济，资本主义的英、美，也实行过计划经济。所以如果有人说计划经济是社会主义的产物，那是一种错觉。当然，现在推行社会主义的苏联，是采取计划经济的，但我们不能由此推论，将来所有实行社会主义的国家，也必须采取计划经济。

计划经济是达到某种目标的最好手段。假如一个国家准备作战或正在作战，为使生产事业与战事的需要配合，俾能早日获得胜利起见，最好采用计划经济。假如一个国家，在建设的过程中，得不到外资的帮助，又想在短短的 10 年或 20 年之内，完成别国以 30 年或 50 年完成的工作，则必须在高速度的累积之下储蓄资本。为完成这个目标，也需要计划经济。但是这些目标，并非就是社会主义的目标。社会主义的目标，照陈先生所说，为“取消私有财产”及“平均分配所得”。这两个目标，第一个无人否认，第二个大成问题。在社会主义的国家中，大家都只有劳务的收入，而没有财产的收入。但在劳务的收入之中，还可以有高低多寡之不同。在理论上，正统派的社会主义者，是赞成此种不同的；在事实上，苏联人民的收入，也是有高低之不同的。但是社会主义的目标，除取消私有财产之外，据我的了解，还有“提高人民的生活程度”。“社会主义并不是要大家贫穷困苦，而是要铲除贫穷困苦，要给社会全体成员造成丰裕和文明的生活。”

在财产公有的状况之下，社会上便没有不劳而获的人，大家都只有劳务的收入，大家都靠自己的本事吃饭，而不是去剥削别人来吃饭，这是社会主义在道德上超过其他主义的地方，但这是无须计划经济便可达到的。苏联达到这个目标的时候，还没有用计划经济。在社会主义之下，地租归公，利息归公，利润归公。这些收入，都可以用于增加人民福利的事业，而不可能为少数特权阶级所浪费。国家有了这些收入之后，除开预算上的支出以外，余下来的都可以移交国家银行，应付旧有生产事业及新兴事业的需要。在这种安排之下，陈先生所提出的困难，似乎都不需计划经济便可以克服。

如陈先生所说，在社会主义之下，生产者非以追求最大利润为目标，而系以服务消费者为目标，因此政府要给生产者以陈先生所提出的那三条法则，以为生产的标准。虽然如此，因为消费形态的变动，利润还可以产生，但这不足为病。在社会主义之下，利润不是一件可怕的东西，因为它是归公的。苏联不是还有计划的利润吗？社会主义下的生产者，虽不追求利润，但如利润还是自己来了，那便是对于生产者的一个重要指示，要他扩充生产。然而，社会主义下的生产者，虽不追求利润，但也不求亏本（除非政府接受民意机关的要求，对于某项生产事业，令其出售产品时，定价在成本以下，亏本由政府补贴），所以如果因为市场上的需要减少而亏本了，那又是消费者对于生产者的指示，要他紧缩生产。这种陆续的扩充与紧缩，以适应市场上的需要，处处有待于价格机构的指示。只要我们维持价格机构，需求自有其平衡之道，而且这种平衡的动力，来自整个社会中的消费者，不必设立机构，信赖少数人去从事平衡的工作。至于新技术或新机器的发明，在社会主义之下，因无私人专利权的阻碍，反较资本主义下易于推行，熊彼得（J. A. Schumpeter）论社会主义的优点时，特别注重此点，不必在此多加论列。

我个人假如有一种偏见，那就是在价值系统中，我同样地重视“经济平等”与“经济自由”。我一向的看法，深信社会主义可以使我们经济平等，而计划经济则剥夺了消费者的自由。只有社会主义与价格机构一同运用，我们才可以兼平等与自由而有之。计划经济限制人民的自由，并非一种猜想，而是客观的事实，凡是实行计划经济的国家，不管它奉行什么主义，都难免侵犯人民的自由，因此损伤了他们的福利。实行计划经济的国家，必然要集中控制，必然要把生产因素的支配权付托于少数人之手。这少数人假如是大公无私的，假如都如蓝道尔（O. Landaner）所说，在其决定生产品的数量之先，要先解决几十万个方程式，其结果也不见得胜过价格机构下所表现的成绩。万一此少数人别有用心，滥用其权力，逞其私意来支配生产因素，则其对于人民大众所产生的祸害，真是不可胜言。人类不要轻易放弃其自由。到今天为止，我们还没有看到一个制度，其保护人民消费自由的能力，胜过价格机构。所以我不愿意看到社会主义与计划经济联姻，而愿意它与价格机构百年偕老。

（载《新路周刊》第2卷第5期，1948年）

美苏对外的经济关系

一

我们如想了解一个国家的对外经济关系，首先必须了解这个国家的经济组织，它的发展阶段，以及其中心工作。除了这些经济因素之外，也许还有别的因素，如政治因素，也可以影响一个国家的对外经济关系，但经济因素，可能是最基本的，因此也是最重要的。

美国自从第一次欧战之后，便成为一个债权国。它的生产事业，扩张到了一定程度，需要在国外得到投资的出路，以及制造品的市场，然后国内才可以达到充分就业的境地。1929 年起的不景气，使工厂关门，工人失业，资本家丧失利润，劳工得不到工作，无法维持原有的生活程度。因此美国无论哪一个阶级，对于商业萧条，都怀着一种畏惧的心理，他们都从各方面打主意，想用各种方法，来达到全民就业，并且于达到以后，又想用各种方法，来维持全民就业。全民就业是美国经济组织所要达到的第一个目标。

这个目标，在平时是求之不得的，而在战时却无意完成了。战时的经验，证实了凯恩斯的理论，就是全社会的消费与投资的数量，假如能够维持与全国收益相等的水准，失业便不会发生。对外经济关系，特别是出口贸易与海外投资，为美国大量的制造品与大量的储蓄谋得一种有利的出路，有助于全民就业，因此也就成为美国人民所热心提倡的一种工作。

美国的出口贸易数量，在过去一二十年之内，有很大的变动。在 1929 年，美国出口的物资与劳务，共值 70 亿美元，等于全国产值的 6.7%。1937 年，出口价值降至 46

亿美元，等于全国产值的5.1%。1944年，出口价值猛升至214亿美元，等于全国产值的10.2%。1947年，出口价值为196亿美元，等于全国产值的8.5%。

这些统计数字的意义，须要解释。首先，美国的出口价值，虽然在全国产值中所占的百分数并不高，虽然证明了美国的国内市场的重要性超过国外市场10倍以上，但是国外贸易，对于全民就业的贡献，却是很大的。美国有一位经济学者，研究过1947年上半季美国的对外贸易，发现在那个时期之内，美国出口总值为78亿美元。因为这笔出口的生意，有240万人直接地或间接地得到工作。240万人，等于美国非农业就业人口的5.6%。假如美国的出口贸易完全停止，同时政府或企业家又找不到代替出口贸易的工作，那么有5.6%的就业人口，马上就要失业。这些失业的人，因为没有工作，也就丧失了购买力，别种生产事业必然要连带地受到不利的影响从而紧缩，结果失业问题必更趋严重，失业的人数，不只限于原来的240万人。美国政府为维持全民的就业计，必不愿看到出口贸易的紧缩，必要设法来维持并扩充其数量。

其次，我们要说明的一点，就是美国这样庞大的出口贸易，虽然与国内的繁荣息息相关，但是专靠国外市场的有效需求，是无法维持的。现在的世界，是一个战后的世界，是一个百孔千疮的世界。各国的生产力，受了战争的打击，大为衰落，虽然大家都需要美国的物资，但是也都没有力量购买美国的物资。在1929年，世界各国的经济状况，比现在好多了，那时全世界各国的胃口，也只能够消纳70亿美元的美国物资与劳务。在1947年，在生产力还未复原的战后，世界各国如何能消纳196亿美元的美国物资与劳务呢？这个问题的提出，使我们不能在知道美国的出口价值之后便感到满足，使我们要进一步地追问：世界各国，是用什么方法来得到美国所输出的这些物资与劳务的？

事实告诉我们，在1947年，美国从海外输入的物资与劳务，只值83亿美元，只等于其出口价值的约42.5%。所以美国假如只靠别国的实际购买力来维持美国的出口，那么美国的出口价值，便要减少10亿美元以上。这一减少，国内就会发生失业问题。所以美国政府便采用各种人为的方法，来维持出口的数量。这些人为的方法，许多是众所周知的，但我们也无妨在此举出重要的几项。战时的租借法案，是扩充出口的主要办法，我们可以搁下不谈。战争完结之后，美国通过联合国善后救济总署的机构，提出可以提供27亿美元救济款。1947年，在善后救济总署结束之后，美国国会还通过了一个计划，拨出款项3亿5 000万美元，继续救济欧洲几个国家及中国。在1946年，美国为协助英国重建其经济机构，曾借给它37亿5 000万美元。1947年的援外法案，以奥地利、法国及意大利为对象，拨款5亿2 200万美元，1948年3月，在这个法案之下，又追拨 5 500 万美元。在 1947 年，除了上述的援外法案之外，还有援助希腊与土耳其的法案，拨款 4 亿美元，其中 3 亿用于希腊，1 亿用于土耳其。1948 年 4 月，美国国会通过和平以后最大的援外法案，总数达 61 亿美元，其中 53 亿美元援助西欧各国，6 000 万美元为对国际儿童救济专款的捐助，2 亿 7 500 万美元援助希腊与土耳其，4 亿 6 300 万美元援助中国。这些贷款与援助外国的款项，如与上面所说的进出口数字联合起来研究，它的意义就可更为明显了。以 1947 年而论，美国在海外的投资以及贷款，达 46 亿美元，占出口总值的约 23.7%；美国对于海外各国的捐助，达 24 亿美元，占出口总值的约 12.5%。这些投资、贷款以及援助的政治意义，我们姑且撇开不谈，我们只看它的经济意义，应当特别注意它与出口贸易的关系，以及因此而与全民就业所发生的关系。

美国这种半送半卖的出口贸易，从短期的观点上看去，似乎有点失策，但从长期的观点看去，也许是一种一本万利的生意经。美国的商人，以及搞政治的人都知道，海外市场是要培植的。美国的货品如想畅销，别个国家的人民必须有购买力，而此种购买力，只有各国国内的生产事业发达以后，始可产生。美国的工会有一个刊物，最近曾有一篇文章指出很有趣味的一个事实，就是在 1938 年，加拿大的人民，每人购买美国货品约 40 元 6 角 4 分，欧洲人（苏联不计）每人购买美国货品 3 元 1 角 1 分，日本人每人购买美国货品 2 元 1 角 8 分，而中国人每人只购买美国货品 7 分 6 厘。美国人根据这一类的事实，以为各国人民的购买力推论，假如世界各国的购买力发展到加拿大那样高，美国的出口贸易，前途是极可乐观的。因此，他们由自利的动机出发，也愿意协助别个国家开发其经济资源，提高人民的购买力。不过在这次世界大战之后，原来的许多债权国，如英、法，现在都降为债务国了。需要别人帮助的国家很多，而有资格帮助别人的国家很少，少至不需一只手的手指便可数完。美国便是有资格帮助别人的一个国家，可是它的帮助别人，既然最要紧的打算，是经济的打算，那么一个国家，假如国内不能维持秩序与和平，而想得到美国的大量援助，必然是会落空的。

二

苏联的经济组织，与美国既然根本不同，而且在工业发展的阶段上，也没有达到美国那种饱和的程度，所以它的对外经济关系，与美国不同的地方很多。英国的道布先生曾说过，苏联对于在海外投资，丝毫不感兴趣，因为它积累的资本，在国内用还不够，而且它的生产机构，并不以谋利为目的，所以即使在海外投资获利比在国内投资还大，它也不会发生兴趣。同样的理由，可以说明它对于开拓国外市场，也不感兴趣。因为它所生产的物资，主要是为满足国内政府及人民的需要，这些物资，在国内用还不够，假如不是因为有进口的需要，苏联可以根本不考虑出口。苏联国内的经济问题，最重要的，是如何完成计划的建设，它的眼光，是向内的，而不是向外的。

这不是说，苏联根本不要国外贸易，但是它从事国外贸易的动机，与美国根本不同。苏联虽然是一个大国，虽然物产丰富，但不能完全自给自足。特别在开始实行五年计划的时候，有好些生产器材，国内还无能力生产，不得不求助于国外。因为各种关系，苏联得不到外资的协助，所以唯一的获得国外物资的方法，便是以国内的物资，输出交换。所以它的出口贸易，乃是完成进口贸易的手段。它的对外贸易计划，要先看在经济计划中，对于国外物资需要的种类及数量。这些是先决的条件。它先看进口物资的价值，然后用出口物资的价值去凑合。进口多一点，出口也跟着多一点。进口少一点，出口也跟着少一点。进口是主，出口是宾。进口是目标，出口是手段。这种联系的密切，在别国是少见的。

我们现在再举一些统计数据，来说明上面的理论。第一，我们说苏联对于国际贸易的兴趣，并不浓厚，此点以第一次欧战前俄国的国际贸易数量与革命后的国际贸易数量相比，便可看出。在1913年，俄国的进口贸易，占全世界进口贸易的3.6%，而在1937年，只占0.9%。出口贸易，在1913年，占全世界出口贸易的4.2%，而在1937年，只占1.3%。苏联国内的生产力，虽然在战后膨胀甚速，但是它在国际贸易中的地位却降低了，可见它忽视国际贸易的一斑。另外还有一种统计，说明苏联出口贸易占国内生产量的百分数，也有下降的趋势，可以与上面所举的统计相印证。在1913年，俄国的出口价值，等于国内生产总值的6%，在1930年，只占3.5%，而到1936年，便只占8‰了。第二，我们审查苏联的国际贸易数字，便可证实我们上面所指出的一个原则，就是苏联的进口是目标，而出口是手段。在推行第一个五年计划的时候，苏联国内有许多东西还不能自己生产，那时苏联对于好些进口货品的需要是迫切的。为必须完成进口的目标，所以虽然国内有荒灾，虽然国内的消费品产量并不丰富，在1930年，苏联的进出口贸易，居然达到革命以后的最高峰，达到战前73%的数量。进口的物资，有89.8%是生产器材，是完成五年计划所必需的。在第二个五年计划的时期内，苏联的生产力已有进展。假如它是一个资本主义式的国家，这个时期的国际贸易数量，应当超过前期，但是实际上苏联在1936年的进口价值，还不及第一个五年计划时期的一半。原因是：在后一时期，苏联对外的需要减少了，它减少了输入，因而也就减少了输出。

第二次欧洲大战，把苏联辛苦经营的建设，毁坏了很多。第四个五年计划，自1946年开始。1945年苏联的工业生产，等于1 210亿卢布（1926—1927年的价格），而在1940年，工业生产已达1 385亿卢布。所以在第四个五年计划时期内，苏联先要恢复过去的生产力，然后再进而扩展其生产力。在此复原与发展的过程中，苏联的处境，已非第一个五年计划时期可比。在第一个五年计划时期内，其出口贸易，是获得国外物资的主要条件，而现在的情形则不尽然。第一，在借款方面，苏联虽然在战时得到美国108亿美元的租借物资，但是在战事结束之后，因为政治的冲突，美援的来源断绝。这一个重要的外资来源虽然无法利用了，但次要的来源，苏联还可以得到。在1946年10月，苏联与瑞典成立了一个借款协定，瑞典答应于5年之内，借给苏联10亿瑞币（约合2亿7 850万美元）的物资，苏联对此借款，分15年偿还，年息3厘，在前3年内，可以不必付息。第二，1945年7月的波茨坦协定，允许苏联可在它的德国占领区内，拆迁工厂，以作赔偿，在英美的德国占领区内，可以拆迁工业设备25%，其中10%，可以无偿拆迁，另有15%，须以苏联占领区内的粮食与原料交换。苏联从德国境内所得的生产设备，以及从中国东北所拆去的生产设备，到底共值若干，我们还没有看到有系统的报告，不过这些设备，有助于苏联第四个五年计划的完成，则是无可怀疑的。第三，苏联在过去纳粹的卫星国中，曾索取相当数量的赔偿，这也是苏联所需外汇的一个来源，不必以出口物资去换取。在1945年，苏联与匈牙利的停战协定中，规定匈牙利须在6年之内，付给苏联2亿美元的赔款，第一年便要付3 350万美元。因为匈牙利在第一年没有能力付足赔款，所以付款的期限，便延长为8年。第二个要向苏联赔款的国家便是罗马尼亚，它在6年之内，要付赔款3亿美元。此外，因为战时罗马尼亚从苏联抢去物资，必须退还，在此项目之下，苏联于1946年，曾得到1亿7 500万美元，大约罗马尼亚还要付出1亿美元，此项账目方可取消。第三个要向苏联赔款的国家为芬兰，它在8年之内，要向苏联赔款3亿美元。第四个要向苏联赔款的国家是意大利，在和约中规定意大利要赔偿苏联1亿美元，以意大利生产的物资付给，但苏联须供给若干原料，使意大利可用以生产作为赔偿的物资。苏联战后的赔款所得，到目前为止（德日两国的赔偿还没有算），已经约10亿美元，这也是第一个五年计划时期所得不到的。第四，苏联在匈牙利与罗马尼亚两个国家里，现在已代替战前的纳粹，取得重要的经济权。1945年5月，苏联与罗马尼亚的和约中，规定两个国家合组7个股份公司，经营罗马尼亚的石油、交通、航空、银行、木材等事业。1945年8月，苏联与匈牙利的和约中，规定两个国家合组10个股份公司，经营匈牙利的铝石、炼油、铁路及航空等事业。合股公司的股份，每国一半，苏联的股份，即以战前德国所有的资产充数。每个公司的董事会，以苏联及所在国的人民各半担任，以所在国的代表充任董事长，苏联的代表当副董事长。经理由苏联的代表充任，所在国的代表则充任副经理。苏联在这些合股公司中的营业所得，便可以在国外购买苏联所必需的物资，这也是不必由苏联运出物资来换取的。

苏联目前的中心工作，如上所述，是完成其第四个五年计划。苏联今日的处境，因为是战胜国的缘故，它的外汇来源，已比20年前大为充裕，因此它以出口为手段以获得进口货物的工作，也无以前繁重。第四个五年计划的完成，因此也较第一个五年计划要显得容易。

12月9日

（载《新路周刊》第2卷第6期，1948年）

马克思论危机

一、引言

在资本主义社会中，生产的发展，不是走直线，而是照波浪起伏式的曲线进行的。这种一起一伏式的发展，在经济学中称为商业循环。马克思谓商业循环，每每要经过五个阶段：（1）缓和的活动；（2）繁荣；（3）生产过剩；（4）危机；（5）停滞。[①]恩格斯分析商业循环时，只提到四个阶段，其所用的术语与马克思相同，只是省去了第一个阶段。[②]我们现在所要注意的，就是危机是商业循环中的一个阶段。它是如何发生的？在发生的时候，产业界中有何具体的事实表现？危机对于资本主义社会，产生了什么影响？以上这些问题，凡是研究经济危机的人，都想得到一个解答。近百年来，关于危机的理论是很多的，一直到现在，可以说还没有一家的学说，在资本主义的社会中得到一致的承认。我们在这篇论文中，并不想讨论所有关于危机的理论，只是想研究一下马克思对于本问题的看法及其贡献。

在叙述马克思论危机之前，我们可以先看一下商业循环在几个重要资本主义国家中发生的历史。英国自 1792 年至 1913 年，曾发生商业循环 15 次，每次的时期，平均为 8 年。[③]美国自 1795 年起，至 1937 年止，曾发生商业循环 17 次，每次平均为 8.35 年。[④]德国自 1865 年至 1929 年，曾发生商业循环 8 次，每次平均为 8 年。[⑤]从这些统计里，我们可以看出，商业循环与资本主义已经结了不解之缘，任何一个社会，只要它发展到资本主义阶段，总逃脱不了商业循环，也就逃脱不了危机的袭击。马克思一生的主要研究工作，便是资本主义发展的规律，所以他对于危机自然产生莫大的兴趣。但是也许令人感到稀奇的一点，就是在《资本论》中，他并没有特立专章来讨论危机的问题。危机与资本主义的关系，既然那样密切，马克思似不宜有此忽略。但是同时我们也注意到，阶级斗争这个问题，在马克思的理论系统中，无疑占了很重要的一个位置，然而在《资本论》中，也只是到了第三卷之末，才有寥寥两页来专门讨论这个问题，而且显然马克思对于这个问题，并未畅所欲言。我们只要记得《资本论》的第二卷与第三卷，是马克思去世后恩格斯根据他的遗稿编辑而成的，同时再记得这些遗稿有许多还是残缺不全的，我们便可了解，马克思为什么没有在他的大著中，独立专章来讨论危机这一问题了。假如天假以年，我们相信，马克思对于这个问题，一定有更为系统的理论留给后人。

因为马克思对于危机的理论，没有独立专章在《资本论》中申述，因为他对于危机的解释，分散在《资本论》的各章中以及其他的文献里，所以在马克思去世后，研究这个问题的人，便各有各的看法，而且都可以从马克思的著作中，得到各种看法的根据。到底哪一种说法是对的，哪一种说法是错的，不容易下判断。[⑥]我们在此也不拟做折中各家学说的工作。我们在搜集了马克思对于这个问题所发表的言论之后，认识到一点，就是危机本身是一种极复杂的现象，所以马克思是从各种不同的角度去观察它的。马克思的危机理论，既然是从各种角度观察的结果，所以我们也可以用各种线索把这些言论联系起来。这些线索的总和，便是马克思的危机论。[⑦]

二、马克思对于危机的解释

危机与资本主义的生产，既然发生了不可分离的关系，所以我们在讨论危机之前，应当对于资本主义的生产，有个正确的认识。资本主义的生产，其目标为产生剩余价值，而非产生使用价值。产生使用价值，如一包棉纱，或一张桌子，不过是产生剩余价值的手段。资本家在生产过程中，雇用工人，使其生产商品，其目标系累积资本，使其总值加增，因此其所生产之商品，其所包含的劳动，必须大于他所付给的代价，或者说，其中必须包括一部分价值，是他并没有付出代价而得来的。此一部分价值，即为剩余价值，资本家从事生产的动机，即在获得此项剩余价值。如在生产之后，资本家无法实现此项剩余价值，或在生产之前，资本家预料如继续生产，必不能得到他所企图的剩余价值，他必然停止其生产。[⑧]资本主义的生产，在这一点上，是与社会主义的生产，大不相同的。社会主义的生产，其目标在满足消费者的需要，所以利润的计算，在社会主义社会中，是一个不相干的问题，只要社会对于某种物资有需要，那么某种物资的生产便可进行，生产力的发展，因而是没有束缚的。但在资本主义的生产方式之下，消费者所付的代价，如只与成本相等，资本家便无利可图，他就不愿进行生产。他所生产的商品，其在市场上出售的价格，必须大于成本，换句话说，必须在成本之外，他还可以获得利润，然后他才愿推动生产。

可是在资本主义的生产方式之下，剩余价值的永久获得，是没有保证的。在剩余价值下降的时候，资本家的生产动机，与资本社会的生产力，发生矛盾。此种矛盾的具体表现，即为危机。

马克思分析资本主义社会的发展规律，发现利润率有下降的趋势，此种利润率下降的趋势，在马克思以前，便已有人讨论。19 世纪初叶李嘉图与马尔萨斯的论战，其中的一个问题，便是对于利润率下降的解释。[9]可见古典派经济学者，对于利润率有下降的趋势这一点，也是承认的。马克思与他们不同的一点是，对于此种趋势的解释。照马克思的看法，在资本主义社会中，有两种事实，都可使利润率产生下降的趋势。第一种事实为，资本有机构成的变动；第二种事实为，劳动后备军数量的变动。

我们先论何谓资本有机构成的变动，以及此种变动对于利润率下降的关系。资本的有机构成，系指不变资本与可变资本间的比例而言。所以如欲了解何谓资本的有机构成，必须先了解不变资本与可变资本的分别。不变资本[10]，指在生产过程中所用的机器、原料、燃料等生产资料而言，它们的特点，是在生产过程中，并不加增其价值，只是转移其价值于所生产的商品上。譬如生产棉纱时所用的棉花，即为不变资本的一种。在生产的过程中，棉花变了形式，成为棉纱；棉花的原有价值，现在转移于棉纱的价值之中，即棉纱的价值之内，含有棉花的原有价值。但棉花的价值，不因此种转移而增加，所以马克思称它为不变资本。可变资本，是指劳动力而言。资本家购买此种劳动力，亦如他购买其他商品一样，付以相当的代价。但劳动力一旦掌握于资本家的手中，便成为资本的一种，资本家利用此种资本，与其他资本配合起来，进行生产的工作。在生产的过程中，劳动工人不但生产出与其工资相等的价值，而且还会替资本家生产另外一部分价值，是资本家可以不付代价便可占有的。此一部分价值，即为剩余价值。譬如资本家以 10 元的代价，购得工人一天的劳动力。假定此工人一天工作 8 小时，又假定在前 4 小时之内，工人所产生的价值，即等于 10 元，则其余 4 小时，即为剩余之劳动力，其在此 4 小时中所生产之另外的 10 元，即为剩余价值。马克思称劳动力为可变资本，便是因为在生产过程中，此项资本的价值，是在变动的，如上例之由 10 元加至 20 元。任何生产单位中，不变资本与可变资本，都有一定的比例。今以 c 代表不变资本，v 代表可变资本，则在下例中：

（1）$c = 50 \quad v = 100$

（2）$c = 400 \quad v = 100$

第一例表示低级的资本有机构成，因不变资本所占的百分比较小；第二例表示高级的资本有机构成，因不变资本所占的百分比较大。[11]可是在资本主义社会中，生产发展的结果是，资本的有机构成，一定由低级趋于高级，因此也就造成利润率下降的趋势。我们可以用马克思自己所举的例来说明此点。不过在举例之先，有两个马克思常用的名词，必须了解清楚。此两个名词，一为剩余价值率，亦即剥削率，是以可变资本除剩余价值而得，即$\left(\frac{s}{v}\right)$；一为利润率，是以不变资本与可变资本之和，除剩余价值而得，即$\left(\frac{s}{c+v}\right)$。假定剩余价值率为100%，即剥削的程度不变，则在资本的有机构成从低级趋于高级的过程中，利润率必然下降，如下例（例中的c与v，如上述；s为剩余价值；p为利润率）[12]：

$c=50$，$v=100$，$s=100$，则 $p=\frac{100}{150}$，或 $66\frac{2}{3}\%$

$c=100$，$v=100$，$s=100$，则 $p=\frac{100}{200}$，或 50%

$c=200$，$v=100$，$s=100$，则 $p=\frac{100}{300}$，或 $33\frac{1}{3}\%$

$c=300$，$v=100$，$s=100$，则 $p=\frac{100}{400}$，或 25%

$c=400$，$v=100$，$s=100$，则 $p=\frac{100}{500}$，或 20%

例中很明显地表示，当不变资本在资本总数中，由1/3增至4/5时，利润率即由$66\frac{2}{3}\%$降至20%（假定剥削率不变）。也许有人要问，资本家的生产，既然是为追求利润，现在不变资本的百分数加增，而利润率反有下降的情势，那么资本家为什么要加增不变资本的成分呢？这是不难解释的。不变资本的加增，表示生产力的扩充，表示工人生产效率的加增，其结果必然引起每件商品成本的下降。如有两纺纱厂在此，甲厂的资本有机构成为高级的，而乙厂的资本有机构成为低级的，则甲厂的产品，其成本必较乙厂为廉。[13]在竞争的市场上，乙厂的出品，必为甲厂所打倒，乙厂如欲求生存，必须改变其资本有机构成，即采用最新式的生产设备。所以在资本主义社会中，各生产单位的资本有机构成，在竞争的压迫之下，必然要由低级趋于高级，因此利润率也就必然有下降的趋势。利润率跌到某种水准的时候，资本家的生产动机便与生产力发生矛盾。在这种场合之下，生产力虽然还可以继续发展，但资本家的生产动机，却束缚了它[14]，使它不能再向前进展一步。资本家为保障他们的利润，或者停止一部分资本的生产工作，或者毁坏一部分资本及一部分商品，或者使另一部分资本贬值。[15]这一切现象，表示危机已经发生。资本家的生产动机与生产力发生矛盾，是产生这种危机的根源。在危机发生之后，因一部分生产力废弃或停动，利润率又缓步上升，资本家受到利润率上升的刺激之后，才逐渐恢复旧有的生产规模，领导生产事业走上一个新的循环，但终究必然又要陷入一个新危机的深渊。

我们在上面，已经讨论过资本主义生产的动机。可是资本主义的生产，其含义尚不止此。马克思在分析资本的原始积累过程时，曾告诉我们，资本主义生产方式的出现，必须有两类人，在市场上会面。一类人，就是资本家，他们保有货币、生产工具、生活资料，同时很想购买别人的劳动力，以加增其所有品的价值；另一类人，就是出卖劳动力的工人，这些工人，已与一切生产工具及生活资料脱离关系，除了劳动力之外一无所有，除出卖他们的劳动力外，便无法维持生活。这两类人的存在，是资本主义生产的必需条件。[16]这些出卖劳动力的工人，在一个时期，也还保有一些生产工具，他们曾是农民，他们曾是手工业者，他们在资本主义发展的过程中，丧失了他们的独立地位。资本主义创造这些无产阶级，使他们成为产业界的劳动后备军。[17]劳动后备军的数量，与产业界的繁荣程度成反比例。当商业循环由停滞渐趋繁荣时，劳动后备军便逐渐为产业界所吸收。他们的存在，是就业工人的工资不能随生产效率的发展而上升的主要原因。在失业的人数还很庞大时，工人如果要求加增工资，资本家可以解雇来恫吓。但当商业渐趋繁荣时，劳动后备军已逐渐为产业界所吸收，失业工人的数量，降至最低的水准，此时资本家如欲获得新的劳动力，便不得不加增工资以吸引工人。所以马克思曾说过，在危机发生之前，工人的工资，是逐渐上涨的，在每年生产出来的消费品中，工人每可得到一个较多的部分。[18]可是就在全民就业的境界逐渐实现的时候，工人生活已渐好转的时候，资本家的生产动机又与生产力发生矛盾了。我们已说过，剩余价值是工人生产而为资本家所占有的。他们所占有的部分，其大小视工资的多少为转移。假如工资上升，利润便下降。反之，工资如下降，利润便上升。[19]在繁荣的时代，工资是上升了，因此必然连带地引起利润的下降。但是资本家的生产，原为追求利润而来，利润既然下降，他们就要停止生产，或减少生产。结果是工人的失业，劳动后备军数量的再增加，工资的急剧下降。在工资下降到某种水准的时候，资本家感到生产又有利可图了，于是再恢复生产。所以从工人的观点去看，整个资本主义生产的过程，就是创造劳动后备军，逐渐地吸收此项后备军，在吸收之后，又重新创造后备军的过程。资本主义的生产，不能长时期地容忍全民就业，为保障利润起见，资本家必须创造一些失业或半失业的后备军。[20]

在资本主义社会中，除了资本家的生产动机与生产力发生矛盾时可以产生危机外，还有许多别的情况之下，也可产生危机。此种情况之一，即为资本主义社会中，生产部门间的矛盾。马克思曾将社会生产，分为两大部门，即生产资料的生产，及消费物资的生产。[21]这两大部门之间，有其内在的联系。既然一切的生产，最后是为消费的，所以第一部门的活动，乃是派生的，它不能脱离第二部门而存在，也不能与第二部门走相反的趋向。假如第二部门的生产，在那儿增加，则第一部门受其影响，也必须加增其生产，以满足第二部门的需要。假如这两个部门，能够互相配合，携手进行，不发生脱节的情况，彼此在相等的速度之下发展，那么产业界中的各项生产，便可圆滑地进行。可是这种适当的配合，在资本主义的生产之下，是无法实现的。在无组织的生产状况之下，第一部门的生产，可能发生过剩现象。此种现象一旦发生，第一部门的资本家，必须紧缩其生产，因而可能带来危机。[22]第一部门的生产不稳定，为造成危机的重要原因，此说已为近代研究经济危机的人所逐渐认识，但马克思在 19 世纪，即已有见及此。他举了一件很有趣味的事，来说明此点。他说产业界中所用的固定资本，如机器之类，其寿命的长短虽然各有不同，但平均的寿命为 10 年。假如固定资本的添设及补充，每年的数量是一样的，或每年加增的程度是一样的，那么第一部门的活动，便可稳定。可是事实并非如此。在危机发生之后，每每有大量投资的情况发生，这是造成下一届繁荣的一个物质基础。[23]固定资本的添设及补充，因此不是循序渐进的，而是时起时伏的。制造固定资本的第一部门，因此是时而生意兴盛，时而门前冷落的。除了这一个因素之外，我们再看影响产业界繁荣的新发明，以及影响第一部门生产的战争，都不是资本主义的生产机构所能控制的，所以第一部门的生产，无法稳定于某一水准。[24]当第一部门因生产过剩而减产时，在此部门中的工人必被解雇，他们因收入无着落而减少消费，自然会连带地使第二部门减低生产。牵一发而动全身，整个产业界的危机便因此而发生。

在资本主义社会中，除了生产部门间随时可能发生矛盾外，生产过程与流通过程也时常发生矛盾，因而引起危机。生产过程，是创造剩余价值的。但剩余价值的实现，则有赖于流通过程。[25]生产过程，可以用下列公式来表示：

$$M-C\begin{cases}L\\P_m\end{cases}\cdots\cdots P\cdots\cdots C'$$

在此公式中，M代表货币资本。资本家参加生产的工作，其所利用的资本，最初总是以货币资本的姿态出现的。C代表商品资本，资本家如欲从事生产，其第一步必是将货币资本，变换为商品资本。此项商品资本，大略可分为两类：一为L，即劳动力；一为P_m，即生产资料。此两类的总和，亦可称之为P，即生产资本。资本家利用工人的劳动力于生产资料，即可产生商品，此项新的商品，在公式中以C′来代表，表示此项商品，已包括剩余价值在内，其总值大于原来的C。C′大于C，乃资本家生产之目标。在C′已产生之后，生产过程即告终结，但剩余价值虽已产生，尚未实现。如欲实现此项剩余价值，必须经过流通过程，其公式如下：

$$C'-M'$$

C′为资本家在生产过程中所获得之商品，其总值大于C，亦即大于M，在流通过程中，将C′在市场中出售，资本家又重复得到货币。此项货币，为出售C′的结果，因此所得的M′，必大于生产开始时的M。资本家得到M′之后，流通过程乃告终结，生产过程又可重新开始，但此时的生产，已非单纯的再生产，而为扩大的再生产。因为在第二次生产过程开始的时候，资本家手中所保有的，乃M′而非M。换句话说，他所保有的货币资本，已较第一次生产开始的时候为大，因为他在第一次生产过程中靠工人所创造出来的剩余价值，已经在流通过程中实现了。[26]

在1858年，当马克思的《政治经济学批判》还没有问世的时候，马克思曾有一封长信给恩格斯，讨论该书的内容。在这封信里，他曾指出，生产过程与流通过程的分离，便已潜伏着危机发生的因素。[27]在资本主义的社会中，这两种过程，是受着不同的规律支配的。它们也是在不同的时间与空间中进行的。生产的过程，依存于社会的生产力，它是可能随生产力的进展而扩充的。流通的过程，则依存于市场上的购买力，以及生产两大部门之间的关系。[28]在生产过程中所制造出来的商品，可能受流通过程的束缚而无法销售，当批发商人的货栈中存货过多而无法推销时，亦即C′无法变为M′时，扩大再生产便受了阻碍而无法进行，危机便因而产生。[29]这是说C′无法变为M′所发生的情况。即使C′已变为M′，但如资本家认为未来的利润并无把握，他可以把M′冻结起来，不再把它变为C，因而生产亦可中断。这个原理，在资本主义的经济学中，一直到凯恩斯的学说问世之时，很少有人注意。他们受了塞氏法则（Say's Law of Markets）的影响，以为买与卖必然平衡，生产的本身，便可滋生购买力，所以市场上购买力的不足，是不可想象的。[30]既然买与卖必然平衡，危机便无发生的可能。但是马克思很早便指出这种看法的不妥。他说：倘若没有别人购买的话，则谁也不能卖出。

但谁也没有义务，因为自己刚刚卖出就要立即购买。[31]这就是说，把 C′变为 M′的人，没有义务用 M′立即去购买 C。正是因为他不这样做，所以生产便会中断，因而发生危机。

最后，在资本主义社会中，危机还可产生于生产与消费间的矛盾。恩格斯在《资本论》英文版第一卷的序言中曾指出，生产力的加增，是遵照几何比例的，而市场的扩充，最多只能遵照数学比例。[32]这两项比例进展的速度，既然不同，则生产过剩，或消费不足，自为必然的结果。市场的扩充，为什么不能追随生产力的进展呢？最重要的原因，自然是在资本主义的制度下，分配的制度并不公平，大多数的劳动者，不能得到他们所创造的剩余价值的最大部分，因而这些人的购买力，合拢起来，也无法消纳市场上供给的货物。马克思因此认为贫苦大众的贫穷，以及与贫穷俱来的有限的消费，乃是危机发生的最后原因。[33]资本主义下的生产力，只有全社会的消费能力，才可与之适应。可是这种消费能力，虽然客观是存在的，但因受了不公平的分配制度的束缚，所以无法在市场上表现出来。[34]

关于资本主义社会中，消费永远追不上生产的原因，司威泽曾做一数学的分析，其结论也可在此附带一叙。[35]他假定工人的工资，是完全用于消费的。消费不足之所以产生，完全是在剩余价值的支配方面。剩余价值，一共有四项用途。第一项用途，为资本家在旧有水准上的消费；第二项用途，为资本家的新增消费；第三项用途，为扩大再生产时可变资本的支出；第四项用途，为扩大再生产时不变资本的支出。根据过去的经验，第二项用途的增加，每不能与资本家的收入成正比例。今有资本家于此，假定他的收入在 1 000 元时，以 90%用于消费，又假定他的收入已增至 100 000 元，他是否还以 90%用于消费呢？经验告诉我们，在资本家的收入已由 1 000 元增至 100 000 元时，他的消费虽然必有加增，但绝不会是同比例地加增。换句话说，在他的收入已增至 100 000 元时，其消费必然降至 90%以下。由此我们可以得一结论，即资本家的消费，追不上生产力的发展。再看第三项用途与第四项用途的比例，根据资本的有机构成有由低级趋于高级的趋势，所以资本家的投资，用于第四项的常超过第三项。第三项的支出，是加增消费力的，而第四项的支出，则是加增生产力的。第四项的支出超过第三项，表示生产力超过消费力，加以资本家的消费又不能与其收入成正比例，所以在资本主义社会中，消费追不上生产，乃为必然的结果。为解决此项矛盾，于是有人提倡加增工资，以加增工人的消费能力，以造成消费与生产间的平衡。但是我们在上文曾说过，根据马克思的分析，在危机发生之前一段时期，工人的工资，每每是高的。此项高工资的存在，与资本家追求利润的动机相矛盾，因而高工资本身，即为资本主义社会中危机发生的一个原因。所以工资低的时候，资本主义社会中，便发生生产与消费间的矛盾；工资高的时候，又发生生产力与资本家生产动机的矛盾。无论高工资也好，低工资也好，都无法避免危机的产生。资本主义的缺点，至此乃完全暴露。

总括上面所说，资本主义社会中，危机的产生，一由于生产力与生产动机的矛盾，二由于生产两大部门间的矛盾，三由于生产过程与流通过程的矛盾，四由于生产与消费的矛盾。此四种线索，也许还没有把马克思对于危机的所有言论都联系起来，但是对马克思对于这个问题的重要观点，大约已经没有遗漏了。

三、危机与资本主义的解体

马克思对于理论的研究，总含有实践的意义。“我们的学说并不是教条，而是行动底指南。”恩格斯这句名言，是列宁所常常征引的。[36]马克思研究危机之后，看清楚危机是资本主义转变为社会主义的一个契机。他是一个革命家，因此要把握着这个时机，推动无产阶级的革命，使社会主义可以在世界上实现。在繁荣时期，资本主义社会中，生产力还有发展的余地，此时从事革命，未免徒劳。但是危机一旦爆发，失业的人数加增了，劳动大众的生活恶化了，这就是革命的时机。无产阶级的先锋队，就要利用这种时机进行革命，以暴力推翻旧的资本主义社会，创造新的社会主义社会。因为危机对于资本主义的解体，会有这种重大的意义，所以马克思对于各国危机的发生以及进展，是非常注意的。

1847 年的经济危机，与 1948 年的欧洲革命高潮，是有密切关系的。马克思与恩格斯对于这一点，都看得很透彻。[37]到了 1850 年，欧洲的经济危机已过，产业界的活动逐渐恢复。当时欧洲的环境，颇有利于资本主义的继续发展。美国与澳大利亚都发现金矿，大批的工人向海外去淘金，很多人都抱着发财的迷梦。这个时候，革命已趋于低潮，所以马克思有些朋友，虽然还想鼓动革命，但马克思认为革命的第一阶段已过，革命家必须耐心等待。“一个新的革命，只有在新的危机之下，才有可能。”这是马克思研究 1848 年至 1850 年法国阶级斗争后所下的断语。[38] 1856 年至 1857 年，欧洲又有危机即将发生的征兆。马克思于 1856 年 9 月，便有信给恩格斯说，这一次，整个欧洲都会进入漩涡。他们大约不能老坐在英国作旁观者，他们动员的时候快到了。[39] 1857 年的 11 月，恩格斯还在英吉利海峡一个岛上养病，可是他一旦听到纽约危机恶化的消息，顿时感到精神百倍，他觉得这个消息，比海水浴对于他的身体更为有益。他写信给马克思说："我们的时间已经到了。"他又告诉马克思，过去他对于战术的研究，现在可以应用了。他除了继续研究普鲁士、奥地利、巴伐利亚、法国的军事组织外，还从事打猎，那是一种实际的练习。[40]从这些信件里，我们可以看见他们两人对于危机的研究，不单是从学术的观点出发，也是从革命家的立场出发的。1873年，马克思写他的《资本论》德文版第二版的序言[41]，1886年，恩格斯写《资本论》英文版第一版的序言[42]都再三声明，危机不久还要重来，他们是想读者不要忘记危机对于革命实践的意义。

经济危机与资本主义社会解体的关系，马克思与恩格斯已明白地指出，这个结论，到现在还是适用的。不过自从《资本论》问世之后，资本主义已发展到一个新的阶段，即帝国主义的阶段。在这一个阶段内，资本主义社会中，除经济危机依然周期地出现之外，又另外加了一种危机，即帝国主义战争的危机。"日益增长的经济危机，到处都使广大民众的生活愈行恶化，此种情势，又加之资本主义一日保存，则新的帝国主义战争就愈益显然地不可避免"[43]。这两种局势，都是可以产生革命的。"马克思和恩格斯两人都没有活到全世界资本主义底帝国主义时代"[44]，不过在恩格斯的末年，帝国主义时代已在萌芽，所以帝国主义战争与无产阶级革命的关系，他已预有所见。在1875年，恩格斯在他的《论俄国的社会问题》一文中，已曾提到，一场国际战争，可以加速沙皇制度的崩溃。[45]在1887年，恩格斯已预见世界大战的必然来临："三十年战争所造成的那种大破坏，将在短短的三四年内重演出来并且会遍及全大陆，饥荒遍地，瘟疫流行，军队和民众因生活极端困苦而普遍野蛮化……结果是……普遍的穷竭和工人阶级最终胜利条件的造成。"[46]恩格斯虽然早已看到世界大战与无产阶级胜利的关系，但把这种理论付诸实践，把帝国主义战争变为国内战争，把奴隶主间的分赃战争变为各国奴隶反对各国奴隶主的战争，则是列宁的英明领导所造成的。[47]十月革命就是苏联的无产阶级先锋队，利用资本主义的一个危机，即帝国主义战争所造成的危机，以暴力推翻这个旧的资本主义社会，而创造一个新的社会主义社会。

本文的主旨，是在研究经济危机，但因资本主义已发展到帝国主义的阶段，资本主义解体的可能，已不完全决定于经济危机，帝国主义间的战争，同样地也可能使资本主义崩溃，所以我们附带地也讨论一下后一种形势所造成的革命机会，以及苏联如何利用此种机会击破帝国主义最弱的一环，使社会主义社会，能够在一个国家中建立起来。帝国主义间的战争是不可避免的，但经济危机在资本主义国家中，尤不可避免，而且它出现的次数，历史已经证明，较之帝国主义间的战争，尤为频繁。马克思与恩格斯在世的时候，没有看到一个资本主义国家，是在危机中过渡到社会主义的。以后的发展，是否会有不同呢？关于这个问题，列宁与斯大林都给过答案。现在我们就引用他们两人的话，来作本文的结束。列宁在共产国际第二次世界代表大会上说：“现在我们要说明革命危机是我们革命行动基础的问题。而这里首先就须指出两种流行的错误。一方面，资产阶级的经济学家用英国人雅致字眼来把这个危机描写为简单的‘麻烦事’。另一方面，革命家有时力图证明，说危机是绝对没有出路的。这是一个错误。绝对没有出路的状况是不会有的。……在这个问题以及诸如此类的问题上，只有实践总能成为真正的‘证据’。全世界上的资产阶级制度都遭遇着极大的革命危机。现在必须用革命党底实践来‘证明’：这些革命党具有充分的觉悟性，组织性，与被剥削群众的联系，坚决性和智能，足以利用这个危机来进行顺利的革命，进行胜利的革命。”㊽斯大林在第十七次党代表大会上关于联共（布）中央工作的总结报告中也说：“有些同志认为：既然有了革命危机，那末资产阶级也就应陷入没有出路的地位，于是资产阶级底死期已经预定，革命胜利因此已有保证，他们只须等待资产阶级覆亡而起草胜利决议就够了。这是一个很严重的错误。革命胜利无论何时也不会自动来到。它是需要人们来准备和夺取的。而能准备和夺取它的，却只有强大的无产阶级的革命党。有时候，革命形势是有了，资产阶级政权是根本动摇了，而革命胜利却终究没有到来，这是因为还没有一个按力量和威信均能领导群众和夺取政权的无产阶级的革命党。”㊾列宁与斯大林对于危机所下的结论，指出危机与革命的关系，必须以实践来证明，是正确地把握着马克思学说的革命精神了。

［载《社会科学（北平）》第5卷第2期，1949年］

注释

①Marx，K.，*Capital*（Charles H. Kerr Edition，Chicago）Vol. Ⅰ，p. 495.

②见恩格斯1886年《资本论》第一卷英文版的序言，同上第31页。

③Beveridge，W. H.，*Full Employment in a Free Society*，p. 281.

④Hansen，A. H.，*Fiscal Policy and Business Cycles*，pp. 18－19.

⑤Varga，E.，*The Great Crisis and its Political Consequences*，p. 30.

⑥哈佛大学的熊彼得教授是西方研究商业循环的权威，但他觉得马克思的危机论，是不易整理就绪的。他说：“Marx's performances in the field of business cycles is exceedingly difficult to appraise. The really valuable part of it consists of dozens of observations and comments，most of them of a casual nature，which are scattered over almost all his writings，many of his letters included. Attempts at reconstruction ... may easily yield different results in different hands ...” 见 Schumpeter，J. A.，*Capitalism*，*Socialism and Democracy*，p. 38。他最后一句话中所提到的危险是有的，但并非完全不可避免。

⑦采用这个方法来研究马克思的危机论，作者应当感谢罗宾逊夫人（Mrs. Joan Robinson）。她在 *An Essay on Marxian Economics* 一书第 3－4 页中说：“Developments in economic analysis which have taken place since Marx's day enable us to detect three district strands of thought in Marx's treatment of crises. There is，first，the theory of the reserve army of unemployed labour，which shows how unemployment tends to fluctuate with the relationship between the stock of capital offering employment to labour and the supply of labour available to be employed. Second，there is the theory of the falling rate of profit，which shows how the capitalist's greed for accumulation stultifies itself by reducing the average rate of return on capital. And thirdly，there is the theory of the relationship of capital-good to consumption-good industries，which shows the ever-growing productive power of society knocking against the limitation upon the power to consume which is set by the porerty of the workers.”她这儿所提到的三种线索，对于作者搜集材料，曾发生指南针的作用。但本文中的分类，与罗宾逊夫人的分类，并不完全相同。

⑧Marx，K.，*Capital*，Ⅰ，pp. 170－171；Ⅱ，p. 404；Ⅲ，pp. 1025－1026.

⑨Dobb，M.，*Political Economy and Capitalism*，pp. 79－126.

⑩许多人以为马克思所谓不变资本，即古典派经济学者所谓的固定资本，这是错误的。把资本分为固定资本与流动资本（fixed and circulating capital）是从亚当·斯密以来，经济学家所常用的术语，但马克思则把固定资本与流动资本都归于不变资本，而且在流动资本中，并不包含工资，这是与李嘉图辈对于流动资本一名词的用法，大不相同的。另一方面，把资本分为不变资本与可变资本（constant and variable capital）似为马克思所首创。为要表示剩余价值的来源，这样新名词的创造是必需的。参看 Adam S.，*The Wealth of Nations*（Modern Library edition），p. 263；David R.，*Principles of Political Economy and Taxation*，pp. 25－26；Karl M.，*Capital*，Ⅰ，pp. 232－233；Ⅱ，p. 457。

⑪Marx，K.，*Capital*，Ⅲ，p. 193.

⑫Ibid，Ⅲ，p. 247.

⑬Ibid，Ⅲ，pp. 248－249，264－265. J. A. Hobson 在他的 *The Evolution of Modern Capitalism* 一书中，曾举棉纱的价格为例，表示自 1779 年至 1882 年，因生产方法改进，

每磅棉纱的价格已由 14 先令跌至 3 $\frac{3}{8}$便士，见该书第 97 页。

⑭John Strachey 在他的 *The Nature of Capitalist Crisis* 一书第 275 页，曾举一例，来说明此点。他假定有一资本家，利用资本 2 000 镑，产生 200 镑的利润，即 10%。如他把资本加至 3 000 镑，而利润率只为 6.6%。则在新的情况之下，资本虽然加了 1 000 镑，可是利润只有 198 镑，较他在旧的情况之下还少了 2 镑。任何资本家，如明了新的投资，可使利润率下降，必然会把那 1 000 镑收藏起来，不会把那 1 000 镑去做加增生产工作的。

⑮Marx，K.，*Capital*，Ⅲ，pp. 296－297.

⑯Ibid，Ⅰ，pp. 785－786.

⑰对于劳动后备军是如何产生的，可看马克思《资本论》第 1 卷，第 25 章。此外可参看 Hobson，J. A.，*op. cit.*，pp. 55－60；Paul Mantoux，*The Industrial Revolution in the Eighteenth Century*，pp. 60－74。

⑱Marx，K.，*Capital*，Ⅱ，pp. 475－476.

⑲Ibid，Ⅲ，pp. 235，295. 参看 *Wage Labor and Capital*（此文收入 International Publishers 所发行的 *Karl Marx*，*Selected Works*，*in Two Volumes*，以下简称《马克思文选两卷本》)，Vol. Ⅰ，p. 271；*Value*，*Price and Profit*，《马克思文选两卷本》，Vol. Ⅰ，pp. 323－324，337。

⑳Marx，K.，*Capital*，Ⅰ，p. 694. 在此部分内，可以注意的一点即马克思提到商业循环，每十年发生一次，并将商业循环分为四个阶段，与本文前文所引的略有出入。

㉑Ibid，Ⅱ，p. 457.

㉒Ibid，Ⅱ，pp. 545－548.

㉓Ibid，Ⅱ，p. 211. 马克思与恩格斯，屡次提到商业循环每十年发生一次。其理论的根据，大约就在此点。列宁在《卡尔·马克思》一文中曾说："这种危机在资本主义国家里总是定期发生，起初平均每十年发生一次，后来相距期间已经是比较长久，比较无定了。"见《论马克思恩格斯及马克思主义》，第 32 页。各个商业循环的时期的长短，是不一定的，诚如列宁所说，但平均时期，据近人的研究，似较十年为短。

㉔以第一部门中的主要产品钢铁而论，美国在 1925 年，产量为 4 500 万吨，1935 年跌至 3 400 万吨，1944 年，又升至 8 000 万吨，这种剧烈的起伏，可以代表第一部门生产的不稳定状态。

㉕Marx，K.，*Capital*，Ⅲ，p. 286.

㉖Ibid，Ⅱ，Chapter 1.

㉗*The Selected Correspondence of Karl Marx and Frederick Engels*，1846－1895

(International Publishers Editon，以下简称 *Correspondence*)，p. 108.

㉘见注㉕。

㉙Marx，K.，*Capital*，Ⅲ，pp. 359 - 360.

㉚塞氏法则，李嘉图在他的《经济学原理》中，曾做如下说明：No man produces but with a view to consume or sell，and he never sells but with an intention to purchase some other commodity which may be useful to him，or which may contribute to future production. By producing then，he necessarily becomes either the consumer of his own goods，or the purchaser and consumer of the goods of some other person ... Productions are always bought by productions，or by services；money is only the medium by which the exchange is effected. 见该书 273 至 275 页。此与马克思在注㉛所引的话，意义大不相同。

㉛Marx，K.，*Capital*，Ⅰ，p. 127；Ⅱ，pp. 577 - 578.

㉜见注②。

㉝Marx，K.，*Capital*，Ⅲ，p. 560.

㉞Ibid，Ⅲ，pp. 286 - 287.

㉟Sweezy，P. M.，*The Theory of Capitalist Development*，pp. 162 - 189. 司威泽为美国后起的新经济学者，他不但对马克思的经济学研究有素，对古典派的经济学造诣亦很深。此处所引的书为马克思经济学入门的最好书籍之一。当凯恩斯的就业理论在英美风靡一时的时候，司威泽曾指出他的不妥之处。他以为凯恩斯把危机孤立地研究是他的理论中最大的缺点之一。凯恩斯与他的门徒，看到储蓄与投资不能平衡，因而产生危机时，便提倡由国家负责加增投资数量，使就业者不致减少，因而避免危机的降临。司威泽根据马列的国家理论，以为在资本主义社会中，国家把握在资本家的手里，他们绝不会让国家来从事投资。理由有二：第一，国家投资的钱，无非从赋税或公债中来，在危机发生的时候，资本家的利润已经受到打击，他如何肯让国家以赋税或公债的方式，来分他的已在下降的利润呢？其次，国家的投资，会与资本家的事业发生竞争，在垄断资本已经根深蒂固的时候，资本家必不肯让国家来参加生产上的竞争，侵占他们的利润。所以凯恩斯及其门徒的提议，在资本主义国家中，将不免成为纸上空谈。最后，只有一种投资，如由国家主办，则资本家可以接受，即在军需事业上的投资。此项投资的制成品最后是在战场上消耗，不但不与资本家的产品在消费市场上相竞争，反而对于资本家的产品如钢铁之类，加增其需求，因而保证其利润。这是资本主义国家，在危机发生的时候，每以战争为其出路的原因。参考本书最后两章及 S. E. Harris 所编 *The New Economics*：*Keynes*，*Influence on Theory and Public Policy* 中司威泽批评凯恩斯的文章，见该书 102 至 109 页。

㊱《论马克思主义历史发展中的几个特点》，见列宁：《论马克思恩格斯及马克思主

义》，第 247 页。

㊲Marx，K.，*The Class Struggle in France*，《马克思文选两卷本》，Vol.Ⅱ，p.299；Engels，F.，*History of the Communist League*，《马克思文选两卷本》，Vol.Ⅱ，p.23.

㊳同上。参看 Riazanov，D.，*Karl Marx and Friedrich Engels*，p.101。

㊴*Correspondence*，p.85.

㊵Ibid，p.86.

㊶Marx，K.，*Capital*，Ⅰ，p.26.

㊷Ibid，Ⅰ，pp.31－32.

㊸列宁于 1921 年 6 月在共产国际第三次代表大会上报告所用的话，见《列宁文选》（解放社版）卷六，第 106 页。

㊹列宁：《帝国主义与社会主义运动中的分裂》，见《论马克思恩格斯及马克思主义》，第 301 页。

㊺此文也选入《马克思文选两卷本》内，Vol.Ⅱ，p.671。

㊻列宁：《预言》，见《论马克思恩格斯及马克思主义》，359 至 360 页。

㊼《列宁文选》，卷六，第 148－150 页。

㊽《列宁全集》，第 25 卷，第 340－341 页。引文见斯大林：《列宁主义问题》，第 576 页。

㊾斯大林：《列宁主义问题》，第 575－576 页。

工农联盟与经济建设

斯大林于 1924 年写《追悼列宁》一文的时候，曾提到列宁的几项重要遗训，其中的一项，便是工农联盟。他说："从前工农联盟具有军事联盟形式，……现在工农联盟应具有城乡间、工农间经济合作的形式。"工农军事联盟在中国革命中所产生的辉煌成绩，是大家都知道的。关于工农经济联盟对于建设新民主主义的经济可能发生的影响，是这篇文章所要讨论的。

《中国人民政治协商会议共同纲领》（以下简称《共同纲领》）第三条，已经把我们经济建设的总目标摆出来了，那就是"发展新民主主义的人民经济，稳步地变农业国为工业国"。

为达到这个伟大的目标，农业所负的责任，如《共同纲领》第三十四条所说的，是"争取于短时期内恢复并超过战前粮食、工业原料和外销物资的生产水平"。

工业本身所应负的责任是："应以有计划有步骤地恢复和发展重工业为重点，例如矿业、钢铁业、动力工业、机器制造业、电器工业和主要化学工业等，以创立国家工业化的基础。同时，应恢复和增加纺织业及其他有利于国计民生的轻工业的生产，以供应人民日常消费的需要。"这是《共同纲领》第三十五条所规定的。

在这几条规定中，我们已经看到工农联盟进行经济建设的重要步骤。

我们先看增加粮食生产对于经济建设的贡献。我们从各国的经济发展史中看到一条规律，就是在工业化的过程中，都市中的工业和其他企业，需要从乡村中吸收人口。以苏联而论，在第一、第二两个五年计划中，工人和职员的数目，加增了 1 260 万人，每年加增 100 万人以上。在第四个五年计划中，根据计划委员会主席沃兹涅先斯基的推算，苏联国民经济中工人和职员的数目，每年平均须增加 125 万人。这些人从什么地方来呢？可以说，大多数要从乡村中补充。早在1939年，斯大林就向苏联的集体农场提出供给工业人员的任务了。他说：

> 现在的问题只能是劝集体农庄尊重我们的请求，每年供给我们至少一百五十万左右的青年集体农庄庄员，来满足我们工业发展方面的需要。过着丰裕生活的集体农庄应当知道，如果没有它们方面的这种帮助，便很难继续扩展我们的工业，如果工业不扩展，我们便不能满足农民对于日常消费品的日益增长的需求。集体农庄完全能够满足我们的这个请求，因为集体农庄有丰足的技术，能解放农村中一部分人的工作，而这些人一移转到工业中来，就能给我们全部国民经济莫大的帮助。(《列宁主义问题》，第767页)

苏联从农业中吸取人口到工业中去的过程，中国将来也必然会经过。毛主席于1945年写《论联合政府》时便有见及此，他说：

> 农民——这是中国工人的前身。将来还要有几千万农民进入城市，进入工厂。如果中国需要建设强大的民族工业，建设很多的近代的大城市，就要有一个变农村人口为城市人口的长过程。(《毛泽东选集》，第332页)

农村人口变为城市人口，乃是与工业化同来的一个不可避免的现象。农村人口中的一部分，脱离了农业生产，加入了工业的队伍，就给留在农村的人口添了一个任务，那就是：替这些转农为工的人，解决粮食问题。因此，留在乡间的农民，不只要生产与从前相等的粮食，还应当生产更多的粮食，否则转业为工的人，就要向国外购入粮食，给中国的外汇添上一个重担。假定我们在最近期内，每年向乡村吸收100万人口到工业和其他企业中去，同时又假定每一个就业人口的家庭，平均有人口4人，那么400万人每年所需的粮食，以平均每人每日1斤计算，全年约需14亿6 000万斤。这个数目，目前并不算大，但是10年之后，便可增至146亿斤。即使如此，假如主持农业的人，能够如《共同纲领》中所提示的，注意兴修水利、防洪防旱、恢复和发展畜力、增加肥料、改良农具和种子、防止病虫害、救济灾荒，并有计划地移民开垦，那么这个增产的任务，是可以保证完成的。

我们再看增产工业原料的意义。工业所需的原料，种类甚多，其中重工业所需的原料，主要是矿产，不须农业供给，但轻工业所需的原料，有许多便是农产品。举例来说，如纺织业中所用的棉花、羊毛，皮鞋业中所用的皮革，面粉业中所用的小麦，卷烟业中所用的烟草，榨油业中所用的花生、大豆、菜籽，罐头工业中所用的菜蔬、水果，屠宰工业中所用的猪、牛、羊、鸡等等，都是农业所供给的。

农业如能把这些原料的生产，超过战前水平，我国的轻工业发展，便可较战前提高一步。

农民对于城市中的工人，供给粮食，供给原料，这是工农联盟中农民对于工人的贡献。反过来看，工人对于农民，又有些什么贡献呢？列宁说过："农民需要有城市工业品的供给，没有城市工业，农民是不能生存的，而城市工业是握在我们手里。如果我们能正确地进行事业，那末农民就会感谢我们从城市里给了他们这些产品"（《列宁文选》，卷五，第 260 页）。《共同纲领》中提到恢复并增加纺织业及其他有利于国计民生的轻工业的生产，就可以保证城乡间的物资可以交流，就可以保证农民可以从城市中购得日用必需品，就可以保证工农在经济上的联盟日趋巩固。

可是，工农经济联盟最重要的收获还不在此。

工农经济联盟最重要的收获，是在农民帮助工人发展重工业，创立国家工业化的基础，然后工人又转过来帮助农民改良生产工具，奠定农业机械化的基础。

中国重工业的基础，现在还是很薄弱的。如要扩大这个基础，我们必须从国外输入一部分生产资料，特别是生产工具，特别是制造机器的工作母机。等到我们有了足够的制造机器的工作母机，等到我们有了独立的机器制造业，那时我们便可依靠自己的力量，来改造我们自己的工业，改造我们自己的运输业和农业。苏联便是以这种工业化的办法独立起来的。苏联所用的机器，在 1913 年，只有 56.4%，是自己制造的，另外 43.6%，要靠国外输入；但是到 1937 年，即在两个五年计划之后，自己制造的机器，已占 99.1%，而输入的机器，只占 0.9%。由大量输入到大量自造，中间必须经过一段过程，就是从国外输入制造机器的机器。我们用什么法子，可以获得这些必需的机器呢？主要的就是靠农民的努力了。农民可以生产许多外销的物资。我们可以输出大豆以换取机器，我们可以输出桐油以换取机器，我们可以输出猪鬃以换取机器，我们可以输出丝、茶以换取机器。几个星期以前，伦敦的进步人士，开了一个英中会议，议场上有一位主妇说：她在市场上买不到鸡蛋，她需要中国的鸡蛋。好，我们就把鸡蛋送到英国，换取他们的机器。有一位研究国际贸易问题的专家，根据战前的材料，估计中国的农产品，其输出价值在 100 万美元以上的，共有 26 种，林产品与畜产品，其输出价值在 100 万美元以上的，也有 12 种。（中国的输出物资，还有矿产品未计。）假如农民能够多多生产这些物资，能够使这些物资的生产，恢复并超过战前的水平，那么我们每年从国外可以换回的生产工具，其数目是相当可观的。我们就要靠农民在这一方面的努力，来创立国家工业化的基础，工农经济联盟最大的意义在此。

等到中国工业化的基础已经创立之后，农民的生产技术，便可进行彻底的改造，因而可使他们的生活水准，大大地提高。农民在革命的过程中，得到工人阶级的领导，打倒了地主，分得了土地，这是工人阶级对于农民的一项贡献。但是工人对于农民最大的贡献，还在将来。只有在重工业的基础已经奠定之后，只有当重工业可以供给农民以农业机器及拖拉机等等，然后农民的生产效率，才可有飞跃的进展，农民才可脱离贫困的生活，进入丰裕的生活。新华社对于这点，曾有如下的说明：

> 只有社会主义才可能消灭一切的贫困，才可能最后来解放农民，才可能使阶级逐步归于消灭。但我们要达到社会主义，实现社会主义的工业和农业，必须经过新民主主义经济一个时期的发展。在新民主主义社会中大量地发展公私近代化工业，制造大批供给农民使用的农业机器，并由此将农民的个体经济逐步地转变为集体农场经济之后，才有可能。(《关于农业社会主义的问答》，1948 年 7 月 27 日)

由此可见，在新民主主义的一个时期中，农民因为增加外销物资的生产，必然可以使工业化的速度加强，而工业化的结果，又必然可以使农民的生产技术彻底改造。这个过程，也可以说是将城乡结合的形式，由旧形式推动至新形式的过程。什么是城乡结合的新形式呢？斯大林对此曾有如下的解答：

> 在旧形式下，工业主要是满足农民底个人需要（花布，靴鞋，一般布匹等等）；而在新形式下，工业却要满足农民经济底生产需要（农业机器，拖拉机，精良种子，肥料等等）。如果说我们从前主要是满足农民底个人需要，而少牵涉到农民经济底生产需要，那末现在我们除继续满足农民底个人需要外，同时还须尽力供给他们那些与用新技术改造农业生产有直接关系的物品，即农业机器，拖拉机和肥料等等。从前的任务只是要恢复农业，使农民好好经营过去地主富农的土地，所以我们当时能以城乡结合底旧形式为满足。可是现在的任务已经是要改造农业，所以这已经是不够了。现在必须更进一步，必须帮助农民用新技术和集体劳动来改造农业生产。(《列宁主义问题》，第 331 页)

苏联所已走过的路程，也是我们将来所要走的。他们的工农经济联盟，已经完成了国家工业化及农业集体化与机械化的工作。我们相信，中国的新民主主义，以工农联盟为基础，以工人阶级为领导，在经济建设方面，一定可以创造可与苏联比美的成绩。

1950 年 1 月 3 日

（载《新建设》第 10 期，1949 年）

除夕总结

列宁在《革命底教训》一文中说过：在革命时期中，几百万，几千万人在每星期中所学得的东西，要比平常梦寐生活的一年还多些。这句话的真理，许多中国人在1949年都会体验到的。

的确，我们在1949年，在这个大革命的时期中，学到了许多东西，是以前无法学到的。

首先，我认识了共产党。这是从学习马列主义的文献，从阅读毛主席及刘副主席的论文及报告，从一年来的实际经验，从与共产党的朋友交谈中得到的结果。以往不但不知道共产党的真相，而且从英美的刊物中，从反动派的宣传中，得到歪曲的解释。因为对于共产党不了解，同时对于国民党的反动统治厌恶，所以过去对于政治，有时感到彷徨，有时落入改良主义的陷阱，不知道改良主义的结果，是会巩固反动统治的。今年对于共产党的新认识，使我扬弃了过去许多错误的观念，使我对于中国的前途，充满了希望与信心，这是理智上与感情上最大的收获。

其次，我认识了国家的本质。在我当学生的时代，教社会思想史的先生，也曾要我们于课外读《共产党宣言》及《国家与革命》。也许在资本主义的社会环境中，对于这种著作的了解是不容易的，所以这两本书没有在我的脑海中留下深刻的印象。今年在北京围城时期，重读《国家与革命》，才开始了解这本书的意义，才开始热爱这本书。对于改造我的思想最有力量的，我得承认是这本书了。从这本书中，我明白什么是阶级，什么是国家，并且学会了以新的观点，来把世界上的国家分类。我由此而认识苏联与美国在基本上不同之点，因而改正了我过去对于这两个国家的错误的看法。由认识国家到认识国际主义，是一个比较容易的过程，但是国际主义，对于我，也是今年新学到的东西。

再次，我也开始认识辩证法。我们学社会学的人，过去也曾讲求严格的科学方法，讲求调查统计，讲求全面地看问题。但是我们所学到的科学方法中，还缺少了一点很重要的因素，那就是从发展的观点，从矛盾斗争的观点，从新兴阶级的观点来看问题。因为缺少了这一个重要因素，所以我们过去的研究，便容易陷于列宁所说的爱用讨论来代替做事，用空话来代替工作的恶习。我们写了许多文章，但是这些文章，到底是为谁写的、给谁看的、拥护谁的、反对谁的，自己都没有充分考虑，好像文章写出、印出之后，自己的责任便算完了。因此，这些文章大部分都变成空谈，对于社会的发展，丝毫也不发生作用。这种毛病，希望以后可以用辩证法来克服它。

这是今年所学到的几点，此外没有学到的还很多。希望来年勤恳地工作，可以有更多的收获。同时我更希望像我这种从旧式教育中训练出来的人，都踊跃地迎接来年学习的高潮，获得马列主义的洗礼，把自己重新训练为一个新民主主义时代的忠诚服务者，以便在即将到来的经济建设及文化建设中，全心全意地为人民服务。

（载《人民日报》1月6日，1950年）

中苏贷款协定加强了我们经济建设的信心

读了中苏的贷款协定之后，我们更深刻地了解，苏联革命的成功，对于一切后进的、想要走上社会主义的国家，的确是一个巨大的帮助。

我们只要把苏联开国时的情形，与我们今日的处境相比，就可知道，有了苏联这样兄弟般的友谊，我们的道路是容易走得多了。

苏联在实行新经济政策的时候，国际的环境，要比我们困难得多。

在1921年，苏维埃国家被四年帝国主义战争和三年反武装干涉战争弄得穷竭不堪。1920年农业生产总量，只等于战前生产总量的一半左右。大工业出产量，几乎是战前的1/6。大多数工厂停闭了，矿山和矿井有的被破坏，有的被淹没。燃料生产不够，运输业被破坏了。国内所有储存的金属和布匹差不多都已用完，甚至连最必需的物品，如面包、脂油、肉类、靴鞋、衣服、火柴、食盐、煤油和肥皂等，也都极感缺乏。

就在这种艰难困苦的状况之下，列宁宣布了新经济政策，从事于恢复国民经济的工作。列宁知道在恢复的过程中，资金是最需要的。他曾不得已想从外国得到借款，而且为获得这种借款，他是准备付出相当大的代价的。在共产国际第三次代表大会上，列宁解释租让制的意义说：

> 工人国家并不废除任何国有制，只是把一定的矿山、森林、煤油业及其他等，租予外国资本家，以便从他们那里获得使我国能于从速恢复苏维埃大工业的补充装备与机器。
>
> 我们用一部分贵重产品所付给承租者的这一代价，无疑是工人国家向世界资产阶级缴纳的一种贡税：我们丝毫也用不着隐讳这点，而应当明确地了解到，只

要能加速恢复我国的大工业，并切实改善工农生活状况，这样的贡税对我们是有利的。(《列宁文选》，卷六，第 113 页)

到了 1927 年，斯大林为了国内建设的需要也不得已想借助于外债。为要获得国外借款，他也愿意给予相当大的代价。关于外国工人代表团所提出的问题："苏维埃政府对于法国小债主有什么意见?"斯大林回答说：

我们对于战前的债务偿还与否，是要看法国是否肯借债给苏联而决定的，我们所坚持的原则就是：你如果给我，我也就给你。你们如果肯借债给我们，我们也就把战前的债款还你们一点；不借给我们，我们就一点不还给你们。这是不是说，我们在原则上已承认了战前的债务了呢？不，决不是这样。这只是说，我们一方面保持我们取消沙皇债务的法令，同时在实际的、妥协的条件之下，如果肯借债给我们（这种债款不仅为我们所必需，同时也有利于法国工业的)，那我们也同意把战前的债款还一点。这一笔付还战前债款的钱，我们只当作发展我们工业所必需的债款底一种附加利息。(《论社会主义经济建设》，下册，第 117－118 页)

可是资本主义国家，对于苏联采取资金封锁的政策。列宁与斯大林，虽然肯以若干优惠的条件，来利用外资，可是得到的结果，是与他们的愿望相反的。到 1927 年为止，由于实行租让制而得到的外国资金，还不到 1 亿卢布。假如我们记得在第一个五年计划期内，苏联投资的总数，是 646 亿卢布，我们便可看出，苏联所利用的外资，在整个的投资总量中，真是沧海之一粟了。《联共（布）党史简明教程》（以下简称《联共党史》）总结这个时期利用外资的经验说："巨大的基本建设事业非有数十万万资金不行。指靠外债是没有可能的，因为资本主义国家拒绝借给我们债款。只好不要外国帮助而专靠本国资金来从事建设。"又说："至于借用外债的这种办法，苏联却又没有加以利用的机会，因为资本主义国家拒绝借款给苏联。所以必须**在本国内部**找得资金。"(第 346 页)

苏联利用外资的目的，可以说是没有达到的。

我们在建设中国的过程中，是把利用外资打算在我们的计划之内的。毛主席在《论联合政府》一文中说过：

为着发展工业，需要大批资本。从什么地方来呢？不外两方面：主要地依靠中国人民自己积累资本，同时借助于外援。在服从中国法令，有益中国经济的条件之下，外国投资是我们所欢迎的。(《毛泽东选集》，第 336 页)

可是资本主义国家，对于反动的政府，对于可以受帝国主义驱使的政府，是肯出钱的，而对于人民的政府，则总是怀着敌意，所以毛主席在《论人民民主专政》一文中就告诉我们说："我们在国际上是属于以苏联为首的反帝国主义战线一方面的，真正的友谊的援助只能向这一方面去找，而不能向帝国主义战线一方面去找。"

真正的友谊，果然从苏联方面来了。苏联是第一个承认我们的人民政府的国家。苏联也是第一个给我们的人民政府以资金上的协助的国家，1950 年 2 月 14 日在莫斯科所订的中苏贷款协定，其条件之优惠，可以说是史无前例的。苏联这一次在战争中所受的损失是很大的，它自己的恢复和发展经济的工作，是极为繁重的。在这种情形之下，它还肯以 3 亿美元的款项贷给我们，这种举动，在帝国主义的国家中，是想象不到的。而且苏联政府鉴于中国因境内长期军事行动而遭受的非常破坏，同意以年利 1%的优惠条件给予贷款。这样低的利息，不但在中国的外债史中找不到，就在别个国家的外债史中，也是找不到的。苏联贷款的用途，在协定第二条也有说明，就是拿来购买苏联交付给中国的机器设备与器材，包括电力站，金属与机器制造工厂等设备，采煤采矿等矿坑设备，铁道及其他运输设备，钢轨及其他器材，等等。这些机器设备与交通器材的输入，对于恢复与发展我国的重工业及交通，是有极大帮助的。《共同纲领》第三十五条说："关于工业：应以有计划有步骤地恢复和发展重工业为重点，例如矿业、钢铁业、动力工业、机器制造业、电器工业和主要化学工业等，以创立国家工业化的基础。"第三十六条说："关于交通：必须迅速恢复并逐步增建铁路和公路，疏浚河流，推广水运，改善并发展邮政和电信事业，有计划有步骤地建造各种交通工具和创办民用航空。"我们把协定中所条举的物资与《共同纲领》中这两条对照地比较一下，就可知道我们以后恢复和发展工业及交通的工作，是更有把握了。

在开国的时期，在恢复国民经济工作的时期，我们就得到这样大的协助，这是我们的幸运。

苏联在新经济政策时期，因为完全要靠自力更生，所以恢复国民经济的工作，进行得相当困难。到了 1927 年，苏联工业的生产，才达到战前水准的 102.5%。所以苏联自十月革命之后，经过了 10 年的时间，才医好了战前的创伤。假如我们从新经济政策推行之日算起，苏联也经过了 7 年的时间，才使生产力恢复到 1913 年的水准。我们的恢复工作，是否也需要那样长的时间呢？毛主席在 1949 年 12 月 2 日中央人民政府委员会第四次会议上说："在三年五年的时间内，我们的经济事业可以完全恢复；在十年八年的时间内，我们的经济就可以得到巨大的发展。"毛主席在做这种估计的时候，中苏的贷款协定还没有签订。现在除了依赖我们自己的力量之外，又得了苏联的援助，那么我们的恢复国民经济工作，一定可以加速了。也许不必五年，我们的经济就可以完全恢复了。也许不必十年，我们的经济，就可以得到巨大的发展了。

我们有理由这样相信。我们相信自己人民的力量，我们也相信苏联的友谊。中国的前途是非常光明的。中国的国民经济建设，一定可以取得伟大的成功。

（载《新建设》第1期，1950年）

苏联工业建设研究

一、引言

苏联工业建设，已有灿烂辉煌的成绩。叙述这种成绩的书，在苏联方面，在英美方面，都出了很多，而且其中已有好些译为中文，介绍给国人了。不过这些书籍，虽然有些是内容极为丰富的，见解极为正确的，可是它们或是为苏联人写的，或是为英美人写的，而不是为中国人写的。我在研究苏联的工业建设时，特别注意马列理论在工业建设时的实践，同时，苏联的经验，有可供我们参考的地方，我对此尤为留意。在这篇文章里，我将从这些方面，来叙述苏联的工业建设。我的对象是中国的读者，所以本文在若干地方，也许可以补坊间流行各种译本的不足。

我们现在正处于经济建设的前夕。在这个时候，学习别国的经验是有必要的。恩格斯在《德国农民战争》第二版序书后中，曾指出德国的工人运动因为出现较晚，所以可以从英法等国学习。他说："德国实际的劳动运动，是借助于英法两国的运动而发达起来，曾利用这两国从重大牺牲中所得的经验，因此，能避免这两国在当时所不能避免的错误。……如果在德国劳动运动之先，没有英国职工运动和法国工人政治斗争，没有巴黎公社（Paris Commune）强大的推动，那么，我们现在也许不知停留在什么地方呢?"恩格斯的这段话，对于我们学习苏联的建设经验也是用得着的。

可是，学习别国的经验，并不等于抄袭别国的经验。由于历史条件的不同，苏联的办法，有好些是不可能完全搬到中国来的。一切建设的计划与政策，不能脱离实际生活的分析。所以摆在中国人面前的主要工作，还是了解本国的实际情况。我们要了解我们自己的资源，自己的生产设备，自己的生产力，及其他有关生产建设的一切。

这些，都不是学习苏联的经验所能代替的。可是，在了解了中国的情况之后，在遇着难题需要解决的时候，那么，回忆一下苏联的经验，学习一下列宁与斯大林解决这些问题的方法，必然是会有帮助的。在这种时候，我们虽然不必抄袭苏联的办法，但采取它的几点，或者就它的办法加以修正而应用到中国的实际问题上去，则是完全合理的，而且是有益的。在这种了解之下，我愿意与留心并愿致力于中国经济建设的人，一同来学习苏联建设的经验。

二、帝俄时代工业的落后性

在第一个五年计划期内，斯大林说过："我们比先进国家落后了五十年至一百年。我们应当在十年以内跑完这个距离。或者是我们做到这一点，或者是我们被人打翻。"①

从这段话里，我们可以看出，苏联从帝俄所接受的工业遗产，是比较落后的。在我们研究苏联的工业建设成绩之前，我们首先应当对于帝俄时代工业的落后性，有一清楚的认识。

帝俄时代工业的落后性，从好些方面表现出来。

第一，我们可以将帝俄时代的工业生产规模，与其他主要的资本主义国家相比，以证明帝俄的落后。在 1913 年，帝俄的领土占世界第一位，人口占世界第三位，但工业生产量，却只占世界第五位。美国、德国、英国和法国，虽然领土与人口，都不如俄国，但工业生产的规模，都在俄国之上。1913 年世界工业生产中，帝俄所占的部分，是无足轻重的，仅占 2.6%，而美国部分则为 38.2%，英国则为 12.1%，德国则为 15.3%，法国则为 6.6%。②

第二，我们如选择几种重要工业产品来作比较，帝俄的落后，也是显然的。以煤来说，1913 年俄国的产量，比美国几乎少 18 倍，比英国少 10 倍，比德国少 6 倍，比法国少 1.5 倍。以炼钢来说，俄国的产量比美国少 7.5 倍，比德国少 3 倍多，比英国约少 2 倍，比法国少 1.5 倍多一点。以水泥的生产来说，俄国比美国少 10 倍，比德国少 4.5 倍，比英国约少 2 倍，同法国则相差有限。③

第三，从工农比重的数字上面去看，我们也可明了，1913 年的帝俄，还是一个农业国家，而不是一个工业国家。当时工业在全部国民经济总生产量中所占的部分是 42.1%，乡村经济所占的部分是 57.9%。④美国在第一次欧战前夕，国民所得之起源于农业的，只占国民所得总数的 17%。[5]这两种数字虽然不能作严格的比较，但已可以说明，当时美国已为工业国，而帝俄则仍是农业国。

第四，帝俄时代工业的落后，从其缺乏独立性或富于依赖性这一点也可看出。帝俄虽然在 19 世纪中叶以后，即开始走上资本主义的道路，但是到第一次欧战前夕，有许多重要的工业，还没有建立起来。斯大林在作第一个五年计划的总结时，曾说苏联从前没有黑色金属冶炼业，没有拖拉机制造业，没有汽车制造业，没有机架制造业，没有重大的现代化学工业，没有真正的重大的现代农业机器制造业，没有航空工业，等等。[6]在这许多缺乏的工业中，最重要的是机器制造业。一个国家假如没有独立的机器制造业，那么它就要向外国购买生产工具，它就要依赖外国，它在生产上就不能独立。在 1913 年，俄国国内机器的需要，有 43.6%是要从国外输入的。[7]此外，煤斤的消费，有 1/5 自国外输入。制造军用品所需的合金钢，全部自外国输入。同样，全部自国外输入的，还有铝、汽车及卡车。锌有 9/10 依赖外国，磷酸盐有 2/5 依赖外国。俄国虽然富有森林资源，但当时造纸的原料有 1/5 依赖外国，纸张也有 2/5 要由外国输入。[8]这样大量的输入制造品，便使俄国当年的国际贸易，完全属于农业国的范畴。俄国 1909 年至 1913 年的输出，工业品只占 29.4%，而农业品则占 70.6%。[9]反是，在输入方面，1913 年则有 70.6%为工业品。[10]这与当时典型的工业国，如英国，输入多为农产品而输出多为工业品，在性质上是大不相同的。

第五，帝俄工业的落后，也表现在军备及工人的收入方面。现代化的战争，是要有工业基础的。帝俄因为工业落后，所以在第一次世界大战中，一个俄国兵的弹药供应在重量方面，平均要比一个德国兵少 20 倍。沙皇军队感到大炮奇缺，甚至步枪也是缺乏的。援军到前线去是没有武装的。在许多场合，作战部队的士兵也不是每人都有枪支，往往要两三个兵合用一支枪。[11]第二次欧战，苏联能够在战场上取得胜利，虽然因素是很多的，但斯大林的几个五年计划，打稳了工业的基础，使前线作战的士兵，不感到武器及其他军用品的缺乏，应当是最重要的因素之一。[12]我们再看工人的收入方面。帝俄因为工业技术落后，生产力不能提高，因而工人的收入，与别的工业国比较起来，就相形见绌。俄国工厂工人每年的工资，在 1908 年为 1 810 卢布，而美国工人在 1910 年，每年可得 6 294 卢布。帝俄时代工人的所得，不及当时美国工人 1/3。不但如此，1908 年俄国工人一年的工资，较 1860 年的美国工人，还少 1.6 倍。[13]这种工资上的差异，无疑地是要在生活程度上表现出来的。

帝俄时代工业的落后性，便是如此。

我们如以抗日战争全面爆发那一年，即 1937 年的情形，来与 1913 年帝俄的情形相比，那么我们当年的情形，比帝俄还要落后。这可以用主要的几种工业产品的生产数量来说明，如下表：

第一表：1937 年中国主要工业产品与 1913 年帝俄工业产品数量比较[14]

产品	单位	1937 年中国产量	1913 年帝俄产量
煤	万吨	2 240	2 910
生铁	千吨	156	4 200
钢	千吨	50	4 200
电力	百万度	1 724	1 945
纱锭	千枚	5 032	9 250

由上表，可见中国 1937 年工业化的程度，还远不如帝俄，生铁与钢的落后，尤为显著。从这一点去看，我们的工业化工作，较之苏联尤为艰难，但是在别的方面，我们的条件，也有较苏联优越的地方。这些条件，我们在相当的地方，还要谈到。

三、第一次欧战后苏俄工业的破坏与恢复

帝俄时代工业的落后，已如上述。可是苏俄的工业化工作，还不是从帝俄传下来的基础上出发的。在十月革命之后，苏俄还经过了三年的外国武装干涉和国内战争时期。在 1918 年的上半年，协约国的外国帝国主义者和俄国内部的反革命两种势力联合起来，向苏维埃政权进攻。年轻的苏维埃共和国的境况是极艰难的。苏俄的心脏部分几次三番被孤困起来，与各个富产粮食、原料和燃料的基本区域（乌克兰、北高加索和外高加索、乌拉尔、西伯利亚、土耳其斯坦、远东）长时期失去了联络。[15]《联共党史》描写当时的工业状况说：

> 当时苏维埃俄国情形是很困难的。面包供给不够。肉类供给不够。工人忍饥挨饿。莫斯科和彼得格拉城中的工人每两天只能领到八分之一磅的面包。甚至还有完全不能发给面包的日子。工厂因为缺乏原料和燃料，不得不停止生产，或者是几乎停止生产。[16]

反革命的力量，到了 1920 年，便被粉碎了。外国武装干涉者和俄国白卫反对苏维埃的战争，结果虽是苏维埃获得了胜利，可是苏俄被四年帝国主义战争和三年反武装干涉战争也弄得穷竭不堪。在 1920 年末苏俄的工业情况，《联共党史》有如下叙述：

> 一九二〇年大工业出产量，几乎少于战前六倍。大多数工厂停闭了，矿山和矿井有的被破坏，有的被淹没了。尤其感到困难的是冶金业。一九二一年全年生铁熔铸量，只等于十一万六千三百吨，即只等于战前生铁产量百分之三左右。燃料出产不够。运输业被破坏了。国内所有储存的金属和布匹差不多都已用完。甚至连最必需的物品，如面包，脂油，肉类，靴鞋，衣服，火柴，食盐，煤油和肥皂等，也都极感缺乏。[17]

这就是苏俄工业复兴过程所必须开始的出发点。这个出发点，并非生产水准较高的1913年，而是生产水准因七年战争而大受摧残的1920年。从1920年出发，到1927年末，工业和全部农业，就其生产总量来说，不仅达到战前水准，且已超过这个水准了。[18]更严格地说，1927年的工业生产，已等于战前水准102.5%。[19]关于工农比重，在1925年，还没有达到战前水准，当年农产品在全部生产总量中占2/3，而工业却只占1/3。[20]但是到了1927年末，工业在国民经济中的比重已增到42%，达到了与战前时期相当的水准。[21]

我们经过八年全面抗战和三年多的解放战争，工业受到了很大的摧残，但是中国在这十几年中所受的损失，与苏俄经过四年帝国主义战争及三年反武装干涉战争相比，还算是轻微的，因此中国在1950年所掌握的物资，还没有稀少到苏俄1920年的地步。这是我们比苏俄幸运的一点。另外，苏俄在1921年推行恢复国民经济的和平工作时，在国际上是孤立的。那时它受帝国主义的包围，没有一个帝国主义国家，肯在苏俄的经济复兴工作中，给它以友善的物质及精神上的协助。我们今天的处境，当然是好得多了。我们的恢复工业生产工作，可以得到苏联及新民主主义国家的援助。举一个例子来说：1949年，全国铁路在人民手中通车的已近80%。这种工作成绩的取得，如果离开了苏联经验的学习与苏联专家的帮助，是不可能的。[22]由于这些优越的条件，中国的国民经济，包括工业在内，如要恢复到战前的水准，并不必像苏俄在战争停止后还要经过七年的时期，而是在三年五年的时间内，我们的经济事业，就可以完全恢复。[23]

在了解苏俄在第一次欧战以后工业的破坏与恢复的大体情况之后，我们还要研究苏俄在恢复过程中所遇到的几个基本问题。苏俄对于这些问题的解决方法，对于我们也是富有参考价值的。

我们要讨论的第一个问题，就是苏俄工业国有化的发展。概括地说，苏俄工业国有化的演变，经过了四个时期。第一个时期自十月革命成功到1918年6月底止，为工业逐步国有化的时期。在这个时期内，苏维埃政府只决定将锁钥工业及军事工业收归国有。被没收的工业，或者因为它们对于国防颇为重要，或者因为它们对于国民生计有重大影响，如糖业及煤油工业，或者因为原有厂主违抗命令，故意怠工，发生关厂逃亡等情事。在1918年7月以前，中央政府只接收了100个左右的工厂，地方政府另外接收了400个左右的工厂。1918年6月底起到1921年推行新经济政策时止，苏俄工业国有化政策，起了巨大的转变，我们可以称之为工业大量国有化时期。转变的导火线，是由于苏俄的资本家与帝国主义者勾结。1918年2月，苏德和约订立以后，乌克兰脱离苏维埃共和国而变成德国的藩属国。德国还从苏俄方面夺去了南高加索，在梯弗里斯和巴库肆意横行。苏俄的资本家，不但没有协助苏维埃政府来抵抗德国的暴行，还想勾结德帝国主义者，来阻挠苏俄工业国有化政策的推行。1918年6月25日，列宁得到情报，知道德国大使可能提出一份俄国工厂名单，托词这些工厂的所有权已移交德人，因此请求苏维埃政府不要将其收归国有。为应付这一阴谋起见，苏维埃政府在48小时之内，即公布一项新的法令，将一切大的股份企业，如矿冶、冶金、纺织、电气、锯木、木工、烟草、玻璃、陶器、皮革、水泥等，宣布国有。1918年10月底，收归国有的企业，便达2 000个以上。1920年11月，又公布一命令，凡使用5个工人以上而备有机械动力，或使用10个工人以上而无机械动力的一切企业，都宣布国有。到了1920年底，国有的工业单位，便达37 000个，其中18 000个并不用机械动力。1921年3月，列宁在第十次党代表大会上提出新经济政策，其内容之一，即允许私人工业家开设小企业。于是苏俄的工业国有化政策，又转入第三个时期，即容许私人工业与国营工业并存时期。根据此项政策，政府于5月17日，宣布以前规定应由国家管理的工业，如还没有移交给国家的，停止其移交。同年12月10日，又规定所有工业，凡雇用工人在20人以下的，不问以前收归国有与否，一律退还原主，或租让给新主经营。在新经济政策之下，虽然容许私人工业存在，但主要的工业以及大规模的工业，仍掌握在政府手中。根据1923年的调查，私人工业所雇用的工人，只占全体工人12.5%，产品价值，只占全部工业产品价值的4.4%。[24]自第一个五年计划推行之日起，至第一个五年计划完成之日止，工业国有化政策进入第四个时期，私人工业由衰落以至于消灭。工业中的社会主义部分，在新经济政策的后半期，即已排挤着私人部分而迅速增长，从1924—1925年度的81%，增到了1926—1927年度的86%；而私人部分的比重在同一时期内，却从19%降到了14%。[25]这种趋势，发展到斯大林作第一次五年计划的总结时，他已可以说，社会主义经济体系已把工业方面的资本主义成分消灭，而成了工业中的唯一经济体系。[26]

中国的新民主主义革命，获得基本的胜利以后，对于被摧残的工业也遇到一个恢复与发展的问题。我们所采取的步骤，有一些与苏俄相似，也有一些是不同的。我们的解放军所到之处，对于四大家族的官僚资本工业，予以没收，把它改为国营工业，这与 1918 年 6 月以前苏俄没收若干逃亡资本家及反动资本家的产业，有其类似之点。1918 年 6 月底，苏俄政府，因为要打击反动资本家与帝国主义者的勾结，所以大规模地进行宣布工业国有的工作，到了 1920 年底，甚至把使用工人 5 人以上而备有机械动力的工厂，都收归国有。这一步骤，显然走得过快了一点，所以到了 1921 年，又将若干小规模的工厂，退还原有厂主，或租让给新的厂主经营。这个进两步退一步的政策，中国因为环境悬殊，所以并无采用的必要。换句话说，苏俄工业国有化的第二个时期，在中国并未发生。到了 1921 年，苏俄采取新经济政策，否定了战时共产时期的若干办法之后，苏俄的经济组织成分，虽然并不与我们目前的经济组织成分完全相同，但是颇多类似之点。苏俄在新经济政策开始的时候，社会经济结构的类型共有五种：(1) 宗法式的，即颇大程度上是原始式的农民经济；(2) 小商品经济，其中包括大多数出卖粮食的农民；(3) 私人资本主义；(4) 国家资本主义；(5) 社会主义。[27]中国的社会经济成分，如《共同纲领》所说明的，也有五种，即国营经济、合作社经济、农民和手工业者的个体经济、私人资本主义经济、国家资本主义经济。我们的国营经济为社会主义性质的经济，合作社经济为半社会主义性质的经济，国家资本主义经济为国家资本与私人资本合作的经济，其余部分为私营经济。以工业言，苏俄在 1921 年的社会主义成分，其力量大大超过私人资本主义成分，所以"谁战胜谁"的问题在十几年之内，便由社会主义部分获得完全胜利而解决。中国的工业，其中社会主义部分的比重如何，现在尚无正确的统计[28]，但国营工业发展的速度，以后必然会超过私人资本主义的部分，因而它的比重，也是逐年加增的。等到由量变到质变的一天，中国便可实行社会主义了。

我们要讨论的第二个问题，就是苏俄在恢复工业的时期内，对于基本环节的问题，是如何解决的。基本环节，就是工作的重点，各个时期是不同的。[29]五年计划的基本环节，就是重工业和它的核心，即机器制造业。[30]但在五年计划之前，基本环节并非发展重工业，因为那时发展重工业的条件还未成熟。我们可以注意苏联在实行五年计划之前，在恢复工业的时期内，对于基本环节的问题，是如何的提法。

早在 1919 年，当反革命的力量还未完全消灭时，燃料问题成为一切问题的中心。当年 11 月，俄国共产党中央委员会向党的一切组织发出通令说："燃料危机势将毁灭全部的苏维埃工作，工人和服务员由于饥寒而星散，运粮的火车也停顿了。正是由于燃料的缺乏，真正的灾祸就要临头了。燃料问题居在其他一切问题的中心，燃料危机无论如何必须加以克服，否则不但粮食问题不能解决，军事和整个经济任务都不能贯彻。”[31]由此可见燃料问题为恢复工业的基本条件，没有燃料，火车就不能开动，机器就不能开动。工人得不到动力，得不到粮食，也就无法进行生产了。

在1921年，列宁在宣布新经济政策的时候，以为当时的形势，要求立刻采取最坚决最紧急的办法来改善农民生活状况和提高他们的生产力。为什么不是改善工人的生活状况，而是改善农民的生活状况呢？列宁回答说：

> 因为改善工人生活状况，就需要有粮食和燃料。从整个国家经济说来，此刻最大的“阻塞”正是从这里发生的。而提高粮食底生产和收集，增加燃料底采办和运输，只有改善农民生活状况，提高他们的生产力。应该从农民方面开始。谁要不明白这点，谁要认为把农民提到第一位就等于“放弃”或类似放弃无产阶级专政，那他简直是不实地思索，而陷入空谈。无产阶级专政是无产阶级对政策的领导。无产阶级这领导阶级，即统治阶级，应当善于这样来规划政策，首先解决最刻不容缓最“迫在眉睫”的任务。现在最刻不容缓的，就是能够立刻提高农民经济生产力的办法。[32]

我们假如知道1920年苏俄农业生产总量，只等于战前生产总量一半左右[33]，那么列宁在1921年之所以把提高农民经济生产力，看为迫在眉睫的任务，就很可以了解了。工人没有原料和粮食，是不能开工的，所以“恢复时期的任务是要首先振兴农业，从农业方面取得原料和粮食，使工业动作起来，——恢复工业，恢复现有的工厂”[34]。

到了1922年，在开第十一次党代表大会的时候，农业已很快向前进展了，因而工作的重心，便移到商业上去。“列宁指出新经济政策乃是资本主义与社会主义间的殊死斗争。‘谁战胜谁’——问题就是这样摆着的。为要胜利，就要保证工人阶级与农民间，社会主义工业与农民经济间的结合，其方法就是极力发展城乡间的商品流转。为此就必须学会管理经济，就必须学会文明经商。在这个时期，商业是党前面所有各个任务链条中的基本环节。不解决这个任务，便不能扩展城乡间的商品流转，便不能巩固工农经济联盟，便不能提高农业，便不能使工业走出破坏状态。”[35]

1924年5月，在举行第十三次党代表大会时，从巩固城乡结合这一任务出发，代表大会规定了必须继续扩大工业，首先是扩大轻工业的指令。[36]只有恢复轻工业，使轻工业生产农民所必需的日用品，然后农民才会努力扩展生产，然后城乡的物资才可以交流，然后工农的经济联盟才会巩固。因此在工业恢复期内，党的政策，是把力量放在轻工业上。等到轻工业已经恢复到战前水准，对于人民日用必需品的供给，已经能够维持战前状况了，然后才把力量转移到重工业上去。关于此点，我们从五年计划前夕的工业产品中轻重工业的比重数字，又可得到说明。在 1913 年，重工业的比重为 33.3%，轻工业的比重为 66.7%，到 1928 年，这种比重，根本上还没有改变，那年的重工业比重为 32.8%，而轻工业的比重则为 67.2%。可是到了第一个五年计划完结时，重工业的比重，便超过轻工业了。[37]

苏俄在工业恢复时期，对于把握链条上各个环节的次序，是大可注意的。我们都承认，建设强有力的工业，是社会主义的经济基础。社会主义国家工业化，是社会主义国民经济建设工作借以扩展的基本环节。[38]但苏俄的党和政府，在抓住这个基本环节之先，曾做了一些预备的工作，替未来的工业化创造条件。这些预备工作，主要的就是解决燃料问题，解决粮食及原料问题，解决日用品的生产问题，解决城乡商品的流转问题。等到这些问题都大体解决了，然后才提出国家工业化的问题来放到日程上。

国家工业化问题，是在 1925 年 12 月第十四次党代表大会提出的。斯大林说："在党面前十分迫切地摆着一个问题，就是必须把我国变为经济上不依赖于资本主义国家的工业国，这是可以做到，并且是必须做到的。"[39]于是为社会主义国家工业化而斗争，便成了党的中心任务。

苏俄新经济政策时期的主要教训，就是如列宁所说的，"要建设我们经济底社会主义基础，建设工业，我们应当从农业开始"[40]。这个教训对于中国也是适用的。《共同纲领》因此规定，"人民政府应根据国家计划和人民生活的需要，争取于短时期内恢复并超过战前粮食、工业原料和外销物资的生产水平"。此项工作，与发展中国工业的关系，是极为密切的。只有恢复并超过战前粮食及工业原料的生产水平，然后更多的工人，才能在工业中就业，才能扩大轻重工业的生产。至于农业外销物资的增产，是保证我们从国外换取生产工具的主要方法，对于发展中国工业，尤有重大意义。所以在近期内，发展农业生产力，就是为发展工业创造前提，这是目前必须抓住的基本环节。土地改革，尤为发展农业生产力和国家工业化的必要条件。完成了这件大事，就可以为中国工业化树立巩固的基础。因此就整个中国的情况来说，目前建设的重心还在农业。等到封建势力已经完全肃清，中国农业便可向前发展，那时便可以发展重工业，将之作为我们经济建设的中心工作了。

四、苏联工业化的性质

在一般人的心目中，发展任何工业，都可以称为工业化。但是斯大林在提出国家工业化这个任务的时候，他对于工业化，是有其特殊解释的。他说：

> 不是工业之任何发展都算做工业化。工业化底中心，其基础，是在于重工业（燃料、五金等）底发展，归根结底，是生产资料生产之发展，是在于本国的机器制造业之发展。[41]

又说：

> 从此可知，我国底工业化，不能限于发展各种工业，例如发展轻工业，虽然轻工业及其发展是我们所绝对需要的。从此可知，工业化首先应该了解为我国重工业之发展，特别是我们自己的机器制造业——这个一般工业底中枢神经——之发展。否则，便谈不到我国经济独立性之保证了。[42]

斯大林的这个指示，使苏联的工业化，完全走上与资本主义国家不同的途径。在资本主义国家里，工业化通常总是从轻工业开始的，而且必须等轻工业发展到相当高度后，重工业才有发展的可能。英国在 18 世纪便已开始工业革命，可是在 19 世纪中叶，轻工业在英国仍占绝对优势，只是到了 19 世纪末年，重工业才在英国经济中取得了统治地位。在 1848 年革命后踏上工业化道路的德国，也要到普法战争之后几乎 30 年才为重工业奠定了基础。日本的资本主义自 1870 年便开始发展，但到了九一八侵华战争发动之后，由于疯狂扩张军备的缘故，日本的重工业才在生产的规模上超过了轻工业。美国的资本主义，发展得比别的国家都快，但也花了几十年的时间，才发展了本国的重工业。[43]一切资本主义国家，工业化之所以要从轻工业开始，第一是由于轻工业中的“资本有机构成”比较低[44]，第二是由于轻工业资金的周转比较快，因此利润率也比较高。在资本主义国家中，生产的动机系追求利润，所以最初资本总是投入轻工业，等到轻工业的发展已达相当水准，平均利润率因竞争而下降的时候，累积的资本才开始向重工业转移。所以重工业的发展，后于轻工业，为资本主义国家经济发展的一个规律。

苏联是一个社会主义国家，它的生产，不是为追求利润，而是为满足国家及人民的需要，所以它的工业的发展，有可能与资本主义国家异其途径。我们现在应进一步研究，苏联为什么在工业恢复到战前的水准之后，便发展重工业，而不是把重点放在轻工业上。在几个五年计划之中，轻工业也是受到照顾的，只是它在整个计划中，不是居于首要地位。

苏联之所以要把工业化的重心放在重工业上，第一，是由于只有重工业才可保证苏联经济上的独立。斯大林说：

工业化不仅以下列一点为自己的任务，即把我们的整个国民经济引导到它中间工业比例之增加，而且还有一个任务，就是在这种发展中保证被资本主义国家所包围的我国有经济的独立性，防止把它变为世界资本主义底附庸。处于资本主义包围中的无产阶级专政国家，如果它自己在自己家中不能生产生产工具和生产资料，如果它搁浅在这种发展阶段上——它必须依系于那些制造并输出生产工具和生产资料的资本主义先进国家，以维持国民经济，它便不可能成为一个经济上独立的国家。搁浅在这一阶段上——就是说让自己隶属于世界资本了。[45]

斯大林所提这个理由，在今日的中国也可适用。中国发展工业，已有半世纪以上的历史，但到了今天，还是搁浅在依赖帝国主义的阶段上。我们自己不能制造生产工具，因此在工业的发展上，便受到了帝国主义的各种束缚。现在已是我们摆脱这种束缚的时候了。所以在《共同纲领》中，关于工业，除说明应恢复和增加轻工业的生产，以供应人民的日常消费的需要以外，规定应以有计划有步骤地恢复和发展重工业为重点，例如矿业、钢铁业、动力工业、机器制造业、电气工业和主要化学工业等，以创立国家工业化的基础。我们所走的，就是苏联工业化之路。循着这条路走去，必然可以使我们在经济上独立自主。

第二，苏联的工业化，之所以要把重心放在重工业上，是因为重工业是国防工业的基础。苏联为预防帝国主义者的袭击，不得不把自己武装起来。这一英明的措施，其伟大的意义，到了第二次欧战期内，便为世界上一切爱好和平的人所认识了。可是在实行这种政策的时候，在苏联国内，也有许多人反对。斯大林在1933年，对于第一个五年计划作总结时，对于反对派曾作如下的批评：

有人向我们说道，好吧，你们建成了许多新工厂，奠定了工业化底基础，可是，你们如果抛弃了工业化政策，抛弃了扩大生产资料制造业的政策，或者至少是把这件事情放到了末位，而多制造些布匹、皮鞋、衣服以及其他各种日常用品，那就会更好得多了。日常用品制造得不够用，结果也就引起了相当的困难。可是，必须知道，必须想一想，这种把工业化任务放在末位的政策能使我们得到怎样的结果。当然，我们是能从这时期内耗费于重工业设备方面的十五万万金卢布中，拿出半数来向国外购买棉花、皮革、羊毛和橡胶等等的。那时我们就会有更多的布匹、皮鞋和衣服。可是，那时我们就会没有拖拉机制造业，也没有汽车制造业，就会没有多少严重的黑金属冶炼业，就会没有金属来制造机器，结果也就会在拥有新式技术武装的资本主义国家包围面前陷于手无寸铁的状况。……总而言之，

> 我们那时所有的，就会是武装干涉，就会不是互不侵犯公约，而是战争，而且是个有致命危险的战争，实力悬殊的流血战争，因为在这个战争中，我们就会几乎没有武装，而敌人却拥有一切现代的进攻武器。[46]

由于斯大林的英明领导，苏联的工业化，能照着预定的计划进行，这个政策，在第二次欧洲大战期得到了考验。在几个五年计划内发展重工业的结果，使苏联能在战争最后三年内，坦克工业每年平均出产的坦克自行炮和装甲汽车达 3 万余辆，飞机制造业每年平均出产的飞机达 4 万架，枪炮工业每年平均出产的各种口径大炮达 12 万尊，轻重机枪达 45 万挺，步枪 300 余万支，自动枪约 200 万支，迫击炮制造业每年平均出产的迫击炮达 10 万尊。[47]苏联便用这种排山倒海的头等武器的威力，击溃了希特勒德国。这个历史的教训，对于中国尤有意义。斯大林在 1933 年，便指出中国的处境来告诫苏联人民了。他说：

> 中国是因为没有自己的重工业，没有自己的军事工业，而被一切逞性妄为的人蹂躏的。[48]

在八年全面抗日战争之后，中国人从切身的经验中，已经领会没有重工业的痛苦了。所以我们在《共同纲领》中要强调：关于工业，应以有计划有步骤地恢复和发展重工业为重点。

第三，发展重工业，是改造其他企业的前提。在经济落后的国家，重工业负有改造其他生产部门的任务，因此必须把它首先建立起来。斯大林说：

> 在我们这个技术还幼稚的国家里，工业负有特别重大的任务。它不仅应当用新技术来改造自己，不仅应当改造各个工业部门，包括轻工业、食品工业和林木工业在内。它还应当改造各种运输业和一切农业部门。可是，只有当机器制造业，即国民经济改造事业底基本杠杆在它中间占居主要地位时，它才能完成这一个任务。[49]

苏联的第一、第二个五年计划，因为坚持发展重工业的路线，所以在第二个五年计划完成时，苏联的工业获得了许许多多的机器、机床及其他生产工具；农业获得了苏联本国出产的头等拖拉机、头等康拜因机以及其他各种复杂的农业机器；运输业获得了头等的汽车、火车头、轮船和飞机。[50]这一切，都是树立了重工业的结果。重工业建立之后，不但工业本身的技术得到改造，农业也得到改造，运输业也得到改造。一切生产部门，都抛弃了陈旧的生产工具，而代以新式的生产工具。换句话说，苏联因为建立了重工业，而使自己的国家现代化了。

中国在19世纪末年，便开始设立了轻工业。但经过了半个世纪以上的时间，农业部门的技术，还停留在中古时代。运输业除在沿江沿海区域，有了若干从国外购得的新式运输工具以作点缀之外，其余广大的区域内，还是利用人力与兽力来运输。就是在工业本身中，手工业的比重，还是在新式工业之上。这种落后状况的造成，乃是因为过去我们没有注意发展重工业。纺纱厂、织布厂、面粉厂、碾米厂等工业，虽然对于民生日用品的供给，有其贡献，但这些工厂，绝无改造其他生产部门的能力。只有建立了以机器制造等为核心的重工业，然后一切工业的技术，才可提高，一切农业和运输业的技术，才可改进。苏联的经验，使我们深信把发展工业的重点放在重工业上，是一个最正确的政策。

五、苏联工业建设的方法——计划经济

苏联的工业化，是以计划的方法来推行的。

资本主义社会的生产，是无政府状态的。在社会主义社会里，计划经济才有可能。在《共产党宣言》中，马、恩二氏在提出共产党获得政权后的统治办法时，即指出应根据总的计划，增加国家工厂与生产工具的数量。[51]这大约是在马恩文献中最早提到计划经济的地方。以后在他们的著作中，对于计划经济，还时常论及。我们不拟在此对于计划经济的理论，作一历史的叙述。但是恩格斯在《社会主义从空想到科学的发展》一书中，有一段话，对于计划经济的意义，说得极为透彻，我们引用如下：

> 社会的力量，正是和自然底力量一样，在未被我们认识及处理以前，发生着盲目的强制的破坏的作用。可是一经我们认识了它，研究了它的作用、方向及影响，那时就完全听凭我们来使它更多地服从我们的意志，利用它来达到我们的目的。这点特别可以适用于现代的强大的生产力。……当我们最后认识了这些生产力的本性，并按照其本性来处置这些生产力的时候，社会生产底无政府状态，就要为社会的有计划的调节的生产所代替，这种生产，是以满足全社会及其每个人员底需要为目的的。那时资本主义的占有方式——在这方式之中，生产品起初奴役生产者，以后又奴役占有者——也将为一种以现代生产手段的本身性质为根据的新的占有形式所代替，即一方面，生产品底社会的直接的占有，用以作为维持生产及扩张生产的手段，另一方面，直接的个人的占有，用来作为生活及娱乐的

手段。[52]

在本书的末尾，恩格斯又说：

> 无产阶级夺取社会权力，并用这个权力底力量把社会生产手段，从资产阶级手内夺来，变为整个社会底财产。这么一来，无产阶级就使生产手段解脱了以前作为资本的那种性质，而使它们的社会性，能够完全的自由的发展。这样，依照预定计划来进行的社会生产，就成为可能的了。[53]

在这短短的两段话里，恩格斯说明了计划经济的几个重要特质。第一，计划经济，表示社会的生产力，已为生产者所统治，过去无政府的生产状态已趋消灭，而生产力的发展，可以依照人的意志进行。第二，计划经济的生产，是以满足全社会及每个人员需要为目的。社会的生产品，一方面用以扩张生产，一方面用来作为个人生活及娱乐的手段。

马、恩的计划经济理论，到了列宁、斯大林的手中，得到进一步的发展，并且得到最辉煌的实践。在 1920 年，当内战还未完全平息的时候，列宁即提议组织一个全国电气化委员会，包括国内教授及工程师 200 人，草拟一个电气化的计划。委员会的报告于同年内完成，对于煤业、石油、钢铁及电力业的生产，都有一个 10 年至 15 年的计划，而以电力的计划为中心。[54]这个计划，没有等到 15 年便完成了。原来的计划，规定在 10 年至 15 年内，在各处设立新的电站，其发电能力为 150 万千瓦，可是在 1935 年，新的发电能力，已有 380 万千瓦了。[55]全国电气化委员会，到了 1921 年 2 月，便改为国家计划委员会，苏联的计划经济组织，到了这个时候，才算确立。

在苏联的经济计划中，包括的部门是很多的，工业不过是好多部门中的一个部门，但是最重要的一个部门。我们现在只注意工业的计划是如何制成的。概括地说，工业计划的制成，须经过下列步骤。第一，部长会议或共产党的中央委员会，规定工业生产在某时期内应当达到的目标，交与国家计划委员会，以为制定计划的根据。第二，国家计划委员会根据此项规定之目标，拟一计划草案。第三，在计划草案制成之后，即由计划委员会由两条路线发至下层机构讨论。第一条路线系由计划委员会将分业计划发交各部，各部又将计划分发至各管理处，由此下推，最后至于每一生产单位。譬如苏联各部之中，有一汽车工业部，关于汽车的生产计划，即由计划委员会发至汽车工业部，由汽车工业部最后分发至各汽车工厂讨论。另外一条路线系由计划委员会将分区计划，交与盟员共和国，各盟员共和国又将计划分发至各省各区讨论。譬如苏联俄罗斯苏维埃联邦社会主义共和国有一省名莫斯科省，关于该省内的各种工业计划，即由计划委员会分发至俄罗斯苏维埃联邦社会主义共和国，然后由该共和国发至莫斯科省讨论。由此可见，在计划委员会草拟工业计划时，即有两套计划，一为分业计划，一为分区计划。这两套计划的形式虽然有别，但其内容的总和是相同的，譬如汽车工业部的汽车生产计划，必然等于各盟员共和国的汽车生产计划。[56]第四，各生产单位及各行政区域在收到上级机关发下计划草案之后，即开会讨论，对于计划草案，提出补充及修正的意见。第五，下级机关，在将与本身有关之生产计划讨论及修正之后，即按次序向上级送回。各级机关，在收集下级之修正计划后，加以总结，最后送回国家计划委员会。第六，国家计划委员会根据两条路线送回之修正计划，加以整理与总结，制成最后经济计划。第七，国家计划委员会将最后计划，提交部长会议或最高行政机构讨论通过。第八，由最高行政机构通过之经济计划，即由政府制成法规，发交各下级机关执行。[57]这种制定经济计划的步骤，表示苏联的工业计划，系照民主集中制方法产生的，每一个从事生产的人，对于计划的拟订，都有发言的机会。苏联的计划，是从群众中来，又回到群众中去，与闭门造车的计划，性质完全不同。

我们的《共同纲领》，已经规定："中央人民政府应争取早日制定恢复和发展全国公私经济各主要部门的总计划，规定中央和地方在经济建设上分工合作的范围，统一调剂中央各经济部门和地方各经济部门的相互联系。中央各经济部门和地方各经济部门在中央人民政府统一领导之下各自发挥其创造性和积极性。"由此可见，我们在最近的将来，也是要制定生产计划的，而且这个计划，虽然要由中央和地方以分工合作的方式来完成，但是要由中央人民政府来统一领导。因此，苏联的中央制定国民经济计划的步骤，我们也可采用。但在此准备时期，我们尤应学习的，是苏联制定国民经济计划的方法。

生产计划，是国家分派生产元素到各个生产部门的根据。为使这种分派合理起见，国家计划委员会，必须制定各种平衡表。平衡表有三种：一为物资平衡表，二为货币平衡表，三为劳力平衡表。[58]我们如能够制定这些平衡表，我们就能实行计划经济。

物资平衡表，是保持各生产部门间的联系的主要工具。以电力来说，某一生产单位所制定的平衡表，在生产方面，必须说明其生产能力，如每月或每年可以产生电力若干度；同时在消费方面，必须说明每月或每年供给工业、运输业、公用事业以及家庭用电的总度数。生产与消费两方面必须平衡。假如消费的需要，超过生产的供给，那么或者减少需要，或者加增供给，必使两方面达到平衡程度而后已。不但工业与工业之间，需要此种平衡表，就是工业与矿业、农业及运输业之间，也需要此种平衡表。以纺纱与织布两项工业而言，纱的供给必须与织布的需要相配合，这是工业与工业间的平衡。纺纱工厂的需要，必须与植棉的面积相配合，这是工业与农业间的平衡。化铁炉的需要，必须与生产铁砂的工作相配合，这是工业与矿业间的平衡。生产铁砂的能力，必须与铁路运输业的能力相配合，这是矿业与运输业间的平衡。其他诸如此类的例子，不必细举。总之，每一生产单位，需要各种原料及设备，这些原料及设备，是从什么地方来的，从这些物资平衡表中，可以得一答案。同时，每一生产单位，其产品或者作为别个生产部门的原料，或者作为直接消费之用，其去路如何，从这些物资平衡表中，也可得一答案。有了物资平衡表，便可制定货币平衡表。"计划的制订工作，本身就是从制订实物生产计划开始的。这项工作结束以后，方才制订以货币表现的计划。"[59]在货币平衡表中，要表示某一生产事业在某一时期内的收入与支出。支出方面，是生产的花费，而收入方面，表示产品的售价。国家银行，便可以此种货币平衡表，来进行对于生产事业的监督与统计。譬如某一生产事业，在某一时期内，只向银行支款，但无款项存入。此一事实，便可表示该项事业，必然发生了困难或弊端。国家银行，便可派人查究。此项查究的结果，可以协助该项生产事业的上级机关，进行矫正工作。劳力平衡表，表示生产量与劳动力中间的协调。计划中所规定的生产量，必须配以相当的劳动力，然后生产计划方能完成。此三种平衡表，对于分派生产因素——物资、货币及人力，是不可缺少的指南。

平衡表不是闭门可以造得出来的。在制定平衡表之前，计划委员会必须搜集无数的技术经济指标。[60]譬如我们要制定纱布平衡表，必须先知道每织一匹布，需要多少纱。这种纱布的比例数字，可以称为技术经济指标。同样地，我们如要制定煤电平衡表，必须知道生产每一度的电力，需要多少煤。这种煤电的比例数字，也是一种技术经济指标。有了这些指标，然后一切计划数字，才是从实践的经验出发的，而不是从个人的愿望出发的。有了这些指标，我们才可以有可靠的根据，来衡量某种计划数字的正确性。譬如有一钢铁厂，在其制定的计划中，说是要在一个月之内，生产生铁100万吨，需要煤焦300万吨。主持钢铁生产的人，假如没有在事先得到该厂的煤铁比例数字，是无法判定此项平衡表可靠与否的。又如本年度在纺织工业中，加了纱锭100万枚，同时应当扩充多少棉田，方能满足这些新增纱锭的需要呢？假如我们没有技术经济指标，不知道每一枚纱锭每年消耗多少棉花，每一亩地能够生产多少棉花，那么我们对于上述的问题，是回答不出的。因此，我们如要推行计划经济，必须事先搜集许多的资料，制定无数的技术经济指标。

这些技术经济指标，只有从本国的实际经验中去搜集得来，无法抄袭他国的经验。苏联自然保有他们在设计时参考的指标，但是我们如把这些指标抄来，并不能解决我们的问题，因为两个国家的技术水准，并不是相等的。举一个例来说：苏联的煤矿工人，在1937年，每年可以产煤370吨。[61]有了这个指标，那么在苏联，制定劳力平衡表，是一件容易的事。假如苏联在1937年要生产煤炭3 700万吨，那么在煤矿业中，便应供给矿工10万人。可是我国的煤矿工人，以山东的新博煤矿来说，1949年12月份，每一工人每日的产煤量为0.412吨。[62]效率还不及苏联工人的一半。从这一个例子便可看出，制定技术经济指标的工作，是要根据我们自己的生产经验进行的。同时，因为生产技术是时时发展的，所以这些技术经济指标，也须随着经验的发展而加以改造，否则设计的结果，必然赶不上经验的发展。苏联的斯达汉诺夫运动，以及我国近来风行的创造新纪录运动，之所以可贵，就是因为它们开辟了新的途径，去达到更高的劳动生产率指标。但是设计的人，却不可以新纪录所创造出来的指标为整个生产部门设计的根据。斯大林对于这一点曾说过：

> 斯达汉诺夫大概已超过现行技术定额十倍，甚至于十倍以上。如果把他所达到的这种成绩宣布为全体汽钻掘煤工人底新技术定额，那就不合理了。很明显的，我们必须规定一个介乎现行技术定额和斯达汉诺夫同志所达到的标准间的定额。[63]

制定各种技术经济指标，并时刻注意以新的纪录，来修正这些技术经济指标，是一种繁重的工作。可是如不做这些工作，那么计划经济，便等于纸上谈兵。苏联的计划委员会，成立于1921年，但是到了1925年才宣布各生产部门的控制数字，而第一个五年计划，要到1928年方顺利完成。此中的预备工作，虽然牵涉的方面是很多的，但搜集材料，制定各种技术经济指标，无疑是预备时期最费时间与精力的工作之一。我们如要制定工业的生产计划，那么这种准备工作，自然也是必需的、绝不可少的。

六、苏联工业建设的基本条件

一个国家的工业建设，必须注意到基本条件。这些基本条件有三，即资源、资金及人力。我们现在要讨论苏联是否具备这些条件。

首先，说说资源。在讨论这个问题之先，我们引用罗克兴在其《苏联的工业》一书中所采用的一张统计表：

第二表：苏联资源在世界上的位置[64]

资源	单位	世界藏量	苏联占	美国占
煤	十亿吨	8 250.0	1 654.4	2 889.2
石油	百万吨	7 965.0	4 679.3	1 861.0
水力	百万千瓦时	无统计	280.0	82.2
森林面积	百万公顷	3 000.0	610.0	243.0
泥炭	十亿吨	250.6	150.6	13.4
铁矿	十亿吨	500.4	267.4	94.4
锰矿	百万吨	2 458.0	784.9	5.2
磷灰石	百万吨	623.0	477.0	2.0

罗克兴的判断是，以苏联已经发现的铁矿蕴藏来说，占世界第一位，煤占世界第二位，还有在石油、水力资源、森林蓄积量、泥炭、钾盐、磷灰石等方面，苏联都可以称为世界的首富。[65]特别是煤、铁及石油三种资源，被大家公认为工业国的基础，而苏联的蕴藏量是那样的雄厚，所以苏联工业的前途，真是非常光明的。苏联采矿的经验，对于我们也富于启发性。一直到现在，我们对于自己国内的资源，知道得很少。根据已有的资料，我们的煤藏量甚为丰富，但是铁与石油的已知蕴藏量，比起苏联及美国来，就相差很多。可是我们不必因此而灰心。苏联的各种资源，在帝俄时代，被发现的并不算多。可是在五年计划的前后，苏联的地质学家，在广大的地面上进行探矿的工作，结果是关于煤的蕴藏量，新发现的比革命以前所知道的增加了 7 倍之多，新发现的石油，比革命以前所知道的石油要多 5 倍以上。最令人惊奇的例子是铁。在 1913 年，俄国铁的蕴藏量，据估计不到 20 亿吨，这与一般人对于中国现在铁的估计，是相差无几的。可是在第三个五年计划初期，苏联已发现的铁的蕴藏量，已达 2 674 亿吨，比革命以前的数目字，加增了 130 倍以上。[66]中国的地质学者，数目并不很多，他们没有走过的地方，还相当广阔。在新民主主义时期内，我们如多培植一些地质学的人才，使他们走遍中国的领土，进行科学的探矿工作，那么现在关于中国资源的数字，无疑是还可以大大加增的。

其次，我们讨论苏联工业建设的资金问题。斯大林在 1926 年，便曾指出在历史上曾有三种不同积累资金来实现工业化的方法，但这三种方法，苏联都不能采用。是哪三种方法呢？

英国的工业化，是由于英国掠夺了几十年几百年的殖民地，从殖民地收集了“附加”资本，把这些资本投入自己的工业，而加快了自己工业化的速度。这是一种工业化的方法。

德国是在上一世纪七十年代对法胜利战争的结果而加速了自己的工业化，那时德国从法国索取了五十万万赔款，投入自己的工业。这是第二种工业化的方法。

这两种方法对我们都是走不通的，因为我们是苏维埃之国，因为殖民地的掠夺和以掠夺为目的的军事侵略是与苏维埃政权底本性不相容的。

俄国，旧的俄国，曾让出了奴役性的租让地，取得了奴役性借款，力谋以此逐步走上工业化底道路。这是第三种方法。但是这是一种奴役或半奴役的道路，把俄国变为半殖民地的道路。这条道路对我们也是走不通的，因为我们进行了三年国内战争，击退所有一切干涉者，并不是为了在战胜干涉者们以后，又去自愿地受帝国主义的奴役。[67]

在指出这三条走不通的道路以后，斯大林认为还有第四条工业化的道路，就是为了工业化而自己节约的道路，社会主义积累的道路。在社会主义的国家里，斯大林指出资金的积累，有如下的来源：

我可以援引这样的事实，例如十月革命结果我国对地主和资本家之没收，土地、工厂等私人所有制之消灭，并把它们转为全体人民的财产。这种事实乃是十分充实的积累来源，这是无待证明的。

其次，我可以援引这样的事实，例如沙皇债务之废除，这从我们国民经济上卸除了数万万卢布债务的负担。不该忘记，在这些债务保留之下，只利息一项，我们每年就须付出数万万，以损害工业，以损害我们的全部国民经济。不用说，这一情况给了我们的积累事业以极大的便利。

我可以指出我们的国营工业，这种工业已经恢复起来了，它正在发展着，并且正在提供进一步发展工业所必需的若干利润。这也是积累的一种来源。

我可以指出我们的国营对外贸易，它提供若干利润，因而也是积累底一种来源。

可以指出我们多少有了组织的国营对内贸易，它也提供相当利润，因而也是积累底一种来源。

可以指出这样的积累底杠杆，例如我们的国有银行体系，它提供着相当利润，并量力培养着我们的工业。

最后，我们有着这样的武器，如国家政权，它支配着国家预算，并集合着零星资金，以进一步发展一般国民经济，特别是我们的工业。

我们国内积累的主要来源，基本上便是如此。[68]

苏联积累资金的来源，大体上新民主主义的国家都可采用。只是在新民主主义的国家中，私营经济还占一重要的成分，所以资金的积累，有一部分便落在私人的手中。以金融业来说，苏联在十月革命之后，便把银行收归国有了，所以银行方面的积累，全部为国家所有；而在今日的中国，则因有私人银行存在，所以私人银行，还可以瓜分一部分的积累。工业、商业等等，在新经济政策时期，虽然私人的成分依然存在，但社会主义的部分已占优势，其后的发展，是私人的成分，几乎完全为社会主义的成分所代替，因此在这些方面的积累，也都归于国家。我们的国营经济，现在虽然与其他经济并存，但它是整个社会经济的领导力量，而且随着时间的推移，必然逐渐扩充其活动的领域。所以国营经济积累资金的能力，也必与日俱增，这是可以预见到的。

资金的积累，正在各种生产事业之中进行着，但是积累之后，有什么方法把它集中在政府手中，作为工业化之用呢？在苏联，“动员社会主义积蓄，其基本经济手段是财政制度——苏联国家的预算”[69]。列宁对于积累资金的手段，早就有过指示。他在《现时和社会主义完全胜利后金子底作用》一文中，曾提出一个简单的积累资金方法，他说：“如把煤的成本作为百分之百，国家就根据这成本比例，按百分之一百二十卖给国家机关，而按百分之一百四十卖给私人使用。”[70]现在苏联积累资金的主要方法，可以说是按着列宁的指示进行的。现在苏联的预算中，主要的收入，就是营业税与计划利润。这两种收入的性质，我们可以举一个例子来说明。譬如苏联有一个织布厂，织出来的布，其成本为 1 000 卢布。织布厂将此布移交国营商业批发机构时，可以加20%的计划利润，即以 1 200 卢布的价格，移转给商业机关。商业机关将此布匹在市场上出售时，又加上 500 卢布的营业税，所以市价便为 1 700 卢布。不论是营业税或计划利润，最后都移交国库，成为国家收入之一部分。这两种收入，在苏联的预算中，常达 2/3 以上。譬如 1938 年到 1940 年，营业税占总收入的 61.1%，计划利润占总收入的 10.4%，两项合计占 71.5%。[71]这两项收入的总和，便足够国防及国民经济的开支。譬如 1940 年营业税及计划利润的收入，共为 1 276 亿卢布，国防及国民经济的开支，共为 1 150 亿卢布，两抵还有盈余，作为其他的用途。[72]苏联这种积累资金的方法，极为简单，而且效率很高，但实行这种方法的条件，必须事先由国家掌握各种生产机构及分配机构。譬如苏联能够从计划利润中，掌握数量很大的资金，是因所有的生产事业，都为国家所有。同时苏联之所以能够从营业税中，得到更大数量的资金，是因城乡的商店及合作社，均在国家的管理及领导之下进行贸易。假如没有这种条件，便实行计划利润与营业税，那么逃税及黑市，是不可能避免的。我们的《共同纲领》中，也把积累国家生产资金的责任，交与财政机关。在新民主主义的经济之下，国家的预算制度，自然也可利用作为积累资金的一个手段，只是因为我们的条件，与苏联不同，所以我们即使实行计划利润与营业税，但从这两项收入中，我们是无法取得像苏联那样巨额收入的。但是由新民主主义发展到社会主义的阶段时，苏联积累资金的方法，我们便可以仿效了。我们在此还可以提到一点，就是上面所述的两种积累资金的方法，在新经济政策时期，并不占重要的地位，甚至在第一个五年计划的初期，两项收入，也不过占总收入的半数。[73]由此可见社会主义的积累方法，只有在社会主义胜利的条件之下，方能取得卓异的成就。

我们现在对于苏联的投资实况作一总结的叙述。在1923年以前，苏维埃国家的经济还未完全恢复，因此也就没有投资的能力。在1923年至1924年的经济年度，所谓基本资金的吃老本过程中止了。这一年国民经济最高委员会计划在工业中投入2亿1 000万左右卢布，和消耗的数目相差无几。[74]在1924年至1925年，苏维埃国家投到基本建设事业上的资金已达3亿8 500万卢布。[75]1925年至1926年，投资已达8亿1 100万卢布。1926年至1927年投入工业的资金约10亿卢布。[76]1927年至1928年，便已有13亿3 500万卢布。[77]这是五年计划以前的情形，总计以上的数字，共达37亿4 100万卢布。按照第一个五年计划规定，1928—1932年间投入国民经济的基本建设费等于646亿卢布，其中投入工业和电气化方面的约有195亿卢布，投入运输业的约有100亿卢布，投入农业的约有232亿卢布。[78]在第二个五年计划时期，全部国民经济中的基本工程建设费，规定为1 330亿卢布。[79]第三个五年计划，因希特勒的进攻苏联，没有完成，但自1938年至1940年，投资的总数为1 080亿卢布，在这一数目中，投入工业和运输业的有750亿卢布。[80]卫国战争胜利之后，第四个五年计划开始，为了实行这个庞大的建设计划，新五年计划将供给国民经济一笔超过2 500亿卢布的资本投资。[81]我们可以注意的，就是苏联的投资数量，是与日俱增的。第一个五年计划期内，平均每年投资129亿卢布，第二个五年计划期内，平均每年投资266亿卢布，第三个五年计划的前三年，平均每年投资360亿卢布，而到了第四个五年计划期内，平均每年投资500亿卢布。这与1923年至1924年的投资数目相比，真是不可以道里计了。

我们的工业，现在还在恢复时期，与苏俄在新经济政策时期所处的地位相似。可是我们1950年的预算，对于经济建设的投资，即占总支出的23.9%。换句话说，1950年我们的投资，约合142亿斤小米，或等于本年所发胜利公债的数额的3倍以上。[82]中苏的币制不同，我们今年的投资，等于若干卢布，不易计算。但是142亿斤小米的价值，无疑已超过苏维埃国家在1924年至1925年的投资数目，可能已与1926年至 1927 年投入工业的资金数目相近了。[83]我们对于国民经济的投资，在出发点上，已经略胜苏联，这是可以庆幸的一件事。此外我们还有比苏联占便宜的地方，就是苏联在投资上几乎完全靠自力更生，而我们在一开始的时候就得到苏联的援助，这对于我们的工业建设工作，自然是一个很大的帮助。列宁在新经济政策时代，也曾热望外国投资，由此而产生的债务，列宁是准备负担的。他说："我们用一部分贵重产品所付给承租者的这一代价，无疑是工人国家向世界资产阶级缴纳的一种贡税：我们丝毫也用不着隐讳这点，而应当明确地了解到，只要能加速恢复我国的大工业，并切实改善工农生活状况，这样的贡税对我们是有利的。"[84]斯大林在 1927 年与外国工人代表团谈话，虽然一方面维持取消沙皇债务的法令，但表示如果外国肯借债给苏联，苏联也同意把战前的债款还一点。这一笔付还战前债款的钱，只当作发展苏联工业所必需的债款的一种附加利息。[85]虽然列宁与斯大林都提出了异常优越的条件，但资本主义国家，在苏联投资的数目，是非常之少的。到 1927 年为止，由于实行租让制而得到的外国资金还不到 1 亿卢布[86]，这与五年计划的投资总量相比，真是沧海之一粟了。反是，我们在建设的开始，就得到苏联的贷款 3 亿美元，而且苏联政府鉴于中国因境内长期军事行动而遭受的非常破坏，同意以年利 1%的优惠条件给予贷款。这种友谊的合作，有助于中国经济的恢复和发展，这是无疑的。贷款的作用，如中苏贷款协定所说明的，系作为偿付苏联所同意交付给中国的机器设备及其他器材，因此这次的贷款，特别有助于中国工业的恢复和发展，这也是很明显的。

最后，我们要研究苏联工业建设的第三个基本条件，就是人力。工厂中如没有工人及工程师，生产工作是无法进行的。苏联工业化的过程，也就是工业人口加增的过程。兹将 1913 年以来，苏俄的工人和职员加增的数目，列表如下：

第三表：苏俄自 1913 年至 1950 年工人和职员加增数目表[87]

年份	工人和职员数目（单位：千人）
1913	11 200
1929	14 400
1932	22 900
1937	27 000
1940	30 400
1942（计划数字）	32 700
1946	27 000
1950（计划数字）	33 500

从上面这个表我们可以看出，苏联自从实行五年计划，每年需要增加的工人及职员，都在125万人以上。这批工业的生力军，大部分是要由农村供给的。在第十八次党代表大会上，斯大林便请集体农庄来担任这个任务。他说：

> 现在的问题只能是劝集体农庄尊重我们的请求，每年供给我们至少一百五十万左右的青年集体农庄庄员，来满足我们工业发展方面的需要。过着丰裕生活的集体农庄应当知道，如果没有它们方面的这种帮助，便很难继续扩展我们的工业，如果工业不扩展，我们便不能满足农民对于日常消费品的日益增长的需求。集体农庄完全能够满足我们的这个请求，因为集体农庄有丰足的技术，能解放农村中一部分人的工作，而这些人一移转到工业中来，就能给我们全部国民经济莫大的帮助。[88]

我们的新工业所需要的人力，将来也一定是向乡村取给的。毛主席在1945年写《论联合政府》时，便已看到这一点了。他说：

> 农民——这是中国工人的前身。将来还要有几千万农民进入城市，进入工厂。如果中国需要建设强大的民族工业，建设很多的近代的大城市，就要有一个变农村人口为城市人口的长过程。[89]

我们现在再从量的方面转到质的方面来看这些每年新增的人力，是如何分配的。据沃兹涅先斯基的估计，在第四个五年计划内，工业中新增的工人和职员，总数约为650万人，其中青年工人约为450万人，而工程师以及技术人员，约为190万人。[90]

这批生力军的训练方法，是我们所应注意的。

我们先看青年工人的训练方法。苏联的教育系统中，有一种七年制的学校，为7岁至13岁的儿童而设，7年毕业，是完全免费的。在城市和工人住宅区域，早已实行强迫修完这类学校的功课。而自1949年起，七年制的学校教育，不只在城市是必要的、强迫的，而且在农村里也实行了。农村不仅限于四年制的小学，而且还要入七年制的学校。这就是说不但在城市里，而且在乡村里，从1949年起，也要普遍实行七年制的强迫教育。[91]在七年制的学校毕业之后，有一部分学生还可以继续升学。另外有一部分学生，可以进职工学校与工厂学校。这两种训练职工的学校，都是1940年以后设立的。职工学校，招收14岁至15岁的儿童，男女兼收，训练的期限是2年。工厂学校，招收16岁至17岁的较大儿童，训练的期限为6个月至12个月。这类学校的学生，受国家经费的资助，在毕业之后，成绩优异的，可以升入中等职业学校中继续求学，其余的则分发各生产机构工作。工业中的青年工人，大部分是由职工学校与工厂学校供给的。[92]

工业中所需的工程师及技术人员，由高级及专门中等学校毕业的专家加以补充。苏联的高等教育机关，在 1949 年底，共有 837 所，肄业的大学生，在 65 万人以上，每年毕业的大学生，在 10 万人以上，所以在第四个五年计划里，苏联高级学校可以供给毕业生共 50 余万人。[93]至于中级的干部，则由各种中等职业学校，如技术学校、医科学校、师范学校等培养而出。这类学校都是三年至四年制。在 1947 年，有 45 万个年轻的专家，毕业于高级学校、技术职业学校和其他中等专门学校。[94]假如从这 45 万个年轻的专家中除去高级学校所培养出来的 10 万人不计，每年苏联培养出来的中级干部，可达 35 万人，五年之内，共有 175 万人。加上 50 万个高级学校毕业的专家，便已超过第四个五年计划所需要的 190 万人的数目了。

苏联对于工业干部的训练，是与工业化的需要相配合的。在 1924 年至 1925 这一学年中，在俄国高等学校中研读的约有 112 000 个学生，但在 1938 年至 1939 年这一学年中，苏联高等教育机关中的学生人数已达 602 900 人，即增加了 4 倍多。中等职业学校以及别的培养干部人材的中等学校，学生人数在同期内从 35 800 人，增加到 951 900 人，即 26.6 倍。[95]我们在工业建设的过程中，对于高级及中级的干部、熟练的技术工人，需要一定是与年俱增的。为使人材的训练，可以满足建设的需要起见，在工业计划中，人材的训练计划，为至关重要的一环。斯大林在 1935 年说过：

> 毕竟须要了解：人材，干部是世界上所有一切宝贵资本中最宝贵的最有决定意义的资本。须要了解，在我们的现时条件下，“干部决定一切”。如果我们在工业，农业，运输业和军队中将有人数众多的优良干部，那我们的国家就会成为不可战胜的了。如果我们不会有这种干部，那我们就会寸步难行。[96]

这个教训，对于我们中国也是适用的。

七、苏联工业建设的成绩

苏联的工业，在 1927 年，即已恢复到 1913 年的水平。1928 年起，苏联实行第一个五年计划，此后苏联的工业，便以史无前例的速度，向前飞跃地发展。第三个五年计划在推行了一半的时候，被希特勒背信弃义的进攻打断。在卫国战争期间，苏联所受的损失是巨大的。但是苏联一面抗战，一面建设，旧的工业区域虽然被德军破坏，但新的工业区域却在后方建立起来了。从1943年起苏联转守为攻，收复失地，同时在解放了的沦陷区从事复兴的工作。1945年战事结束。1946年苏联便通过了第四个五年计划，名为国民经济复兴与发展的五年计划。在战争终止时，由于敌人的残酷破坏，几百万人离开了生产活动，工业的生产机构，已显著地缩小，因此生产量比1940年要少得多。[97]第四个五年计划的第一项工作，便是要把生产恢复到1940年的水平。由于苏联工业基础的雄厚，所以恢复生产所费的时间，比起第一次欧战以后的情形来，就要快得多了。在1947年年底，苏联的工业生产，便已达到1940年的水平。1948年的工业生产，已经超过1940年的18%。[98]1949年的工业总产量超过战前1940年41%。[99]因此，第四个五年计划所规定的任务，即到1950年，苏联全部工业品总生产量，要比战前水平提高48%[100]，一定可以光荣地完成了。

让我们从好几个方面，来审查一下苏联工业建设的成绩。

首先，我们要注意的就是，在几个五年计划时期内，苏联建立了好些新的工业，是沙俄时代所没有的。在工业化开始的时候，苏维埃政权就提出下列的任务来。第一，必须重新创立沙俄时代未曾有过的许多工业部门，必须建立新的机器制造厂、机床制造厂、汽车制造厂、化学工厂和冶金工厂，必须创立本国制造发动机和电站装备品的生产，必须增加金属和煤炭开采量，因为这是为保证苏联社会主义胜利而绝对必要的。第二，必须创立新的国防工业，建立新的大炮制造厂、炮弹制造厂、飞机制造厂、坦克制造厂和机关枪制造厂，因为这是加强苏联国防能力而绝对必需的。第三，必须建立拖拉机制造厂和现代农业机器制造厂，并用这种工厂的产品供给农业，使千百万弱小的个体农庄能过渡到大的集体农庄的生产，因为这是保证社会主义在农村中胜利而绝对必需的。[101]这些任务在几个五年计划之内，都胜利地完成了。在新建设的工厂中最显著的实例，有斯大林格勒拖拉机制造厂、德涅泊尔水电站、马格尼托哥尔斯克冶金厂、乌拉尔机器制造厂、罗斯托夫农业机器制造厂、库兹涅茨克联合厂、萨拉托夫康拜因机制造厂、莫斯科汽车工厂、高尔基汽车工厂等等。[102]这些新的工厂，大部分属于重工业。列宁、斯大林想在最短期内，使苏联完全工业化，使苏联在经济上可以完全独立，使苏联在国防上有无比的威力，使苏联可以用重工业来改造其他生产事业的技术，这一切，可以说是完全达到了。

其次，让我们来看一下苏联各种工业产品在量上的进度。下面的一张表，表示苏联在几个重要年份几种重要产品的生产量。

第四表：苏联主要工业产品的生产量[103]

产品	单位	1913 年	1928 年	1940 年	1950 年（计划产量）
生铁	百万吨	4.2	3.3	15.0	19.5
钢	百万吨	4.2	4.3	18.3	25.4
轧钢	百万吨	3.6	3.4	—	17.8
煤	百万吨	29.1	35.5	166	250
石油	百万吨	9.2	11.7	31	35.4
电力	十亿度	2	5	48	82
铜	千吨	—	19.1	107	—
铝	千吨	—	—	55	—
水泥	百万吨	1.5	1.8	—	10.5
火车头	辆	418	478	—	2 720
货车	千部	14.8	10.6	—	146
拖拉机	千部	—	1.2	—	112
汽车	千部	—	0.7	—	500
糖	千吨	1 290	1 283	—	2 400
纸	千吨	205	284	—	1 340
棉布	百万米突	2 227	2 742	—	4 686
绒布	百万米突	95	93	—	159
皮鞋	百万双	—	29.6	—	240
胶鞋	百万双	—	—	—	88.6

我们只要把 1950 年计划的生产量，与推行第一个五年计划的那一年（1928 年），及第一次欧战前一年（1913 年）的产量相比，苏联工业进展的情况，便了如指掌了。

再次，我们从苏联农工比重的变化，来看苏联工业建设的成绩。斯大林在第十七次党代表大会上曾提供过这方面的资料，如下表。

第五表：苏联工业在国民经济总产量中所占百分比表

（按 1926—1927 年度价格计算）[104]

	1913 年	1929 年	1930 年	1931 年	1932 年	1933 年
工业（小工业除外）	42.1%	54.5%	61.6%	66.7%	70.7%	70.4%
农业	57.9%	45.5%	38.4%	33.3%	29.3%	29.6%
总计	100.0%	100.0%	100.0%	100.0%	100.0%	100.0%

由此表，可见苏联在1929年，已经转变为工业国，而在第二个五年计划推行的第一年（1933年），已坚实可靠地成为工业国了。而且这些工业，在第二个五年计划终结时，已经几乎全部属于社会主义体系，私有工业在苏联灭亡了。

又次，我们再看苏联工业中轻重工业比重的变动。重工业比重的加增，是一个国家工业化的最好指数。在1913年沙俄时代，俄国轻工业产品的价值，两倍于重工业的产品价值，而到了1940年，这个比例完全倒过来了，如下表。

第六表：苏联轻重工业产品价值比重表

（按1926—1927年度价格计算）[105]

单位：十亿卢布

	1913年	1928年	1932年	1937年	1940年
工业产品总值	16.2	18.3	43.3	95.5	137.5
其中：					
重工业	5.4	6.0	23.1	55.2	83.9
轻工业	10.8	12.3	20.2	40.3	53.6
重工业所占百分比	33.3%	32.8%	53.3%	57.8%	61.0%
轻工业所占百分比	66.7%	67.2%	46.7%	42.2%	39.0%

继次，我们再看苏联的工业在地理分布方面改善的情况。帝俄时代工业的分布是极不合理的。90%的工业集中在圣彼得堡、莫斯科及乌克兰的顿巴斯三个区域之内，其余的分散于伏尔加河沿岸各城市及高加索区。那时的煤，有87%生产于顿巴斯区，石油有97%生产于高加索区的巴库。棉花虽然生产于中亚细亚，但是要经过2 000英里的长途运输，送到圣彼得堡及莫斯科来织成棉布。[106]在第一个五年计划期中，苏联的政府，即开始矫正此种缺点。在1933年，苏联不仅在乌克兰有一个煤铁根据地，并且在乌拉尔及库兹巴斯区创建了两个新的煤铁根据地。在卡查赫斯坦及土耳克斯坦创建了一个新的有色金属冶炼业根据地。在中亚细亚和西西伯利亚创建了两个新的纺织业根据地。[107]1941年战争爆发后，苏联工业大规模向东迁移。在三个月之内撤迁到苏联东部区域的计有1 360多个巨型企业。主要是军事工厂，其中有455个撤迁到了乌拉尔，210个撤迁到了西西伯利亚，250个撤迁到了中亚细亚和卡查赫斯坦。[108]由于这种种变动，苏联东部各区的工业生产量，大为加增。新五年计划完成之后，预计东部各区煤炭的生产，将占全国产量的2/3，金属冶炼业，将提供全部生铁产量的一半左右，石油的产量，将由1940年的12%，增至1950年的36%。[109]苏联工业分布的变动，不但有助于国防，这是在卫国战争中已经充分显示出来的，而且省下巨量的运输费用，这从

工厂分布到拥有足够燃料动力及原料资源的新区域到城市中去这一点便可看得十分清楚。除却这些优点外，苏联工业的新分布，使得落后的区域、落后的民族，有提高物质及文化水准的可能。我们只要举一个例子，就可以说明此点。苏联的乌兹别克共和国，在沙俄时代，虽然生产棉花很多，但连一个纺织工厂都没有。沙皇不许纺织工厂在乌兹别克设立，以免与莫斯科的纺织工业发生竞争。现在，乌兹别克共和国，拥有文明国家所有的各种工业。1944 年，第一个钢铁厂也在这儿设立起来了。从 1913 年到 1937 年，乌兹别克的工业生产，加增了 6 倍。以后的 3 年之内，工业生产又加增了 1 倍。到了 1944 年，工业生产比卫国战争爆发时又上涨了 2.5 倍。早在 1942 年 8 月，乌兹别克的国民经济中工业的比重，已占 75%，成为亚洲工业最发达的区域了。[110]所以在工业的分布上，我们也可看出苏联处理民族问题的平等原则。

最后，我们再看一下苏联的工业，目前在世界上所占的地位。我们已经说过帝俄时代俄国的工业在世界上的位置了。在推行两个五年计划之后，苏联在工业生产规模方面已占欧洲的第 1 位，世界的第 2 位。在工业生产规模方面，现在苏联只落后于美国。苏维埃工业在 1937 年所能提供的生产品，只比美国少 3 倍多一点，比德国多 17.3%，比英国多 1.5 倍，比法国多 3 倍以上。[111]以个别的工业产品来说，苏联在电力生产方面，已从第 14 位升到第 3 位，煤炭生产，则从第 6 位升至第 4 位。在泥炭产量方面，在农业机器制造方面，在机车和联合收割机的生产方面，苏联都已占世界第 1 位。在石油、铁砂、铁路货车、货车和拖拉机生产方面，已占世界第 2 位。[112]一个落后于先进资本主义国家 50 年到 100 年的俄国，在不到 20 年的和平生产期内，便能产生这样大的变化，苏联的工业化，可以说是彻底地成功了。

八、苏联工业建设的展望

现在的世界，已经分为两大阵营：一方面是帝国主义的阵营，一方面是社会主义的阵营。摆在苏联面前的任务，就是如何赶上并超过帝国主义国家。列宁 1917 年 9 月，在布尔什维克未夺取政权之前，曾经说："我们建立了无产阶级专政之后，在经济上能够而且必须赶上与赶过先进的国家。"[113]

在哪些方面要赶上与赶过先进的国家呢?

在不同的时间内，苏联对于这个问题的提法是不同的。

1927 年，斯大林在联共中央第十五次代表大会上的报告，曾这样提出问题。

他说：

> 党的任务就是：巩固现有的社会主义工业发展的速度及在最近的将来加强这种速度，以造成赶上与赶过先进国家所必须的优越条件。[114]

这个任务，苏联光荣地完成了。在恢复工业的时期，苏联国有化的工业，其发展的速度就非常地迅速。在第一个五年计划时期，工业生产量每年平均增长22%。在第二个五年计划内，斯大林认为必须实行工业生产量每年平均增长13%至14%的标准。到1938年年底，苏联的工业，增长到1913年水平的9倍，而主要资本主义国家工业，25年以来，始终徘徊在1913年的水平上，增长总共不超过10%至20%。在1917年至1936年这一时期内，苏联工业生产平均每年增长15.5%。资本主义国家工业在同一期间，平均每年增长1.5%。美国平均每年增长1%，英国0.9%，德国3.2%。[115]苏联在第四个五年计划期内，工业发展的速度，不但没有减少，而且还有加增。1946年较1945年增长20%，1947年增长22%，1948年增长27%。[116]这种平均速度，是资本主义国家梦想不到的。美国是资本主义国家中发展最快速的国家。它从1917年到1936年的发展速度，已如上述。自1901年至1930年，平均每年工业的产量，也只增长4%。[117]美国工业发展最快的年份，是自1880年至1890年，平均每年也只增长12%。[118]资本主义国家，其生产力的发展，需要战争来刺激。最近几十年来，只有两次世界大战期间，才算是资本主义国家工业的增长时间。美国在第二次世界大战期间，工业的生产量的确大大地加增了。根据杜鲁门的报告，如以1935年至1939年的工业生产量为100，则1943年的指数为239，这时美国的生产力达到了最高峰。此后逐渐下降，到了1946年，指数即为170。[119]所以从1939年到1946年，美国工业在战争的刺激之下，平均每年也只加增了10%。这种速度，虽然比苏联相差很远，但是美国就连这种速度也无法保持。资本主义国家中不可避免的经济恐慌，必然地会把这种速度拉向后退。

从这种比较，我们可以看出，社会主义国家的工业，在速度上赶过资本主义国家，乃是已成的事实，是丝毫不成问题的。

在1930年联共第十六次大会上，斯大林又用一个新的方法提出问题。他说：

> 不应该把工业发展的速度和工业发展的程度混为一谈。许多人把它们混淆起来，以为倘若我们达到了工业发展的空前速度，因此，我们就已经达到了资本主义先进国家工业发达的程度了。但是，这是根本不对的。[120]

斯大林举了两个例子来说明这一点。第一个例子是电力。苏联电力生产的发展虽然有空前的速度，可是在 1929 年，只有 64 亿 6 500 万启罗瓦特小时；而美国却有 1 260 亿启罗瓦特小时，加拿大有 176 亿 2 800 万启罗瓦特小时，德国有 330 亿启罗瓦特小时；意大利有 108 亿启罗瓦特小时。再以生铁来说：1929 年美国生铁的出产，等于 4 230 万吨，德国等于 1 340 万吨，法国等于 1 045 万吨，而苏联生铁的出产在 1929—1930 年，总共只有 550 万吨。[121]因此，苏联的任务，不但在速度方面要超过资本主义国家，就在生产的规模上，在工业发展的程度上，也要超过资本主义国家。

这个任务，在第二个五年计划完成之后，是大体完成了。如上所述，在 1937 年，苏联的工业生产，已在欧洲占第 1 位。它已超过了英、德、法三个先进资本主义国家的工业发展最高水平。走在苏联前面的，现在只有一个美国。这个资本主义国家发展的速度，是远不如苏联的，苏联是可以计年赶上并赶过的。

在工业发展的程度上超过资本主义国家的任务大体完成之后，斯大林又用一个新的方法提出问题了。他于 1939 年在第十八次党代表大会上说：

> 我们在生产技术和工业发展速度方面已超过了各主要资本主义国家。这是很好。但这还不够。必须在经济方面也超过它们。我们能够做到这一步，而且我们应当做到这一步。只有当我们在经济上也超过各主要资本主义国家时，我们才可希望我国有完全充足的消费品，有丰富的食品，那时我们就有可能实行从共产主义第一阶段过渡到共产主义第二阶段。[122]

在这一段很重要的话里，斯大林说明了两点：第一，在经济方面超过资本主义国家是能够做到的。第二，做到了这一点，苏联便可从社会主义过渡到共产主义。

我们因此要研究：何谓在经济方面超过资本主义国家？斯大林对于这个问题，曾给一定义，并且举例来说明。他说：

> 我们究竟是在那一方面落后呢？我们是在经济方面，即在我国工业按人口平均计算的出产额方面仍然落后。……
>
> 在考察一国工业底经济实力时，不要单看一般工业出产量，不顾及国内人口多少，而是要注意到工业出产量与国内每人消费额间的对比情形。……所以，某一国家人口愈多，那末这个国家对于消费品的需要额也愈大，于是这个国家底工业出产量也应当愈大。
>
> 例如拿生铁出产来说吧。为了在生铁出产方面，在经济上超过英国——它的生铁出产额在一九三八年是七百万吨，——那我们就要把我国每年生铁冶炼量提高到二千五百万吨。为了在经济上超过德国——它的生铁出产额在一九三八年总

> 共是一千八百万吨，——那我们就要把我国每年生铁冶炼量提高到四千万至四千五百万吨。为了在经济上超过美国——此地不是拿危机年度的一九三八年水准来说，当时美国只出产有一千八百八十万吨生铁；而是拿一九二九年度水准来说，当时美国有过工业高涨，出产有四千三百万吨左右的生铁，——那我们就要把我国每年生铁冶炼量提高到五千万至六千万吨。[123]

由此可见，在经济方面超过资本主义国家，是比在速度方面、在程度方面超过资本主义国家更为艰难的一个任务。苏联的人口，比任何先进资本主义国家的人口还多，所以在经济方面超过资本主义国家时，在程度方面必然已超过很多。这个任务虽然艰难，但如斯大林所说，是能够做到而且应当做到的。所以他就向党和苏联全国人民提出这个新的伟大历史任务。他于 1939 年说：必须于最近十年至十五年以内，在经济方面，即按人口平均计算出产量来说，赶上并超过各主要资本主义国家。[124]正当苏联胜利地着手完成这个基本任务，并确信不移地沿着这条道路前进时，希特勒的进攻，打断了苏联的和平建设。战争对于苏联的破坏，使苏联的建设工作，等于停顿了 7 年。在战争胜利结束，工业生产恢复到 1940 年的水准时，苏联又来着手完成这个基本经济任务了。为了完成这个基本任务，苏联必须把工业生产水平提高到战前水平的 3 倍。像斯大林所指出的一样，苏联工业的生产力，必须增加到下列标准年产量，即每年生产 5 000 万吨生铁、6 000 万吨钢、5 亿吨煤和 6 000 万吨石油。完成这样庞大的建设计划，需要三个五年计划甚至更长的时间。[125]

社会主义国家，在经济方面赶上并超过资本主义国家的基础是什么呢？有什么把握可以说社会主义国家必然可以做到这一点呢？我们的答案是：因为社会主义国家能够创造更高的劳动生产率，所以它最后必然会战胜资本主义国家。

列宁说过：

> 在任何社会主义革命中，在已经解决由无产阶级夺取政权的任务以后，随着剥夺剥夺者的任务在大体上和基本上得到解决的程度，必然把创造高于资本主义的社会经济制度的根本任务，提到首要地位；这个根本任务就是提高劳动生产率。[126]

列宁认为在社会主义国家中，提高劳动生产率，使其超过资本主义国家，是有十二分把握的。他说：

> 我们既看见资本主义现在已经如何不可思议地阻碍着这个发展，而在现今已经达到的技术基础上又可以把这个发展推进得多么迅速，于是我们就能有十二分

把握地说，施于资本家的剥夺，一定会使人类社会底生产力得到极大的发展。[127]

就在1919年，当武装干涉还未被完全击退的时候，列宁已看到新的劳动生产率在创造中。他说：

劳动生产率，归根到底是保证新社会制度胜利的最重要最主要的条件。资本主义造成了在农奴制度下所没有过的劳动生产率。资本主义可以被彻底战胜，而且一定会被彻底战胜，是因为社会主义能造成新的更高得多的劳动生产率。这是很困难很长期的事业，但这个事业已经开始，最主要之点就在这里。[128]

在十月革命12周年纪念时，斯大林指出：在社会主义国家中，劳动生产率有蒸蒸日上的增长，而这种增长是按着下面三个基本方向促成的。第一，是用发展自我批评的手段反对了束缚群众劳动发起作用和积极性的那种官僚主义；第二，是用进行社会主义竞赛的手段反对了那些偷懒逃工、破坏无产阶级劳动纪律的分子；第三，是用实行不断生产制的办法反对了生产中顽固守旧的恶习。[129]这三个基本的办法，在资本主义国家中，都无采用的可能。由于资本家与劳动者的对立，由于劳资两方面的利益有基本的冲突，所以不可能希望资本主义国家中的劳动者发展自我批评与劳动竞赛。更由于资本主义国家中，生产力与生产关系有内在的矛盾，经济危机便成为不可避免的结果。每隔12年、10年或8年，经济危机总要重复一次，生产过剩的威胁必然降临，因而社会主义国家中的不断生产制在资本主义国家中是不可能采用的。因此，社会主义国家中的劳动生产率，即按生产者人数计算出来的平均生产量，即使暂时还没有赶上资本主义国家，将来也必然会赶上而且超过的。

我们现在可以从劳动生产率方面，来看苏联的经验。在苏联工业化的时期内，将近2 000万的新的劳动力，加入各生产部门充任工人及职员，使原来的工业人口，加增了3倍。依常理，劳动力加增了3倍，则生产量也只增加3倍。但是由于劳动生产率的不断提高，所以在第二次欧战的前夕，苏联工人每点钟的生产率，较1913年提高了5倍。在五年计划期内，工人劳动生产率，每年增加12%。美国的工人，在1924年至1929年的繁荣时期内，每年劳动生产率的增加，只有3.4%。由于这种不同的速度，所以在1928年，苏联工人的劳动生产率，虽然只等于美国工人的1/5，而到1937年，就变成2/5了。在卫国战争结束之日，苏联工人的生产率，已提高到美国工人的一半。到1950年，苏联工人的生产率，可以比1940年加增36%。[130]再举几种工业产品的生产率来比较一下。苏联煤矿工人的每年生产率，在1929年为179吨，1937年为370吨。美国工人在相同年份为844吨及730吨。苏联每一个炼铁炉的工人，在1929

年出生铁 240 吨，1937 年为 756 吨。美国的工人，在相同年份，为 1 729 吨及 1 620 吨。在织布方面，苏联工人在 1929 年织布 4 938 平方米突，在 1937 年为 8 200 平方米突。美国的工人，在相同年份内，生产 16 800 及 17 650 平方米突。[131]从这些数字中，我们可以看出，在 1929 年至 1937 年，美国工人除织布方面的成绩略有进展外，其余在煤、铁两方面，生产率不但没有进展，而且还向后退。反之，苏联工人的生产率在短短的 8 年之内，织布加了将近 1 倍，煤炭加了 1 倍以上，生铁加了 3 倍以上。列宁在 1918 年至 1919 年关于社会主义国家劳动生产率的预言实现之期已不远了。根据斯大林的估计，在三个新的五年计划之后，苏联便有可能在经济方面，也就是在劳动生产率方面赶上并超过资本主义国家。这个时期，便是 20 世纪 60 年代。让我们以愉快的心情，来欢迎这个社会主义彻底战胜资本主义时代的降临。

1950 年 2 月 22 日写完

（载《社会科学》第 6 卷第 1 期，1950 年）

注释

①斯大林：《列宁主义问题》，第 444 页。

②列昂节夫：《苏联工业化方法》，第 2 页。罗克兴著，林秀译的《苏联的工业》一书中，关于各国在 1913 年工业生产的比重，所用的资料，与列昂节夫略有不同。他说："1913 年，俄国工业的生产品，比美国少了 14 倍强，比德国约少 4 倍，比英国少 4.5 倍，比法国少 2.5 倍。"见该书第 23 页。

③罗克兴：《苏联的工业》，第 23 页。

④列宁、斯大林：《论社会主义经济建设》，下册，第 410 页。斯大林于 1930 年 6 月在联共第十六次大会上说："一九二九—三〇年，根据一切的统计，工业应该占百分之五十三以上，乡村经济应该占百分之四十七。这就是说，工业的比重，已经开始超过乡村经济的比重了，我们现在已经处在变农业国为工业国的前夕。"可见苏联走到工业国的地位，是在第一个五年计划推行之后。

⑤Kuznets，Simon，*National Income*，p. 40. 美国的统计，无论官方的与私人的，很少像苏联方面那样注重工业比重数字。Kuznets 所供给的资料，将美国的国民所得分为 9 类，其中来自农业的占 17%，来自矿业的占 3.3%，来自制造业的占 18.9%，来自建筑业的占 4.3%，来自运输及公用事业的占 11%，来自商业的占 15%，来自各种劳务的占 8.9%，来自政府的占 5.4%，来自金融及其他的占 16.2%。以上 9 项，除农业外，其余

是否可以完全视为工业，殊成问题。

⑥斯大林：《列宁主义问题》，第500－501页。

⑦罗克兴：《苏联的工业》，第125页。

⑧Mandel，W. M.，*A. Guide to the Soviet Union*，p. 331.

⑨米苏斯基等著，李绍鹏译：《苏联对外贸易》，上册，第106页。

⑩Gregory，J. S. and Shave，D. W.，*The U. S. S. R.*，p. 592.

⑪罗克兴：《苏联的工业》，第26页。

⑫第二次欧战期内苏联的军用品生产，可看沃兹涅先斯基：《卫国战争期内的苏联战时经济》，第81－84页。苏联军队的雄强攻击力量，在1945年4月争夺柏林的最后一次大会战中充分显示出来了。苏军方面参加这次最后会战的计有41 000门大炮和迫击炮，8 400架从空中协助炮兵攻击的飞机，6 300多辆新式重坦克。

⑬布洛维尔著，赵克昂译：《苏联工业史纲》，第6页。

⑭表中数字，中国部分（东北除外），得自重庆经济部统计处。如将东北数字也计算在内，中国的产量，除煤与电力外，余仍赶不上帝俄。见陈真：《旧中国工业的若干特点》，《新华月报》第1卷第1期，第103页。帝俄部分，煤、生铁及钢生产数字，取自Dobb，M.，*Soviet Economic Development Since 1917*，p. 311；电力数字，取自Barnes，H. E.，*The History of Western Civilization*，Vol. Ⅱ，p. 1004；纱锭数字，取自Gordon，M.，*Workers Before and After Lenin*，p. 347。

⑮罗克兴：《苏联的工业》，第34页。

⑯《联共党史》（莫斯科版），第280页。

⑰同上，第306页。

⑱同上，第352页。

⑲同上，第381页。

⑳同上，第339页。

㉑同上，第352页。

㉒铁道部滕代远部长1950年2月8日在中国铁路工会第一届全国代表大会上的报告，见2月10日《人民日报》。

㉓这个估计，最早见于1949年4月12日任弼时在青年团全代会上的报告。毛主席于同年12月2日在中央人民政府委员会第四次会议上也说："在三年五年的时间内，我们的经济事业可以完全恢复；在十年八年的时间内，我们的经济就可以得到巨大的发展。"1949年，虽然还有大规模的解放战争在进行着，但经济恢复的工作，在狄超白所举的下列数字中，已可窥见一斑，如粮食产量，已达战前最高产量75%（1920年苏俄农业生产

总量，只等于战前生产总量一半左右）；煤的产量，已达 2 600 万吨，石景山钢铁厂及鞍山钢铁厂，生产量都超过国民党时代的最高产量；全国纱锭已有 450 万枚。见狄超白：《一年来的中国经济情况》，《新建设》第 1 卷第 10 期。

㉔关于苏联在第一个五年计划前的工业政策，可参看：Dobb，M.，*op. cit.*，pp. 82 - 148；Baykov，A.，*The Development of the Soviet Economic System*，pp. 3 - 8，105 - 129；罗克兴：《苏联的工业》，第 3 章；布洛维尔：《苏联工业史纲》，第 3 章及第 4 章。

㉕《联共党史》，第 352 页。

㉖同上，第 391 页。

㉗《列宁文选》（解放社版），卷六，第 44 页。

㉘国营企业，在全国工业总生产中的比重如何，现有不同的估计。蒋学模在《论共同纲领经济政策的过渡性》（《新中华》1950 年第 13 卷第 1 期）一文中说："据一般人士的估计，国营企业在全国工业总生产值中仅占 20%左右。"这个估计，可能是低了一点。

㉙列宁对于基本环节的理论，曾作如下的发挥，他说："仅仅一般地做个革命家和社会主义拥护者或共产主义者，还是不够的。必须善于在每个时机里找出链条上的一个特别环节，这个环节是为了把握住整个链条并稳稳准备过渡到下一个环节所必须用全力抓住的；同时，在事变发展的历史链条里，各个环节的次序，它们的形式，它们的关连，它们彼此间的区别，都不像铁匠所制成的普通链条那样简单，那样笨拙。"见《列宁文选》，卷六，第 161 - 162 页。

㉚斯大林：《列宁主义问题》，第 497 页。

㉛罗克兴：《苏联的工业》，第 316 页。

㉜《列宁文选》，卷六，第 62 页。

㉝《联共党史》，第 305 页。

㉞同上，第 344 页。

㉟同上，第 320 页。

㊱同上，第 331 页。

㊲Yugow，A.，*Russia's Economic Front for War and Peace*，p. 14.

㊳《联共党史》，第 315 - 335 页。

㊴同上，第 338 - 339 页。

㊵列宁，斯大林：《论社会主义经济建设》，下册，第 53 页。

㊶同上，第 55 页。

㊷同上，第 56 页。

㊸罗克兴：《苏联的工业》，第 11 - 12 页。

㊹资本的有机构成，指不变资本与可变资本间的比例而言。关于资本的有机构成与利润率的关系，参看拙著《马克思论危机》，《社会科学》第5卷第2期，第55-59页。

㊺列宁、斯大林：《论社会主义经济建设》，下册，第55-56页。

㊻斯大林：《列宁主义问题》，第503-504页。

㊼亚历山大洛夫等合编：《斯大林传略》，第173页。

㊽斯大林：《列宁主义问题》，第504页。

㊾同上，第586页。

㊿《斯大林传略》，第115页。

51《共产党宣言》(解放社版)，第52页。

52《社会主义从空想到科学的发展》(解放社版)，第97-98页。

53同上，第107页。

54关于苏联的计划经济发展经过，叙述的书很多，可看 Baykov，A.，*op. cit.*；Dobb，M.，*op. cit.*；Marschak，J.（editor），*Management in Russian Industry and Agriculture*；Blodgett，R. H.，*Comparative Economic Systems*；Loucks，W. N. and Hoot，J. W.，*Comparative Economic Systems* 有关各章。最近在莫斯科出版的（1949年）Kursky，A.，*The Planning of the National Economy of the U. S. S. R.* 关于计划经济的历史及方法，叙述最为扼要。

55Kursky，A.，*op. cit.*，p. 57.

56苏联的经济计划，在发表时，也是把两套同时发表的，分业计划在前，分区计划在后。参看《一九四六——九五〇年苏联国民经济复兴与发展的五年计划》（苏联大使馆新闻处编印），其中第二章“生产增长与基本建设计划”为分业计划；第四章“各加盟共和国国民经济复兴与发展的计划”为分区计划。

57关于制定经济计划之步骤，参看 Loucks and Hoot，*op. cit.*，pp. 570-571。

58Kursky，A.，*op. cit.*，pp. 129-130.

59《苏联如何制订工业生产计划》(东北财经委员会调查统计处译)，第142页。

60同上，第四章。参看 Kursky，A.，*op. cit.*，pp. 153-154。

61Yugow，A.，*op. cit.*，p. 184.

62见《人民日报》1950年2月7日。

63斯大林：《列宁主义问题》，第666页。

64罗克兴：《苏联的工业》，第128-129页。原表引自《苏联的社会主义建设》(1939年版) 第31页，材料至1938年初为止。

65关于苏联与美国资源的比较，虽然是一个很有趣味的问题，但两个国家所供给的资料，相差很多，局外人很难下一判断。以煤、铁及石油三项主要物资来说，虽然蕴藏的多少，现尚不能作最后的评定，但煤的蕴藏量，美国胜于苏联，而铁的蕴藏量，苏联胜于美国，已为地理学者所公认。石油一项，谁多谁少，尚在讨论之中。

(66)罗克兴：《苏联的工业》，第126－127页。

(67)列宁、斯大林：《论社会主义经济建设》：下册，第58页。我们不可把奴役性的借款，与平等互惠的外债相提并论。关于平等互惠的外债，苏联并不反对，而且在新经济政策时期，列宁也曾朝此方向努力，但因帝国主义者对苏联的资金封锁，成绩不佳。《联共党史》曾说："指靠外债是没有可能的，因为资本主义国家拒绝借给我们债款。"又说："至于借用外债的这种办法，苏联却又没有加以利用的机会，因为资本主义国家拒绝借款给苏联。"（第346页）由此可见，苏联在原则上并不反对平等互惠的外债，只是当时无利用外债的机会而已。

(68)同上，第59－60页。《联共党史》第十章，一开始就讨论资金的累积问题，可与此处所引的斯大林的话参看。关于第一项的积累来源，《联共党史》曾说："苏维埃政权既将地主的土地所有权消灭，就使农民免除了每年必须向地主缴纳的约及五万万金卢布的地租。农民因为摆脱了这一切重担，所以能够帮助国家来创立新的强大的工业。"除工业、金融业、国内商业及对外贸易为积累的来源之外，《联共党史》还提到运输业。

(69)契尔尼克：《苏联工业发展的速度》，第33页。

(70)《列宁文选》，卷六，第165页。

(71)吉雅琴科：《苏联财政与信贷》，第19页。

(72)同上，第42页。

(73)Baykov, A., *op. cit.*, p. 95.

(74)罗克兴：《苏联的工业》，第52页。

(75)《联共党史》，第334页。

(76)见注(74)及《联共党史》第347页。

(77)罗克兴：《苏联的工业》，第57页。

(78)《联共党史》，第364页。

(79)同上，第396页。

(80)罗克兴：《苏联的工业》，第95页。

(81)列昂节夫：《苏联工业化方法》，第26页。

(82)1950年预算的支出与收入，见1949年12月4日《人民日报》所载薄一波报告。折合小米数目，系根据1949年12月5日《人民日报》所载马叙伦谈话算出。据马叙伦说，1950年度必需的开支要595亿斤小米。

⑧这是根据我于1937年在苏联搜集关于当时中苏币值的资料而下的判断。其算法，系将142亿斤小米，照抗战前价格，折成战前币值，并按当时官方及外交人员所享受的两种卢布兑换率，将此小米总值，折成卢布。我所得的结论，便如文中所述。

⑧《列宁文选》，卷六，第113页。

⑧列宁、斯大林：《论社会主义经济建设》，下册，第117-118页。

⑧Gordon，M.，*op. cit.*，p. 369；Yugoff，A.，*Economic Trends in Soviet Russia*，p. 222.

⑧表中数字，1913年的，取自Yugow，A.，*op. cit.*，p. 160。自1929年至1946年的，取自Yugow，A.，"Reconversion and Reconstruction in the U. S. S. R"，*International Labor Review*，Jan Feb.，1947，p. 70。1950年的，见沃兹涅先斯基：《苏联新五年计划的任务与内容》，见科志敏诺夫等著，吴清友译：《苏联计划经济》，第66页。

⑧斯大林：《列宁主义问题》，第767页。

⑧《毛泽东选集》，第332页。

⑨见注⑧所引《苏联计划经济》，第67页。

⑨关于苏联的教育制度，见梅鼎斯基著，于卓节译：《苏联的国民教育制度》，《人民日报》1949年11月14日。1949年的新规定，见杜伯洛维娜在沈阳各界欢送苏联文化代表团教育座谈会上讲苏联的教育工作，载《人民日报》1949年12月12日。

⑨Nash，E.，"Soviet Union：Industrial Training"，*Monthly Labor Review*，Nov. 1947，pp. 569-571.

⑨苏联高等教育机关的数目，见《人民日报》1949年12月21日塔斯社莫斯科讯。大学生人数，见注⑨所引梅鼎斯基的文章。毕业的大学生人数，见苏达里可夫：《胜利的社会主义的宪法》，《人民日报》1949年12月5日。

⑨见注⑨所引苏达里可夫一文。

⑨罗克兴：《苏联的工业》，第144页。

⑨斯大林：《列宁主义问题》，第651-652页。

⑨罗克兴：《苏联的工业》，第165页。

⑨Kursky，A.，*op. cit.*，p. 210.

⑨波斯伯洛夫在莫斯科列宁逝世26周年纪念大会上的报告，见《人民日报》1950年1月25日。

⑩《苏联计划经济》，第51页。

⑩《联共党史》，第345页。

⑩《斯大林传略》，第86页。

⑩摘录自 Dobb，M.，*op. cit.*，p. 311。表中电力的单位，原文为十亿千瓦，显然错误，兹参照别书中的数字改正。

⑩斯大林：《列宁主义问题》，第 585 页。

⑩Yugow，A.，*op. cit.*，p. 14.

⑩Gray，G. D. B.，*Soviet Land*，p. 195；Gregory，J. S.，*op. cit.*，p. 227.

⑩斯大林：《列宁主义问题》，第 458、501 页。

⑩沃兹涅先斯基：《卫国战争期内的苏联战时经济》，第 41－42 页。

⑩贾托夫斯基：《苏联计划经济的本质与特征》，见《苏联计划经济》，第 114 页。

⑪Mandel，W. M.，*op. cit.*，pp. 58－59.

⑪罗克兴：《苏联的工业》，第 107 页。

⑪列昂节夫：《苏联工业化方法》，第 18 页。

⑪列宁、斯大林：《论社会主义经济建设》，下册，第 133 页。

⑪同上。

⑪契尔尼克：《苏联工业发展的速度》，第 44－45 页。

⑪Kursky，A.，*op. cit.*，pp. 208－209.

⑪Snyder，C.，"The Capital Supply and National Well-Being"，*The American Econornic Review*，June，1936，pp. 195－224.

⑪Yugow，A.，*op. cit.*，p. 32.

⑪*The Economic Reports of the President*，1948 edition，p. 122.

⑫列宁、斯大林：《论社会主义经济建设》，下册，第 418 页。

⑫同上，第 419－420 页。

⑫斯大林：《列宁主义问题》，第 757 页。

⑫同上，第 755－757 页。

⑫《斯大林传略》，第 130 页。

⑫列昂节夫：《苏联工业化方法》，第 27 页。

⑫《列宁文选》，卷四，第 640－641 页。

⑫同上，第 399 页。

⑫同上，卷五，第 326 页。

⑫斯大林：《列宁主义问题》，第 364 页。

⑬Mandel，W. M.，*op. cit.*，p. 331.

⑬Marschak，J.（editor），*Management in Russian Industry and Agriculture*，p. 75.

苏联农业建设研究

一、十月革命前的俄国土地问题

我们如想了解十月革命对于俄国农民的贡献，应当追述下自1861年以来土地问题的演变情形。

沙皇政府因在克里木战争（1853—1856）中遭到军事失败而势力大减，同时又慑于农民反对地主的骚动，乃不得不于1861年废除农奴制度。[①]

十月革命，离农奴制度的废除，不过56年，所以参加十月革命的农民，有一些人，他们的童年或幼年，还是在农奴制度下度过的。农奴制度废除之后，农民不像以前那样可以当作物品来买卖了。他们在解放以前所自耕的土地，现在归他们使用，但还不归他们所有。这块归他们使用的土地，名为“份地”。份地在名义上属于村社。村社按全村人口的数目，平均分配份地，人口众多的家庭，所得份地也比较多些。大致说来，份地的分配，是比较平均的。以萨拉托夫州四县的情况来说：无耕畜的农户，人口占总数的15.7%，份地占总数的14.7%；有一头耕畜的农户，人口占总数的25.3%，份地占总数的23.4%；有两头及两头以上耕畜的农户，人口占总数的59%，份地占总数的61.9%。[②]这种名义上的平均由于其他条件的变动，在经济上已失去其意义，此点我们以后再说。

农户的人口，有生有死，是时时在变动中的，所以份地的分配，也不能一成不变。隔若干年，重新分配一次份地，乃是常有的事情。1872年，有一个委员会报告每年重新分配一次，并非罕见的事。但是每隔3年或6年进行再分配比较普遍。也有一些地方，是隔12年或15年再行分配一次的。以莫斯科省而论，平均12年重新分配一次。[③]

这种情况，是阻碍生产力发展的，农民因耕种土地的不固定便不肯在土地上投资，因为他怕投资的所得，将来在土地再分配后将为他人所有。

农民在解放后所耕种的份地，如地主不加以掠夺，依理应当与他们在解放前所自耕的土地面积相等，但在肥沃的地区，如黑土地带，地主在解放农民时割夺了农民先前耕种的一大部分土地，于是农民就把这部分土地称为割地。在黑土地带有些地区，割地等于农民以前耕种土地的 26％到 44％。[④]在别的地区，“由于实行改良的结果，农民被割去的土地等于在农奴制时他们所有土地的 1/5 强。农民份地在改良后的缩减情形，可用萨拉托夫省为例来说明。这里的割地额占农奴制时代属于农民的全部土地的 41％。萨拉托夫省在农奴解放时期，7.4％，即 1/14 农民的份地扩大了；1/4 强农民的份地无所增减，将及 2/3 农民的份地缩减了。总结来说，这 2/3 被割去份地的农民中，平均每一男子在农奴制时曾拥有 4.9 俄亩，而在得到自由后，只剩下 2.8 俄亩，就是说份地额几乎缩减了一半”[⑤]。

在这种土地制度下，农民的生活是怎样的呢？

首先，我们可以看出，农民在解放后所分得的土地不能利用农民所有的劳动时间。在解放前，农民除了耕种自己的那份土地以外，还要用一半的时间去替地主耕种土地，这就是劳务地租。解放以后，农民可以不必替地主耕种土地了，但他自所耕种的份地，不但没有扩大，而且在好些地方，还比以前缩小了。为充分利用农户的劳动力起见，他们不得不向地主另租种一些土地。于是工役制度便产生了。“一个农民租佃一块土地，必须做一定日子的工役以作报偿”[⑥]。因此有些观察家认为 19 世纪七八十年代的农民，虽然解放了，但在实质上并无重大的变更。“在农奴制下，地主的田地是由农民自带农具与牲口去耕种，而现今也恰恰还是那些农民自带农具与牲口来耕种地主的田地，前后之间的区别只是现今为地主耕种的不是农奴，而是还在冬天就已欠债的债户。”[⑦]

其次，农民的解放，并不是没有代价的。农民必须赎身与赎买土地。赎身费是赔偿地主因农奴解放所受的损失。每个农奴的赎身费，在黑土区内达 36.1 卢布，而在非黑土区内，则达 62.3 卢布。农民当然一下拿不出这样多的钱。于是代表地主阶级的沙皇政府，便替农民先付 4/5 而让农民分期归还。[⑧]土地赎买价格，即农民所应支付的价格，要比市场高一倍半至两倍。[⑨]除此以外，农民因为有了自耕的土地，还要向国家纳税。种种掠夺的方法，把落后农民经济的脂膏榨取干了。

赎金，即农民向过去奴隶主所缴纳的贡税，并不由农民单独负责，而由村社集体负责。因此，村社不让农民自由地移居他乡，因为失去一个农民，便是失去一个缴纳贡税的人。农民如要迁移他处，村社常常要他缴清他那一份赎金，才肯放行。因此，农民在名义上是解放了，但实际上仍被束缚在土地上面。这些办法，便替地主保证了可以利用、可以剥削的劳动力。[10]

农村的分化，即小耕作者分化为农业企业者与工人的过程，在19世纪末叶即已进行[11]，但在1906年斯托雷平颁布了新的土地法令以后，这种过程更为显著。斯托雷平的土地法令，其重要之点有三：（1）每个农民可以退出村社而另立田庄，他可以把自己享有的份地变成自己的私产。也就是说，他有出卖及出租份地的自由。（2）村社必须为每个退出村社的农民，分出位置在一个地方的土地。也就是说，把分散在各地的农场合并成一整块，交给农民。[12]（3）政府以信贷方法，协助农民购地，以便培植出一个人数众多的农村资产阶级，作为自己在农村中的坚强支柱。[13]

这个新的土地法令，维护了哪些人的利益呢?

第一，它维护了地主阶级的利益。斯托雷平政策，使地主发财致富。1895年，土地价格经过农民银行出卖时，每俄亩为51卢布，而在1906年，则为126卢布。当全俄因俄国发生革命而遭到大批损失的时候，俄国大地主都乘机发了大财。当时有6 000多万卢布落入了他们的私囊。另外一个计算所得的结果是：在1905年11月3日以后，政府拿农民所付购买土地的款项，付给了地主5 200万卢布，同时又拿自己的款项，付给了地主2亿4 200万卢布，总共有约2亿9 500万卢布的人民金钱，被付给了贵族地主。[14]

第二，新的土地法令，便宜了富农。“斯托雷平用强力消灭着村社以利于一小群富有份子。”[15]列宁便是这样来估计斯托雷平的土地法令的。沙皇政府发给富农大量借款来收买土地和成立单独田庄，斯托雷平想把富农变成小地主，变成沙皇专制制度的忠实卫士。[16]在1905年，大地主所有的土地，共达7 280万俄亩，其中有520万俄亩，在1913年，便转到富农的手里去了。出售土地的，不只地主而已。贫农因耕畜或农具不足，无法耕种自己的份地，便将份地出售。自1908年至1915年，贫农出售的农场，共达120万个。贫农在出售土地之后，自己除了劳动力外，便一无所有了。这样的人，便沦为雇农，或迁入都市，成为无产阶级的工人。[17]

富农不但向贫农购地，有时也向贫农租地。出租份地的基本上是无耕马的农户，即农村无产阶级。富农向贫农承租土地，比向地主承租土地更为合算，因为租种份地的租金，比租种地主土地的租金，要低贱得多。奥勒尔省内，1俄亩农民份地的租金为7卢布74戈比，而1俄亩私人土地的租金则为12卢布4戈比。[18]贫农出租土地，而富农则承租土地，这种情形，似乎很特别，但在十月革命前的俄国，则是极为普通的。

所以列宁说："当人们向我们说'农民'租佃土地与'农民'出租土地时，我们就知道：前者主要是指农民资产阶级，后者是指农民无产阶级。"[19]租佃制度在当时农村中是如此风行，所以份地在经济上便失去了意义。虽然从统计方面看去，各个农户所占有的份地相差无几，但因贫农出租份地而富农租入份地，所以农民所掌握的土地的实际分配，已经与份地的均等性没有任何共同点，20%的农户占土地全部35%到50%，而50%的农户则占土地20%到30%。[20]

列宁曾根据1907年中央统计局印行的1905年土地占有情形统计，对于俄国的土地分配情况，作一详细的分析。他将20世纪初叶的俄国农民分为四大类：(1)受农奴制大地产压迫的大多数农民，他们是直接需要没收大地产的，他们从没收大地产中能获得直接并且最多的利益。(2)为数甚少的中农，他们现在已拥有近乎中等的、足供普通经营的土地数量。(3)为数甚少的富裕农，他们日渐变为农民资产阶级，并经过许多过渡环节而与按资本主义方式经营的农业相联系着。(4)农奴制大地主，他们所占土地数额远超过现代俄国资本主义农场规模，其大部分收入是从盘剥农民和对农民施行工役制剥削中获得的。以上四类土地占有者的平均地产数额如下述：第一类是15俄亩以下，第二类是15至20俄亩，第三类是20至500俄亩，第四类是500俄亩以上。其实际分配情形如下表：

第一表：20世纪初叶欧俄土地分配情况表　　　　单位：百万

	户数	土地俄亩数	平均每户所有土地俄亩数
(甲)备受农奴制剥削的破产农民	10.5	75.0	7.0
(乙)中农	1.0	15.0	15.0
(丙)农民资产阶级和资本主义地产占有者	1.5	70.0	46.7
(丁)农奴制大地产占有者	0.03	70.0	2 330.0
共计	13.03	230.0	17.6
按户分配情形不明的地产	—	50.0	—
总共	13.03	280.0	21.4

列宁在1907年总结当时的土地问题时说："一千万户农民拥有七千三百万俄亩土地。两万八千个高贵和丑陋的地主拥有六千二百万俄亩土地。这就是农民争取土地斗争所由展开的基本背景。"[21]这个结论，一直到欧战的前夕，列宁还时常引用。[22]

在十月革命以前，俄国农民的技术水准是很低的，因此他们需要相当大的土地才能维持生活。到底需要多少土地呢？斯洛泰烈夫将军以为每一农户只要有5俄亩土地便足够经营农业了，而普罗科坡维奇则认为每户要有 8 俄亩。[23]可是在 20 世纪初叶，有 1 000 万户农民，平均每户土地只有 7 俄亩。实际农户土地在 8 俄亩以下的，在 600 万户以上。[24]列宁说："六百万农户，这是说从二千四百万到三千万的人口。所有这些人口，都是贫人，都是穷光蛋，他们只有小小一块被分与的土地，靠这样的一小块地是不能维持生活的，靠它只有饿死了！"[25]

农民当然是不甘心饿死的，所以他们就发出要求土地的呼声。我们下面引用两个农民代表在沙皇的杜马中所说的话，以示农民意志的一斑。

基辅省的农民代表沙赫诺说道：

> 诸位人民代表！农民代表要走到这个讲坛来反驳富豪地主先生底意见，是很觉困难的。现在农民生活非常贫苦，是因为他们缺少土地……农民忍痛受苦，因为地主残酷无情地压迫他们……为什么地主们可以拥有大量土地，而农民则只有死路一条呢？……所以，诸位人民代表，当农民派我到这里来时他们曾嘱咐我，叫我坚持他们的需求，坚决要求给他们土地和自由，坚决要求把一切官地，部院土地，皇室土地，私有土地和寺观土地都毫无报偿地强迫让渡出来……诸位人民代表，你们要知道，一个饿肚皮的人看到政府毫不顾及他的苦痛而始终站到地主老爷方面，是不会安心静坐的。他不能不要求土地，虽然这是犯法的事；因为贫困迫使他不能不这样做。一个饿肚皮的人是什么都不怕的，因为贫困迫使他不顾一切，因为他又饥饿，又贫困。[26]

萨拉托夫省的农民代表基尔诺索夫也喊出同样的要求，而且在他的话中，表现出更大的革命性。他说：

> 现在我们除土地而外什么也不去讲；但人家却又对我们说：土地是神圣的，是不可侵犯的。我以为土地决不是不可侵犯的；凡是人民所想要的东西都决不是不可侵犯的。（右派座上喊声："真的么！"）是的：真的呀！（左派座上鼓掌声）。贵族先生们，你们以为我们不知道你们用我们赌过博，用我们换过狗么？我们知道你们曾把这一切都当作你们神圣不可侵犯的私产……你们从我们手里偷去了土地……派我到这里来的农民说过：土地是我们的；我们到这里来不是要来买土地，而是要来拿土地。[27]

基尔诺索夫说得对，土地是农民的。但在地主还拥有政权的时候，这句话只是一个善良的愿望而已。不把地主的政府推翻，土地是永远也不会属于农民的。要土地就要革命。而这一天终于在列宁-斯大林时期党的领导之下来到了。

二、从消灭地主到消灭富农

1917 年 10 月 25 日，是人类历史的新纪元，是伟大社会主义革命纪元的开始。

10 月 26 日，就是全部政权转归苏维埃掌握的第二日，第二次苏维埃代表大会通过了土地法令。依照这个法令，农民因十月革命胜利而一共获得了 1 亿 5 000 万余俄亩的新有土地。这些土地从前是握在地主、资产阶级、皇室、寺观和教堂手中的。农民免除了每年向地主缴纳的约 5 亿金卢布的租金。所有地下蕴藏（石油、煤炭、矿源等）、森林和水流，一律转归人民所有。[28]

俄国农民数百年来所力求实行的土地变革，最终实现了。

在土地法令通过之后，苏俄各地农民便开农民大会讨论分配土地的方式。在 1917 年秋天，只在很少的县份内分过土地。苏俄境内重分土地一举，大半是在 1918 年间实现的。在大多数场合内，分配土地有两种方式：或按人口分配土地，或补给少地和无地农民以土地。虽然有若干地区，一切土地不论原主为谁，概行分配；但在大多数地方，份地大都未经再行分配，甚至在进行平分土地时，原主仍保留其旧有份地。少地及无地农民所分得的，乃是地主的、官家的、皇室的、寺观的土地，以及富农的超额土地。各处土地的分配，都以村为单位，由乡与乡之间来进行重分土地的现象较少，县与县之间更少，而由省与省之间来重分土地的事是没有过的。[29]

地主的土地，转移到农民手中之后，农业经济发生了很多的变动。从前农民所耕种的土地，只占 70%，现在增至 96%。在乌克兰，此项比例，从 56%增至 96%，有些区域，甚至增到 100%。[30]农民的土地，比革命前平均大了 1/3。[31]加增的程度，在各地是不一致的。有的地方，如库尔斯克省科纳舍夫乡，每户平均土地，以 1920 年与 1917 年相比，只增加了 16%，而平庄省茨纳闵乡，在同期内，却加增了 7 倍。[32]但是最大的变动，乃是以前无地的农民，现在也分到土地了，于是农场的数目，就大大地加增。在 1913 年，有 1 600 万农户，而在 1925 年，则增至 2 400 万农户，1927 年，更增至 2 530 万农户。[33]斯大林对于这个大变动的意义，曾作如下的观测：

> 在十月革命发生后，我国农业结构发生了变化，已从商品粮食出产量极多的巨大地主经济和巨大富农经济，过渡到了商品粮食出产量极少的小农经济和中农经济。[34]

小农经济的弱点，就在于它是半消费性的经济，不能产生大量的商品粮食。在1913年，谷物的20.3%是在市场上出售的，但在1926—1927年则为13.2%，在1928—1929年，则更降至11%。在市场上出售的牲畜产品，也同样有下降的情况。在1913年，出售数量等于生产总量的30.9%，而在1928—1929年，则为26.3%。[35]苏联在1927年，工业生产已超过战前水准，而自1928年起，就要开始五年计划。五年计划的中心工作，是国家工业化。工业对于劳动力的需要加增了，因而对于商品粮食的需要也就加增了。可是在1928年的前夕，商品粮食不但没有加增，反而有下降的趋势。这就是摆在苏维埃政权面前的一个严重的问题。这个问题必须解决，否则国家工业化的工作便要受到阻碍。

出路何在呢?

斯大林对于这个问题的回答是：

> 出路就是把落后的散漫的细小农场联合为大规模的公共农庄，这种公共农庄是得到机器供给，用科学成绩武装起来，而能够生产最多商品粮食的。出路就是要在农业方面由个体的农民经济过渡到集体的公共的经济。[36]

可是过渡到全盘集体化的经过，并不是表现于农民群众简单而和平加入集体农庄，而是表现于农民群众同富农进行斗争。《联共党史》说："全盘集体化就是消灭富农。"为了解农业集体化与消灭富农的关系，我们应当追述一下在十月革命以后，1929年大规模集体农庄运动发展以前，富农发展的经过以及苏维埃政权对于富农所采取的政策。

列宁-斯大林时期的党，对于富农所取的态度，曾因革命情况的推移，变更过好几次。在1917年2月以前，列宁主张协同全体农民，反对君主制度，反对地主，反对中世纪制度。在沙皇制度及地主还未推翻时，俄国的革命是资产阶级性质的，所以当时的口号是联合全体农民。[37]富农自然也包括在全体农民之内。在沙皇制度被推翻之后，布尔什维克所持的出发点并不是联合全体农民，而是联合农民中的贫苦部分；布尔什维克在走向十月革命所实行的口号，并不是工农专政的旧口号，而是无产阶级与贫农专政的新口号。[38]布尔什维克是协同贫农，协同半无产阶级，协同一切被剥削者，反对资本主义，就中也反对农村的富人、富农和投机者，所以革命就变成为社会主义的革命。[39]

十月革命成功后所宣布的土地法令，是从实现资产阶级民主革命所遗留下来的任务开始的，其中最重要的是，没收地主土地与平分土地。平分土地，自然要影响到富农，因为富农的超额土地是要拿出分配的。因为要剥夺富农这一部分的既得利益，所以代表工人阶级的政党，不可能与全体农民联盟，而只能与农村贫民联盟。1918 年 6 月 11 日，法令成立了贫农委员会（贫委）。组织在这委员会内的贫农，借工人们的协助，不仅彻底重分地主的土地，而且彻底重分富农的超额土地，富农所占据的 5 000 万海克脱的土地已转入贫农、中农的掌握。1918 年末，贫委既已完成了自己的任务，于是就宣告取消而与农村苏维埃实行合并。[40]这个步骤，是因农村中阶级力量的对比有了变动而采取的。在 1918 年末，布尔什维克在农村中的势力已超过富农，中农已转向苏维埃政权方面来了。正是在这样一个转变以后，列宁在第八次党代表大会（1919 年 3 月）上，提出第三个战略口号，这口号就是依靠贫农，并与中农建立坚固联盟，向前去为社会主义建设而奋斗。[41]这个口号，如用一个简单公式表示出来便是：（1）要依靠贫农；（2）要与中农成立协定；（3）一分钟也不停止反富农斗争。[42]

自 1919 年以后的十年内，苏维埃政权对于富农所取的态度，基本上是以第三个口号为依据的。

我们现在再来分析富农在十月革命后的情况及其发展与消灭的经过。

十月革命之后，特别是在 1918 年内，富农的既得利益受到了打击。可是作为一个阶级看，它并没有与地主阶级同时消灭。土地法令虽然宣布土地私有权永远废除，禁止土地买卖、租借或抵押，以及任何其他方式的让渡，可是关于租借一点，自始就没有严格地执行。以前地主的土地、官地及皇室土地，有时并未被分配，而是被出租了（如皮尔姆省孔古尔县）。西姆比尔斯克省的官地与皇室土地，直至 1919 年 1 月止，曾留作租地，而租金则由省土地部承收。不但如此，连贫农已经分得的土地也常租与富农耕种。贫农因为没有粮食，没有具备从事耕作的一切条件，常常不得不把自己刚领到手的土地租给富裕农民，并在较以前更加苛刻的条件下去替他们做工。1921 年，当转入新经济政策时期，原则上准许出租土地，因而也承认了在农业中可以采取雇佣劳动。1925 年 5 月，苏联第三次苏维埃代表大会用立法手段把出租土地一举，加以确定。苏维埃国家在 1925 年间用立法手段准许出租土地和雇用工人时，不过是把乡村中实际上存在的关系加以合法化罢了。[43]

所以在十月革命之后，乡村中农民分化的过程还是继续进行的。可是富农的数目以及他们在农业中的地位，已经大不如前了。在革命以前，富农占全体农民 15%，而在 1929 年，富农的数目，不过占 4%至 5%。[44]在革命以前，富农生产的谷物，有 19 亿普特，可是在 1927 年，已经不是 19 亿普特而是 6 亿普特了。所以，自十月革命以后，富农的力量已削弱了 3 倍多。[45]富农是从乡村中分化出来的资产阶级。另一端就是贫农。什么是贫农呢？就是在经营农业时通常缺乏种子，或缺乏耕马，或缺乏农具，或是连所有这一切都缺乏的人。贫农就是过半饥半饱生活，通常都受富农剥削，而在旧俄时代既受富农剥削，又受地主盘剥的人。[46]在乡村中，每 100 家农户，有 4 家或 5 家是富农，8 家或 10 家是丰裕农，45 家至 50 家是中农，以及 35 家是贫农。所以受富农盘剥的贫农，至少要占农户总数的 35%。[47]

富农虽然只占农户的 4%至 5%，虽然只生产 6 亿普特的谷物，但是富农经济并非半消费经济，它是生产商品粮食的。富农把粮食囤积起来，对政府的粮食采办政策表示反抗，他们嫌政府所出的购粮价格太低了，想以囤积不售的方法，来逼迫政府提高购粮价格。为了回应富农拒绝按固定价格把剩余粮食卖给国家的行为，党和政府实行了许多反对富农的非常手段；对于拒绝出卖剩余粮食给国家的富农，得根据法庭判决，没收其剩余粮食。这种办法的推行，政府得到了贫农很大的协助，所以政府便给予了贫农许多优待，使其可以从没收的富农粮食中，领得 25%来供自己享用。[48]1929 年以前的两年，政府大约需要 5 亿普特粮食来供给城市和工业点，供给红军和技术原料作物区域。用自流式的方法，政府只能采办 3 亿至 3 亿 5 000 万普特，其余 1 亿 5 000 万普特，却不得不用有组织地逼迫富农和农村殷实阶层的手段来取得。[49]富农看见囤积粮食的办法，不能改变政府的政策，便采取怠工的方法，于 1928 年秋及 1929 年春减少播种面积，想影响政府来改变对待富农的政策。但是苏维埃政权并不对富农让步。在 1929 年，实行集体农庄运动的条件已经粗备了，政府便决定以推广集体农庄运动的办法来解决商品粮食问题，同时在实行集体农庄化的政策之下来消灭富农。[50]

《联共党史》对于消灭富农的经过及其意义，曾作如下的叙述：

> 在一九二九年年底的时候，因为集体农庄和苏维埃农庄已有充分的增长，于是苏维埃政权就放弃这个政策而实行了一个急剧的转变。此时它已过渡到消灭富农阶级的政策，过渡到铲除富农阶级的政策。它废除了租地法和劳动雇佣法，于是就使富农失去了土地和雇工。它取消了禁止没收富农财产的命令。它允许农民把富农所有的耕畜、机器及其他农具没收转交给集体农庄。富农财产被剥夺了。富农财产被剥夺，实与一九一八年资本家在工业方面被剥夺的情形相同，唯一的区别只在于此时从富农那里没收过来的生产资料不是转归国家，而是转归联合在一起的农民，即转归集体农庄。[51]

苏联人数最多的剥削者阶级，即资本主义复辟支柱的富农阶级消灭了。于是农民便离开了生产着资本主义成分的个体经济的道路，走上了集体制度的轨道，走上了社会主义的轨道。

三、集体农庄的理论

集体农庄的思想，在马列主义的文献中，一向是占着很重要的位置的。马克思在《资本论》第三卷中，曾指出小农经济的缺点有五。第一，它阻碍了社会劳动生产力的发展。第二，它不能发展劳动的社会形态。第三，它不能积累资本。第四，它无法发展大规模的畜牧业。第五，它不能利用在发展中的科学知识。[52]小农经济，是朝着衰灭的路上走的。促成这种结果的原因有四。第一，家庭手工业，一向是小农经济收入的一个补助来源，因为大工业的竞争而趋于崩溃。第二，在小农经济的经营之下，地力逐渐变为贫瘠而且枯竭。第三，若干国家，如18世纪的英国，大地主把公共土地夺为己有，因而使小农失去生活资料的一个重要来源。第四，殖民地的农业以及资本主义的农业，其产品在市场上与小农经济竞争，使小农无法在市场上立足。[53]小农经济的出路何在呢？早在1850年，马克思在向共产主义者同盟中央委员会的演说中即已指出，在封建制度被摧毁之后，工人阶级应当反对将地主的土地细割碎分。因为这种办法，必然要产生乡村无产阶级，而使他们终究要走上贫困的道路。工人阶级应当要求将没收的封建财产，变为国有财产，并将其交与集体的农村无产阶级耕种。这种办法可以收到大规模农业的好处。[54]

恩格斯对于保存大农场，并将其交与集体农民耕种这一点，与马克思的见解，是完全相同的。他在论《住宅问题》一书中，曾批评蒲鲁东的土地主张，如下：

> 在德国还有许多大规模的土地财产。根据蒲鲁东的理论，这些应当分为若干细小农场。在现在的农业生产技术之下，同时我们又看到了法国及西德小土地所有者的经验，应当认为：蒲鲁东的主张，是完全反动的。现在依然保存的大田庄，给我们一个机会，可以大规模地经营农业。这是唯一的可以利用近代机器及近代设备经营的农业。我们可以用集体劳动的方法来经营，因而表示给小农看，大规模的农业到底有些什么好处。[55]

在这段话里，恩格斯有一个很重要的指示，就是对于小农应取的态度。对于小农，不可以用强迫的方法，应当慢慢地说服他们，使他们走上合作经营农业的道路。他又说：

> 我们坚决站在小农方面；我们将极力设法改善小农生活，使他们易于过渡到

协作制，要是他们决意这样办的话；如果他们还不能决意这样办，那我们就要设法给予他们尽多的时间，让他们在他们那一小块土地上考虑考虑这个问题。[56]

列宁继承了马恩关于土地问题的理论，又加以发扬光大。对于小农经济，他认为是非改造不可的。“靠小农经济是摆脱不了贫困境遇的。”“‘必须过渡到巨大模范农庄中的共耕制’，因为‘否则不能摆脱俄国现在所处的那种经济破坏的状况，那种简直是绝望的状况’。”[57]

列宁虽然承认小农经济必须改造，但他遵守恩格斯的指示，认为领导小农走上共耕的道路，必须用事实证明给农民看：集体耕种的方法，比较单独的、小规模经营的方法如何有利。早在1919年，列宁就已指出，农业公社和劳动组合，应当发生示范的功用。他在农业公社和农业劳动组合第一次代表大会上说：

你们大家从苏维埃政权底全部工作中当然都知道，我们非常重视农业公社，劳动组合以及一切力求把细小个体农业转变为公社协作农业或劳动组合农业，并逐渐促进这个转变过程的组织。你们知道，苏维埃政权早已拨出了十万万卢布基金来帮助创办这种事业。……所有这种企业的意义是非常巨大的，因为原来贫困不堪的农民经济如果仍旧不变，那末任何坚固地建立社会主义社会的事情也就无从谈起。掌握国家政权的工人阶级，只有当它在事实上向农民表明了公共的，集体的，共耕制的，劳动组合制的耕种方法底优越时……它才能真正向农民证明自己正确有理，才能把数千百万农民群众吸收到自己方面来，坚实可靠地真正吸收到自己方面来。……我国有千百万分散于各穷乡僻壤的个体农户。要想用某种急速办法，某种命令来从外面，从旁边去强迫加以改造，那就是完全荒谬的思想。我们明白懂得，要想影响千百万小农经济，只能采取逐渐的谨慎的办法，只能用实际模范例子来表明，因为农民非常讲求实际，与旧式农业联结得非常巩固，要使他们作某种严重的改变，单靠忠告和书本知识是不行的。要是这样办，那就既不可能，而且荒谬。只有在实践上根据农民切身经验来证明了必须而且可以过渡到共耕制的，劳动组合制的农业时，我们才可以说，在俄罗斯这样幅员广大的农民国家里，我们在社会主义农业道路上已经有了严重的进步。[58]

马、恩二氏已经提出了集体农庄的思想，在列宁的手中，集体农庄得到了初步的实践，一直要到斯大林的时代，集体农庄才成为苏联最主要的、最广大的农业组织。在实现农业集体化的过程中，斯大林把集体农庄的理论，向前推进了。他用了新的经验来丰富这个理论。

斯大林对于集体农庄理论的第一点贡献，是在说明了实现集体农庄计划所必需的几个条件。他说：

> 首先，为了实行这一建设集体农庄和苏维埃农庄的群众运动的计划，就要我们党上层机关在这方面首先得到党员群众底赞助。而大家知道，我们党是人数达百万的党。因此，当时必须说服广大党员群众，使他们相信上层领导机关底政策是正确的。这是第一。
>
> 其次，为了这点，就要在农民群众里造成一种拥护集体农庄的群众运动，必须使农民不会害怕集体农庄，而是根据本身经验相信集体农庄优于个体农庄，并自动加入集体农庄。而这件事情是一件需要相当时间的严重事情。这是第二。
>
> 再则，为了这点，就要国家有一批为资助这个运动，为资助集体农庄和苏维埃农庄所必需的经费。而这件事情是需要许多万万款子的哩，亲爱的同志们。这是第三。
>
> 最后，为了这点，就要把工业发展到能拿出机器、拖拉机、肥料等等来供给农业的那个程度。[59]

这些条件在十月革命时，是不具备的，所以虽然党的上层机关，早已认识到集体农庄的必要性，但没有开始来做这件事情。这些条件，直到1929年才出现了。

第二点贡献，斯大林认为集体农庄的发展，可以有两个阶段。在第一个阶段内，即使没有充分的机械可以利用，但是只要农民合作起来进行劳动，生产力便可有很大的进展。他说：

> 我所指的，不仅是那些已经发达而有机器和拖拉机作为基础的集体农庄，并且是那些初步的集体农庄，即代表集体农庄建设事业所谓手工场时期而倚靠于农民原有农具的集体农庄。我所指的，是现时在全盘集体化区域内所建立的那些初步的集体农庄，它们不过是把农民生产工具集合在一块来耕种土地罢了。例如，拿前顿河省鹤普尔区里的集体农庄来说。从表面上看起来，从技术方面看起来，这些集体农庄仿佛是和小农经济没有什么区别的（机器很少，拖拉机很少）。其实，在集体农庄里面，单是把农民工具集合起来进行生产，就获得了我们的实际工作者所想都没有想到的一种功效。这种功效有何表现呢？其表现就是自农民加入集体农庄以后，播种面积已经扩大了百分之三十，百分之四十，以至百分之五十。……这是因为在各人单独劳动的时候，有许多荒土和生地很难耕种，而从组织集体农庄时起，农民却有可能来加以耕种了。这是因为农民已有可能把生地拿

> 到自己手里了。这是因为农民已经有可能动用荒原，零星小块土地，田界以及其他等等了。[60]

第三点贡献，他明白地指出，集体农庄有各种不同的形式，要善于在某一时期选定适宜于当时技术基础的形式。概括地说，集体农庄的形式有三种。一是共耕社。共耕社还不实行生产资料公共化。二是农业公社。农业公社不仅把全部生产实行公共化，而且把分配也实行公共化。三是农业劳动组合。在农业劳动组合中，基本的生产资料，主要是谷物经济方面的基本生产资料，即劳动土地使用权、机器和其他农具耕畜以及经济建筑等，是公共化了的。在农业劳动组合中，屋旁园地（小菜园、小果园）住宅，某一部分产乳牲畜，小牲畜，家禽以及其他等等，是不公共化的。据斯大林在 1930 年的判断，共耕社是集体农庄运动中已往的阶段；农业公社实现的必要条件，还未成熟；唯有农业劳动组合，是当时集体农庄运动的基本环节，是集体农庄运动的主要形式。[61]这是什么道理呢？农业公社是否便没有前途呢？关于这些问题，斯大林回答说：

> 农业公社社员与劳动组合组员不同，他们没有个人占有的家禽，小牲畜，乳牛，谷物和园圃土地。这就是说，在农业公社中，没有顾到各社员底个人日常生活利益，没有把它与公共利益配合起来，却为了小资产阶级平均主义利益而用公共利益把它蒙蔽起来了。这当然是农业公社底最大弱点。……
>
> 这当然不是说农业公社根本用不着了，已经不是集体农庄运动底最高形式了。不，农业公社是需要的，而且它当然还是集体农庄运动底最高形式；……将来的农业公社是在技术更发展和劳动组合更发展的时候，在产品十分丰富的时候产生出来的。……劳动组合转变为农业公社的过程，应当是逐渐发生，应当是随着全体集体农庄庄员确信有这种转变必要的程度发生的。[62]

由此可见，共耕社是集体农庄过去的形式，农业劳动组合是集体农庄现在的形式，而在技术更发展、产品更丰富的将来，农业劳动组合将由一种更高的形式，即农业公社所代替。在 1929 年，共耕社占所有集体农庄的 60.2%，农业劳动组合占 33.6%，农业公社占 6.2%。到了 1934 年，农业劳动组合便成为最普遍的形式了，它占所有集体农庄的 96.3%，共耕社占 1.9%，农业公社占 1.8%。[63]

四、集体农庄的生产力与生产关系

在讨论集体农庄的生产力与生产关系以前，我们应先了解一下集体农庄所利用的土地。沙皇俄国耕地面积总共为3亿6 700万海克脱[64]，其中有8 000多万海克脱由富农占有，1亿5 250万海克脱由地主占有。卫国战争以前，苏联耕地面积总共为4亿2 200万海克脱，其中3亿7 100万海克脱归集体农民和个体劳动农民使用，5 100万海克脱归国营苏维埃农庄使用。[65]如果说，在革命前俄国贫农和中农的土地共1亿3 400万海克脱，即平均每户有7俄亩，而其中半数农户的土地还更少，那么，在伟大的卫国战争前夜，集体农民和个体农民所使用的土地则比这多2亿3 600万海克脱，即平均每户使用20海克脱土地。[66]

对此大量的土地，集体农民尚未充分加以利用。以谷物播种面积而论，集体农庄在1933年共耕种7 500万海克脱，而在1938年，则为9 200万海克脱，不到集体农民所能利用的土地的1/3。全国所有各种农庄各种农作物播种面积，在1938年约为1亿3 600万海克脱，也还不到苏联耕地面积的1/3。[67]其余的土地，可能有一部分用于畜牧事业上面[68]，有一部分则为生地，还未开辟。只从土地的数量方面观察，苏联的农业前途，还大有发展的余地。

苏联的集体农庄数目，在24万左右。[69]集体农庄的平均面积、每一农庄的平均农户数目及劳动农民数目，在各区是不一致的。兹将1938年的情况，列表如下：

第二表：苏联各区集体农庄平均面积、农户及劳动农民数目表[70]

区域	农场播种面积（单位：英亩）	农户数目	劳动农民数目
苏联全部	1 200	78	169
北高加索	3 300	151	—
乌克兰	1 900	141	291
伏尔加河中部及下游	4 100	136	278
乌拉尔	1 900	83	183
西西伯利亚	1 500	63	147
东西伯利亚	1 200	62	160
远东	1 400	47	121
卡查赫斯坦	1 700	79	161
乌兹别克	700	89	210

苏联集体农庄的平均面积为1 200英亩。这种平均农场面积，在世界上是规模最大的。如与美国比较，在1940年，美国的平均农场面积，为174英亩。同年美国的播种面积为3亿4 100万英亩，与苏联在1938年的播种面积相仿佛，但美国农场的总数为609万个，而苏联则只有24万个左右的集体农庄，在经营单位方面，美国比苏联约

多25倍。[71]所以斯大林在1939年说，苏联的农业与任何一国农业相较，是规模最大的。[72]

在集体农庄上从事农业劳动的农民，一共有多少呢？我们没有看见官方的公布数字，但根据各种资料估计，苏联能劳动的集体农民，可能在3 500万人至4 000万人。[73]这个数目，在机械化的耕种技术之下，可能太高了一点。换句话说，苏联还可以从集体农庄上吸取劳动力，使其参加别种工作，同时并不会减少农业的生产，因为集体农庄有丰富的技术，所以它一定能解放农村中一部分人的工作，使其转移到工业。斯大林有鉴于此，所以他请求集体农庄，每年至少供给150万的青年庄员，来满足工业方面发展的需要。[74]

苏联的播种面积，在1938年，为1亿3 690万海克脱，如合成华亩，当在21亿亩以上。中国估计有耕地面积14亿亩，所以苏联那时的耕地，比中国约大1/2。中国从事农业生产的农民，至少当在1亿5 000万人。苏联为什么可以利用约等于中国1/4的农民，耕种比中国约多1/2的土地呢？答案是很简单的，苏联集体农庄的耕种方法，大体上已经机械化了。

苏联平均每30个集体农庄，就有一个拖拉机站替它服务。什么是拖拉机站呢？

> 机器拖拉机站是由国家组织及用国家的款子成立的。它有世界上最进步的农业技术，有它的修理工厂，以及专门的技术农业工作人员干部。机器拖拉机站的唯一任务就是替集体农庄服务。机器拖拉机站自己没有耕地。每个机器拖拉机站平均有拖拉机80架（通常每架15匹马力），总实力有1 260匹马力，22个两用联合机，14架复杂的打谷机，60架拖拉机犁，13架拖拉簸谷机，32架种植机，29架拖拉播种机以及其他许多机器。在战前，苏联共有拖拉机站约7 000处。[75]

苏联农业的大规模机械化，乃是第一个五年计划实行以后的结果。在1927年，苏联自己只制造了21架拖拉机，1928年，也还只能制造2 700架。加上自外国输入的拖拉机，那时总共不过30 000架。可是到了1940年，只是斯大林格勒的拖拉机制造厂，每年就可制造40 000架了。[76]1940年，苏联农业方面已拥有拖拉机530 000架，康拜因机182 000架，载重汽车228 000辆。[77]全国所有拖拉机的能力，从1932年的225万马力，增加到1937年的800多万马力[78]，1941年的910万马力[79]。在卫国战争期内，苏联沦陷区内农业机械化的物质基础备遭破坏，被敌寇毁坏或劫走的有137 000架拖拉机，49 000架康拜因机，46 000架用拖拉机曳引的谷物播种机，35 000架复式和半复式打谷机。[80]这种损失虽然严重，但是苏联恢复的力量也是很大的。在第四个五年计划内，拖拉机的生产将达720 000架，而第二个五年计划，则只生产512 000架。[81]在

1948年，苏联的机器生产，已大大超过战前的水准。在那一年，苏联农业所得到的拖拉机，3倍于1940年的数目。[82]由此看来，苏联现在农业机械化的程度，已经超过战前的水平了。

农业工作的整个过程，其机械化的程度并不一致，但有一共同的趋势，即无论哪一方面，机械化的程度都是加深的。以耕种来说，在1932年，有19%的土地，是用拖拉机耕种的，而在1940年，则增至67%。以播种而论，机械化的程度，在同一时期内，由20%加至52%。收割的机械化程度，则由4%加至43%。在第四个五年计划内，此三项工作的机械化程度，将各提高至90%、70%及55%。农业的机械化，已产生若干美满的结果。第一，农业劳动生产率大大提高。第二，解放了许多劳动力，使其从事于工业及运输等工作。第三，农村妇女大量参加农业生产工作。第四，新的农业生产部门已在乡村中出现。第五，播种面积年有加增。第六，农业中的工作竞赛，已成普遍的现象。这一切，都使农业中的计划生产，成为可能。[83]

在集体农庄上，除了人力及机械的生产力以外，还有耕畜的生产力。就全苏联说，平均每一个集体农庄，大约有耕牛65头、马56匹。[84]如以1950年底的耕畜计划数目，与1940年底的耕畜实际数目相比，则马的数目略有减少，从1 450万匹，减至1 030万匹，牛的数目则有增加，从2 000万头增至2 590万头。[85]以上牛、马两项，只计算集体农庄上的数目，并没有把全国各种农庄上的牲畜数目一齐计入。

我们如将苏联农业中机械所发生的力量与耕畜所发生的力量比较，可以看出一种趋势，即前者的比重加增，而后者的比重减少。换句话说，在苏联的农业中，无生力量的利用大大加增了，因而降低了有生力量的重要性。这是社会发展的一种规律，不但在农业中，在其他各种产业中，也可看到同样的情况。今将苏联农业力量来源的统计，列表如下：

第三表：苏联农业力量来源统计表[86]

发动机种类	1916年	1928年	1932年	1937年	1938年（预计）
拖拉机	0	1.3%	12.9%	31.2%	30.3%
载重汽车	—	0.1%	1.7%	14.5%	17.4%
康拜因机	—	—	2.9%	13.4%	14.0%
他种发动机	0.8%	2.6%	4.7%	7.6%	8.2%
各种机械发动机共计	0.8%	4.0%	22.2%	66.7%	69.9%
耕畜（折成机械力计算）	99.2%	96.0%	77.8%	33.3%	30.1%
总共	100.0%	100.0%	100.0%	100.0%	100.0%

以上我们大略叙述了苏联集体农庄上的生产力，现在我们再来叙述苏联集体农庄上的生产关系。

“生产力底状况所回答的问题，是人们用怎样的生产工具来生产他们所必需的物质资料，而生产关系底状况所回答的问题，则是生产资料（土地，森林，水利，矿源，原料，生产工具，生产建筑物，交通联络工具等等）归谁所有”[87]。苏联社会主义所有制，根据苏联宪法的规定，表现为两种形式，即国家财产（全民财产）及合作社集体农庄财产（各种集体农庄财产、各合作社财产）（宪法第五条）。集体农庄所使用之土地，为国家财产的一种（宪法第六条），但归集体农庄无代价与无限期使用，即永远使用之（宪法第八条）。集体农庄与合作社之公共企业及其耕畜与工具，集体农庄与合作社所出产之产品，以及集体农庄与合作社所有之公共建筑物，概为集体农庄与合作社之社会主义财产。集体农庄内每一农户，按照农业劳动组合章程规定，除从公共集体农庄领得主要收入外，尚能拥有小块园地以供个人使用，并拥有此园地上所有副业，以及住宅、食用牲畜、家禽及细小农具，为其个人财产（宪法第七条）。个人财产，是有限制的。个人所领得的小块园地，只有 0.25 海克脱到 0.5 海克脱，而在某些区域可达 1 海克脱。在农业区域的每一农户，可有 1 头牛与 2 头小牛，1 头至 2 头母猪和小猪，10 只绵羊及山羊，无限制的兔子及家禽，以及最多 20 个蜂房。上述牲畜的数目，在畜牧区域，可以加增，即每一农户可有 8 至 10 头牛及小牛，100 至 500 只绵羊及山羊，10 匹马，8 只骆驼。[88]宪法上虽然容许集体农庄的农民拥有个人的园地及副业，但以自力经营、不剥削他人劳动为限。同时还有一点可以注意的，即集体农庄上所利用的主要生产工具，如拖拉机、康拜因机等，归机器拖拉机站所有，而机器拖拉机站则为国家财产，亦即全民财产的一部分（宪法第六条）。

以上所述苏联集体农民与生产资料的关系，明白地指出苏联的农民阶级与工人阶级之间，还有一些区别。首先，苏联的工人阶级利用国家财产以从事生产，而集体农民则除利用国家财产以外，还利用集体农庄财产及个人财产。其次，苏联的工人阶级，以其工作的结果，完全贡献给国家，并从国家领取其所应得的工资，以维持生活。而集体农民在其个人园地上工作的结果，完全归个人支配；在集体农场上工作的结果，除一部分交归国家以履行其本身义务外，余下来的一部分，除用以发展集体农庄的公有经济之外，全由集体农民按劳动分配。最后，集体农民因有小块园地上的副业，所以他们需要一集体农民市场来销售他们的产品。同时他们从集体农庄上分配得到的那一份实物，如自己消费不完，也可在集体农民市场上出售。工人阶级则只从市场上购入消费品，但自己并没有属于个人所有的产品向市场推销。这些差异的存在，使已入社会主义境地的苏联，还保存着两个不同的阶级，即工人阶级与农民阶级。可是这两个阶级，是彼此互助、彼此合作的。苏联所有一切剥削阶级都被消灭了。

工农阶级的差别，在苏联通过 1936 年的宪法时，虽然依然存在，但在将来的社会里，是可以消灭的。1921 年，全俄运输工人代表大会开会的时候，会场上贴了一张标语，即“工农统治是会永远存在的”。列宁认为这个标语是有毛病的。他说：

> 当我读罢这个奇怪标语时，我便想道：在我们这里，连关于这种初步和基本的事理，都存在有误解。老实说，如果工农统治真会永远存在，那么，任何时候也就不会有社会主义，因为社会主义便是消灭阶级，当工人和农民还存在的时候，不同的各阶级也就存在，因而也就不能有完备的社会主义。[89]

列宁所谓“完备的社会主义”，大约即指共产主义的高级阶段而言。[90]关于这一点，斯大林说得更为清楚。他在讨论苏联宪法第一章时，指出苏维埃社会是由两个阶级，即工人和农民组成的。宪法草案第一条所说的正是这一点，而这一条也就正确地反映着苏联社会的阶级成分。他反对以“劳动者国家”等字样来代替“工农国家”字样。他批评提出这类修正案的人说：

> 难道我国工人阶级和农民阶级已经消失了么？如果他们还没有消失，那是否应当把它们俩者固有名称从字典中一笔勾销呢？提出这个修正的人，大概不是指现有社会而言，而是指将来社会，指将来已没有阶级，而工人和农民都已变成统一的共产主义社会里的劳动者的社会而言。所以，他们显然是跑到前面去了。可是，在制定宪法时，是不应当从将来出发，而应当从现在，从已有事实出发的。宪法是不可以，而且不应当跑到前面去的。[91]

由此可见，苏联社会的阶级成分还在发展与变动之中。根据现在的生产关系，苏联还有农民与工人两个阶级，而当将来生产力更为发展、产品十分丰富的时候，苏联的工人和农民都将变成统一的共产主义社会里的劳动者了。

五、集体农庄的组织管理与所得分配

现在苏联集体农庄的组织法规，是 1935 年 2 月由全联邦集体农庄代表大会通过，后来由政府批准的。[92]根据这个法规，凡满 16 岁的人，不问男女劳动者，统可加入集体农庄为庄员。庄员全体大会，是农庄的最高管理机关。全体大会，每月开会 2

次。全体大会选出理事会、监察委员会及农庄主席。理事会，每两年改选一次，设理事 5 人至 9 人。监察委员会也是两年改选一次，设监事 3 人至 5 人。全体大会所选出的集体农庄主席，同时也是理事会主席。副主席由理事会于主席所推荐的理事中选举一人充任。集体农庄的会计可由理事会在集体农庄中选举一人充任，但如集体农民中没有适当的人选，也可从外边雇用。集体农庄的基层组织是工作队，每队的人员有 30 人到 60 人。在队之下，又分为若干工作组。队长由理事会委任，任期 2 年到 3 年。每一工作队由理事会指定在一定地段上担负全年的工作，并依照合同领到一切必要的农具、耕牛、饲料等物。队长组织工作，分配任务，检查队员执行工作的结果，并在集体农庄庄员劳动簿上记下每一庄员的劳动日，以为将来分配所得的根据。[93]

集体农庄的生产，是照着一定的计划进行的。计划的拟定，可以分为三步。第一步是由上级机关制定生产目标；第二步是由集体农庄根据上级所规定的任务，拟一详细的生产计划；第三步是由政府将生产计划以命令方式交给集体农庄，由其负责执行。最重要的是第二步。当集体农庄接到上级所规定的生产目标之后，即由理事会指定农庄上的农艺专家，会同工作队的队长，开会商讨如何拟定详细的生产计划。在这种时候，机器拖拉机站及地方政府的农业专家，也派人来协助进行。生产计划拟定之后，起初是在理事会中讨论，但最后必须交全体庄员大会通过。在大会上，任何男女庄员，都可以提出修正的意见。在生产计划中，通常包括下列的项目：（1）播种计划；（2）收割计划；（3）与机器拖拉机站订立的合同；（4）购买及修理农业机器及工具；（5）工作队的组织；（6）加增每亩生产量计划；（7）开垦新地计划；（8）发展畜牧事业计划；（9）手工及家庭工业；（10）建筑计划；（11）预算及投资计划；（12）完成对于国家的义务计划；（13）所得分配；（14）文化及社会活动。除了每年的生产计划以外，为配合国家的长期经济建设工作，每一集体农庄，也各拟有五年计划。[94]

集体农庄的庄员，每年在集体农庄上必须工作一定的劳动日。法律上所规定的必需劳动日，近来有增加的趋势，这符合安德莱夫在第十八次党代表大会所提出的原则，即集体农户的个人经济应该更加带着狭隘的附属性质，而公共的集体农庄经济应该发展起来成为基本的经济。[95]在卫国战争时期以前，每一集体农民，应当在集体农庄上工作 60 日至 100 日。在 1942 年，此数加至 120 日到 150 日。[96]我们在此应加注意，工作一日，并不等于一个劳动日。劳动日是计算庄员工作的单位，在质和量两方面同时予以照顾。劳动日的计算共分七级，最低的是简单而无须特别技巧的工作，即使工作一天，也只算半个劳动日。反是，对于极需技巧的工作，即使工作一天，也可以算为两个劳动日。一个成年的集体庄员，在1940年平均的劳动日单位是252，而在1944年则增至351。这个数字，很明显地表示出广大的庄员对于社会主义劳动的态度。[97]

我们上面已经提到，工作队是集体农庄上的基层组织，每一工作队都有其固定的工作地区及任务。假如工作队只是完成了任务，但没有超过任务，那么队员的所得，是以劳动日计算的。如果超过了任务，还有各种奖励的办法。第一种奖励的办法，便是发给奖金。以农作物而论，如系谷物，即以超过任务数额的1/4给奖；如系亚麻，即以超过数额的1/3给奖；如系马铃薯，即以超过数额的1/5给奖；如系棉花及糖萝卜，即以超过数额的1/2给奖。类似的超额奖金，在畜牧业中也有规定。[98]第二种奖励的方法，是由集体农庄出资，保送这些生产成绩优良的庄员到高级学校或训练班中去读书。在求学期内，读书的时间，仍可照一定的办法，作为若干劳动日计算。最后一种奖励的办法，就是名誉奖。集体农庄的主席或队长，假如在他的农庄上种植小麦，在不少于20英亩的地段之上，每一英亩能生产44.7蒲式耳；种植玉米，在不少于7.5英亩的地段之上，每一英亩生产112蒲式耳，可得“劳动英雄”的称号。如在每英亩上生产37.2蒲式耳的小麦，可得列宁奖章。在1946年，有49个集体农民，因达到上述标准，而得到“劳动英雄”的尊称。[99]

我们已经明了集体农庄上的工作方法，现在可进而讨论工作所得的分配。

集体农庄的所得，共分两种。一为实物，二为货币，但货币也是由于出售实物而来。在将集体农庄的所得分配予集体农民之前，有若干开支必须从农庄收入的总额中拨付。这类开支主要的共有七种。第一，国家向农庄的实物征购，通常是以低于市场的价格付予农庄的。[100]征购的数量，是以集体农庄上的收获量为根据，由政府征购若干成。这个百分数，各年不同。根据一个报告，最多的一年，曾达农庄收获量的36.8%，但通常在20%以下。[101]1938年，征购数量，只等于收获量的15%。[102]第二，机器拖拉机站为集体农庄服务，通常是以实物作酬报的。第三，第二年再生产所必需的种子以及饲料，必须拨出。第四，农庄如向农业银行借款，则利息的开支，亦须付给。第五，集体农庄上的文化及福利事业，须拨出一定的款项。第六，为发展集体农庄的事业，并扩大生产规模，须筹集一笔基金。第七，集体农庄行政及管理的开支，亦须在分配所得前付清。[103]根据1938年对于22万个集体农庄的调查，它们的实物分配及货币分配如下表：

第四表：1938 年苏联集体农庄实物分配表[104]

项目	百分数
国家征购	15.0%
付给拖拉机器站的报酬	16.0%
售与合作社等机关及在集体农庄市场上售出	5.1%
偿还国家种子贷款	2.0%
种子基金	18.6%
饲料基金	13.6%
福利事业	0.8%
按照劳动日分配予集体农民	26.9%
其他分配	2.0%
总计	100.0%

第五表：1938 年苏联集体农庄货币分配表[105]

项目	百分数
赋税	8.9%
公有基金	14.5%
生产费用	19.2%
行政及管理费用	1.5%
福利基金	3.0%
按照劳动日分配予集体农民	52.8%
其他开支	0.1%
总计	100.0%

从上面两个表里面，我们可以看出，在实物及货币分配中，均有一个项目，即“按照劳动日分配予集体农民”。在各种开支已经付清之后，余下来的总数，以集体农民的劳动日总数除之，即为每一劳动日所应得的报酬。

集体农民从集体农庄上所得的收入，从下列数种报告中可以看出。在第十八次党代表大会上，斯大林说：“集体农庄底货币收入在一九三三年是五十六万六千一百九十万卢布，而在一九三七年已增加到一百四十一万八千零十万卢布了”；“谷物区内每年平均发给每个集体农户的谷物在一九三三年是六十一个普特，而在一九三七年已增加到一百四十四个普特了，至于种子和保险种子存额，公共牲畜饲料存额，对于国家的谷物交纳，对于农业机器站工作的实物报酬等，尚不计算在内”[106]。从这些数字，我们可以知道整个集体农庄系统的货币收入，但还不知道每一集体农户的货币收入。另一种报告，是1937年根据9个边区和省份内被调查的370个集体农庄及同一地区内45个先进集体农庄的材料计算出来的。在普通集体农庄内，每一集体农户按劳动日所分得的谷物为20.2公担，而在先进农庄内，则为40.3公担。在普通集体农庄内，每一集体农户按劳动日所分得的现钱，为368.7卢布，而在先进农庄内，则为887.5卢布。[107]这个统计告诉我们，每一农户的实物收入及货币收入的平均数额，同时又告诉我们，在集体农庄之间，收入是大有悬殊的。但这些统计，还没有告诉我们每一劳动日的所得。从个别的调查中，我们可以看到关于这个问题的零星答案。如伏罗内苏州道波林区的伊利奇集体农庄，每一劳动日，在1938年，可以得到3个卢布、30个戈比。实物收入没有计算在内。罗斯托夫州沙里区的夏伯阳农庄，每一劳动日，在1940年，可以得到粮食6公斤。货币收入没有计算在内。[108]每一劳动日的实物收入，自1932年至1937年，均在加增之中。全国每一劳动日的实物收入的平均数目，在1932年为2.3公斤，1935年为2.4公斤，1937年为4公斤。有少数集体农庄上的集体农民，每一劳动日，在1937年可以分到15公斤。[109]

集体农民除了从集体农庄上得到他们的主要收入以外，还可以在他们自己经营的那块小园地上，得到他们的补充收入。在1938年，集体农民在他们自己的园地上所花的时间，约为他们的工作时间的30%至35%。[110]在1945年，根据莫斯科区雷曼斯基的集体农庄情况，庄员的总收入中，78%是从集体农庄得来的，只有22%才是从私人园地得来的。这就是说，集体农庄的庄员，是依靠公共经济而不是依靠私人经济致富了。[111]

六、略论个体农民及国营农庄

在卫国战争前夕，苏联的耕地，极大部分是由集体农民耕种的。他们一共耕种了1亿1 720万海克脱，占所有耕地的90.3%。国营农庄耕种了1 240万海克脱，占所有耕地9.1%。个体农民只有130万户，一共耕种了90万海克脱，还不到所有耕地的1%。[112]

我们从斯大林在第十七次党代表大会（1934年）及第十八次党代表大会（1939年）报告中，也可看出个体农民经济衰亡的趋势。在1933年，加入了集体农庄的农户，占全国农户总数的65%，一共占有全国谷物播种面积总数的73.9%。至于占全国农民人口总数35%的全体个体农户，却只占有全国谷物播种面积总数的15.5%。到了

1938年，个体农民在全国经济中所占的地位，更不重要了。集体农庄的谷物面积在1933年是7 500万海克脱，而在1938年则已增加到9 200万海克脱，同时个体农民的谷物面积从1 570万海克脱缩减到60万海克脱，即缩减到全部谷物播种面积的6‰。至于说到技术作物播种面积，个体农民经济的作用已等于零了。此外，加入集体农庄的共有1 880万农户，占全部农户总数的93.5%。

所以苏联在1929年以后农业的发展，一方面是社会主义农业的增长和巩固，另一方面是个体农民经济的灭亡。[113]

国营农庄是苏联除了集体农庄以外最重要的一种农业组织。国营农庄所占有的土地，约为6 800万海克脱，但已耕种的，只为1 200万海克脱。[114]国营农庄的数目，有一个时期曾达10 000个，自1934年以后，经过改组与合并，现在只有4 000个左右了。这4 000个国营农庄中，包括477个谷物农庄，771个养牛农庄，200个养羊农庄，629个养猪农庄，168个种植茶叶、棉花及烟草等技术作物的农庄，640个以上的农庄是种水果与葡萄的。此外，还有102个养鸡农庄，816个近郊的种菜农庄。在远北，还有31个农庄，是养长角鹿的。[115]

国营农庄的面积，大小不一。小的不到2 000英亩，大的可达160 000英亩。1932年政府曾有一道命令，规定谷物农庄不得超过108 000英亩，并且还要分为若干单位，由农庄上指定几位副经理负责管辖。太大的农庄不易管理，行政方面的意见认为，谷物农庄的适当面积，应在32 000英亩至40 000英亩。但是畜牧农庄，有比这种谷物农庄大得多的，如某一养牛农庄，面积为63 000平方英里，一个养羊农庄，面积为46 000平方英里。这样的国营农庄，每一单位的面积比若干省区还要大些，在经营的时候，是不易由总管理处控制的。[116]

苏联的联盟兼共和国之部中，有一苏维埃农庄部。许多国营农庄，便由苏维埃农庄部管辖，但并非所有的国营农庄，都受这一部管辖。苏联政府中，与国营农庄有关系的部，至少有十个。农业部、食品工业部、对外贸易部及若干重工业部，都有其直接管理的国营农庄，来满足它们个别的需要。同类的国营农庄，常由几个托拉斯来管理，而托拉斯则由部来直接指挥。[117]

国营农庄机械化的程度，超过了集体农庄。在卫国战争以前，他们拥有85 000部拖拉机及26 000部康拜因机。

假如集体农庄上所用的拖拉机，每14海克脱才分配到1马力，则国营农庄上，每7海克脱就可分配到1马力。它们的比例为1∶2。[118]因此，国营农庄上的工人生产效率是比较高的。1946年虽然气候恶劣，但罗斯托夫省的“宏大”苏维埃农庄，交给国家的谷物，按平均每个生产工人计算为 6 000 普特。[119]

国营农庄上工作的农民，与工人阶级之间，已经没有什么显著的分别了。他们是由国家雇用的，生产的结果完全交给国家，而国家则付给他们工资。他们也组织有工会，每年也有休假权利，与工厂的工人相似。不过他们有一点与集体农民相同，就是他们自己也可领得一块土地，种植蔬菜，并养有限的家畜，以供自用。[120]苏联国营农庄与集体农庄的消长，是今后可以注意的一个问题。[121]

七、苏联农业建设的成就及今后努力的方向

苏联的农业建设，已经拥有伟大的成就。现在我们要把这些成就总结一下。

第一，苏联在农业建设的过程中，已在乡村中消灭了剥削阶级。在帝俄时代，乡村中有盘剥农民的地主，他们在十月革命时便被消灭了。从十月革命成功到 1929 年间，乡村中还存在着人数最多的剥削者阶级，即富农阶级。从 1929 年夏季起，苏联已进到全盘集体化的阶段，已转变到消灭富农阶级的政策。自此以后，社会主义经济体系已把农业方面的富农阶级消灭，而成了农业中的统治力量。乡村中已没有剥削阶级了。乡村中出现了一种新的农民，即集体农民。他们为自己工作，为自己的国家工作。这种集体农民，正如斯大林所指出的，其工作和财产，不是建筑在个体劳动和落后技术上的，而是建筑在集体劳动和现代技术上的。他们的经济基础，不是私人所有制，而是在集体劳动基础上长成的集体所有制。这样的农民是人类史上未曾有过的。[122]

第二，苏联已在乡村中，把贫穷困乏的现象消灭，解决了一个在人类史上从来没有得到解决的问题。自从实行全盘集体化政策后，不下 2 000 万贫农，已摆脱了贫困破产的痛苦，摆脱了富农盘剥，并因加入集体农庄而变成生活有保障的人。到了 1933 年，千百万贫农群众已因加入集体农庄和在集体农庄里享用优良土地和优良农具而升到中农水准了。但政府并不以此为满足。第二个步骤，就是要把所有的集体农民，把从前的贫农和中农的地位都提得更高。这就是要把一切集体农庄庄员都变成生活丰裕的人。[123]苏联就是这样地提出了在农村中的新任务，而这是他们在新制度中能够做到的。

第三，苏联已经解决了商品粮食及原料供给问题。在 1927 年，粮食出产总量已经接近大战以前的水准，但是商品粮食只达到大战以前的半数，这在当时成为一个很严重的问题。但是自从苏联政府采取了农业集体化的政策，把落后的、散漫的小农场，

联合为大规模的公共农庄以后，这个问题便顺利地解决了。在1927年，农业只能供给6亿3 000万普特的商品粮食，而在1939年则供给了23亿普特左右的商品谷物，比战前谷物生产中的商品额多约10亿普特，比1927年多约16亿普特。正因为集体农庄和国营农庄能生产高额商品，所以苏联便能很容易而迅速地解决了谷物问题，解决了像苏联这样庞大国家中的商品谷物供给问题。[124]至于技术作物的生产，其增加率较之谷物尤为迅速。如以1913年的生产量为100，则在1938年，谷物的生产指数为118.6，棉花为363.5，亚麻为165.5，糖萝卜为153，油类植物为216.7。[125]其中最可注意的为棉花，在1927—1928年，苏联的棉花，还有1/3以上要靠输入弥补，但是在第二个五年计划时期，原棉的输入就完全停止了。[126]

第四，苏联的播种面积及农作物产量，较之大战以前，都有显著的加增。以播种面积而论，在1913年，为1亿零500万海克脱，而在1938年，则为1亿3 690万海克脱，较之1913年增加了30.4%。[127]以生产总量而论，1940年与1913年的比较如下表：

第六表：苏联谷物和技术作物总生产量增加表[128]

农作物	1913年（单位：百万吨）	1940年（单位：百万吨）	1940年是1913年的倍数
油类	80.1	118.8	1.5
原棉	0.7	2.7	3.5
亚麻（纤维）	0.3	0.5	1.9
糖萝卜	11.0	21.3	1.9
向日葵	0.7	3.3	4.7

第五，苏联农民的劳动生产率提高了。在1937年，苏联农业部曾调查了分散在各区域的430个集体农庄，将它们的劳动生产率，与1933年在这些区域中的个体农场相比。结果发现在集体农庄中，因已进行机械化，每一海克脱的工作，只需10.5个工作日，而在个体农场中，则需20.5个工作日。集体农民的效率，比个体农民要高1倍。同时，每一海克脱的生产量，在集体农庄中，比个体农场要高6%。

假如集体农庄上的耕种及收割工作，都是用机械的，那么它们的劳动生产率，要比个体农场上大7倍。[129]在吉尔吉斯共和国的加里富棉花集体农庄的领导人说："一个老的工作人员种植1海克脱棉花，平均消耗150个工作日，收到6～8森特纳棉花，但在集体农庄中，他只用65天，可收到15～20森特纳棉花。"[130]劳动生产率的提高在卫国战争期内，也还是继续的。战争期间每一集体农户在同一地域上播种的面积，从1940年的6.3海克脱增加到1942年的7海克脱。每一能劳动的集体农民播种的面积，从 1940 年的 3.3 海克脱增加到 1942 年的 4.3 海克脱。[131] 劳动生产率的加增，与机械的利用是成正比例的。苏联农业机械化的程度，在第四个五年计划内，还有更大的发展，所以劳动生产率，还是在不断提高的。

第六，由于农业的科学化，由于生物学、化学及其他科学知识大规模地应用于农业，所以苏联每一海克脱的收获量，也在逐渐增加之中。以谷物而论，每一海克脱所生产的冬麦，在 1913 年为 10.4 森特纳，而在 1940 年则为 11.7 森特纳。每一海克脱所生产的春麦，在 1913 年为 7.6 森特纳，而在 1940 年则为 9.1 森特纳。[132] 以技术作物而论，1913 年，原棉的收获量，1 海克脱只有 10.8 公担，但在 1938 年可以收获 12 公担，在水量充沛的地区可达 14.5 公担。糖萝卜的收成从 1 海克脱 168 公担增至 183.1 公担。马铃薯从 76.1 公担增至 95.6 公担。[133]

第七，由于农业收获量的增加，及剥削制度的废除，农民及工人的营养水准都提高了。与沙俄时代相比，在 1938 年，农民的谷物消费量加增了 1/4，马铃薯加增了 80%，肉类加增了 80%，牛乳及牛乳制品加增了 50%，蔬菜及水果加增了 50%，鸡蛋加增了 4 倍。城市的工人，在营养方面也因农业进步而得到显著的改进。在 1937 年，他们所消费的牛油，比五年前加增了 2.5 倍，猪肉加增了 3.5 倍，香肠加增了 4 倍，小麦粉制的面包加增了 3 倍，水果几乎加增了 4 倍。与沙俄时代相比，1938 年的香肠及熏肉产量加增了 6.5 倍，鱼类加增了 50%，面包及面包制品加增了 1 倍，白糖也是一样，糖果则加增了 15 倍。[134] 至于其他物质状况的改善，与营养方面相类似，不赘述。

第八，苏联的农业建设，已使区域经济出现了一种新的形式，即工农交织的区域经济。先前把苏联各省区划分为工业区和农业区的那种旧分法，已失去时效了。把各区划分为消费区和生产区的那种有名的分法，自 1934 年起，也开始失去其特别意义了。这种趋势的发展，便使苏联各区，都成为多少是工业的区域，也多少都是农业的区域。以前的工业区域，靠别个农业区域来供给谷物蔬菜的，现在已建立了自己本地的农业基础，能够出产自己的蔬菜、马铃薯、牛油和牛奶，并在某种程度内出产供给自己的谷物和肉类。以前的农业区域，现在也建立了自己的城市和工业，从那儿取得许多日用品的供给。[135] 这种设施，对于国防是有利的，对于提高落后区域人民的生活程度是有帮助的，对于节省商品运输的费用，尤有伟大的贡献。

以上我们简单地叙述了苏联农业建设的胜利成就，现在我们还要叙述一下最近数年来苏联对于农业的几种伟大措施。

第一为 1949 年通过的牲畜饲养三年计划。苏联的牲畜，在第一次欧战期内，已经受到很大损失。在全盘集体化时期，不法富农反抗政府，进行许多破坏工作，如故意宰杀或弄死耕畜，使苏联的牲畜业受到更大的摧残，一直到卫国战争时期，还没有恢复元气，此点由下表可以看出。

第七表：苏联牲畜数量表[136]

牲畜	单位	1916 年	1928 年	1934 年	1940 年
马	百万匹	35.8	33.5	15.7	22.4
牛	百万头	60.6	70.5	42.4	63.8
羊	百万只	121.2	146.7	51.9	125.2
猪	百万头	20.9	26.0	17.4	32.2

从这个表中，我们可以看到，苏联的畜牧业，在 1928 年，已经超过战前水准，自从受了不法富农的破坏以后，数量便大大地减少。这种减少的趋势，在牛与猪方面，自 1929 年便已开始，其余的至 1930 年也开始。一直到 1934 年，才停止下降。这一年，斯大林号召说："养畜业问题是目前最主要的问题，也好像我们所顺利解决过了的谷物问题是昨天最主要的问题一样"，"养畜业应当由我们全党担任起来，应当由我们全体党员工作者和非党员工作者担任起来"[137]。自从这一号召发出之后，牲畜数量缩减过程停止了。到了 1940 年，除养马业以外，其余都已超过革命前的水准，但还没有达到 1928 年的水准。

卫国战争时期，牲畜又一次受到严重的摧残。为补救这种损失，政府便通过了一个增加集体农庄和国营农庄中公有牲畜的三年计划（1949—1951）。这一计划规定在最短时期内增加牲畜，保证在 1951 年时生产相当于 1948 年 1.5 倍的肉类、脂肪、牛油、蛋、乳品及其他动物产品以供应人民。计划规定大大增加毛、皮革及轻工业的其他原料的生产。为集体农庄与国营农庄的男女成年庄员所竭力拥护的这一决定，正在胜利地实现着。[138]

第二为 1948 年通过的改造自然界的宏伟计划。这个计划，目的在种植防护林，实行牧草作物轮种制，建筑池塘和蓄水池，以保证苏联欧洲部分的草原地带和林原地带年年的丰收。[139]苏联欧洲部分的草原与林原地带，集中有约 80 000 个集体农庄和 3 555 个农业机站，即约全国 1/3 的集体农庄和半数的农业机站。这一地带集体农庄的播种面积，在 1940 年为 6 490 万海克脱，即约占苏联全国集体农庄当时播种面积的 55.2%。这个区域在农业上的重要性是很明显的，然而正是这些区域却经常遭受天灾。近 65 年以来，旱灾在伏尔加河流域发生过 20 多次。[140]关于伏尔加河的防旱工作，斯大林在 1934 年就认为是一件重大事情，并且指示出这种工作所应进行的途径。[141] 1948 年通过的决议，便实现了斯大林的指示。关于牧草作物轮种制，在 1934 年，斯大林已认为是农业方面当前任务之一，而到 1939 年，正确轮种制的采用，已有更实际的基础。[142]所有集体农庄中谷草轮种制的推行，可于 1950 年以内结束。关于开掘池塘方面，决议上规定：要集体农庄和国营农庄都在天然凹地、河源处、沟谷上游以及小河近旁大批建设水池水塘。1949 年至 1955 年，集体农庄中将建筑 41 300 个水池，并扩大灌溉系统及改善水利的使用。[143]

决议中最有魄力、最令人钦佩的设施，是种植防护林。这一计划，要在 17 年之内（1949 年至 1965 年）完成。决议中规定要建立 8 处大规模的国营防护林，其中 5 处是沿着主要的河流建立的，如伏尔加河、乌拉尔河及顿河等。8 处防护林，共长 5 320 公里，种树总面积为 117 900 海克脱。每一防护林，包括两列至六列的森林，每一列的深度，自 30 米至 100 米，列与列之间的距离，自 200 米至 300 米。除此以外，在集体农庄和国营农庄的地面上，在塘边及蓄水池边，在砂土地周围，还要种植规模较小的防护林。这种防护林，深度自 15 米至 20 米。种植总面积为 6 031 000 海克脱，其中 4 170 000 海克脱将种于集体农庄及国营农庄的周围，380 000 海克脱种于沟谷坡边，320 000 海克脱种于砂土地周围，190 000 海克脱种于国家的苗圃及其他苗圃之内。[144]这些防护林完成后，可以挡住从亚洲沙漠吹来的干风，因而减少旱灾发生的可能。

第三为 1950 年通过的征服沙漠计划。土库曼大运河的开凿，就是这一计划的初步实施。土库曼共和国的 80％的土地是卡拉·库姆沙漠，建造土库曼大运河并实行引水灌溉，将使不毛的沙漠变成肥沃的田野。这一地区每一海克脱的灌溉土地，农业生产量将比苏联中央地带高出 4 倍至 5 倍，因为这里每年可以收获 2 次。棉花的收获量将比苏联主要的产棉区增加 1 倍，最有价值的棉种将生长起来。亚热带植物的栽植工作将获得无限的发展，尤其是柠檬、橘柑、葡萄等佳种的水果。同时，由于气候温暖与阳光充足，牲畜几乎可以终年在肥美的草场上牧放，牧草每年可收割 3 次至 4 次，牧畜业将有广阔的发展前途。[145]土库曼运河，长达 1 100 公里，是当代世界上最长的运河之一，沿运河还要修筑 1 200 公里的供水渠，灌溉 700 万海克脱的沙漠土地。土库曼大运河将以 6 年的时间完成。美国在过去 100 年间，不过征服了 800 万海克脱的沙漠。这一对比，再一次充分地说明社会主义制度的无限优越。[146]

第四为 1950 年 8 月建设伏尔加河上两个巨大水力发电站的决议。这两个水力发电站，一为发电能力达 200 万千瓦的古比雪夫水电站，一为发电能力达 170 万千瓦的斯大林格勒水电站。这两个水电站的建设，只要五年。在它们完成之后，对于工业及运输业的贡献，我们可以搁开不谈。它们对于农业的贡献，也是很伟大的。以前半沙漠性的里海沿岸低地，雨量极少的伏尔加河东岸草原、萨尔平和诺盖伊草原，在将来就能从斯大林格勒贮水池获得足够的水量，就能变为苏联最丰富的谷仓，变成出产粮食和技术作物的地区，变成大规模畜牧业和园艺等地区。在这些地区内实施水利和灌溉工作的土地总面积约为 1 300 万海克脱，其中伏尔加河东岸地区约为 150 万海克脱，伏尔加河与乌拉尔河之间的里海沿岸低地约为 600 万海克脱，萨尔平低地、黑土地区和诺盖伊草原约为 550 万海克脱。[147]

这一系列的设施，表示社会主义国家的人民，在消灭了人剥削人的制度以后，便转变努力的方向，以无比的力量来改造自然、征服自然。诚如波斯伯洛夫所说："苏联人民成功地改造自然、征服自然的时候已经来到了，在这里，有着伟大共产主义时代正在临近的征象。"[148]

苏联的成功，鼓舞着一切爱好和平、爱好建设的人民，特别是新民主主义国家的人民，向着伟大的、美丽的、光明的远景，迈步前进。今日苏联的成就，也就是我们将来的成就。苏联的榜样，使我们充满了信心：人民的力量是无比伟大的；人民的事业是必然要胜利的。

1950 年 10 月 21 日写完

（载《社会科学》第 6 卷第 2 期，1950 年）

注释

①《联共党史》，第 13 页；科切托夫斯卡娅：《苏联土地国有制》，第 5 页。

②列宁：《俄国资本主义底发展》，第 73 页。

③Day，C.，*Economic Development in Modern Europe*，pp. 323 - 324.

④Baykov，A.，*The Development of the Soviet Economic System*，p. 9.

⑤科切托夫斯卡娅：《苏联土地国有制》，第 7 - 8 页。

⑥列宁：《俄国资本主义底发展》，第 116 页。

⑦盎格里加尔特：《农村通讯》，引自科切托夫斯卡娅：《苏联土地国有制》，第 17 页。

⑧Knowles，L. C. A，*Economic Development in the 19th Century*，pp. 77 - 78.

⑨科切托夫斯卡娅：《苏联土地国有制》，第 9 页。

⑩Baykov，A.，*op. cit.*，p. 10.

⑪关于农民分化的详细资料，参看列宁：《俄国资本主义底发展》，第二章，第 40－159 页。

⑫解放以后，农民的份地常分为若干小块，有时竟分成百块以上。在这种分割为若干小块，有时还散布到相隔几十俄里远的份地上进行农业生产，是非常不经济的。见科切托夫斯卡娅：《苏联土地国有制》，第 31－33 页。

⑬斯托雷平的土地法要点，见《联共党史》，第 125－126 页。

⑭列宁：《社会民主党在一九〇五至一九〇七年第一次俄国革命中的土地纲领》（以下简称《土地纲领》），第 208 页。

⑮同上，第 84 页。

⑯《联共党史》，第 126 页。

⑰Yugoff，A.，*Economic Trends in Soviet Russia*，p. 29.

⑱科切托夫斯卡娅：《苏联土地国有制》，第 41 页。奥勒尔省的情形，是有代表性的，他省的情形，与此大同小异。如沃龙涅什省内，1 俄亩农民份地租金为 6 卢布 64 戈比，而 1 俄亩私人土地租金则为 10 卢布 3 戈比。唐波夫县内，1 俄亩份地租金为 9 卢布 50 戈比，而 1 俄亩私人土地租金则为 15 卢布。

⑲列宁：《俄国资本主义底发展》，第 109 页。

⑳同上。

㉑列宁：《土地纲领》，第一章，第二节。

㉒1912 年列宁在《论俄国各政党》一文中说："在欧俄一带，人数不满三万的地主，一共拥有七千万俄亩土地；一千万个份地最少农户所有的土地数量，也只有这样多。平均计算，每个大地主约占有二千三百俄亩土地；每个贫苦农户只有七俄亩土地。"见《列宁文选》，卷一，第 690 页。1913 年，他在《俄国地主的大地产和农民的小地产》一文中又说："每个大地主所有的土地平均等于三百三十个贫苦农户所有的土地，其中每户农民约有七俄亩土地，每个大地主约有二千三百俄亩土地。"见同书第 713 页。斯托雷平被杀后，列宁写了一篇文章，讨论斯托雷平时代的俄国内政，题为《斯托雷平与革命》，文中也提到同样的土地分配统计，见同书第 619 页。

㉓见列宁：《土地纲领》，第 23 页。1 俄亩等于 2.7 英亩，等于 17.5 华亩。

㉔见《土地纲领》中所引统计，原书第 10 页。

㉕列宁在 1908 年曾写《十九世纪末期俄国底土地问题》一文，此处所引的一段话，即见该文。看《列宁选集》（东北书店版），卷一，第 18 页。在《土地纲领》中，他曾表示同样的意思。他说："每户土地在八俄亩以下的，一般和平均说来，绝对不足养活全家人口"。见原书第 11 页。

㉖列宁：《土地纲领》，第 199－200 页。

㉗同上，第 218－219 页。

㉘《联共党史》，第 258－259 页。

㉙科切托夫斯卡娅：《苏联土地国有制》，第 148－152 页。

㉚Dobb，M.，*Soviet Economic Development Since 1917*，pp. 80－81. 在十月革命后，除了农民所耕种的土地外，余由国营农庄经营，也有少数集体农庄，在 1918 年便开始成立了。

㉛Baykov，A.，*op. cit.*，p. 12.

㉜其他各省的个别统计，参看科切托夫斯卡娅：《苏联土地国有制》，第 153 页。

㉝Yugoff，A.，*op. cit.*，p. 145.

㉞《列宁主义问题》，第 266 页。

㉟Baykov，A.，*Bulletins on Soviet Economic Development*，*Bulletin* 2（Dec. 1949），pp. 4－5（以下简称 *Bulletin* 2）. 一说在第一次欧战以前，商品粮占粮食出产总量 26%，见《列宁主义问题》，第 267 页。

㊱《列宁主义问题》，第 269－270 页。

㊲参看列宁《无产阶级革命与叛徒考茨基》一文，特别是“在所谓‘经济分析’的幌子下替资产阶级效劳”一段，见《列宁文选》，卷二。

㊳《列宁主义问题》，第 249 页。

㊴《列宁文选》，卷二，第 524 页。

㊵《联共党史》，第 273－274 页。

㊶《列宁主义问题》，第 240 页。

㊷同上，第 279 页。

㊸科切托夫斯卡娅：《苏联土地国有制》，第 148、161、190 页。

㊹同上，第 184 页。

㊺《列宁主义问题》，第 389 页。

㊻同上，第 517 页。

㊼同上，第 554 页。苏联在十月革命时，经过平分土地的阶段，但在十几年后，农民的分化已到斯大林所报告的情况。这证明了列宁的名言：“农民还是经营着小商品生产的农民时，是经常不断地从自己中间分泌出而且不能不分泌出资本家来的。”（《列宁主义问题》，第 324 页）我国在土改后，农民分化的过程也在进行着。据山西武乡农村考察报告，武乡土地在 1946—1947 年的土地改革运动中大体经过平分，不到三四年工夫，土地已经开始集中。1948 年和 1949 年两年，六个典型村出卖土地的户数，共为 139 户，占总户数

的11.8%。某些人开始贫穷化，某些人则集中了多于全村每人平均数的2倍到3倍的土地。见《人民日报》1950年10月9日第2版。

㊽《联共党史》，第359页。

㊾《列宁主义问题》，第356页。1普特等于16.3公斤。

㊿Baykov，A.，*Bulletin* 2，p.6.

51《联共党史》，第374页。富农是否可以加入集体农庄的问题，斯大林曾作如下的答复："还有一个问题，即能否容许富农加入集体农庄的问题，也是很可笑的。当然不能容许富农加入集体农庄。其所以不能，是因为富农是集体农庄运动底死敌。看来是很明白了。"见《列宁主义问题》，第339页。

52Marx，K.，*Capital*（Chicago Edition），Vol. Ⅲ，p.938.

53Ibid.

54Marx，K.，*Selected Works*，Vol. Ⅱ. p.166. 考茨基所著《土地问题》一书，列宁在《俄国资本主义底发展》的序言中，曾称为最特出的最新经济学书籍。在此书的第六章中，考茨基曾指出大农业的优点有八：（1）在耕种面积上较少的损失；（2）活的和死的用具的节省；（3）更完全地利用这些农具；（4）采用小经营所办不到的机器的可能性；（5）分工；（6）科学的指导经营；（7）商业的优越；（8）获得货币的简便。见《土地问题》上册（商务版，岑纪译本），第149－150页。

55Engels，F.，*The Housing Question*，pp.100－101.

56恩格斯这段话，见他所著的《农民问题》，引自《列宁主义问题》，第73页。

57《列宁主义问题》，第429页。

58《列宁文选》，卷二，第688－689页。

59《列宁主义问题》，第336－337页。斯大林所提到的第二点，是经过初期的集体农庄及国有农庄的表征力量来完成的。第一个集体农庄，早于1918年由贫农热情地建立了起来。他们明白，集体农庄不只把贫农由为富农做雇农的痛苦的必然下解放出来，而且给他们展开了一条过幸福的文明生活的坦途大道。在全国各个角隅所点缀的最初的集体农庄，就成为那样一个示范的企业，使农民亲眼看了他的榜样而相信新的从未见过的农业生产方法有极大的益处。大规模农业的另一个范例就是国有农庄，即由国家出资组织的国有粮食工场、肉场及棉花工场。农民在国有农庄中，可在实践上认识农业中采用大规模的机器技术、农业科学的指示以及许多工作人员共同正确的有组织运动后发生了一些明显效果。比如单在1929年到1931年，庞大的机械化某一国有农庄，就有12万多个农民代表由90里甚至900里以外来这里参观。见卡尔宾斯基：《苏联的集体农庄》，第12页。

60《列宁主义问题》，第386－387页。

⑥①同上，第 409 - 410 页。

⑥②同上，第 621 - 623 页。

⑥③Bienstock, G., Schwarz, S. M., and Yugow, A., *Management in Russian Industry and Agriculture*, p. 135.

⑥④在本文中所用的土地面积计算单位，因引用材料来源的不同，所以不能前后一致。我们有时用俄亩，有时用海克脱，有时用英亩。它们的折合率如下：1 俄亩约等于 2.7 英亩，或 1.09 海克脱。1 海克脱等于 2.48 英亩。1 英亩等于 0.404 海克脱。

⑥⑤沃兹涅先斯基：《卫国战争期内的苏联战时经济》，第 27 - 28 页。

⑥⑥科切托夫斯卡娅：《苏联土地国有制》，第 204 页。科切托夫斯卡娅对于集体农民和个体农民所使用的土地的估计，只比沃兹涅先斯基少 100 万海克脱。也许把百万以下的数字都写出来，他们两人的估计会相等。

⑥⑦材料来源，见《列宁主义问题》，第 758 - 759 页。

⑥⑧英美等资本主义发达国家，在土地的利用方面，表现为一种特殊的形式，即用于畜牧方面的土地，大于用于谷物方面的土地。英国在 1939 年，耕地为 3 100 万英亩，其中 1 200 万英亩为谷物用地，1 800 万英亩为牧场。见 *Monthly Digest of Statistics*, June, 1947, p. 76。美国土地利用的分配如下：牧场占 40%，林地占 25%，谷物用地占 20%，其余作为城市、村庄、公路、铁路及公园等之用。见 Colby, C. C. and Foster, A., *Economic Geography*, p. 146。苏联在解决谷物问题之后，即注意畜牧业的发展，将来畜牧业的用地，大于谷物的播种面积，是完全可能的。

⑥⑨Blodgett 估计集体农庄的数目，在 24 万与 25 万之间；Rothstein 估计为 236 000 个；Gregory 估计为 243 000 个；Gressey 估计为 242 400 个。

⑦⓪Gregory, J. S. and Shave, D. W., *The U. S. S. R.*, p. 221. 此处说到苏联全部集体农庄的平均面积为 1 200 英亩，农户数目为 78 家，与 Yugow 的报告，谓苏联集体农庄的平均面积为 484 海克脱，农户为 78 家之说最近，见注⑥⑦所引书，第 137 页。卡尔宾斯基说集体农庄的耕地，在苏联已几乎平均占地 500 海克脱，每一集体农庄平均联合着 82 家农户。这个数目字，比文中所引的略高。卡氏所用数字，见其所著《苏联的集体农庄》，第 19 页。

⑦①关于美国农场的数字，参看 *Statistical Abstract of the United States*, 1946, p. 573。

⑦②《列宁主义问题》，第 761 页。

⑦③Lorimer 在他的 *The Population of the Soviet Union* 一书中，谓苏联总人口在 1939 年为 1 亿 7 000 万人。就业人口，共分四类，农业占 53.3%，手工业占 4.3%，工商业占 34.3%，领取恤金者、在军界服务者及其他，占 8.2%。他没有报告就业者的总数，所以

算不出农业的人口。Yugow 报告了另外一个分类法，他说苏联的工人及雇员，占人口49.7%，集体农民占47%，其余3%或4%为个体农民及领取恤金者。他同样没有说出就业者的总数。见 R. J. Kerner 所编的 *U. S. S. R. Economy and the War* 第20页。Hubbard 在他所著的 *Soviet Trade and Distribution* 第302页中，提到苏联的农户，约为2 000万，农业人口约为1亿1 500万至1亿2 000万人。其中劳动农民，约为4 000万至5 000万。我们知道集体农庄的农户，在1939年，为1 880万（根据斯大林在第十八次党代表大会上的报告)，并不到2 000万，所以劳动农民的估计，4 000万较5 000万更接近于事实。另外我们还可利用两种材料，算出劳动农民的数目来。根据第二表所列，每一个集体农庄，平均有78家农户，劳动农民169人，每一家农户平均有劳动农民2.16人。以2.16人，乘1 880万户，即得劳动农民4 060万人。又查1938年，播种面积总数为1亿3 690万海克脱，其中1亿1 720万海克脱属于集体农民。据沃兹涅先斯基的报告，在1940年，每一个能劳动的集体农民播种的面积为3.3海克脱（见注(65)所引书，第89页）。如以3.3除1亿1 720万海克脱，得数为3 550万劳动农民。

(74)《列宁主义问题》，第767页。

(75)卡尔宾斯基：《苏联的集体农庄》，第15页。

(76)Mandel，W. M.，*A Guide to the Soviet Union*，p. 347.

(77)科切托夫斯卡娅：《苏联土地国有制》，第208页。

(78)《联共党史》，第396页。

(79)Yugow，A.，*Russia's Economic Front for War and Peace*，p. 54.

(80)沃兹涅先斯基：《卫国战争期内的苏联战时经济》，第150页。

(81)科志敏诺夫等著，吴清友译：《苏联计划经济》，第59－60页。

(82)Kursky，A.，*The Planning of the National Economy of the U. S. S. R.*，p. 212.

(83)Rothstein，A.，*Man and Plan in Soviet Economy*，pp. 179－180.

(84)卡尔宾斯基：《苏联的集体农庄》，第19页。

(85)Baykov，A.，*Bulletin* 2，p. 19.

(86)科切托夫斯卡娅：《苏联土地国有制》，第209页。

(87)《列宁主义问题》，第726页。

(88)卡尔宾斯基：《苏联的集体农庄》，第13页。Baykov 的报告，与此略有出入，即在农业地区，每一农户可以养2头母猪，而非1头至2头母猪；在畜牧地区，每一农户可养100只至150只绵羊及山羊，而非100只至500只绵羊及山羊，此外还可以养10匹马。见 *Bulletin* 2，p. 8。

(89)《列宁文选》，卷二，第877页。

⑩列宁在《国家与革命》一书中，曾将共产主义社会分为两个阶段。在共产主义社会第一个阶段中，不劳动者不得食这一社会主义原则，已经实现了；等量劳动领得等量产品这一社会主义原则，也已实现了。这两条原则，都纳入苏联宪法第十二条。在共产主义社会高级阶段中，社会就能在自己的旗帜上写着，各尽所能，各取所需。列宁又引用恩格斯的话，说在将来的社会中，将消灭城市与乡村的对立，但如何消灭，不是现在可以臆造的。由此可见，列宁所说的“完备的社会主义”，即指共产主义的高级阶段而言。

⑪《列宁主义问题》，第 694 页。

⑫在争取农业集体化的时期中，即从 1930 年到 1934 年，集体农庄生活的基本法律就是 1930 年颁布的农业组合典范。从 1935 年起至现在为止，这样的法律，就是由集体农民、突击队员第二次代表大会通过的，并由苏联人民委员会及苏联共产党中央委员会在 1935 年 2 月 17 日批准的农业组合章程。见加山辙夫等著，李少甫译：《苏联集体农场法的基本原则》，第 4－5 页。

⑬见注⑬所引书，第 144－150 页。关于理事会的任期，卡尔宾斯基说是四年，与文中所说不同。

⑭同上，第 159－161 页。Kursky，A.，*op. cit.*，pp. 170－172.

⑮见注⑫所引书，第 50－51 页。

⑯Rothstein，A.，*op. cit.*，p. 169；Baykov，A.，*Bulletin* 2，p. 13.

⑰莱泼托夫：《苏联的集体农庄怎样解决公私利益的》，《人民日报》1949 年 12 月 17 日，第 5 版。

⑱见注⑲所引书，第 76－77 页。

⑲Loucks，W. N. and Hoot，J. W.，*Comparative Economic Systems*，pp. 493－494. 1 蒲式耳的小麦，等于 27.2 公斤，1 蒲式耳的玉米，等于 25.4 公斤。每英亩上生产 44.7 蒲式耳的小麦，是一个很高的纪录。西欧生产小麦效率最高的国家，如德国，平均每英亩只生产 38 蒲式耳，英国只生产 37 蒲式耳。

⑳Blodgett 说是政府征购的价格，只等于市价的 20%。见他所著的 *Comparative Economic Systems*，p. 243。Baykov 以 1932 年为例，说明征购价格与市价的差异。他说当年黑麦的批发价为每百公斤 22 卢布 20 戈比，而征购价格则为 6 卢布 33 戈比。每百公斤小麦的批发价为 27 卢布 75 戈比，而征购价格则为 8 卢布 52 戈比。见 *The Development of the Soviet Economic System*，pp. 239－240。这两个说法之间是有差异的。

㉑Maynard，J.，*The Russian Peasant*，p. 483.

㉒Baykov，A.，*Bulletin* 2，p. 9.

⑩③Loucks and Hoot，*op. cit*，pp. 486 - 489.

⑩④Baykov，A.，*The Development of the Soviet Economic System*，p. 311.

⑩⑤Ibid，p. 312.

⑩⑥《列宁主义问题》，第 768 页。

⑩⑦科切托夫斯卡娅：《苏联土地国有制》，第 226 - 227 页。

⑩⑧卡尔宾斯基：《苏联的集体农庄》，第 31 - 32 页。

⑩⑨见注⑦⑨所引书，第 69 页。

⑪⓪同上，第 70 页。

⑪①同注⑨⑦。

⑪②同注⑦⑨，第 237 - 238 页。

⑪③《列宁主义问题》，第 597 - 598、758 页。

⑪④Brandt，K.，*The Reconstruction of World Agriculture*，p. 112.

⑪⑤同注⑦⓪，第 184 - 185 页。

⑪⑥Maynard，J.，*op. cit*，pp. 299 - 301.

⑪⑦Ibid；参看 Loucks and Hoot，*op. cit.*，pp. 482 - 483。

⑪⑧同注⑦⑨，第 59 页。

⑪⑨科切托夫斯卡娅：《苏联土地国有制》，第 233 - 234 页。

⑫⓪Loucks and Hoot，Ibid.

⑫①国营农庄的谷物播种面积，在 1930 年为 290 万海克脱，至 1931 年，骤增至 810 万海克脱。在 1931 年，集体农庄的谷物播种面积，为 6 100 万海克脱。到 1938 年，集体农庄的谷物播种面积，增至 9 200 万海克脱，而国营农庄的谷物播种面积，只增至 1 040 万海克脱。加增的速率，似乎落后于集体农庄。斯大林在 1934 年，对于国营农庄的成绩，曾表示不满的批评。有一个时期，国营农庄的数目，曾减至 1 000 个，现在又增至 4 000 个了。以后这个农业经营方式的演变，是值得别国的人严加注意的。

⑫②《列宁主义问题》，第 676 页。

⑫③同上，第 553 - 555 页。

⑫④同上，第 763 页。

⑫⑤同上，第 762 页。

⑫⑥罗克兴著，林秀译：《苏联的工业》，第 132 页。

⑫⑦《列宁主义问题》，第 759 页。

⑫⑧同注⑫⑥。

⑫⑨同注⑦⑨，第 64 页。

⑬⓪同注⑩⑧，第 37 页。

⑬①同注⑥⑤，第 89 页。

⑬②同注⑦⑨，第 49 页。1 森特纳等于 220.4 磅。

⑬③同注⑫⑥，第 131 页。

⑬④Mandel，W. M.，*op. cit.*，pp. 314 - 315.

⑬⑤《列宁主义问题》，第 605 页。

⑬⑥Baykov，A.，*Bulletin* 2，p. 7.

⑬⑦《列宁主义问题》，第 604 页。这个号召，是在第十七次党代表大会上提出的。到了第十八次党代表大会时，他报告说："至于养畜业，那末在这个最落后的农业部门中，最近几年来也表现出重大的进展。固然在养马业和畜羊业方面，我们还落后于革命前的水准，可是在养牛业和养猪业方面，我们已超过了革命前的水准。"见同书，第 764 页。他所说的畜羊业，在 1938 年，还只有 1 亿零 250 万头，低于革命前水准，可是 1940 年已达 1 亿 2 520 万头，超过革命前的水准了。

⑬⑧马林科夫：《莫斯科苏维埃庆祝十月革命节大会上的报告》，《人民日报》1949 年 11 月 9 日。

⑬⑨马林科夫：《莫斯科列宁格勒选区选民会议上演说》，《人民日报》1950 年 3 月 13 日。

⑭⓪科切托夫卡娅：《苏联土地国有制》，第 230 - 231 页。

⑭①《列宁主义问题》，第 605 - 606 页。

⑭②同上，第 603、759 页。

⑭③同注⑭⓪，第 232 - 233 页。关于改善水利的使用，1950 年 8 月，苏联部长会议曾有一新的决定，即不用永久性灌溉渠制，而代之以临时水渠。这种水渠仅在灌水时期运用，过后便予填平，以符合动力耕种和种植农作物之需。见《人民日报》1950 年 8 月 21 日。

⑭④Baykov，A.，*Bulletin* 2，pp. 19 - 21. 关于护林带的地图，参看同书第 14 页及 *U. S. S. R. in Construction*，No. 3，1949。

⑭⑤克罗日然诺夫斯基：《改造苏联中亚细亚的卡拉·库姆沙漠》，《人民日报》1950 年 9 月 19 日。这个计划及三年牲畜计划的完成，将使苏联人民的营养水准大大地提高一步。根据近代营养学者的研究，牛乳及牛乳制品、水果、蔬菜为保健性的食品，富于维生素及人类身体中所必需的矿物质。土库曼大运河的建设，更能保证这些营养物质可以有充分的供给。

⑭⑥《人民日报》1950 年 10 月 8 日，第 4 版。

⑭⑦克勒日沙诺夫斯基：《伏尔加河上的两个巨人》，《人民日报》1950 年 10 月 6 日。

《苏联的伟大和平建设》，《人民日报》1950年10月8日。罗金诺夫：《斯大林时代的最伟大建设》，《世界知识》第22卷第15期（1950年10月14日），第21－22页。

⑭⑧波斯伯洛夫：《在列宁和斯大林不可战胜的伟大旗帜之下走向共产主义的胜利》，《人民日报》1950年1月25日。这是他在莫斯科的列宁逝世二十六周年纪念大会上的报告。

参加土地改革工作的心得

我所参加的西北区土地改革参观团，于2月8日离开北京，在陕西长安县参观土地改革约一个月，并在参观的过程中，参加了一些工作。参观团已于3月15日返抵北京。这一个多月的学习所得，参观团已经写了一个总结，这儿不再赘述。我现在要说的，就是这一次的学习，对于我个人思想上及感情上的影响。

马明方主席说："整个土地改革过程，就是一个发动群众的过程，就是广大农民向地主阶级进行斗争并在斗争中不断地提高自己阶级觉悟的过程。"这一句话，我在以前是不十分了解的。一直到我在长安五星区的东大村住了一个星期，并把自己编在农民的队伍中之后，我才了解土地改革是一场激烈的斗争，而在斗争中的确可以提高自己的觉悟。在解放以后，我们也学过阶级观点与群众观点，但两年的学习，其所得似不如一个月的实践为深刻。在学校的环境中，没有尖锐的阶级斗争，没有热烈的群众运动，想在这样的环境中获得阶级观点与群众观点，不是一件容易的事。进行土地改革的农村环境，与此大不相同。土地改革的第一步，就是要组织广大的反封建统一战线，与地主阶级作斗争。此时乡村中每一农民的立场不许模糊。在两个阵营里，在封建阵营与反封建阵营里，你是站在哪一边？你拥护谁，反对谁？这些问题，每一个人都需要作一决定性的答案，连地主的儿子，在中学读书的，也在追求这个答案而致几晚的失眠。在这种斗争的气氛之下，我们每一个人都更明确地学会了阶级观点，与农民打成一片，把农民的问题看成自己的问题，贡献出自己的力量，随同农民与地主进行斗争，并在斗争中得到锻炼，得到与农民在感情上与道义上一致的感觉。也在同样的斗争中，我们更体会到群众观点。在学校中，教学与研究的工作，大部分还是以小手工业的孤立方式进行的。这种散漫的、闭门自修的工作方式，也是不易养成群众观点的。

但在进行土地改革的农村中，不论哪一件事，哪一步骤，如离开群众，必然是办不通的。单枪匹马地搞土地改革，可以说是不可想象的事。自整顿农会，以至开诉苦会、反恶霸斗争、清查田亩、评定成分等一系列的工作，都要集合群众的力量，与群众反复商量讨论，才可以圆满完成。群众的智慧，高于个人的智慧，也在各种斗争的场合中，表现得非常透彻而明显，因此小资产阶级那种自高自大的心理，在群众的伟大力量面前，也就由减低以至于消失了。一方面认识到个人能力之有限，一方面在群众的身上，发现了取之不尽的智慧泉源，便会诚心诚意地学习走群众路线了。

在此之前，我们在学校中也常谈土地改革，甚至在大课中也讲过土地改革。经过一个月的实践，认识有何不同呢？我想最不同的一点，就是以前谈土地改革，只有理性的内容，而现在谈土地改革，则添了一些感情的内容。以前只是冷静地分析，条文地推敲，现在则充满了对于农民的爱，对于地主的恨，把土地改革看作与自己血肉相关的一件事情。这点感情的内容，是由于与农民共同参加反地主的斗争而获得的。理性与感情相融洽的认识，根据这一次的经验，证明只有在实践中才可获得。因此，我们得到一个教训，就是做教书及研究工作的人，应当争取一切的机会，参加群众运动，从群众运动中教育自己，提高自己的思想，锻炼自己的感情。闭门读书，最多只能做一个半知识分子，而在新民主主义时代，半知识分子的用处是很少的。

北京解放了两年多，我们在这个时期内，对于中央的干部，增加了许多认识。但是地方干部的素质如何，我们知道得不多。这次在长安县，得到一个机会，听到六次大报告，都是与长安县第一期土地改革有关的。作报告的人，都是县级干部。我们对于他们分析之清楚，叙述之生动，感到无限的钦佩。在谈话的时候，我曾请一位县委书记，给我提供关于长安县级干部教育程度的材料。很令我们吃惊的就是，这些干部，没有一个是进过大学的，但是我们都觉得，如请那些作大报告的任何一人到大学来教大课，其成绩都会超过大学中念过许多马克思、列宁名著的任何一位教授。后来我们到东大村去进行土地改革工作，工作组的领导者，是一位年方 25 岁的区委书记。他那种谦虚和蔼的态度，实事求是的精神，把握政策是那样正确而坚定，处理问题是那样周到而全面，都令我们这些中年人，感到“向青年学习”这句话的亲切。记得有一次在检讨旧农会主任的许多过失之后，我们都主张撤销这位主任的职务，并开除他的会籍。这位年轻的工作组长，却主张保留他的会籍，留在农会中改造他、教育他。在同我们作了一小时的说理之后，我们都为他的道理所说服了。他一天从早忙到晚，把整个的生命，投在土地改革的工作中。他对群众、对农会、对干部，每天都要讲几次话，从他那么多的谈话次数中，我们找不到他有一次犯原则性的错误。在短短的时期中，我们对于这位年轻的区委书记，产生了诚挚的敬爱。我们想，像这样的干部，分布在中国各地的，当以千万计。这是历史上从来没有出现过的奇迹。这种奇迹之所以造成，当然要归功于毛主席的领导及中国共产党的教育。这些干部的存在，使我们一方面对于毛主席及共产党，加增了爱戴，一方面对于中国的光明而伟大的前途，充满了信心。

我们到东大村的那一天，农民排队到五里之外来迎接我们。在由东大村折回西安的时候，全村的农民，和我们依依不舍。我的房东，那位73岁的忠厚长者，一直送我出了北门。其余的农民，不但送我们出村，而且还送我们出乡，直到我们都坐上了马车，才摇手告别而返。我们的感情都起了波动，心中都在想：我们过去所吃的小米，都是这些农民辛苦耕耘得来的，我们对于他们过去曾有何功何德，值得他们如此的深情厚谊？主要的原因，还是农民觉得我们是由北京去的。而北京，在农民的心目中，是与毛主席分不开的。从毛主席那儿去的人，必会带给他们幸福，农民都这样直觉地深信着。我们要珍重农民这点情谊与信任，要以行动来报答他们，正如他们在给毛主席的信中，说要以行动来报答毛主席的恩情一样。我们以后的工作，更要向人民靠拢，要与人民的事业打成一片。过去我们对于研究工作，常从兴趣出发，以后应当从人民的需要出发。人民的需要，在现阶段，是巩固国防，发展生产，提高生活。我们的工作，就应当配合这些需要，满足这些需要。从今以后，我们将更踊跃地投入人民的队伍，与人民齐一步伐，在毛主席的伟大旗帜之下，为实现新民主主义的社会而奋斗。

（载《人民日报》4月1日，1951年）

批判资本主义国家编制实际工资指数的方法

一

马克思主义的奠基者，在分析了资本主义社会的发展过程之后，得到了一条规律，即工人阶级生活的不断恶化。马克思在《资本论》第一卷中即已指出："资本越是积累，劳动者不管所得的工资是高是低，他的地位总归要以同一比例趋于恶化。……在一极有财富的积累，同时在对极，那个把自己的生产物当作资本来生产的阶级，就有穷困，劳动折磨，奴隶制，无知，粗暴及精神颓废等等的积累。"[①]恩格斯在 1891 年为马克思著的《雇佣劳动与资本》一书所写的导言中也说："社会划分为极少数富有到难以置信的小集团和极大多数无产的雇佣工人阶级，这一划分所造成的结果是：这个社会被自己的富有所窒息，可是它的极大多数成员却几乎难以或甚至完全不能避免自身的极度贫困。"[②]

在资本主义的制度下，工人阶级生活的恶化，表现为两个方面：一为相对的恶化，一为绝对的恶化。相对的恶化，可从国民收入分配的结果中看出。工人阶级在国民收入中所得的份额，是越来越少的。关于这一点，本文不拟多谈。绝对的恶化，是帝国主义时代一切资本主义国家工人阶级的境遇。列宁在第一次世界大战的前两年就指出："工人的贫穷化是绝对的。即他们简直比以前更穷了，不得不过更恶劣的生活，吃得更坏，常常是吃不饱，不得不住在地窖里和屋顶角楼内。"[③]工人阶级这种状况，应当可以从实际工资的统计中表示出来，因为实际工资就是表示工人所得的生活资料数量的。马克思研究资本主义社会的工资问题时，特别注意名义工资与实际工资的区别。

"劳动者为他的日劳动或周劳动获得的货币额，形成他的名义工资额，即按照价值计算的工资额。"④ "劳动力的交换价值，与这个价值转化成的生活资料量的区别，现在表现为名义工资与实际工资的区别。"⑤ "劳动底货币价格，即名义工资，是与那实际工资，即用工资所交换得来实际的商品量，并不一致的。因此，当我们谈到工资涨跌的时候，我们不应单注意到劳动底货币价格，单注意到名义工资。"⑥

马克思这个指示，为我们研究工人生活状况开辟了一条途径。工人所得的货币工资，固然有重要的意义，但是单看货币工资的数量，还无法判断工人生活的升降。有这样一种时期，工人的货币工资是上涨了，但其生活程度反而下降，因为生活资料的价格，比工资涨得更快。判断工人阶级生活变动的正确方法，是研究他的实际工资，即工资所能换得的商品量。实际工资的计算方式，在资本主义国家中所采用的，如下：

$$\text{实际工资指数}=\frac{\text{货币工资指数}}{\text{生活费用指数}}\times 100$$

现在举一个例子来说明这个公式的应用。譬如与基期相比较，本期内生活费加了1倍，指数为200；货币工资也加了1倍，指数也为200。以200除200，再乘100，得数仍为100，即本期的实际工资指数。这个指数，表示实际工资并无变动，工人的生活水平，与基期相同，未上升，也未下降。假如生活费增加的速度比货币工资快，那么照上面方法计算出来的实际工资指数，必然小于100，那就表示实际工资下降了。可是，假如生活费增加的速度，不如货币工资增加那样快，那么实际工资的指数，必然大于100，那就表示实际工资上升了。

这个计算公式，是有它的局限性的。关于它的局限性，我们以后再说。现在我们要指出的，就是在实际工资的计算问题上，资本主义国家里的资产阶级与工人阶级，正进行着极尖锐的斗争。

本来，工人阶级生活恶化的事实，对于资产阶级的统治，也是不利的。资产阶级一方面剥削了工人阶级，一方面还利用一切手段来欺骗工人阶级，说是工人阶级的生活正在一天一天地好转。资产阶级欺骗工人的手段之一，就是伪造的实际工资指数。一些觉悟不高的工人，受了资本家的蒙蔽，便安于自己的境遇，成为工人运动中的落伍者。不能说在资本主义的国家内，资产阶级的这些卑鄙的手段，没有产生一定的效果。因此，工人阶级的先进部分，在资本主义国家内，其任务之一，就是要揭穿这种欺骗，把工人阶级的实际生活情况，忠实地暴露出来，以启发工人阶级的觉悟，鼓动他们与资本家作斗争。所以，在资本主义国家内，一切有关实际工资的辩论，都是含有阶级斗争的意义的。

二

我们上面已经提到，编制实际工资指数的原始资料，一为货币工资指数，一为生活费用指数。这两种指数的编制，需要掌握很多的原始资料。在资本主义国家中，通常由国家机关来担任这种工作。在美国，编制这种指数的机关，就是劳动部。资本主义社会中的国家机构，是为资产阶级的利益服务的，因此，它们在编制货币工资指数及生活费用指数时，便有意地抬高货币工资指数，压低生活费用指数。这样做，是与资产阶级的利益相符合的。

首先，让我们以美国为例，看看美国的货币工资指数是如何编制的。

货币工资，有各种不同的计算方法。根据资产阶级经济学者密里士的“研究”，计算货币工资，至少有七种方法：（1）计算每小时的工资率；（2）计算工人每小时的平均进款；（3）计算工作者全周的工资；（4）计算工作者全周的进款；（5）计算就业工人每周平均进款；（6）计算就业者每年平均进款；（7）计算工人阶级每人每年的平均进款。⑦

在这些计算方法中，最能反映工人阶级的客观实际情况的是第七种，其次是第六种。第七种反映工人阶级的整个情况，包括就业者，也包括失业者。第六种只反映工人阶级就业者的情况，虽然不是充分的反映，但是就业者如在一年之内，有几个星期或几个月的失业，其结果也会在数字中表现出来。但是根据这两个方法所计算出来的数字，美国的劳动部是不公布的。其之所以不公布，就是因为这些数字，是不利于资产阶级的。

美国劳动部经常公布的货币工资数字共有两种，即照上面所述第二种及第五种方法计算出来的货币工资。第二种方法就是计算工人每小时的平均进款。这种数字，对于工人阶级而言，意义是很小的。工人阶级的生活，绝不是由每小时的平均进款所决定的。譬如有一个工厂工人，在某一年某一月，平均每小时的进款，是 1 元 5 角，这好像是一个相当高的数字，好像拿这种工资的人，生活水准可能不差。但是如再追问一下就会发现，这位工人一个月之内只做了 10 小时的工作，因而一个月的收入，一共不过 15 元，拿来养活一家，连吃黑面包都不够。但是美国劳动部经常发表这种货币工资数字，而且还根据这种货币工资数字及生活费用数字，来计算实际工资。因此，它的计算，就得出极端荒谬的结论。譬如美国在 20 世纪 30 年代所经历的经济危机，造成大规模的失业，工人阶级的生活苦不堪言，但照美国劳动部的计算，美国产业工人在 1932 年的每小时平均实际工资指数（以 1923—1925 年的平均数为 100）为 109.7。[⑧]假如根据这个指数来推论，说是美国的产业工人，在经济危机最严重的年月，其生活状况比起 20 世纪 20 年代比较繁荣的年月还要高些，岂非极端荒谬！

用上面所述的第五种方法计算出来的货币工资，即计算就业工人每周的平均进款，虽然不比第二种方法更坏，但也还是荒谬的。之所以说不比第二种方法更坏，是因为工人在每一周内的工作时数，可以在这个数字中反映出来。譬如美国的产业工人，在 1923 年每周平均可以工作 46.1 小时，而在 1932 年，因为市面萧条，即使是就业的工人，每周也只能平均工作 37.7 小时。工作时间少了，因而工人的收入也就减少了。所以按照这个方法计算出来的美国产业工人平均每月实际工资指数，就不是上面所说的 109.7，而是 91.5 了。[⑨]可是这个数字，虽然把工人生活下降的事实多少透露了一些，但还是不符合客观真实情况的。依照这个数字，工人的生活水准，好像只下降了 1/10，但实际在 1932 年，美国产业工人生活下降的程度，大大地超过了 1/10。以美国的制造业而论，在 1923 年，工资总额是 101 亿余美元，而在 1933 年，工资总额便下降到 49 亿余美元。[⑩]工资总额在 1933 年还不到 1923 年的一半，工人阶级生活下降的程度可想而知。这一事实，也就说明了就业工人每周平均进款的数字，是不能用来作编制实际工资的基础的，因为它没有把一切工人的情况反映进去，也没有把任何工人全年的情况完全反映进去。但美国劳动部却经常公布这类数字，使利用这类数字的人陷入迷途，得不到客观的实际情况。总之，美国劳动部所公布的两种货币工资数字，因为选材的立场是代表资产阶级利益的，不能反映工人收入的实际情况，而是夸大了工人的收入水准，因而起了欺骗及蒙蔽工人的作用。

三

在计算货币工资时，资本主义的国家机构，已经暴露出它们的丑恶面目，而在计算生活费用指数时，它们的阴险与无耻，就更加显著了。由于美国一些企业中，工资的调整，是以官方公布的生活费用指数为根据的，生活费用指数提高了，工资就要增加，因此，垄断资本家，为获得最大利润，希望官方公布一种指数，是对于他们有利的。换句话说，他们希望物价上涨的程度，不要在生活费用指数中充分反映出来。数字是要代表事实的，但垄断资本家为了欺骗工人，为了压低工资，为了获得最大限度的利润，却要用数字来歪曲事实。资本主义的国家机构，就秉承这种意旨来编制生活费用指数。为揭露这种阴谋诡计，我们且先看一下美国三种不同的生活费用指数。[11]

（1930 年＝100）

年份	工业会议委员会指数	劳动部指数		电气工会指数
		旧的	修正的	
1939	100.0	100.0	100.0	100.0
1945	127.7	129.2	129.4	181.3
1946	136.4	140.1	140.3	191.7
1947	154.1	160.2	160.6	219.6
1948	164.0	172.2	172.9	234.0
1949	161.6	170.1	171.2	230.7
1950	163.7	172.2	172.9	240.8
1951	176.6	187.0	186.7	270.0
1952 年 7 月	182.4	193.6	192.0	288.7

以上三个机关所计算出来的生活费用指数，代表两种立场。工业会议委员会，是美国垄断资本的御用机关，它所公布的指数，反动的立场是再明显不过了，除了资本家之外，很少有人加以采用，所以在这儿可以不谈。劳动部的指数，是资产阶级的国家机构所编制出来的，代表资本家的利益。电气工会的指数，是先进的工会编制出来的，代表工人阶级的利益。这两种指数的差别是很大的。电气工会所公布的指数，既然是对资本家不利的，所以这种行为，便被认为是“反美”的，工会的领导分子，受到迫害，而近来也就看不到这种指数了。

在比较美国劳动部的生活费用指数与美国电气工会的生活费用指数之先，要大略说一下美国劳动部的两种指数的差异。美国劳动部修正的指数是 1951 年起才开始公布的，一直到 1952 年底为止，两种指数，即旧指数与修正指数同时公布。自 1953 年起，只公布修正指数，并改变了基期，即不以 1939 年为基期，而以 1947 年至 1949 年的平均数为基期。这种改变，完全是有利于资产阶级的。首先，基期的改变，当然会把生活费用指数的数字大大降低，这就会给尚未觉悟的工人一种错觉，以为生活费用上涨得还不太多。譬如以 1939 年为基期，照美国劳动部的修正指数，1952 年 7 月的生活费用便上涨了 92％，但是如以 1949 年为基期，则 1952 年 7 月的生活费用，只上涨了 12.1％。其次，我们还要注意，自 1951 年起，修正的指数，比旧指数不是大一些，而是小一些了。美国劳动部到底玩了什么把戏，把修正的指数变小了呢？做法很简单，就是把构成生活费用指数的食物指数的比重，从1950年12月的34.6%降低到1951年正月的33.3%。也就是说，它在编制综合生活费用指数时，对于加权问题，玩了一些把戏。食物的价格，在各种日用品价格中，相对是涨得快的，现在它的比重在综合指数中降低了，当然会影响综合指数，使其偏低。在1952年7月，修正的指数比旧指数要低1.6，这就使工人阶级遭受了以亿美元计的损失，此点我们下面还要细谈。

现在我们要进一步分析美国劳动部的生活费用指数与电气工会指数差异的主要原因。[12]第一，美国劳动部编制食物价格指数时，所选择的食品，是不适当的。譬如在1950年的食品中，就包括了米，它的价格，在过去两年内，曾下降了4.3%，但美国工人是很少吃米的。同年的食品单中，却没有包括通心面条，它的价格，在过去两年内，上涨了8.8%，而通心面条，倒是美国工人所常吃的。第二，每种物品，因质量有好坏，所以价格便有高低的不同，但美国劳动部在调查物价时，却选那种品质低的物品。同样是毛线衫，1949年的毛线衫比1946年的毛线衫要少25%的羊毛。第三，自从战后房租管制取消之后，房租便马上上涨，而且由于需要住宅的人，日渐增加，而住宅建筑，在经济军事化的过程中，却日渐减少，造成住宅供不应求的严重情况，因此房租在过去数年，大大地上涨了。但美国劳动部关于房租的资料，多是从长期租户那儿得来的，因此便隐蔽了房租一般上涨的事实。譬如1951年正月电气工会的房租指数，已达180.7，而美国劳动部的指数，才是120.8。第四，在加权来编制综合生活费用指数的时候，电气工会给食物指数的比重，在1951年10月为43%，而在1953年7月，则为44.2%。但美国劳动部在编制综合指数时，正如上面已经指出的，只给食物指数以33.3%的比重。食物的价格，在各种日用品中涨得最快，即使根据美国官方的指数，当1951年总指数是186.7的时候，食物指数已升到227.4。所以在编制综合指数时，只要降低食物指数的比重，必然会缩减总指数的数字。但是这两个指数所用的“权”，为什么会差得这样大呢？这是由于美国劳动部在1934年至1936年为编制生活费用指数而进行的家计调查，就有意地歪曲了事实。大家知道，为编制生活费用指数，必须有几种材料。第一是工人家庭所消费的物品名单。有了这个名单，才有进行调查物价的根据。第二还要知道每种物品及每一类物品在工人家庭消费中的比重。知道了这个比重，才能解决编制综合指数时的加权问题。美国劳动部欺骗工人阶级的阴谋，在做家计调查时就已开始了。这个机关在选择家庭时，着重于收入较高的技术工人的家庭。粗工家庭在被选择的家庭中所占的比重，不及其实际比重的1/2。失业工人的家庭，根本就没有被选入，但在进行家计调查的年代，失业工人就有1 000万到1 200万人。因此，美国劳动部所选择的家庭，其平均收入，比实际上工人的平均收入，高了50%。在资本主义社会中，工人在食物上所花的钱，在整个预算中的比重，是与收入的高低成反比例的。收入越高，花在食物上的钱的比重，在整个预算中便越低。这就是美国劳动部在食物指数上所加的“权”，不是43%而是33.3%的秘密。

除了以上这些原因之外，还有一个很重要的原因，就是在美国劳动部的指数中，并没有包括直接税，而在电气工会的指数中，则包括了直接税的指数在内。现在把1951年1月两种生活费用指数的构成部分，列表如下[13]：

（1939年＝100）

构成部分	美国劳动部指数	电气工会指数
总指数	182.7	262.5
食物	232.8	290.1
衣着	198.7	268.4
房租	120.8	180.7
燃料	146.0	184.9
家具	206.2	232.4
交通	152.5	215.4
医药	150.4	235.0
赋税	—	2 655.9
其他	166.1	187.9

从电气工会的指数中可以看出，1951年工人所纳的直接税，比1939年增加了25.5倍。但美国劳动部的指数中，却不包括这一个重要的项目。1951年1月，两个指数的差异，共达79.8，其中有26.6是这个因素造成的。也就是说，两个指数的差异，有1/3要归于这个原因。

现代资本主义的基本经济法则的一个重要表现，就是以国民经济军事化的方法来保证最高的利润。国民经济军事化的资金的一个重要来源，就是劳动人民所担负的各种赋税，其中也包括了直接税。间接税的影响，在物价中是会表现出来的。直接税在资本主义国家中的意义，是资本家利用国家机构，对工人阶级进行第二次的剥削，从工人阶级所得到的微薄工资中，通过国家预算来进行再分配，把它转移一部分到资本家的口袋中。这种掠夺，是不在物价中直接表现出来的。因此，电气工会在编制生活费用指数时，把这一项作为一种开支而包括到生活费用中去，表示生活费用因此提高了，工资相对降低了，这对于唤醒工人的觉悟是有作用的。但是如何把直接税对于实际工资的影响，适当地在实际工资指数中表示出来，还是一个可以研究的问题。把它列入生活费用指数中是一个方法，但其缺点有二。第一，劳动部的指数，没有包括这一项目，而电气工会的指数则包括这一项目，因而使两个指数在未加修正之前，便不能作直接的比较。第二，美国工人阶级在赋税上的负担，是很重的。据估计，赋税（包括直接税及间接税）在美国工人收入中所占的比重，在 1951 年已高到 41%。[14]因此，如把直接税也计算在生活费用指数之中，在加权时必然要给它以相当大的比重，这就相对地缩小了食物指数在总指数中的比重。这种计算方法是否正确，也值得讨论。但是如果不把直接税计算在生活费用指数之内，又如何能够使它在实际工资指数中表示出它的影响呢？关于此点，我们觉得美国铁路电信工会的计算方法，是值得参考的。美国铁路电信工会，在计算实际工资之先，把直接税先从货币工资中扣除，然后再根据生活费用的变动，来计算实际工资。算法如下[15]：

年份	每周收入	直接税及其他扣除	扣除后的每周收入	以 1952 年价格计算	实际工资指数比
1941	38.88 美元	1.17 美元	37.71 美元	71.27 美元	100%
1952	71.32 美元	14.96 美元	56.36 美元	56.36 美元	79%

美国铁路电信工会的计算方法，既可以达到表示实际工资由于直接税的沉重而下降的目的，又可以避免上面所述的两项缺点，所以从方法论上来看，是比较可取的。同样地，这个方法，还有一种优点，就是表现出工人阶级的立场，表现出工人阶级对于直接税以及征收这种直接税的国家的看法。既然资产阶级的国家是完全为资产阶级服务的，所以这个国家所征收的直接税，也就具有掠夺性质。因此，把它从工资中扣去，而不视为生活费用的项目之一，就是把它与其他为资产阶级所掠夺的剩余价值同等看待。这是在方法论中表现出阶级的立场。

资产阶级的国家机构，之所以这样出力来为它的主子服务，是因为这个指数，与垄断资本家的利润有密切的关系。美国的工人阶级，至少有 400 万人是根据美国劳动部的生活费用指数来修正工资的。美国的汽车工会，与汽车公司所订立的集体合同，规定假如生活费用指数变动了 1.14，每小时的工资率也随着变动 1 美分。那就是，如生活费用指数上升了 1.14，每小时的工资率就加 1 美分，反是则减 1 美分。电气工会指出，假如 1951 年 1 月的工资修正，是照着他们所编制的指数来进行的，那么 1951 年 1 月的工资，应比 1950 年第一季每小时加 28 美分，而照官方的指数，则只能加 13

美分。指数每差1个点，就要影响到美国劳动人民的收入，每年达10亿美元。美国劳动部假造指数，就是要把这个工具作为垄断资本家剥削劳动人民的有力武器。它对于降低劳动人民的生活水平，提高垄断资本的利润，是产生了一定影响的。

四

以上所讲的，只是企图说明在资本主义社会里，应如何正确地来计算货币工资，如何正确地来计算生活费用，然后才有可能来正确地计算实际工资。但在现代资本主义社会里，用上面方法所计算出来的实际工资还要作两点重要的修正。

第一，在现代资本主义社会里，劳动强度大大增加了。马克思曾指出劳动强度与生产物的价值的关系说："更强的一小时劳动的生产物，比更松懈的一又五分之一小时劳动的生产物，可以有同样大或更大的价值。……这个结果，是由二重的方法得到的。第一，是提高机器的速度；第二，是扩大同一劳动者所监视的机器范围，即扩大他的劳动范围。"[16]所以在研究实际工资时，还应当注意劳动强度的问题。假如劳动强度增加了20%，而货币工资只增加了10%，即使生活费用没有变动，工人的实际工资还是下降了，因为他以较多的劳动，换得了较少的工资。美国汽车工业工人曾估计到这个因素而计算出来他们实际工资降低的程度如下[17]：

	1941年	1952年7月
每周工资指数	100	174.4
电气工会生活费用指数	100	249.1[18]
实际工资指数	100	70.0
工人产量增长指数	100	120.3
估计到工人产量的增长而计算出来的实际工资指数	100	58.2（70.0÷120.3）

由此得出结论，在计算现代资本主义社会的工人实际工资时，如果除了估计到物价的上涨因素之外，再估计到工人劳动强度的增加，那么工人的实际工资，将表现得更低。

第二，我们上面的各种计算，并未考虑到失业工人。斯大林教导我们说："当人们谈到工人阶级的物质状况时，通常总是指生产中的在业工人，而没有估计到所谓失业后备军的物质状况。这样看待工人阶级物质状况的问题，是不是正确呢？我以为是不正确的。既然有失业后备军，而它的成员除了出卖自己的劳动力就无法生存，那末失业者是不能不列入工人阶级之中的，但是，既然他们列入工人阶级之中，那末他们的赤贫状况，就不能不影响生产中在业工人的物质状况。因此我以为，在说明资本主义国家工人阶级的物质状况时，也应该估计到失业工人后备军的状况。”⑲

苏联科学院通信院士斯密特在他的近著《美英法工人阶级现状》一书中，曾依照斯大林的指示，估计到美国工人的失业情况，算出美国工人阶级的实际工资如下⑳：

	以钟点计的货币工资指数	修改过的生活费用指数㉑	实际工资指数	失业者的百分比	工人阶级的实际工资指数
1941 年第三季度	100	100	100	19.4%	(80.6) 100
1948 年每月平均数	166.7㉒	238.4	69.9	25.7%	(51.9) 64.4
1949 年末	164.1	234.3	70.0	32.0%	(47.6) 59.1
1950 年末	164.7	264.4	62.3	29.4%	(44.0) 52.4

斯密特计算的方法是相当复杂的，此处不拟深入讨论。我们愿意指出一点，即美国工人阶级的实际工资，如果把失业者的赤贫状况也估计进去，那就比战前下降了一半，而不是如一般人所说的下降30%至40%了。

马克思列宁主义的理论宝库中关于资本主义社会工人生活不但是相对的恶化而且是绝对的恶化的学说，在实际工资的研究中，再一次得到证实。这种客观的真实情况，如果尽量地加以揭露，并使其为资本主义社会中广大工人阶级所认识，必然会激起他们更大的愤怒，加强他们对于资本主义制度的反抗，最后必然会加速资本主义的灭亡。

（载《教学与研究》第 6 期，1954 年）

注释

①马克思：《资本论》（人民出版社），第一卷，第 813 页。

②马克思：《雇佣劳动与资本》（三联书店），第 16 页。

③《列宁全集》，第十八卷，俄文第四版，第 405 页。

④同注①，第 671 页。

⑤同注①，第 670 页。

⑥同注②，第 31 页。

⑦密里士：《劳动经济》，第一卷，第 44－46 页。

⑧美国劳动部：《劳动统计手册》，1941 年，第二卷，第 8 页。

⑨同上。

⑩《美国统计摘要》，1946 年，第 809 页。这儿的数字，是根据美国清查局的调查。清查局每隔一年举行此种调查一次，因此有 1931 年、1933 年的数字，而无 1932 年的数字。

⑪苏联《计划经济》，1953 年 5 月，第 91 页。

⑫此项分析所根据的材料，见苏联《经济问题》，1953 年第 6 期，第 113－119 页；苏联《经济问题》，1953 年第 3 期，第 119－126 页。

⑬参引资料同上。

⑭苏联《经济问题》，1953 年第 2 期，第 76 页。

⑮苏联《共产党人》，1953 年第 6 期，第 93 页。

⑯《资本论》，第一卷，第 497、499 页。

⑰同注⑪，第 95 页。

⑱此数字与注⑪所引用的数字不同，因注⑪的数字是以 1939 年为基年算出的，而此处则是以 1941 年为基年算出的。

⑲《苏联社会主义经济问题》（人民出版社），第 39 页。

⑳斯密特：《美英法工人阶级现状》（俄文版），第 57 页。

㉑这个指数是斯密特根据美国材料重新计算出来的，可以注意的一点就是，这个指数比电气工会的指数还高。

㉒这个指数是扣除了赋税以后计算出来的。

我与胡适——从朋友到敌人

胡适是中国剥削阶级知识分子中一个典型人物。

胡适出身于一个官僚家庭。在他的幼年时代，父亲就逝世了。但是他的父亲，却留下遗嘱给他，要他“努力读书上进”。这寥寥数语，据胡适说，对他的一生有很重大的影响。这就是说，胡适早就学会沿着读书的道路往上爬了。……

但是胡适的童年，正碰到科举制度的消亡。作八股考状元的时代是一去而不复返了，但登龙还有别的途径，那就是出洋镀金。胡适就选择了这条途径。他学农不成，弃而学哲学。在杜威的赏识之下，戴得博士头衔归来，作为向权门卖身投靠的资本。

胡适从美国回来的年代，中国还处在军阀割据四分五裂的状态中。胡适既然从美帝国主义那儿贩来一套货色，所以他个人的飞黄腾达，也就与美帝国主义在中国势力的增长息息相关。美帝国主义要在中国剥削人民，必须在反动势力中找到一种势力与它合作。这个反动的势力，甘心与美帝国主义狼狈为奸的，就是以蒋介石为首的卖国集团。自从美帝国主义与蒋集团密切合作之后，胡适的道路也就日趋明朗了。他的任务，就是在思想战线上，维护美帝国主义及反动统治阶级的利益，来反对人民的革命运动。

这就是胡适的道路。这就是胡适的根本立场。

了解胡适的根本立场，才能了解他的观点与方法。

有人看到胡适写过几篇劝别人少谈主义的文章，就以为胡适是没有主义的人，其实是错误的。主义是代表一个阶级基本利益的思想体系。像胡适这种有明显阶级立场的人，是不可能没有主义的。他劝别人少谈主义，只是不要谈马克思列宁主义而已，至于谈别的主义，特别是维护剥削阶级利益的形形色色的主义，胡适就不可能不谈，而且常常谈得很起劲。

很早胡适就说过："近世的历史指出两个不同的方法，一是苏俄今日的方法……一是避免阶级斗争的方法"（《胡适文存》三集）。后一种方法，是胡适常谈的，他称之为新自由主义，或自由的社会主义。

不管胡适用的是什么名词，他所标榜的主义，其实质就是要不破坏统治阶级政权的基础，只要求统治阶级在保持其统治的条件之下，进行一点一滴的改良。反对革命，主张改良，就是他的基本原则。在 1947 年，当蒋管区闹得乌烟瘴气，青年人苦闷万分的时候，有一个青年写信去问胡适，国家的前途是否绝望。胡适还是搬出几十年前的老调，告诉这位青年，救国没有别的方法，只有"一点一滴的努力，一寸一尺的改善"（《青年人的苦闷》）。

但是，只要任何努力侵犯到统治阶级的政权基础，胡适就要出来反对了。譬如 1932 年有一个中国民权保障同盟，要求蒋介石反动政府释放政治犯。要求释放政治犯，离革命还远得很，但是胡适却暗示反动政府制裁这种行动。他说："这不是保障民权，这是对一个政府要求革命的自由权。一个政府要存在，自然不能不制裁一切推翻政府或反抗政府的行为。"（《民权的保障》）这就是说，蒋介石反动政府的存在，是至高无上的利益。保障民权，如果与反动政府的存在有矛盾，那就应当制裁。这就是平日标榜美国"民主自由"的人所说的话！

胡适维护反动统治阶级利益的第一个办法，是鼓吹改良，反对革命。他维护反动统治阶级利益的第二个办法，就是鼓吹资产阶级个人主义，反对人民组织起来。

被压迫、被剥削的阶级，在反动的统治之下，起来斗争，唯一有力的武器，就是组织起来的力量。这种力量，是反动阶级所最害怕的，所以就要想尽各种方法，来分化被压迫的群众。假如群众被分化了，弄到每人只顾自己，那就正合统治阶级的意图，因为不能团结的群众，就如一盘散沙，在统治阶级看来，是不足为患的。胡适常用易卜生的一句话来教训青年说："你要想有益于社会，最好的法子莫如把自己这块材料铸造成器。"又骗青年说："救出自己"，"这种'为我主义'，其实是最有价值的利人主义"。（《胡适文选》）

胡适在过去几十年中，就这样散播了改良主义与个人主义的毒素。改良主义，在革命成功的事实面前，已经彻底地破产了。但一直到今日，知识分子，虽然经过了革命的洗礼，经过了多年集体主义的教育，还远不能把个人主义的余毒，从思想及行动中清扫一空。胡适的思想对于革命事业的危害性，真是十分巨大了。

站在反动立场上的人，其治学方法，只能是主观唯心主义的。

胡适常说赫胥黎教他怎样怀疑、教他不信任一切没有充分证据的东西。“拿证据来”，是他常用的一句口头禅。但在实践时，胡适的言论，在至关重要的问题上，是从来不讲证据的。

譬如他说：中国有五大仇敌，“封建势力不在内，因为封建制度早在二千年前就崩坏了”。我们看到这样一条重要的判断，以为下面至少要提出几千字的证据来了，但证据是一点也没有的。又如他说：“不要尽说是帝国主义害了我们。那是我们欺骗自己的话。”我们看到了这样一条重要的判断，以为下面至少要提出几千字的证据来了，但证据是一点也没有的。

虚构、假造，是胡适时常玩弄的手法。他知道人民向往苏联，就故意诬蔑苏联。他曾说过：“现在几个强国，除了一个国家还不能使我们完全放心之外，都绝对没有侵略我们的企图”(《青年人的苦闷》)。事实完全证明，胡适所谓绝对没有侵略我们企图的国家是谁呢？为首的正是霸占着我们台湾的美帝国主义，而他所谓不能完全放心的一个国家，倒是我们人民最忠诚的朋友——苏联。

今天我国的知识分子，对于美国是我们的敌人、苏联是我们的朋友这一点，是没有人再加怀疑了。但在解放之初，并不是所有知识分子，都是这样想的。当时我们对于美国亲近，对于苏联怀疑，有何理由？这些理由又有何根据？还不是受了胡适这一类言论的影响，因而形成的一种毫无根据的成见吗？由此可以看出，虽然我们知识分子，多年以来，口口声声不离科学，实际却做了毫无科学气味的胡适主观唯心论的俘虏。这是值得我们时常警惕的。

我在清华大学读书的时候，就认得胡适。当时蔡元培、梁启超等人，都很捧胡适，我们也就深信他是“学者”，因此就很留心阅读他的著作。我在解放前思想体系中的改良主义以及亲美崇美等思想，在青年时期，就因受胡适的影响而种下了根。1933 年，我参加了以胡适为首的独立评论社。这个社，每两星期开会一次，在聚餐之后，就纵谈中外大事。我记得经常在会中发言的，只有胡适、丁文江及蒋廷黻等人。其余的人，发言的机会很少，只是坐在那儿静听他们的“高谈阔论”。本来我们这些人的立场当时都是反动的，然而这种反动立场在与别种影响相接触的时候，有时不免发生动摇、犹疑。在这种时候，我们就去请教胡适。经过他的解释，我们的反动立场也就巩固起来了。现在回顾那些年月，由于独立评论社的集体影响，特别由于领导人胡适的影响，我的反动思想体系，便由萌芽而发展，以至于形成。

应当承认，在那些年代，我是很崇拜胡适的。我提出疑问，他给我答案，这些答案也就逐渐成为我的答案了。我不但对于思想问题去请教他，对于行动问题也去请教他。在 1935 年底，有几个独立评论社的社员到蒋反动政府去做官了，打电报到清华大学要我去参加工作。从教书改行去做官，这对我当时是一个很费思索的问题。我踌躇莫决，只好又去请教胡适。他毫不迟疑地劝我到南京去。由于我自己的不坚定，也由于他的怂恿，我开始了十年多与蒋反动政权同流合污的生活。这是我的生命史中最可痛心的事。1948 年，当蒋反动政府的金圆券问题闹得天怒人怨的时候，胡适还在蒋匪面前保荐我同其他两位搞经济的人到南京去商量善后问题。我已有十余年的惨痛经验，幸而未再失足。但从这件事也可看到，当蒋匪帮日暮途穷、倒行逆施的时候，胡适还是心甘情愿做独夫的走狗。

自从 1948 年底清华园解放以来，我与其他的知识分子一样，在共产党的关怀之下，受到了不少的教育。这不少的教育，有的来自马克思列宁主义经典著作的学习，有的来自实际运动的参加，有的来自新中国活生生现实的体验。这不少的教育，改变了我们的思想，改变了我们的感情，但最根本的是，改变了我们的立场。我们到底站在哪个阵营之内？拥护谁？反对谁？谁是我们的朋友？谁是我们的敌人？这一切，感谢共产党与人民对我的教育，我已经认识清楚了。

但是在立场上分清敌我，还不等于在思想上也分清敌我。在对《〈红楼梦〉考证》的批判展开之前，我一方面学习了马克思列宁主义的文艺理论，一方面又欣赏俞平伯先生的《论秦可卿之死》，及周汝昌先生对于史湘云后来与贾宝玉结婚的考证。这就证明了在我的思想中，唯物论并没有战胜唯心论。这使我更进一步地认识到，肃清敌人的思想残余，是一个长期的艰巨的工作。每一个知识分子，都要为此而作最大的努力。

胡适，过去是我的朋友，今天是我的敌人。我要坚决与胡适所代表的一切进行斗争，不达到最后的胜利，决不罢休！

（载《光明日报》2 月 8 日，1955 年）

批判梁漱溟的乡村建设理论

梁漱溟在解放前后，一共写了四本书，即《东西文化及其哲学》（作于1920—1921年）、《中国民族自救运动之最后觉悟》（作于1929—1931年）、《乡村建设理论》（作于1932—1936年）及《中国文化要义》（作于1941—1949年）。在这些著作中，梁漱溟一贯宣传他的反动理论。解放以后，他的思想进步是非常迟缓的。他在1954年12月中国人民政治协商会议第二届全国委员会第一次全体会议上的发言，自己承认："表面上好像思想意识也有了不少改变，而实际上还是老一套的思想观点盘踞在脑子里，很难拔除。"1955年2月，他发表了一篇告台湾同胞书，从中我们才开始看到他有了一点转变的痕迹；但是这种转变，同人民对他的要求，相距还是很远的。

一

梁漱溟思想的中心环节，是他的乡村建设理论。他的那套理论，萌芽于1922年，大半决定于1926年冬，而成熟于1928年（《乡村建设理论》，以下简称《理论》，自序，第2页）。这个时期，正值第一次国内革命战争失败，中国共产党正将工作的重点，由敌人力量比较强大的城市，转移到敌人力量比较薄弱的农村。对于这一伟大的人民解放运动，敌人当然是视为心腹之患的。所以从1930年起，敌人对于红军根据地，就连续进行了五次的"围剿"。同时在思想战线上，敌人配合这五次"围剿"，也进行了一系列的工作。梁漱溟就在这条反动的思想战线上，担任了一个重要的角色。他的武器，就是乡村建设理论。

梁漱溟所搞的那一套乡村建设，其目的是在反对中国共产党。这一点，他是并不避讳的。他说：

> 共产党在眼前短期间内，将成一时有力倾向，殆为必然的。我们如果不能指点出一餍足人心的新方向，不能开辟一条给社会有力分子情甘努力的大道，则举国青年都要走上死路，其将成为何等的惨事啊！（《中国民族自救运动之最后觉悟》，以下简称《觉悟》，第 24 页）

他自吹自擂，说他所搞的乡村建设，是中国农民运动的正轨，妄想以这一运动来代替中国共产党所领导的运动。他说：

> 共产党的作为，实是中国的一种农民运动。农民运动为中国今日必定要有的，谁若忽视农民运动，便是不识时务；要想消除共产党的农民运动，必须另有一种农民运动起来替代才可以。我们的乡村组织除了一面从地方保卫上抵御共产党外，还有一面就是我们这种运动实为中国农民运动的正轨，可以替代共产党。（《理论》，第 279－280 页）

他又厚颜地说：

> 有此运动而后其他的农民运动才用不着，共产党才可以没有。（《理论》，第 284 页）

但是，共产党如何才可以像梁漱溟所希望的那样"消除"呢？一方面，他期待着反动政府的"围剿"。他说：

> 最近中央政府因为剿除"共匪"，盛倡要以人民自卫组织为根本方法；谓必人民如是起来协助政府，而后"共匪"可清。这自然是不错的。（《理论》，第 277 页）

另一方面，也就是梁漱溟所致力的方面，就是妄想从理论上来证明中国共产党所指出的路是走不通的。在梁漱溟的眼中，我们政治上的第一条不通的路，是欧洲近代民主政治的路，而我们政治上的第二条不通的路，就是俄国共产党发明的路。（《觉悟》，第 163－201 页）为什么俄国共产党发明的路在我国走不通呢？根据梁漱溟的说法，是因为有三点困难："第一阶级基础难；第二革命对象难；第三理论统一难。"（《理论》，第 94 页）梁漱溟那些"最精彩的"谬论，都在这三点困难面前表现出来了。

"第一阶级基础难"。针对中国共产党的阶级斗争的革命理论，梁漱溟否认中国有阶级，他认为中国"只有一行一行不同的职业，而没有两面对立的阶级"（《理论》，第

28 页)。中国是否有工业无产阶级来作我们革命的领导力量呢?关于这一问题,梁漱溟的答案是前后不一致的。有一个时候他说:“中国所有近代产业工人甚少,靠他们革命是靠不来的。”(《觉悟》,第 174 页)但到后来,他连这很少的近代产业工人也否认了。他说:“无垄断即无阶级。生产工作者(农民、工人)恒自有其生产工具,可以自行其生产。各人做各人的工,各人吃各人的饭。”(《理论》,第 28 页)你看,工人恒自有其生产工具,哪能算是无产阶级?于是,几百万工业无产阶级,便从梁漱溟的视线中消失了。工人既不革命,那么农民是否革命呢?梁漱溟代替农民说:“他们的信仰和习惯数千年沿用,无大改变,保守性格外深重。所以要向中国农民谈革命简直是碰壁不通。”(《觉悟》,第 176 页)工人、农民都不革命了,还有什么别人要革命吗?梁漱溟说:“我敢说,一切劳苦群众但有工可作,有地可耕,不拘如何劳苦,均不存破坏现状之想;除非他们失业流落,或荒唐嗜赌,或少数例外者。然即至于此,仍未见得‘绝对革命’;投身土匪,或投身军阀的军队,或为窃贼,或为革命先锋,在他们是没什分别的。”(《觉悟》,第 177 页)梁漱溟就是这样来诬蔑我们的革命队伍的。工人不革命,农民不革命,一切劳苦群众也不革命。只有失业流落,荒唐嗜赌,或少数例外的人,才去革命。而对于这些投身革命的人,做窃贼与为革命先锋,并无分别!在这样诬蔑了革命队伍之后,梁漱溟便得出他的第一条结论:“阶级基础难”。

“第二革命对象难”。为了反对中国共产党所指出的革命对象,梁漱溟说:“现在凡是关切中国问题的人,多半痛恨两个势力:一是帝国主义,一是封建军阀。我也不能不痛恨。但大家以此为革命对象,则为错误。”(《理论》,第 99 页)为什么把帝国主义当作革命对象是错误呢?梁漱溟解释说:“国际的侵略压迫亦不能怪人家,而实由自己不能应付环境。其最大原因在自身陷于分裂冲突不能凝合为一个力量以对外。”(《理论》,第 9 页)这种倒果为因的说法,同胡适的主张如出一辙。所以梁漱溟便引胡适为同调说:“说到此处,使我们想起胡适之先生于打倒帝国主义不置意,而独创其五大魔之说,虽立言不免稍笨,而正非无所谓也。”(《理论》,第 97 页)至于勾结帝国主义的军阀,在梁漱溟的眼光中,则是革命的产物,而非革命对象。为什么说军阀是革命的产物呢?据说,军阀在 1911 年革命前是没有的。辛亥革命以后,虽然出现了军阀,但“他**不劳再否认**——因**他并没有被承认**。他不劳再推翻——因他并没有设立”(《理论》,第 102 页,着重点是原有的)。此外,中国是否还有剥削阶级可以成为革命的对象呢?梁漱溟回答说:“现在许多人咒骂剥削,其实中国离剥削尚远,没有秩序哪能谈到剥削!”(《理论》,第 74 页)在这样否定一切革命对象之后,梁漱溟便得出他的第二条结论:“革命对象难”。

“第三理论统一难”。毛主席告诉我们：“十月革命一声炮响，给我们送来了马克思列宁主义。十月革命帮助了全世界的也帮助了中国的先进分子，用无产阶级的宇宙观作为观察国家命运的工具，重新考虑自己的问题。走俄国人的路——这就是结论。”（《论人民民主专政》）由此可见，在真正革命的阵营内，理论是统一的。但是梁漱溟却把 1927 年以后反动的国民党内各种派别的争论，说成是理论统一难。他就在理论统一难的幌子下，贩卖他那一套反动的乡村建设理论，还以为他那一套是“中国民族自救运动之最后觉悟”，可见其狂妄。

二

从上面的分析可以看出，梁漱溟过去的思想，是反党的，反革命的，因而也必然是反人民的。

现在我们要进一步追问，他的理论到底代表谁的利益，是为谁服务的。

在梁漱溟的告台湾同胞书中，曾有一段提到他自己过去的立场。他说：“过去我在国内政治上一向的立场和行动路线，既不是一个跟着国民党走的人，亦不是一个跟着共产党走的人，若干年来历历在人耳目，是不须多表的。”梁漱溟说他不跟着共产党走，那未免轻描淡写了。过去有一些知识分子没有跟着共产党走，但他们并不攻击共产党。而梁漱溟呢，从上面所引的几段文字里，就可看出他过去是以消灭共产党为他自己的任务的。他不只是不跟着共产党走而已，他是站在共产党的对面，以他那套理论为武器，攻击共产党最厉害的人。

这一点是没有什么可以讨论的。

现在要讨论的一点就是，梁漱溟过去是不是一个不跟着国民党走的人。

1935 年 10 月，梁漱溟在乡平的乡村建设研究院中作了一次演讲。在这次演讲中，他把当时国民党统治区一切的乡村工作的后台老板，无意地暴露出来了。他说：“国内各地乡村工作的财源，不外两个来历：一是从政府来的；一是从外国来的。”（《理论》附录，第 9 页）定县平教会，以及燕京大学、金陵大学等所搞的乡村工作，是帝国主义给钱的。而梁漱溟等所搞的乡村工作，则是当时的反动政府给钱的。

当时的反动政府，为什么肯把钱给梁漱溟来搞乡村工作呢？这是因为梁漱溟已经向反动政府替自己写了保票，保证自己是国民党的一名成员，是替国民党办事的，他在编《村治》月刊的时候，在第一篇文章里，就把自己的党籍确定下来了。他郑重申明说：

> 我在国民党过去的历史上是有党籍的——我曾参加光复前的京津同盟会，和民国初年的国民党。不过在十三年以后便无我的党籍。照我自己的解释，我依旧算国民党人，旁人如何论法，就非我所知。（《觉悟》，第 29 页）

这段声明的用意，现在看来是很明显的。1928 年蒋介石曾在国民党的二届四中全会提出整理党务案，许多人在白色恐怖下吓昏了头脑，就赶快声明自己同共产党无关。梁漱溟说他在十三年以后无党籍的用意就在此。但是当时如不沾一点国民党的边，就不会得到反动统治的信任，所以他又搬出一套身份证来，证明自己是一个同共产党无关的国民党人。然后他便向国民党表示以后工作的方向，那就是清除共产党理论。“彼共产党理论胡为而要劳我们国民党人去清除它？正谓其混迹于国民党理论内而惑乱我耳”（《觉悟》，第 29 页）。自此以后，梁漱溟在做农村工作的年代里，就没有改变过他的立场。他在 1935 年还斩钉截铁地说：“我们是走上了一条站在政府一边来改造农民，而不是站在农民一边来改造政府的道路。……**我们与农民处于对立的地位**。”（《理论》附录，第 10 页，着重点是原有的）

梁漱溟是不是一个不跟国民党走的人，上面的分析不是已经给了一个明确的答案了吗？

蒋介石在叛变革命以后，已经不再代表民族资产阶级的利益，而代表帝国主义、封建主义和买办资产阶级的利益了。蒋介石发展了买办的、封建的、军事的垄断资本主义，即后来人们所说的官僚资本主义。梁漱溟在这个反动政权之下进行乡村工作，也只能为反动的阶级服务，首先就是为封建地主阶级服务。

中国过去的乡村中，分化出地主阶级及农民阶级。少数的地主及富农掌握着大量的土地，他们借此残酷地剥削农民。所以中国共产党一向领导着农民，向地主阶级进行斗争，为地主阶级服务的知识分子，当然要对此拼命反对。梁漱溟反对在乡村中进行阶级斗争的理由有好几个。第一，他否认中国有阶级，这在上面已经指出了。在一次演说中，他还提议不要用“农民”“农工”“被压迫民众”“无产阶级”等名词，而要用“乡村居民”一个名词来概括所有住在乡村中的人（《觉悟》，第 215 页）。这样，地主是乡村居民，农民也是乡村居民，大家都是一样的，就用不着进行斗争了。第二，假如还有人坚持乡村中有地主阶级，也有无地、少地的农民阶级，他就提出另外一种缓和局面的论调，“土地集中垄断之情形不著；一般估计，有地的人颇占多数”（《中国文化要义》，以下简称《要义》，第 165 页）。这等于承认了乡村中有垄断土地的事实，还有无地的农民。假如无地的人起而要求土地，怎样办呢？这就引出梁漱溟第三种反对阶级斗争的理由来了。他说："中国过去对于农地私有的反响，或则欲为根本推翻，或则欲为相当限制；然而历史告诉我们，欲推翻者无不失败，即使限制者亦收效甚微。"（《理论》，第 413 页）在梁漱溟的眼光中，"现在的农民对于很多重要的事情，都是模糊的"（《理论》，第 437 页），所以只要梁漱溟把历史拿出来吓唬他们一下，说他们如果提出土地要求，那一定会失败，或者收效甚微，农民也就会知难而退了。

这种主张，完全是代表地主阶级利益的，这难道还不明显吗？

代表地主阶级利益的人，到乡村去工作，当然不是要暴露和揭开半殖民地半封建社会中的矛盾，而是要掩饰这个社会中的各种矛盾；不是要去帮助农民进行阶级斗争，而是要熄灭阶级斗争。

三

了解了梁漱溟是站在谁的立场上到农村去进行工作的，我们就不易为他的"哲学""理论""运动""文化""理性""向上精神"等名词所诱惑，而能够从他的阶级根源去看他的工作实质。

梁漱溟所领导的乡村运动，有几件事情是不做的。他不领导农民去打倒帝国主义，打倒军阀。据说这些事情，"在农民都看得不切己，……这在多数中国农民是不能干的，不肯干的"（《理论》，第 351－352 页）。他也不领导农民去打倒土豪劣绅，废除苛捐杂税。据说如果这样做，"没土地没生路的少数农民也许跟着你走，大体上还是不行的。即令一时引动起来，也许走到半路仍废然思返"（《理论》，第 352 页）。总之，凡是农民坚决要求的事，梁漱溟所领导的乡村运动就坚决不干。他决定同农民处于对立的地位。这一点，初看似乎不好懂。为什么搞乡村运动的人，根本不理会农民的痛苦、农民的要求呢？如果我们了解梁漱溟是站在地主阶级的立场去搞乡村运动的，那么这一切就都成为可以理解的了。

梁漱溟既然要搞乡村运动，就要建立组织。他的乡村组织，内容共分四项：第一，乡长；第二，乡农学校；第三，乡公所；第四，乡民会议。第一、第二两项，属于文化运动团体，但要得现政权的承认。第三、第四两项，则属于现政权下之政治组织系统（《理论》，第 229 页）。梁漱溟说他要坚守社会运动的立场，但从这个组织的内容，就可以知道，他同反动政权已经打成一片而不可分。他所要做的，只是在这个组织中，更加巩固地主阶级在乡村中的统治力量而已。

首先，我们看一下在整个组织系统中起监督教训作用的乡长是怎样推出来的。他说："应当由众人（团体范围内的分子）聚会开会来推定乡长；在未推定之先，乡长应是谁，大家心目中已有，开会时再来表示决定。"（《理论》，第 256 页）我们细想，在反动政府统治的时代，当土地改革运动还没有在乡村中发动，当农民群众还处于被压迫被剥削地位的时候，这样推出来的乡长必然会是一种什么人。除了地主阶级中最有势力，上能结交官府，下能鱼肉乡民的恶霸，谁还会被推出来当乡长？

其次，我们来看乡农学校。乡农学校由四部分人组成：一为校董会；二为校长；三为教员；四为乡民，也就是学生（《理论》，第 215 页）。校长由上面所说的乡长兼任，乡长和乡农学校校长就是一回事（《理论》，第 245 页）。校董会是如何组织起来的呢？梁漱溟说："我们的乡农学校所划的范围，是由一百五六十户至三四百户，在此范围内，先成立校董会。校董会中都是些领袖人物。"（《理论》，第 216 页）所谓领袖人物，当然都是一些大、小地主。所以在梁漱溟的组织中的中心人物，就是独占一方的恶霸，旁边还有一些大、小地主来辅助他。拆穿西洋镜，他的文化运动团体的动力，就是这样组成的。

他的乡农学校，任务是做推动设计工作。光靠一些地主，是很难进行设计的。于是他就想到知识分子，想从外面请一些知识分子来当教员。"只有教员是外来的，其他三项人都是本地人。"（《理论》，第 217 页）据他说："中国问题之解决，其发动主动以至于完成，都要靠其社会中知识分子的。"（《理论》，第 328 页）他为了发动知识分子下乡，还特别办了一个刊物，"专意在对着青年——尤其是左倾青年——说话"（《觉悟》，第 25 页）。但是这些"左倾青年"下乡以后，如何肯替地主阶级服务呢？梁漱溟也顾虑到这一点，所以在把知识分子送下乡去工作之前，先要在他所办的乡村建设研究院中训练一番。研究院中的科目，第一就是所谓"党义"的研究，包括三民主义、"建国"大纲、"建国"方略及其他科目。还要受精神陶炼。还要学习现行法令、公文程式等等（《觉悟》，第 252－253 页）。他就这样妄图把一些革命的青年，训练成为可资地主阶级利用的工具。

我们看了上面的分析，就可知道梁漱溟的文化运动系统，同反动政权下的政治组织系统，名目上好像是两个系统，实际上是为一个主人办事的。这一道理，梁漱溟倒也并不讳言。他说："若明白军阀不会与我们冲突之理，则我们不能自操政权之理，亦可明白。这都是一个理，其理皆在彼我根本不可分。"（《理论》，第 318 页）梁漱溟的利益与军阀的利益"根本不可分"，而且两者都是"与农民处于对立的地位"，梁漱溟是看得很清楚的，他并不是糊涂地进行他的乡村工作的。

现在我们还要进一步来研究梁漱溟在建立乡村组织之后，准备做些什么工作。

首先，他要做的工作，就是他所说的“尽力于复兴农业生产”。这一决定，据说不是由主观方面设想，而是观察审度四周的形势而后决定的。这四周形势是什么呢？梁漱溟说：“工业先进国嫉妒我们工业起来和它争回市场，而于农业，尚可放过我们一步（如所谓‘农业中国、工业日本’，它希望华北棉产发达，而不愿意纺织业发达，即其一例）。”（《理论》，第375－376页）地主阶级的知识分子，开口闭口地说自尊，但是在决定工作方向时，先要揣测一下帝国主义的意旨，观察一下帝国主义的颜色。再没有比上面所引的一段话更能揭示反动知识分子的丑恶面貌了。

梁漱溟在观察审度了帝国主义的意旨之后，就决定来“积极使农业进步”了。要积极使农业进步，据说要把握三个要点：“一、流通金融；二、引入科学技术；三、促进合作组织。”（《理论》，第401页）

我们现在就来分析这些提议的阶级根源。先从合作组织谈起。

我们现在也谈合作。但在人民民主国家中所进行的合作运动，同地主阶级所搞的合作运动，是毫无共同之点的。关于这一点，列宁早就作了分析。他说：“为什么说自涡文起所有旧时那些合作社提倡者底计划都是幻想的呢？就是因为他们不估计到如阶级斗争，由工人阶级夺取政权，推翻剥削者阶级底统治等基本问题，而梦想用社会主义来和平地改造现代社会。因此，我们很有理由把这种‘合作制’社会主义，看成完全是幻想，是空想，而把期望用简单的居民合作化就能将阶级敌人转为阶级朋友，将阶级战争转为阶级和平（所谓国内和平）的梦想当作甚至是庸俗不堪的东西。”（列宁：《论合作制》）列宁的分析，早把一切反动阶级所提倡的合作社计划的企图一语道破了。中国农村中原来有尖锐的阶级斗争，梁漱溟站在地主阶级的立场，极端仇恨共产党来发动农民进行斗争，说共产党“不惜伤和气、毁交情，造成嫌怨仇忌心理；……以此领导农民，无异使农民都变成流氓”（《理论》，第283页）。所以他在乡村中提倡合作，讲究和气，不伤交情。这当然只是对于地主阶级有利，而对于农民则是极端不利的。

至于流通金融，其本质就是要建成地主阶级和买办资产阶级的联盟，来加紧剥削农民。梁漱溟在1929年所作的《河南村治学院旨趣书》上说：“夫我固无资本可言，其犹有些许资金则唯在军阀官僚商人买办之手，……此时大计，唯在因势导之以回返流入农村，集于新式农业之开发一途。”（《理论》，第407页）他告诉这些官僚买办说：“游资偏集上海一隅，壅塞膨胀，无法疏导；而内地则金融枯竭，民生凋敝，沾润无从。”“非使资金返输于农业，以恢复农业生产……有出有入环转流通不可。”（《理论》，第 408 页）他指出这事在两方面互有需要。所谓两方面，一方面就是买办资产阶级，它需要在乡村中开辟投资的市场；另一方面就是地主阶级，它需要得到一些外面的援助，来作为高利贷的补充资本。因为在旧社会里面，所谓资金由都市输入农业，当然不是输到农民的手中。在这些买办资产阶级的眼中，贫苦的农民，不是可靠的放款对象，而且这些住在都市租界中的军阀、官僚、商人、买办，根本也不可能直接同农民打交道。于是所谓资金流入乡村，就必然流入地主阶级或富农的手里。地主阶级和富农利用这些资金来在乡村中放高利贷，剥削农民，并以剥削所得，拿出一部分来送给买办资产阶级。这就是在反动统治时期所谓流通金融的实质。

关于如何引入科学技术，梁漱溟谈得最少。大约他所依靠的，就是一些农业改良试验推广机关。为什么他提出这一工作而又谈得很少呢？因为他认为“零散的、农民小块的田地，断无法采用什么进步的技术的，只有组织合作社来经营庶乎其可以”（《理论》，第 406 页）。既然进步的技术目前还“断无法采用”，所以缓一步谈也无妨。从地主阶级的立场看去，引入科学技术，还是合乎其利益的。因为有了科学技术，就有希望增产，而在增产的基础上，地主阶级就可以向农民加租，把农民的辛劳所得，占为己有。地主阶级把引入科学技术作为提高收入的一种工具。

四

梁漱溟一方面感谢帝国主义者让他所代表的地主阶级还可以在农村中继续剥削农民，另一方面他又感谢帝国主义者对中国工业的压迫，使工业兴不起来。为什么他要感谢帝国主义者对中国工业的压迫呢？请看他的自白：

> 帝国主义以不平等条约和种种经济手段，对于中国的竞争压迫，杜绝了中国工商业的兴起，使中国免于资本主义化，这真是非常庆幸之事，我愿谢天谢地。我不否认他们重重压迫，几乎致我们死命；可是八十年来极容易走上工业资本之路的，竟得幸而免，不能不说是食他们之赐。这样，才**留给我们今天讲乡村建设的机会**。要不然，像俄国那样，形成一个半通不通的工业国家，最适宜于发生共产革命；那么，我们今天就不能讲乡村建设，而得讲共产主义了！（《理论》，第 378 页，着重点是原有的）

中国封建社会内部的商品经济的发展，已经孕育着资本主义的萌芽，自 19 世纪下半期起，中国民族资本主义即已开始了初步的发展，但是帝国主义者却勾结中国封建势力压迫中国资本主义的发展，使中国变成一个半殖民地半封建的社会。这样压制着中国的生产力，使其得不到发展的广阔场所，本来是一件可以痛心的事，但梁漱溟却认为是非常之幸的事而愿意谢天谢地。从地主阶级的立场看去，这也是可以理解的。资本主义同社会主义相比较，虽然是落后的，但同封建主义相比较，则又是进步的。资本主义如进一步在过去的中国发展，则第一个要被淘汰的阶级，就是封建地主阶级。可是地主阶级却遇到一个救命恩人，那就是帝国主义。“帝国主义到处致力于保持资本主义前期的一切剥削形式（特别是在乡村），并使之永久化，而这些形式则是它的反动的同盟者生存的基础。”（共产国际第六次大会《关于殖民地和半殖民地国家革命运动的提纲》，引自《毛泽东选集》，第二卷，《中国革命和中国共产党》一文）梁漱溟之所以要再一次感谢帝国主义，其原因在于此。

但是如果以为梁漱溟一点工业都不要，那也是错误的。他所愿意要的工业，就是那些“以自己现成的劳力加工于自己现成的原料，满足自己的需要”（《理论》，第389页，着重点是原有的）的工业。关于这一类的工业，他还举了两个例子：“食用品如面粉，就不用购之面粉厂，而合作社自营面粉厂。又如衣用品尽可以从羊毛棉花的生产到纺纱织布，统置于农民合作自营之下。”（《理论》，第389页）

梁漱溟所提倡的工业，其特点有三：

第一，他所提倡的都是一些制造消费品的工业。我们还不能说他是走资本主义工业化的老路，要从轻工业下手。因为他经营工业的方法，还够不上说是资本主义形式的，而是属于资本主义前期形式的。此点我们看下面就可知道。

第二，他提倡的工业，是不要工人阶级参加的。他要农民来兼营工业。他说：“许多的研究估计，大致都证明中国人口繁密，可耕地少，每人匀不到几亩地。所以非使农民兼事工业不可。一面生活不足，一面劳力有余，两面相迫，其必出于兼事工业一途，固属自然之势。”（《理论》，第390页）梁漱溟不愿意工人阶级壮大，从地主阶级的立场看去，也是可以理解的。首先，工人阶级壮大，代表工人阶级利益的共产党也要壮大。而不要中国出现共产党，出现了就要努力消灭它，正是梁漱溟的理论工作所致力之点。其次，工人阶级的前身，主要就是脱离了土地的农民。假如农民大批变成了工人，地主阶级的剥削对象就要大大减少。于是他从历史上的封建主那儿学到一条妙计，就是使农民兼营工业。这样，封建主所需要的食品和布匹，可以得到满足了，同时农民又不离开土地，为地主阶级源源不断地创造地租。

第三，他提倡的工业，是以现有的劳力加工于现有的原料的工业。换句话说，就是地道的手工业。为什么不要机器设备呢？梁漱溟说："工业生产的要件是资本（指机器及一切设备）；农业生产的要件是土地。土地在我们是现成的；资本是我们所缺乏的。"（《理论》，第384页）既然我们还缺乏机器设备，那就只好以劳力来进行对于原料的加工了。梁漱溟的这一理论，是十足反动的。因为即使在解放前的中国，机器工业也已经出现了。虽然因为种种反动力量的束缚，得不到发展的可能，但是同19世纪比较起来，一定的进展还是有的。但是梁漱溟在资本主义已有某些基础的旧中国，还要提倡手工业方式的生产，这就是要开倒车。这种企图，当然会为历史上客观发展的规律所粉碎。

从上所述，可见工业化的思想，在梁漱溟的乡村建设理论中，是不占任何地位的。他当然不要社会主义的工业化，他也不要资本主义的工业化，他只满足于封建主义的手工业。他不但自己不主张工业化，而且还替农民说，农民根本没有工业化的要求。他说："中国工业（特指为日常消费的那些工业）如我所想，又将建立在'乡下人以其自己的劳力，加工于其现成的原料，以满足其自己需要'的那条路上。此时他自己反正要吃饭，反正要活着，自己的劳力简直不算钱；那么，为什么要热心采用电力机械呢？恐怕从他自己身上难得发出高度工业化的要求。"（《理论》，第435－436页）

领导乡村建设运动的人不要工业化，农民自己也"难得发出高度工业化的要求"，那么梁漱溟是否就不谈工业化呢？在梁漱溟那本450多页的《乡村建设理论》里，倒是用了8页的篇幅，来谈工业化问题。梁漱溟也谈工业化，似乎是很奇怪的；但是如果我们记得地主阶级也有同盟，而官僚资产阶级，就是其同盟，同时再记得代表他们共同利益的，还有一个反动的政权，而这个反动的政权，还要借助于枪炮弹药，来进行血腥的统治，那么梁漱溟要谈工业化，也就可以理解了。

梁漱溟所需要的工业化，一共包括四项内容："第一要供给动力于全国各地"，"次则同时要注意钢铁出产和机械制造，亦同样为有计划地供给各处"，"又次如为一般工业建设之关系条件的化学工业以及水泥（土墩土）木材等问题，皆应通盘规划，预为之备。至如铁路、轮航、港口等一切商业运输上的工程或事业，似非工业本身的事，而其间接刺激工业生产，力量绝大；如何善为规划安排，实促进工业化最大条件之一。这都是中央应做的事"（《理论》，第437－439页）。这段话，首先说明工业化的内容，然后指出这些事应当由谁来主办。

梁漱溟的"中央"，必须做一些工业化的工作的道理何在呢？梁漱溟虽然说过，"自闽变失败，我们尝推断南京政府大约不容易倒了。……南京之稳固可无待卜"（《理论》，第362－363页）。但他总是不放心的，总觉得要替他的稳固的南京创造一个物质基础，使它更稳固些。这个物质基础，在他的眼中就是当时的反动政权，在帝国主义的支持、鼓舞、栽培之下所创立的一些军事工业。这些军事工业如要建立起来，发挥效力，就必须要有电力、钢铁、机械制造、化学工业、水泥、木材，以及铁路、轮航等作为基础。有了军事工业在反动政权的手里，梁漱溟便更相信南京的稳固了。而南京的稳固，同地主阶级的存亡是有密切联系的。所以梁漱溟所代表的地主阶级虽然不要工业化，但却希望他的“中央”要从事工业化。

所以，在揭穿了梁漱溟的工业化主张的阶级立场之后，就不必以社会主义工业化的理论来同他进行辩论了。那样的辩论，完全是多余的。社会主义工业化的目的和手段，完全同梁漱溟所谓的工业化是两件事，属于不同的范畴，没有比较研究的可能。

五

梁漱溟的反动理论，不但有其阶级根源，还有其思想根源。

一切反动阶级的思想，都属于唯心论，梁漱溟也不能例外。

请看他对于革命的解释：

> 中国近三十年一切改革或革命大抵出于所谓“先觉之士”主观上的要求，而很少是出于这社会里面事实上客观的要求。（《觉悟》，第73页）
>
> 中国革命完全出于知识分子奔赴理想，爱好真理的心。（《理论》，第66－67页）

如果我们追问一下这个主观的要求、理想，是从哪儿得来的，梁漱溟便说这是“天所给”的，或者是“人所本有”的。譬如他说：“人生应当是为理的奔赴；就是你看到你所应当做的你就去做，你将会继续扩充你的可能……继续发挥天所给你的那个可能。”（《理论》，第131页）他又说：“向上心……在中国古人，即谓之‘义’谓之‘理’。这原是人所本有的。”（《要义》，第146页）

由此可见，梁漱溟的所谓理性，乃是第一性的东西，它是人所本有的，不是客观事物规律在人脑中的反映。这个理性，虽然是人所本有的，但却需要一个特殊的职业来代表它。代表理性的人，古代就是“士”，也就是读书人，而现在则称为知识分子。士人代表理性，所以在社会上有“绝大功用”。梁漱溟说：

> 中国旧日社会秩序的维持，不靠他力而靠自力，不靠强力而靠理性，……但如何得理性常能表现其活力于社会间，而尽其维持之功？此则在有“士人”者，

> 以代表理性。旧日中国社会的成分，为士、农、工、商之四民，而士居四民之首。士人不事生产，却于社会有其绝大功用；便是他代表理性，主持教化，维持秩序；夫然后，若农，若工，若商始得安其居，乐其业。(《理论》，第 43 页）

从此梁漱溟便得出“万般皆下品，唯有读书高”的结论。“一社会知识智力之士，是其社会头脑心思之所寄；社会众人离他不得。”(《理论》，第 332 页）“知识分子这一项人，无疑地是在完成中国社会改造、文化改造上顶重要的人；他们的力量是大的。”(《理论》，第 344 页）反是，真正创造历史的劳动人民，在梁漱溟眼中则是一钱不值的。“农民虽多，而太散漫固陋，不见力量。”(《理论》，第 335 页）“现在的农民，非有人替他出主意不可。”(《理论》，第 233 页）“群众到底是庸凡的，不够智慧的啊!”(《理论》，第 436 页）

在中国所有的知识分子中，谁掌握了最高的智慧呢？关于这一点，梁漱溟虽然没有给一个明显的答案，但在他的著作中，却处处暗示这一个答案。我们从下列的例子中，听一听他的口气。

在《中国民族自救运动之最后觉悟》中，他一开头就说：“我在本刊第一期《主编本刊之自白》一文中，说明我现在的见解主张，是由过去几年的烦闷开悟而得。这是我个人的开悟么？这是中国民族的开悟!”(《觉悟》，第 31 页）在《乡村建设理论》中，他说：“中国问题已经问到根本处，不能再分门别类来看。各专门家倒解决不了他们的问题，反而要待我这非专门家才行。”(《理论》，第 440 页）在解放初期，这种夸大并未有一点收敛，他在《中国文化要义》的“自序”中说：“我希望我的朋友，遇到有人问起：梁某究是怎样一个人？便为我回答说：他是一个有思想的人。或说：他是一个有思想，又且本着他的思想而行动的人。这样便恰如其分，最好不过。如其说：他是一个思想家，同时又是一社会改造运动者。那便是十分恭维了。”(《要义》自序，第 415 页）这段话说得有点扭扭捏捏，但其用意却是很明显的，那就是，要别人恭维他是思想家，是社会改造运动者，就是在解放了几年之后，他还不知天高地厚，仍然以思想家自居。

唯心主义者研究问题的方法，同唯物主义者是完全不同的。唯物主义者从客观存在着的实际事物出发，从其中引出规律，作为行动的向导。唯物主义者在研究问题时，不凭主观想象，不凭一时热情，不凭死的书本，而凭客观存在的事实，详细地占有材料，在马克思列宁主义一般原理的指导下，从这些材料中引出正确的结论。

梁漱溟是一个唯心主义者，所以他不是这样做的。他说：“**所有这许多对人问题，却与对物问题完全两样。它都是使人向里用力，以求解决的。……凡一切心思力气向**

外用者，皆非其道也。”（《要义》，第 218 页，着重点是原有的）所谓向里用力，“就是将标准放在里边，处处让你向内反省”（《理论》，第 133 页）。既然标准是放在心里，所以一遇着问题，并不是去占有材料，从材料中去发现客观的规律，而是闭起眼睛来想。但是凭这种方法，如果要使想出的东西，同客观的情况及客观的规律相吻合，那是不可能的。主观不去反映客观，不从客观存在的实际事物出发，如何能够符合于客观呢？因此，一般略微有点常识的人都不会闹的笑话，而在梁漱溟的著作中，却充满了这一类的笑话。譬如中国明明是一个有阶级的社会，他却说中国没有阶级；中国人民受了军阀的痛苦好几十年，他却说军阀还没有建立；中国旧社会中充满了剥削，他却说中国离剥削尚远；革命本是客观的要求，他却说是知识分子主观上的要求。假如不是主观唯心主义的思想方法在作祟，是不会闹出这一类的笑话来的。

梁漱溟还有一套思想方法，那就是主观地寻找别人同他相符合的主观见解，来证明他的结论。例如他认为中国文化停滞不进，以及几乎没有宗教的人生，是两个大问题。如何来研究这两个问题呢？他告诉别人说：“这两大问题，如果你要加解释，请你莫忙开口，先多取前人议论来研究看！如你又要说话，我仍请你莫开口，再沉想沉想看！”（《觉悟》，第 53 页）

所谓“沉想沉想看”的思想方法，我们上面已批评过了。拿前人的议论来研究，是不是有一点客观的气息呢？当然，如果前人的议论，是根据事实总结出来的，那么用来作为我们研究问题的参考资料，是有益处的。但梁漱溟的出发点并不在此。他从主观的沉想中，已经得出了他的结论，然后再在前人的议论中，去找那些同他思想相投的章句。这种引证，自然是片面的、主观的，对于发现真理，毫无用处。只举一个例子来说明这一点就够了。梁漱溟关于中国无阶级的说法，我们前面已批判过了。他说“秦汉以来之中国，单纯从经济上看去，其农工生产都不会演出对立之阶级来。”（《要义》，第 167 页）在他的著作中，也常引用《史记》《汉书》，但他偏不引晁错“商人兼并农人，农人所以流亡”的言论，偏不引董仲舒所指责的“富者田连阡陌，贫者无立锥之地”“或耕豪民之田，见税什五”的事实（均见《汉书》卷二十四上《食货志》。见税什五，师古注说：下户贫人，自无田而耕垦豪富家田，十分之中，以五输本田主也。这些证明秦汉以来，中国已有对立阶级）。但他却引 1928 年南京国民党中央党部发出的党员训练大纲上的一段话说：“中国社会上，大体只有农工商学兵妇女各界地位、职业和性别的区分，而没有阶级对立的显著事实。”（《觉悟》，第 179 页）像这一类的胡说，再引上一百条，又有什么用处呢？

梁漱溟应当认识到他过去的丑恶面貌。他一直是站在反动阶级的立场，帮助反动阶级麻醉人民、压迫人民的。他过去对革命事业的危害性是很大的。现在人民不咎既往，对他宽大，他就应当彻底地改变他的立场，为人民服务，不要再以立场转变不易来搪塞。

编者按：本文原载《新建设》杂志 1955 年第 7 号，《人民日报》转载时，经作者同意做了一些删改。

（载《人民日报》7 月 11 日，1955 年）

关于搜集资料问题的几点经验与教训

一

一个刚离开大学，走上教学工作岗位的人，假如他在学生时代，还没有养成一种积累资料的习惯，掌握一套积累资料的方法，那么他在开始教学工作的那一天，必然会感到解决这一问题是刻不容缓了。首先，他要担任讲授一门功课，且要把这门功课讲好，就必须掌握一定数量的资料。其次，除了教学工作之外，他还有科学研究工作，而这一工作的完成，也必须要在大量占有资料的基础上，进行概括，才有可能。没有搜集到大量的资料，科学研究工作，是寸步难行的。所以，搜集资料问题，就这样提到日程上来，成为教学工作者必须解决的一个问题。

搜集什么资料呢？有人说：客观事物，是这样烦琐、复杂、多样，要我如何下手呢？这个问题，比较容易解决，因为客观的事物诚然复杂，但是我们每个人都有一个岗位、一个专业。我们搜集资料，就从我们的专业下手。譬如我现在担任国民经济计划原理一课，这一课又分为十八讲，每讲涉及国民经济计划的一个部分，如工业、农业、运输、基本建设、劳动生产率、工资、成本等计划。客观事物，凡是与这些问题有联系的，都可以进行搜集。当然，一个人的兴趣，并不为他的专业所限制，专业以外的问题，只要他感兴趣的，他也可以对于这个问题搜集资料。此外，斯大林教导我们，任何一个专家，除了他本门的专业以外，还必须通晓马克思列宁主义。因此，关于马克思列宁主义的知识，我们也必须经常学习，而搜集与马克思列宁主义有关的资料，也就成为任何一个从事教学工作的人必须经常进行的工作。

用什么方法来搜集资料呢？根据许多人的经验，搜集资料最好的方法，是用卡片。

应当准备两种卡片，一种为登记资料的卡片，普通的白报纸就行。这种登记资料的卡片，大小应当是一样的。我过去用的，是 4 市寸半长，3 市寸宽。这种尺寸，大小合适。太大则浪费纸张，太小则贴报纸杂志资料时不够用。现在供应我们研究资料最多的报纸，如《人民日报》，每栏宽 2 市寸。把材料从报纸上剪下，贴在 3 市寸宽的卡片上，还可留出 1 市寸宽的面积，作为写资料题目及注明出处之用。

除了登记资料的卡片以外，还需要一种分类卡片。这种卡片，质量可以好些。分类卡片的尺寸，与登记资料的卡片一样，只是卡片的上端，有突出的一部分。这部分宽约 4 分，长约 1 市寸至 1 市寸半。在这突出的部分，我们可以把分类的题目写在上面。譬如我搜集的资料，有一类是属于工资的，那么在这种分类卡片的突出部分上面，就注明“工资”两字。以后凡是有关工资的资料，都放在这个分类卡片的后面，以便于检查。分类卡片的形式，在任何大图书馆的书目卡片箱中都可以看得见。

为保藏所收集的资料，可以根据卡片的大小，做一个或一套卡片箱。长约 1 市尺或 1 市尺半的卡片箱，可以装不少的卡片。假如做一套木制的卡片箱，包括 4 个或 6 个抽屉，就可以够几年用了。

以上所说的，就是我们在进行搜集资料之先，所必须准备的工具。有了这套工具，我们就可以工作了。

每天，我们在看书、看杂志、看报纸的时候，手边总要带一些空白的登记资料卡片。看到有适合我们需要的资料的时候，就把它登记在卡片上面。这些资料，到每天的晚上，就可以按照我们自己的分类，把它分开来保藏在我们的卡片箱中。这些卡片箱，就是我们的资料库。天长日久，我们需要什么资料，就可以在这个资料库中取用。假如自己订了报纸，那么剪报的工作，也可在晚上做。从报纸上剪下的资料，也贴在卡片上，与其他手抄的资料，一同分类保留于卡片箱中。

在登记资料于卡片上面时，有几个原则必须遵守。

第一，每一张卡片上只记一件事。譬如我们看到一篇文章，其中有两种资料，是我愿意搜集的。第一种资料，是关于中国的可耕土地，只有两句话。第二种资料，是关于提高单位面积产量的措施，一共提了五点。我们是否可以把这两种资料登记在一张卡片上呢？我们的答案是，不能这样做，应当分别抄在两张卡片上面。理由是：只有分开来登记，我们才可以进行分类，才可以把同类的资料，聚集在一处。这在检查时就很方便。假如把不同性质的资料，记在一张卡片上面，在分类时，这张卡片应当归入哪一类呢？只有在一张卡片上面记下一件事，在分类时才不会发生这个难题。将来要引用这一资料时，便可一查即得，不至于翻来翻去查不到。

第二，每一项资料给它一个题目。一项资料，少时几十字，多则几百字或千字以上。假如这些资料，不给它一个题目，或者说，不替它加上一个标题，那么在查阅时，势必要把资料内容重看一遍，才知道这些资料讲的是什么问题。这是很费时间的。假如给每项资料，都加上题目，那么一下就可知道这张资料的内容，就可知道这是不是自己在查阅时所需要的资料。

第三，每一项资料都要注明它的出处。注明出处，目的在便于将来写作时的引用。我们必须注明作者是谁，这段资料是从什么书、什么杂志或什么报纸上摘抄下来的。我过去的习惯是，在摘抄资料时，首先写下作者姓名。卡片的左上角，是记下作者姓名的好地方。在作者姓名之下，给摘抄的资料加上一个标题。标题的下面，就是资料本身。假如资料很长，一张卡片抄不完（卡片两面都可以用），就可以用第二张卡片。这样，就在卡片的右上角，注明卡片的页数，如 1、2 等号码。为避免与其他卡片混乱，在一张卡片抄不完需用第二张的时候，则在第二张卡片的左上角，同样记下作者姓名及资料标题。资料的下面，可以把书名、杂志名及页数等有关出处的资料记下。

有时，从一篇杂志的文章里，或从一本书里，我们要摘录很多的资料。假如在每一张资料卡片的下面，都把文章的题目、杂志的名称、卷数、页数及出版年月记载下来，未免浪费精力。在这种情况之下，就可以做一张书目卡片，记下作者、书名（如系杂志，则记下论文题目、杂志名称及卷数）、出版地点、出版者、出版年月、页数等资料。这种书目卡片，可在卡片箱中，用分类卡片另立一类，汇集在一处，以为将来写作时作注明出处之用。有了这种书目卡片，则在资料的下面，就可以不必详细地注明出处，只需记页数，并可将书名压缩为一两个字。当然，我们在摘抄资料时，对压缩为一两个字代替的书名，完全知道是指哪一本书，可是天长日久，看到这一两个字，也许记不起是指哪一本书了。但这并无妨碍，我们只要翻看一下书目卡片，就可知道这是指的哪一本书了。

在书目卡片上，有时还可把一本书或一篇文章的内容，概略地记录在上面。这样做，有两层好处。一是将来如要再看这一本书或这一篇文章时，事先就可知道这本书或这篇文章谈的是什么内容。二是在指导学生阅读参考书时，有这些书目卡片为参考，等于胸有成竹，指导时更有把握了。

我们如把搜集资料的工作当作一种经常的工作来做，每日积累一些资料，那么不要多久的时间，就会看到在每一张分类卡片的后面，我们已搜集到几十张或几百张的资料。这些卡片应当如何安排呢？它们应当遵照一个什么次序来安排呢？我在上面已经谈到，在我的资料卡片的左上角，都有作者的姓名。这些作者，有的是中国人，有的是外国人。过去，我的资料来源，是外国的多，所以同一性质、同一类别的材料，就按作者姓名的字母顺序排列下去。譬如马克思，以 M 起，列宁以 L 起，两个人对于扩大再生产这个问题，都发表过意见。他们两人的意见，记在不同的卡片上，但归类时便放在同一分类卡片之后，列宁的卡片放在前面，马克思的放在后面，因为按照字母的顺序，L 在 M 之前。中国的作者，我也把他们的姓名拉丁化，以便排列。譬如有一位姓李的中国作者，对于扩大再生产问题也发表过言论。我把他的言论摘抄下来之后，把他的卡片与列宁排在一起，因为李字是以 L 起头的。这种排列的方法，检查起来是很方便而迅速的。譬如我要查马克思对某一问题所发表的意见，就不会从一堆卡片的前面翻起，也不会从后面翻起，而是从卡片的中段去搜寻，因为 M 在字母顺序中居于中间。

同一作者所发表的言论，其排列次序，按照年月的先后为定。譬如兹维列夫，当过多年的苏联财政部部长。他对于苏联的财政，每年都有报告。苏联国家预算的收支数字，我是经常搜集的。这些数字，都从兹维列夫的报告中摘出，最近的排列在最后。假如我要查 1955 年的数字，我就从后面翻起，假如我要查前几年的数字，就到前面去翻。

这类点滴的经验，各人都可以从自己搜集资料、安排资料的过程中，摸索出一套来。上面所说的办法，不一定是最好的，提出来只是作为大家的参考而已。

二

利用卡片来搜集资料，有些什么好处？这是我想进一步说明的问题。

第一，卡片可以帮助我们养成选择资料的习惯。我们常常碰到一些同学，从来没有搜集资料的习惯，看书时每每不知道重点何在。看完一篇文章之后，不知道文章里面主要的论点是什么。这就是由于平时没有养成选择资料的习惯。假如在看书时一定要做卡片，一定要选择与本专业有关的资料，那么他必然要进行选择，因为他不可能把全书或整篇论文都抄下来。在开始选择资料时，是相当困难的。好像这一段应该摘抄下来，那一段也应该摘抄下来。这是初学者的困难，在一定时期的锻炼之后，就可以克服的。锻炼这种能力的一种工具，就是做卡片。做卡片就会逼着读者去选择那些重要的、有用的东西，把它们摘抄下来。经过相当的时期之后，每看一篇文章，就会觉得那些重要的章句，好像是用斜体字印出来的一样，选择时并不费什么大的力气。

养成这种习惯，就可加速读书的速度，在最短的时间之内，掌握一本书或一篇文章的基本内容。

第二，卡片可以解放我们的记忆力，使我们可以把精力多用在分析及思考上面。中国的老先生，有许多人的记忆力是惊人的，他们可以把四书五经背诵出来。孔子说过一句什么话，在哪本书哪一页里，他们都记得，照他们的话去查阅，果然不错。这种能力虽然令人佩服，但把精力花在记忆材料上面，是得不偿失的。我们为什么不利用卡片来代替我们记忆呢？把看到的资料，记在卡片上，只要这张卡片不遗失，就等于牢牢地记在脑中一样。而且脑子的记忆力，日久是会模糊起来的，而卡片的“记忆力”，则百年如一日。所以有了卡片以后，就不必费心力于记数字、背年月……

这些工作，都可由卡片代劳，而我们就可以将我们的心思用到更重要的工作上去。

第三，用卡片来登记资料，便于分类与再分类，这是用练习簿或日记簿来记载资料所无法办到的。用练习簿来记载资料，是很多人用过的办法。譬如有人想研究工业，起初觉得工业可以分为重工业与轻工业两类，就买了两本练习簿，把有关重工业的资料登入一本簿子，把有关轻工业的资料登入另一本簿子。但是经过了若干时日之后，他发现这种分类的方法不好，想把资料分得更细些，重工业要分为采掘工业及加工工业，轻工业要分为食品工业及非食品工业。他那两本簿子上的资料，如何能够分为四本呢？这是他无法解决的困难。但这个问题，对于以卡片来搜集资料的人，是极易解决的。他只要把原来分为两类的材料，拿出来分为四类，用四张分类卡片来分别它们就行了。不但此时分为四类没有什么困难，就是将来如果要分得再细些，譬如说，分为十类或二十类，那也毫无困难。我们的卡片，是一张一张地分开的，我们要怎样分类，就可以怎样分类。

第四，卡片能机械地帮助我们发现问题，帮助我们做一些去伪存真的工作。关于这一点，我可以举一个例子来说明。今年 1 月 31 日，我读报看到了一个消息，就是蒙古人民共和国的国营工业和合作社工业的总产量，1954 年比 1953 年增加了 93％。这个数字，我一看就疑心它太高，因为据我所知，苏联以及欧洲人民民主国家的经济发展史中，都没有出现过这样高的工业发展速度。这个疑虑，当我在晚上把资料分类时，就很快地解决了。我在有关蒙古人民共和国的资料中，看到下列几张卡片。一张是 1953 年 3 月 27 日所记下来的资料，说明蒙古第一个五年计划中工业生产总量平均每年增加 9.8％。既然第一个五年计划的平均速度，每年是 9.8％，那么第二个五年计划的第二年，不可能飞跃到 93％。另外一张是 1954 年 11 月 24 日记下的资料，说明蒙古人民共和国第二个五年计划完成时，工业生产水平预计将比 1952 年提高 46％。既然整个五年计划期内，生产总量只增加 46%，那么五年计划的第二年，就不可能增加 93%。我把这三张资料比较一下，便下一判断：93%，可能为 9.3%之误。我把这个意见，提到有关的部门。隔了几天，他们回信说："现经查明，93%这一数字，确是 9.3%之误。"这一次去伪存真的工作，可以说是在几分钟之内完成的，而且是机械地完成的，并没有多费脑力。卡片替我节省了许多思索及考据的时间。

第五，卡片制度建立以后，对于写作方面是可以节省许多时间的。我们创作一篇科学论文，大部分时间应当花在搜集资料上面。在搜集资料的过程中，我们就可进行分析。逐渐地，这篇论文的轮廓出现了。逐渐地，这篇论文的提纲形成了，作为论证的资料也齐备了。到这个时候，就可以动手写作。提纲与资料，都在手边，引用的时候，毫不费力。所以一篇科学论文，假如资料搜集及分析的工作，已经做透，那么写作所需的时间是有限的。那些没有建立卡片制度的人，写作时是要浪费很多时间的。有时，他在写作过程中，忽然想起在某一本书上有一项资料是他必须引用的，但这项资料他又没有摘抄在卡片上，就得临时到图书馆去查。假如不凑巧，这本书被别人借去了，他的文章也就写不下去了，必须等到查到他所需要的资料时，才能重新动笔。平时如果以卡片积累资料，在写作时就不会发生这一类的困难了。

有些初做科学研究工作的人，在制定科学研究计划的时候，手边并没有积累任何资料，等到把题目提出来之后，再来搜集资料。但是资料的搜集，不一定能够照他所希望的那样顺利，因而每每是期限过了，论文还是完成不了。对于这些同志，我愿意提出一个意见，就是一个年轻人，初离开大学走上教学的岗位，最好第一二年不忙于做研究工作，但是可以根据他的专业的范围，立刻开始搜集资料。搜集资料的工作，应当经常地进行，持久地进行。假如每日摘抄的资料，连同剪报在内，可达 1 000 字，一年便有 36 万字的资料，三年便有 100 万字的资料。三年之后，以 100 万字的资料为基础，他就可以开始做研究的工作了。他在选题时，可以先审查一下他所搜集的资料，看看在哪一个问题上，他已积累了一定数量的资料。以此为根据，再进一步去搜集这个题目的资料，就可以收事半功倍之效。这比一点资料都没有，便把题目提出来的做法，结果一定可以好些。因为有了一定的资料作基础，他就可以心中有数，不必开空头支票了。在他研究的过程中，不但要搜集与他的论文有关的资料，同时还应当经常地搜集与他专业有关的其他资料，所以在第一篇论文完成之后，可能第二篇论文的资料，已经立下相当的基础了。这样，不断地搜集资料，就可以不断在这个基础上进行科学论文的创作。

任何一种科学研究工作，其质量常常是与研究者付出的劳动成正比的。现在从事教学工作的人，因为教学的任务繁重，所以一星期能够抽出做科学研究的时间是有限的。假如一星期抽出半天，也就是12小时来从事科学研究的工作，那么一年只能抽出624小时，也就是三个月的完整时间，来做科学研究工作。当然，三个月的时间不算少，如果能够好好利用，是可以产生出一篇有相当价值的科学论文来的。

以卡片来搜集资料，不只是对科学研究有用，对于教学工作，也是有很大用处的。我们所研究的对象，是经常在发展的，在这种发展的过程中，我们常常可以看到新的事实、新的总结、新的理论。为使理论不致落后于现实，我们不能满足于某一年度内所写成的讲稿，而应当以新的材料、新的理论，去不断丰富我们的讲稿。所以教师们对于自己写就的讲稿，不能抱一劳永逸的思想，而应当使讲稿得到不断更新。每年在讲授之前，把要讲的那个题目，加以修正，是完全必需的。我们根据什么资料来修改讲稿呢？只要我们有经常搜集资料的习惯，那么一年内所搜集到的资料，就可作为我们修改讲稿的基础。由此可见，只要平日勤于搜集资料，那么到时修改讲稿，并不是一件费力的工作。但是假如平日不搜集资料，到了开讲之前再来抱佛脚，那就会陷于被动，费力多而收效少了。

三

以上说了许多用卡片搜集资料的好处，可能会引起一种误会，以为做研究工作，主要就是搜集资料。这种看法是错误的。搜集资料，不过是做研究工作的准备阶段。为使这些准备工作开花结果，还须以正确的立场、观点、方法来进行分析与概括。否则所搜集到的资料，只是一堆资料而已，对于推动科学的进步，是一点用处也没有的。不但如此，假如因为立场、观点、方法的错误，从所搜集到的材料中，得出不正确的结论，传播出去，对于人民的利益，还会带来严重的损害。

我在做学生时代，就学会了用卡片搜集资料的方法，但是对于唯一正确的、科学的马克思列宁主义，则是到了解放之后，才开始作系统的、虚心的、认真的学习。在此以前，我所学习的理论，就是资产阶级社会学的唯心主义、改良主义，以及形而上学的研究方法。因此，在解放以前，我虽也花费了很多的时间，进行事实的搜集，进行理论的概括，但从今天看来，那些研究的结果，都是错误的。错误的原因，主要不是我缺乏资料，而是缺乏一个正确的理论。

举几个例子来说吧。

在北京解放的前两年，我曾写过一篇文章，题目是《摊派猛于虎》。这篇文章的原始资料，是从各个县政府的预算以及乡公所的会议记录中搜集起来的。从这些事实中，我们可以看到反动政府在将要灭亡的前夕，如何变本加厉地剥削人民。这个反动政府的爪牙，各地的乡长、保长，如何挨门要钱、要米、要东西的情形，在这些摊派中都反映出来了。我所搜集到的事实，虽然并不全面，但已可以反映出客观实际的一斑。这些事实，如果为马克思列宁主义者所掌握，那么每一件事实都是一颗炮弹，可以用来攻击敌人，同时还可以用这些事实，来鼓舞人民的革命情绪，坚定革命的信心。这样做，就是符合客观事实的发展规律了。但我当时的立场，是一个改良主义者的立场，因而从这些正确的事实中，得出一条错误的结论。我当时的结论是："一个号称为民服务的政府，对于这种现状，是不能不闻不问的，是必须设法来把这种痛苦加以解除的。"现在看来，我作这个结论，便是陷入了唯心主义的泥坑，因为反动政府的本质，就是要剥削人民的，要反动政府来减轻摊派或取消摊派，就是以主观的愿望来代替对于客观规律的分析。这样一来，我辛苦搜集得到的事实，便都变成生了锈的子弹，在客观的革命事变过程中，丝毫没有发生一点有利于人民的作用。相反地，它还起了麻痹人民革命意识的反作用。

再举一个例子。我在解放前一个长时期中，曾醉心于所谓资本主义工业化的幻想，进行了对于这个问题的一系列的所谓研究。工业化的资金问题，是我当年研究的一个中心问题。我曾研究过反动政府的中央及地方预算，看看每年有多少资金投入经济建设。我曾搜集各公私银行的存款及放款资料，看看每年有多少闲置资金可以投入建设。我曾搜集过股份公司的登记材料，看看每年有多少新的企业成立。经过这些研究，我得出一个结论，就是在反动政府当权的年代，每年投入经济建设的款项，不到5亿元（折合新人民币）。这个数目，如果经过各方面主动的努力，可以提高到18亿元。但是每年18亿元的投资，是不能解决工业化问题的。于是我得出一个结论，以为只有利用外资，才可以加速中国的工业化。在这个结论的基础之上，我又去研究欧美各国工业化的历史，看它们是如何解决资金问题的。我当年虽然没有看到斯大林对于资本主义国家工业化资金来源问题的分析，但是从我所搜集到的资料中，已经可以看到一点，即毫无例外，这些国家都曾利用过国外的资金，来进行本国的工业化。我于是以为我的结论是无可辩驳的了。

解放以来短短几年的事实，已经证明我对于国内可以动员的资金的数目的估计，是完全错误的。我国1954年用于经济建设的拨款，即在113亿元（折合新人民币）以上，比我当年最高的估计，超过5倍有余。这个错误的产生，与我当年不懂马克思列宁主义，是有密切联系的。

首先，我的错误，就是在我过去的思想体系中，缺乏发展的观点。斯大林教导我们，为了在政治上不犯错误，便要向前看，而不要向后看。在科学研究上要不犯错误，也必须遵守这一点。我当时的眼光，只知道向后看，因而只看到了一个半殖民地半封建的中国，而没有向前看，如毛主席所指点给我们看的一个新民主主义的中国。在旧中国不可能的事，在新中国则完全是可能的，这一点道理，我当时是一窍不通的。

其次，在全部人类的实践中，我也只知道去看已经快要消亡的资本主义，想从资本主义的过去实践中领取教益，而不知道向前看，向方兴未艾的社会主义社会中去吸取创造性的新经验。

除此以外，我的错误，还在于孤立地看问题，没有把握、研究对象的一切方面和一切联系。我没有了解现在是帝国主义与无产阶级革命的时代，与 19 世纪的时代不同。19 世纪的时代，还有利用外资来进行工业化，而没有把自己变成附属国或殖民地的例子，但在 20 世纪，就没有看到这种例子了。我经常引用加拿大利用英、美资金来进行工业化的例子，作为中国的榜样，可是完全忽视了加拿大的劳动人民，现在处于双重剥削下的痛苦情况，以及加拿大因大量利用了美国资金，而在政治上、外交上失去了独立自主的屈辱事实。一个人如果不能全面地看问题，那么不管他搜集的资料如何丰富，结论也必然是片面的，不符合客观实际情况。

这一类惨痛的教训，在我过去的研究工作中，还可以举出很多，但在这儿不必细举了。因此可以得到一条教训，就是进行科学研究工作的人，虽然要大量地搜集资料，在这个基础上进行理论的概括，但更为重要的是，要学习与掌握马克思列宁主义。假如不好好地去学习马克思列宁主义，那么在搜集资料上，即使花了很大的力气，其结果也只能如古人所说的，“可怜无补费精神”而已。

（载《教学与研究》第 6 期，1955 年）

我国第一个五年计划中资金的积累、合理使用和节约问题

一

我国第一个五年计划，是在高速度扩大再生产的基础上进行的。1957 年比 1952 年，我国工业总产值将增长 98.3%，即平均每年递增 14.7%。五年内，农业及其副业的总产值增长 23.3%，即平均每年递增 4.3%。这样高速度的扩大再生产，在我国历史上是从来没有过的。我们之所以能做到这一点，就是因为我们的革命已经为我们提供了前所未有的积累来源。

马克思再生产的理论告诉我们，剩余产品是积累的唯一源泉。剩余产品是劳动者所创造的。在反动统治的年代里，这些剩余产品，主要的是给帝国主义者、地主阶级及官僚资产阶级攫去了。只有在人民革命胜利以后，赶走了帝国主义，消灭了封建地主阶级，没收了官僚资产阶级的财产，使之成为全民的财产，我们大多数的劳动者，才有可能为自己劳动，为自己的国家及社会劳动。在全民所有制之下劳动的职工，其创造出来的国民收入分为两大部分。一部分是物质生产工作者所创造的归自己消费的产品，在国营生产企业中，采取工资的形式分配给职工。另一部分是归国家或社会支配的产品，称为纯收入。我们社会里的纯收入，在资本主义社会中就是剩余产品。虽然在形式上是相似的，但其本质却完全两样。剩余产品在资本主义社会里，是资本家阶级逐年从劳动者阶级那里强取的贡物，并用来继续扩大和加强资本主义剥削。我们社会里的纯收入，则是劳动人民为自己的国家或社会创造的，是用来扩大再生产及满足社会全体成员的物质和文化需要的。我们掌握了重要的经济命脉，消灭了反动的剥

削阶级，因此便有可能把纯收入集中在自己的手里，而不是落入剥削者的腰包中。我们虽然还有私营工厂，在那儿资本家对于劳动者还有一定程度的剥削，但是这些私营工厂的情况，已经与资本主义社会中的私人工厂不同。在资本主义社会里，资本家可以囊括工人所创造的剩余产品，而在我们的社会中，因为政权掌握在劳动人民的手里，限制了资本家的剥削，因此私营工厂中的工人所创造的剩余价值，只有一部分为资本家所得，其他相当大的一部分，或者以所得税的形式，缴入国家预算，由国家统筹支配，或者变为企业公积金，用于企业的扩大再生产，也就是成为我国现在积累的一个来源。

我国的农业，基本上还是小农生产，但已是消灭了地主阶级剥削的小农生产。在土地改革以前，农民每年要交700亿斤左右粮食的地租，还要缴纳许多的苛捐杂税。现在这一切都取消了，因此农民便可以把纯收入的一部分贡献给自己的国家，来帮助国家的建设。农民的纯收入，还有一部分是自己留下来用于扩大再生产的。我们现在对于农业和手工业，正在进行社会主义的改造。在五年计划期内，要发展部分集体所有制的农业生产合作社，并发展手工业生产合作社。正如几年来的经验所证明，这种改造，可以使农民及手工业者的生产增加，因而也就提高了他们的纯收入。

我们的社会经济制度的优越性，其表现之一，就是我们能够为自己劳动，为自己的国家及社会劳动，除了不断提高自己的生活水准以外，还有可能为国家及社会创造大量的纯收入，为扩大再生产奠定巩固的基础。

我们的社会经济制度，已经为我们创造了条件，使纯收入的不断增加成为可能。但是如要使这种可能变为现实，我们必须厉行节约，而在生产部门内，节约的基本要求，就是时间的节约。马克思说："全部的节约，归根到底，不外是时间的节约。因此，时间的节约和按不同生产部门有计划地分配劳动时间，仍然是集体生产基础上的第一个经济法则。"（《马恩文集》，卷四，1935年俄文版，第119页）

我们必须进一步阐明时间的节约与纯收入增加的内在联系。

我们都知道，劳动创造价值。从价值的观点来考察，社会产品包括三部分：第一，已消耗的生产资料的价值，也就是物资消耗；第二，为自己的劳动新创造的产品的价值，也就是工资；第三，为社会的劳动新创造的产品的价值，也就是纯收入。在社会产品价格不变的情形之下，我们如果能够降低第一、第二两部分的比重，就能增加第三部分的比重。而这一点，正是一切生产部门所应当努力去做到的。

首先，如何降低社会产品中的物资消耗。物资消耗，代表物化劳动的消耗。生产过程中所消耗的物资，如机器设备、原材料、燃料等，都是物化劳动的结晶。我们如果能节约物资消耗，也就是节约了物化劳动，也就是使定量的物化劳动发挥更大的经济效果。举两个例子来说。我国炼钢的平炉生产能力，发展是很快的。每一平方公尺炉底面积的出钢量，1949年为2.423吨，1953年为4.905吨，1954年又进一步提高，其中上海钢铁一厂，平炉利用系数，曾达到7.18吨。这种系数的提高，有什么意义呢？它的意义，就是节约了物化劳动，使每一吨钢上所摊派的折旧费用，大大地减少了。又如在我们的纺织厂里，现在正进行一种运动，使每件纱的用棉量，由393斤至少降为390斤，争取降到386斤。这样做，也就是节约物化劳动，使每件纱中的原料消耗减少3斤到7斤，因而降低其价值。我们在此必须注意一点：由于原料的价值，是以货币形式，也就是以价格表现的，所以同样的价格降低，可能表现为两种完全不同的情况。譬如乙部门利用甲部门的原料来制造产品，每件产品需要原料10斤，每斤价格1角，所以原料的总值为1元。现在，如果乙部门节约原料，使其由10斤降至8斤，原料的耗费，便由1元降至8角了。但也可能出现另一种情况，即甲部门供应原料时，降低了价格，每斤由原来的1角降至8分。在这种情况下，乙部门即使不节约原料，仍旧消耗10斤，但货币的表现，也可以由原来的1元降至8角。从国民经济的观点看去，第一种情况，是节约了物化劳动，因而真正地为国家创造了纯收入。第二种情况，并没有节约物化劳动，乙部门所多得的利润，实际是由甲部门转移过来的。乙的利润增加，意味着甲的利润减少，两者互相抵销，总的利润并未增加。李先念部长在作关于1954年国家决算和1955年国家预算的报告中，曾指出1954年在中央六个工业部所降低的产品成本2亿1 129万元中，就有3 573万元是由于原材料价格降低所造成的。指出这一点是很必要的，因为这说明1954年中央六个工业部上缴的利润中，有3 573万元，并不代表真正的物化劳动的节约。假如不是原材料减价，这3 573万元，就会由原材料的生产部门以利润形式交给国库。所以这个数字，只是代表利润在部门间的转移，并不代表中央六个工业部真正做到了物化劳动的节约。

为真正做到物化劳动的节约，各个生产部门必须提高设备利用率，降低物资消耗定额。这就是一切生产部门在降低消耗的生产资料的价值时所应努力之点。

其次，我们看一下如何降低产品中的工资额。产品中工资额的降低，与降低平均工资，完全是两回事。降低平均工资，在资本主义社会里，是常见的，而在我们的社会里，则是不允许的。我们的生产是不断增长的，在生产不断增长的基础之上，平均工资也在不断提高。但是因为我们的劳动生产率的增长速度快于平均工资的增长速度，所以每一单位产品中的工资额是在降低的。假定一个工人每天做一件产品，工资是2元。在劳动生产率增加1倍，平均工资增加50%的条件之下，这个工人每天就能做两件产品，工资由 2 元增至 3 元，但是每件产品所分摊的工资额，便由 2 元降至 1 元 5 角了。所以在我们的社会里，每件产品所包含的工资额是降低的，而工人的平均工资则是上涨的。

每件产品中的工资额之所以能够降低，如上面所分析的，其基本原因在于劳动生产率的提高。劳动生产率的提高，就意味着活劳动的节约，因为劳动生产率的水平是由时间消费量来表明的。制造一个单位产品所消费的时间越少，就表明劳动生产率的水平越高。我国第一个五年计划规定，国营工业的劳动生产率在 1953 年到 1957 年平均每年递增 10%，五年内要提高 64%。与此同时，工人职员的平均工资以货币计算约增长 33%。劳动生产率增长的速度，比平均工资增长的速度几乎要快过 1 倍，这就保证了每一产品中工资额的降低。

在生产部门中，各种费用，除了上面所分析的折旧费、原材料消耗及工资以外，还有所谓杂费，即行政管理费、办公费等。这些杂费，归根到底，也可归纳为活劳动与物化劳动的消耗。减少杂费的开支，也就是节约活劳动与物化劳动。譬如紧缩编制，减少非生产人员，就是节约活劳动；减少办公的物资耗费，消灭铺张浪费现象，就是节约物化劳动。

上面所述在生产部门中活劳动与物化劳动的节约，最后集中表现在成本计划上面。古比雪夫在讨论苏联第二个五年计划时指出："完成减低成本计划在第二个五年计划中之所以具有巨大的意义，其原因就在于减低成本是资金积累的最重要源泉之一。"（《论苏联第二个五年计划》，人民出版社，1953 年，第 92 页）他这儿所说的资金积累，也就是我们所说的纯收入。纯收入比重在社会产品的总值中之所以能够增加，就是物化劳动与活劳动节约的结果。这儿可举一个例子来说明。假如在报告期内，产品的总值为 100，其中物资消耗的价值为 50，工资为 30，纯收入为 20。在计划期内，劳动生产率提高 1 倍，物资消耗节约了 10%，工资增加 50%，如此则产品总值为 200，物资消耗由 50 增至 90，工资由 30 增至 45。成本等于物资消耗加工资，总计为 135。从产品总值 200 中，减去成本 135，余下来的便是纯收入，其数量为 65。与报告期相比较，纯收入的绝对值增加了 45，但其在产品总值中的比重，却由 20%，增至 32.5%。纯收入增长的速度，快于总产值增长的速度。总产值只增长了 100%，而纯收入却增长了 225%。纯收入是积累的唯一源泉，所以我们的纯收入既然能够以高速度增长，积累也就能够以高速度增长。我们在五年计划中，对于降低成本来增加纯收入的任务是非常注意的。我们每年都规定了降低成本的任务。在 1955 年，党和政府号召，在降低成本方面，中央各主管部门除国家计划规定的指标外，应当定出超额完成计划的指标作为奋斗的目标。例如工业成本应争取降低 7.5%，交通运输成本应争取降低 3.7%，商品流转费用应争取降低 14%。这个计划的完成，就能增加大量的纯收入，为积累创造有利的条件。

二

我们在上面已经把成为积累来源的纯收入的形成过程，大略加以叙述。纯收入有它的货币形态与实物形态。以货币形态表现出来的纯收入，在我们的国家里，最大的部分，是由国家预算动员和集中起来，以满足扩大再生产及社会上其他方面的需要。我们说，纯收入最大的部分进入了国家预算，因为还有一小部分，留在资本家、农民及其他个体生产者的手中。还有一部分纯收入，留在国营、合作社营及公私合营的企业内。进入预算的纯收入在 1954 年，有将近 70%来自国营经济；来自农民的部分，还不到 12%。由此可见，我国社会主义成分，是创造纯收入的重要来源。

纯收入是积累的唯一源泉，但我们不能把纯收入都看成积累。通常我们把国民收入分为积累基金与消费基金。纯收入只是部分进入积累基金，另外一部分则进入消费基金。这一点只要从预算的开支项目中就可以看出。政府把生产部门所创造的大部分纯收入集中在国家预算里面之后，除了进行基本建设的投资以外，以一部分用于社会文化设施，一部分用作社会保障的开支，一部分用作行政管理费用。这三部分开支，最后都是用于消费的。一部分预算资金用来巩固国防。因此，把纯收入在消费与积累之间作适当的分配，对于我国的扩大再生产会产生很大的影响。

把纯收入在消费与积累之间作了适当的分配以后，其中用作积累的部分，还要作再进一步的分配。在积累基金之中，有一部分是用来扩大再生产的，另一部分作为文化生活基本建设之用，再有一部分作为国家后备之用。显然，把用作积累的资金在这三部分之间作适当的分配，对于扩大再生产也会产生很大的影响。

扩大再生产包括国民经济的许多部门，有工业部门、农林水利部门、运输邮电部门，以及商品流转部门。在工业部门中还有重工业部门与轻工业部门。在各个生产部门之间，把用作积累的资金作适当的分配，对于扩大再生产无疑是有决定影响的。

因此，在解决了纯收入的形成问题之后，我们必须进一步解决纯收入的合理分配及合理使用问题，也就是如何使纯收入的分配，最有利于积累的形成，最有利于扩大再生产。

我们且看我国第一个五年计划是如何解决这一问题的。

关于预算集中起来的纯收入在消费与积累之间的分配问题，我们还没有详细的材料可以进行全面的分析。我国第一个五年计划的报告中，没有财政收入的全部数字，所以用作积累的部分，到底占全部财政收入多少，还不能进行计算。另外，我们虽然知道在五年内全国经济建设和文化教育建设的支出总数为766亿4 000万元，又知道五年基本建设的投资为427亿4 000万元，但无论哪一个数字，都不能代表积累基金。经济建设及文化教育建设的数字内，包括设备大修理的费用、文化教育各部门事业用费和培养专业干部用费，在计算积累基金时，是应当把它们剔除的。基本建设投资数字，不包括工程器材储备、零星固定资产购置以及各生产部门流动资金增加额，但在计算积累基金时，是应当考虑到这些项目的。1955年的国家预算，有比较详细的数字，可以帮助我们研究这个问题。1955年规定经济建设支出为141亿8 876万元，占本年支出的47.72%。全部国家预算支出中用于基本建设（包括经济、文教、行政各方面）的部分将有95亿9 164万元，占本年预算支出的32.26%。可以断言，政府用于积累方面的资金，介于这两个数字之间。用作积累的资金，在预算收入中的百分比，也在47.72%与32.26%之间。假如我们考虑到国家预算还有其他重要的支出，如国防费支出、社会文教事业费支出、国家行政管理费支出以及信贷保险和其他支出等，那么国家预算以集中起来的纯收入的1/3到4/10作为积累的资金，已经是一个很大的数目。当然，假如我们厉行节约，在行政管理费等方面，再作一些降低，那么我们用作积累的资金，还是有可能增加的。

我们这儿所说的预算中用作积累的资金，并不等于国民收入中的积累基金。国民收入中的积累基金绝对数一定比预算中用作积累的资金要大，因为我们前面已经指出，生产部门以及生产者的纯收入，并没有完全集中在国家预算里面。基本建设，也有一些是人民自己举办的。五年中农民自己用于扩大再生产的投资约100亿元，便是一个例子。同时，国民收入中积累基金的比重一定低于预算中积累资金的比重，因为国民收入中的消费基金，大部分是不进入国民预算的。生产部门职工的工资以及农民的实物收入，就不包括在预算之内，但它们却构成国民收入中消费基金的重要部分。

五年计划中积累的资金在扩大再生产、文化生活方面的基本建设以及后备基金三方面的分配，我们可以用基本建设投资的分配作为代表。在基本建设投资的427亿4 000万元之中，文化、教育和卫生部门为30亿8 000万元，占7.2%。后备基金未单独列出，它包括在贸易、银行和物资储备部门的投资总数之内，共12亿8 000万元，占3%。由此可见，预算中用作积累的资金，基本上是用于扩大再生产的。我们的生产规模，之所以能够以高速度不断地逐年扩大，其关键正在于此。

但是，我们应当注意，并不是用于生产部门的基本建设投资，都是直接与扩大再生产有关的。李富春主任很着重地指出：中央六个工业部在1953年和1954年的非生产性投资占全部投资的21.6%，但苏联在第一个五年计划中，工业部门的非生产性投资只占全部投资的14.5%。在1954年全国的基本建设投资中，非生产性投资占24.3%。我们必须改变这种不合理的投资比例。在生产部门中的非生产性投资，包括办公室、宿舍、食堂、礼堂、托儿所、俱乐部等建设。这些建设的标准，本来是可以大大降低的。过去在这些方面我们也追求现代化的标准，因而造成了浪费，使非生产性投资的比重过高。现在我们在党的正确指示之下，把生产性的建设和非生产性的建设这两种标准区别开来，大大降低了非生产性建设的标准。这样，我们就可以节省更多的资金，投入生产性的建设之中，使我们的生产量，得到进一步的高涨。

在生产性的基本投资之中，我们贯彻了社会主义工业化的方针，贯彻了生产资料必须优先增长的方针，贯彻了重点建设的方针。五年计划的投资总额中，工业部门的投资占58.2%。在工业部门的投资中，制造生产资料工业的投资占88.8%，制造消费资料工业的投资占11.2%。此外，在工业建设的投资中，我们以主要力量首先建设重点工程，也就是集中主要力量进行以苏联帮助我国设计的156个单位为中心，由限额以上的694个建设单位组成的工业建设。与此同时，我们也按照比例发展为社会主义工业化所不可缺少的其他经济和文化的建设。基本建设投资的其余部分，即总数的41.8%，就是用在这些事业上面的。

拿我们在工业中的投资计划，与苏联第一个五年计划相关的部分作比较，可以看出我们在工业中的投资占投资总额的58.2%，而苏联在第一个五年计划中只占49.1%。在工业的投资中，我们在重工业方面的投资占88.8%，而苏联在第一个五年计划中只占85.9%。这种差别是由于两国的不同工业水平所造成的。苏联在第一个五年计划的前夕，工业在工农总产值中的比重已达到42%，而我们则只达到26.7%。苏联重工业的产值在1928年已占工业总产值的44.4%，而我们重工业的产值在1952年只占工业总产值的39.7%。由此可见，我们在开始第一个五年计划的时候，工业的水准，是落后于1928年的苏联很多的，因此，我们必须以比重较大的投资来建设我们的工业，特别是我们的重工业。这样做，是完全符合党在过渡时期总路线的要求和全国人民的长远利益的。

在基本建设中，也要贯彻厉行节约的精神，才可以使有限的资金发挥更大的效用。根据各地的报道，我们在基本建设中，还存在许多浪费现象。如没有设计就施工，施工后又更改计划；劳动力的调配工作缺乏计划性，造成大量的窝工；质量达不到标准，返工；过分讲究装饰，使单价造价过高；超过定额囤积材料，冻结流动资金；等等。这些现象都是应当设法消灭的。近来在党及政府号召之下，许多基本建设部门，已经采取积极措施，降低基本建设成本，因而就能够以原有数量的拨款，建设更多的建筑及设备。举两个例子来说，1955 年铁路基本建设节约的结果，便省出 1 亿 7 399 万元，用这笔款子可以新建 340 公里铁路。轻工业部门于 1954 年春天，根据中共中央和国务院的指示，重新计算了社会需要量、原料可供量及现有各类型轻工业的生产能力，削减、推迟了纺织工业等轻工业原来列入计划草案中的若干应当削减和可以推迟的基建项目。节减下来的资金，如果投资于重工业建设，就可以新建一个年产 15 000 辆拖拉机的工厂和两个年产 100 万吨的炼油厂。这些例子，表示近来中央推行的节约运动，已经产生积极的效果。这一运动，对于扩大再生产的贡献，是显而易见的。

三

以上讨论了两个问题，一为在生产过程中如何节约，以便创造更多的货币积累；二为在基本建设的过程中，如何把分配所得的资金，加以合理的利用，以便实现更多的实物积累。现在我们要讨论的第三个问题，就是在消费领域内如何实行节约，以便把原来准备用作消费的资金的一部分，转变为积累基金。

消费的性质有两种：一为社会的消费，一为个人的消费。在社会消费领域内，最重要的部分是社会文化设施基金及国家管理基金。在个人消费领域内，最主要的部分是衣食住行及文化生活方面的花费。

紧缩编制，裁减人员，是社会消费方面厉行节约的一个重要措施。但是紧缩编制，在社会文化设施及行政管理两大部门中，还应有所区别。在我们的社会里，由于生产的不断增长，居民对于科学、教育、保健、艺术以及文化生活其他方面的需要也是日益增长的。因此，我们国家每年要以日渐增多的经费来培养科学人员、教员、医生、艺术家。这方面的工作人员，目前还不能满足人民的需要，因此在这些部门中，一般也就不存在整编的问题。根据苏联第一及第二两个五年计划的经验，社会文化设施部门的工作人员数量，不但是增加的，而且增加的速度还超过物质生产领域职工增加的速度。但是行政管理部门的工作人员数量，虽然在第一及第二两个五年计划所包括的十年内也是增加的，但其增加的速度，在所有国民经济部门中是最慢的，因而在国民经济全体职工人员中所占的比重，便日渐下降。我们现在各个机关中的行政管理人员，大大超过事务的需要，因而便可大加裁减。今年 1 月间，在中共中央和毛主席的指示下，国务院成立了编制工资委员会。截至 6 月底，据不完全统计，政府机关已经缩减了原有人数的 40%以上，中共中央直属机关已经缩减了原有人数的 47%。北京市市级政府系统 42 个单位 7 260 人中，精简了 3 144 人，占 43%，其中有 22 个单位精简 1/2 左右，2 个单位精简 60%以上。这样做，必然会节省大批行政费的开支，那是不言而喻的。

在社会消费方面，节约物资消耗，也是可以努力的一个途径。在第一机械工业部内，第二机器工业管理局所属企业每月每个技术人员和管理人员所耗用的办公费是 5 元 8 角，而第一机器工业管理局所耗用的办公费，每个技术人员和管理人员却要 9 元多，相差几到 1 倍。把浪费者降低到节约者的水准，就可以节约大量资金。从今年起，政府规定全国各机关一律停止购买沙发、地毯。开会时一律不招待水果、纸烟、点心。机关工作人员参加一切晚会，除招待外宾和外国剧团献演外，都须买票。汽车的使用应当减少。宿舍的家具逐步转为自备或租用。这些良好的措施，都可以使行政管理费大为减少。在我国 1955 年的预算支出中，行政管理费规定为 22 亿 4 156 万元，占总支出的 7.54%。苏联的行政管理费用，在 1954 年只占全部预算支出的 2.5%。假如我们在 1955 年能够把行政管理费在预算支出中的比重降低到苏联的标准，就可节省 14 亿 9 800 余万元，差不多等于五年计划中对于城市公用事业基本建设的全部投资。可见我们在这方面可以挖掘的积累潜在力量，是不小的。

在个人消费方面，节约的潜在力量也是不小的。1954 年 9 月李先念部长曾提出每人每年节约 1 元（折合新币）的口号。他说：我国如此之大，人口如此之多，如果平均每人每年能节约 1 元，存入银行或者购买公债，国家也就能够增加几亿元可以动用的资金。我们在 1955 年发行的公债，总数是 6 亿元，假如平均每人节约 1 元，就可以买下全部的公债。1955 年 7 月，陈云副总理又提倡我们在正当消费水平上每人每天节约半两粮食，一个月节省 1 斤粮食。全国人口有 6 亿，我们每年就能节省六七十亿斤粮食。1954 年，我国大豆和粮食共计出口 35 亿斤，换回了很多的工业设备。假如我们真能节省六七十亿斤粮食，拿到国外去换取工业设备，必然可以加速我国社会主义工业化的进度。这是把消费基金通过国际贸易转变为积累基金的一个方法。我们如不把这些节约下来的粮食出口，而把它用来增加国家的粮食储备，或用作参加生产资料生产工作的补充人员的消费，也可以提高积累基金的数量。

由此可见，厉行节约以增加积累，在任何生产部门及非生产部门都是适用的。我们可以说，厉行节约，人人有责。我们全国人民，应当积极响应党及政府的号召，把节约运动贯彻到每一方面、每一部门、每一过程、每一角落，使其成为全民性的运动。这样就可保证我们的积累以高速度增长，扩大再生产以高速度进行。我们的伟大的第一个五年计划所规定的各种生产任务，也就可以胜利地完成和超额完成。

（载《教学与研究》第 8、9 期，1955 年）

批判梁漱溟的中国文化论

一

在批判梁漱溟的中国文化论之前，我们应当认清一点，就是梁漱溟研究中国文化的方法，是属于唯心主义的，与唯物主义完全相反。

什么是唯物主义的研究文化的方法呢？恩格斯在《马克思墓前悼词》中，很扼要地把这一研究方法说明了。他指出："马克思发见了人类历史的发展法则。马克思发见了向来在思想体系的丛莽中隐蔽着的简单事实：即人们在能够从事政治、科学、艺术、宗教等等之前，首先必须吃、喝、穿、住；因此，某一民族或某一时代直接物质生活资料的生产，从而每次达到的经济发展阶段，就构成了一种基础，在这基础上发展起来的国家制度、法律观念、艺术乃至宗教表象，也就必须由这一基础来说明，而不能像向来那种相反的作法。"[①]换句话说，马克思所用的方法，"就是从社会生活各种部门中划分出经济部门，从所有一切社会关系中划分出生产关系，当作是决定其他一切关系的基本始初关系"[②]。"随着经济基础的变更，全部庞大的上层建筑也或缓或疾地发生变革。"[③]在社会生活中，其他部门、关系、条件等的作用，唯物主义者并不否认。"在这里面，经济的条件是最后决定的东西。但政治条件之类，乃至于在人类头脑中作祟的传统，也起着某种作用，虽然并不是决定的。"[④]由此可见，唯物主义者研究文化，是从生产关系入手的。文化的各种现象，乃是第二性的东西，必须由生产关系来说明。当然，文化也可反过来影响生产关系，而且文化的各个部分，彼此间也可发生相互作用。但是最后起决定作用的，还是经济关系。

梁漱溟是个唯心主义者。他反对经济关系起决定性作用的真理。他说："我们没有理由可以遽行论断一切中国风教礼俗，就为这种经济所决定而形成。相反地，说不定中国生产工具、生产方法二千余年之久而不得前进于产业革命，却正为受了其风教礼俗的影响。”（《中国文化要义》，以下简称《要义》，第35页）他把文化与经济的关系这样首足颠倒过来之后，进一步发挥他那种荒谬的、唯心的、所谓不同文化实源于不同的人生态度的理论。他说：“盖人类文化占最大部分的，诚不外那些为人生而有底工具手段、方法技术、组织制度等。但这些虽极占分量，却只居从属地位，居中心而为之主底，是其一种人生态度，是其所有之价值判断——此即是说，主要还在其人生何所取舍，何所好恶，何是何非，何去何从。这里定了，其他一切莫不随之。不同的文化，要在这里辨其不同。”（《要义》，第104页，着重点是原来有的）梁漱溟认为生产工具、方法技术、组织制度等只处于从属地位，是不重要的。他所谓最重要的，可以用来区分不同文化的东西，乃是人生态度。很显然地，他是把物质生活、生产关系等当作第二性的东西，而把观念、精神、态度等当作第一性的东西。说梁漱溟是一个唯心主义者，是一点也不错的。

从唯心主义的观点出发，梁漱溟在关于文化的一般理论上，就犯了几个严重的错误。

首先，他不是从社会经济形态出发来区分不同的文化，而是从人生态度出发来区分不同的文化。根据梁漱溟武断的见解：“人类生活中，所遇到的问题有三不同；人类生活中，所秉持的态度（即所以应付问题者）有三不同；因而人类文化有三期次第不同。”（《中国民族自救运动之最后觉悟》，以下简称《觉悟》，第63页）他所谓三问题，就是人对于物的问题、人对于人的问题、人对于自己的问题。他所谓三态度，第一态度是两眼向前看，从对方下手改造客观境地以解决问题；第二态度是两眼常转回来看自家这里，反求诸己，尽其在我；第三态度是以取消问题为问题之解决，以根本不生要求为最上之满足。他说古希腊人及近代西洋人之人生属于第一态度，古中国人之人生属于第二态度，而古印度人之人生属于第三态度。在这三种不同态度中，梁漱溟又主观地排出一种发展的次序来。“人类当第一问题之下，持第一态度走去，即成就得其第一期文化；而自然引入第二问题，转到第二态度，成就其第二期文化；又自然引入第三问题，转到第三态度，成就其第三期文化。”（《觉悟》，第64页）与唯物论者所发现的人类发展史诸阶段相对抗，梁漱溟提出他的主观的文化史发展共分三期说。我们现在暂且不管他的第三期文化，只就第一期及第二期来说，据说第一期要解决人对物的问题，而第二期则解决人对人的问题。梁漱溟完全不了解，关于人类社会对物与对人的问题，是同时产生的。“人们和自然界斗争以及利用自然界来生产物质资料，并不是彼此孤立，彼此隔绝，各人单独进行的，而是以团体为单位，以社会为单位来共同进行的。因此，生产在任何时候和任何条件下都是社会的生产。”[5]既然生产总是社会的生产，所以遇到对物的问题时，也就遇到对人的问题。古希腊人不只要解决对物的问题，也要解决对人的问题。古中国人不只要解决对人的问题，也要解决对物的问题。任何社会中的各个分子，既有对物的态度，也有对人的态度。所以在对物、对人的问题上，强调这一文化着眼于一个问题，而另一文化着眼于另一问题，而且就在这个基础上，把文化排列成先后的次序，可以说是荒唐之至。

其次，梁漱溟既然是唯心主义者，所以他对于文化，只能看到一些现象，而不能深入现象的实质。他写了一本《中国文化要义》，一开始就举了中国文化的 14 个特征。在这些特征中，他把主要的与次要的现象混在一起，把客观存在的东西和主观错觉搅成一团。他因为没有从经济的生产关系出发，所以就不能找出产生现象的原因，不能发现现象的存在和发展所服从的规律。结果他只好说：“文化这东西，点点俱是天才的创作，偶然的奇想，只有前后左右的缘，而没有因。”（《要义》，第 38 页）只好说：“生命创进不受任何限制，虽然可能有其势较顺之顺序，却并无一定不易之规律。”（《要义》，第 43 页）总之，在梁漱溟眼中，文化就是一堆偶然的现象，其中并无一定不易的规律。因此，这就等于否定了文化的研究是一种科学。

再次，梁漱溟既不相信文化现象中有规律，所以他就抹杀中国文化与其他文化共同之点，而强调中国文化的特殊性。这是唯心主义者必然的结论。唯心主义者既然以为文化现象中没有规律，因此就不承认可以应用一般科学中的重复律，来作文化现象的研究。列宁告诉我们，只有马克思主义者，“才有可能由记载社会现象……过渡到用严格科学方法分析社会现象，划分出——譬如说——一个资本主义国家和另一个资本主义国家不同的东西，而研究一切资本主义国家共同的东西”[6]。同样，也只有马克思主义者，才善于划分出一个封建主义国家和另一个封建主义国家不同的东西，而研究一切封建主义国家共同的东西。梁漱溟根据他那种肤浅的观察，以为中国两千年来的文化，好像这一点与西洋不同，那一点也与西洋不同，其实他如果由表及里，从现象到本质，就可看到他所谓不同的现象，骨子里有许多是相同的。我们并不否认中国文化有其特点，但是这些特点，只有在比较中国文化与其他文化共同之点以后，才能区分出来、指点出来。假如一开始就强调中国文化特殊，就必然会得出如梁漱溟所得出的那种荒谬的结论。梁漱溟说：“如我判断，人类文化之全部历程，恐怕是这样的：最早一段受自然限制极大，在各处不期而有些类近，乃至有某些类同。随后就个性渐显，各走各路。”（《要义》，第 45 页）又说：“以我所见，宗教问题实为中西文化的分水岭。

中国古代社会与希腊、罗马古代社会，彼此原都不相远底。但西洋继此而有之文化发展，则以伟大宗教若基督教者作中心；中国却以非宗教的周孔教化作中心。后此两方社会构造演化不同，悉决于此。”（《要义》，第53页）这种主观的成见，早就受到郭沫若先生的驳斥了。郭沫若先生说：“只要是一个人体，他的发展无论红黄黑白，大抵相同。由人所组成的社会，亦正是一样。中国人有一句口头禅，说我们国情不同。这种民族偏见，差不多各个民族都有。中国人不是神，不是猴子，中国人所组成的社会不应该有什么不同。”（《中国古代社会研究》自序，见《要义》，第42页）梁漱溟引了上面一段话后，却诬蔑郭沫若先生是闭着眼睛说话，不看事实。但是正如我们所要证明的，在这一问题上闭着眼睛说话的，却正是唯心主义者梁漱溟。

二

唯物主义者研究中国文化，一定要从生产关系以及站在这些生产关系后面的阶级下手。中国的社会，也与其他的社会一样，自从原始公社解体以后，就出现了阶级社会。梁漱溟所发生兴趣的一段中国历史，乃是秦汉以来两千余年的历史。自秦汉以来，一直到鸦片战争时代为止，中国基本上是一个封建社会，虽然在这个封建社会里，奴隶制度的残余是长期保存着的。在封建社会中，一方面有大地主，一方面有无地、少地的农民。封建主或地主利用土地对农民进行残酷的剥削。这种剥削的形式就是封建地租。在不同的时期，封建地租采取不同的形式，即劳役地租、实物地租及货币地租。不管采取哪一种形式，实质都是一样的，那就是，地主可以占有农民所创造的剩余产品。在这一点上，中国的封建社会，与其他的封建社会，没有任何不同的地方。中国的封建社会中，是有不同阶级的，是存在着剥削关系的。

但是梁漱溟却否认中国过去有阶级。他说：“秦汉以来之中国，单纯从经济上看去，其农工生产都不会演出对立之阶级来。”（《要义》，第167页）在农业生产中，他以为有两个原因，使阶级不能产生。“第一，土地自由买卖，人人得而有之。第二，土地集中垄断之情形不著；一般估计，有土地底人颇占多数。”（《要义》，第162页）我们现在就来分析这两个所谓不产生阶级的原因。

第一，土地自由买卖，诚然是中国封建社会中常见的事实，汉朝的董仲舒早就指出，秦用商鞅之法，除井田，民得买卖（参看《汉书》卷二十四上《食货志》），但是，土地自由买卖是一件事，人人得而有之又是一件事。从“土地自由买卖”这一前提，无论如何也得不出“人人得而有之”的结论来。正如在伦敦、纽约的股票市场上，股票是自由买卖的，但是我们是否可以由此得出结论，说英美国家中人人手中都有股票呢？董仲舒并没有从土地自由买卖中得出人人得而有之的结论。相反地，他却指出，“富者田连阡陌，贫者无立锥之地。……故贫民常衣牛马之衣，而食犬彘之食”。事情是很显然的：虽然土地可以自由买卖，但不是任何人都有能力来购买土地。在中国的封建社会里，哪些人能够买地呢?《文献通考》的作者马端临，对于这一问题已经给过一个正确的答案。他指出：“自秦开阡陌之后，田即为庶人所擅，然亦惟富者贵者可得之。富者有赀可以买田，贵者有力可以占田，而耕田之夫率属役于富贵者也。”（《文献通考》卷二）富者贵、者有田，而耕田之夫则役于富贵之家，这不是阶级社会是什么?

第二，梁漱溟说，土地集中垄断之情形不著，有土地的人占多数。他举了邹平与定县为例，来作为他的论点的证明。在这一点上，他的说法，既不合乎逻辑，也不合乎事实。即使我们承认有土地的人占多数，也得不出垄断情形不著的结论。因为在有地者之中，大多数的人，占地是很少的，而另外则有少数的地主，占地却是很多的。在这种情形下，那些占地很少的农民，虽然从表面上看去，好像自己也有几亩土地，但是为维持一家的生活，这几亩地是不够的，就不得不再向地主佃入一些土地，因而还是不免于受剥削。这说明了，一方面即使很多人有土地，而另一方面仍然还可存在土地垄断的情形。这两种现象，并不一定互相冲销，而是可以同时并存的。再从历代的史实去看，土地垄断不著的情形是例外，而垄断显著的情形则是普通的。土地垄断，是历代思想家所关心讨论的问题。汉朝的董仲舒，首先提出限田的主张，就是想制定一个定额，不许买田的人超过这个定额。后来哀帝时候的师丹，提出一个限额的实际数字，就是 30 顷。但他们的主张是与地主阶级的利益冲突的，所以无法实现。到了王莽的时候，“强者规田以千数，弱者曾无立锥之居”。唐朝的宰相陆贽，也说“今富者万亩，贫者无容足之居”。宋朝的苏洵，更指出当时“田非耕者之所有，而有田者不耕也。……田之所入，己（指地主）得其半。耕者得其半。有田者一人，而耕者十人，是以田主日累其半以至于富强，耕者日食其半以至于穷饿而无告”。（以上引文均见《文献通考》卷一）这种情况，历代重复，说明土地的集中，是封建社会里一个必然的现象。土地的垄断，一直到伟大的土地改革运动以前，并没有什么改变。最好的证明，就是在土地改革完成之后，全国除若干少数民族地区以外，有 3 亿以上的无地、少地的农民分到了 7 亿亩左右的土地（《人民日报》1953 年 11 月 20 日）。

封建社会里面既然有彼此互相对立的阶级，有剥削别人劳动的封建主，有被人剥削的农民，那么国家就会成为这种社会里一个不可缺少的机关。封建主的人数是很少的，而农民却人数众多。要强迫占绝大多数的农民为少数的封建主进行无偿的劳动，非有一种经常强制的机关不行。“国家是维护一个阶级对于另一个阶级的统治的机器。”⑦中国既然有封建社会，有阶级，也就有替统治阶级服务的国家。

但是梁漱溟却否认这一真理。唯心主义者梁漱溟，对于中国存在阶级，既然熟视无睹，那么中国存在国家这一事实，他也只好视而不见了。他说：“国家构成于阶级统治，中国则未成阶级，无以为武力之主体而难行统治；这是中国不像国家之真因。”（《要义》，第187页）梁漱溟虽然说中国不像国家，但又不敢干脆地说中国没有国家。在解决这一矛盾的时候，梁漱溟又把他常用的法宝拿出来了，那就是：中国文化特殊论。他说：“吾国国家之本质实一超国家的文化体，既非近代国家所能比拟，亦非最近代国家所能附会。实可谓为超脱一切近世国家之窠臼，而独立表现其特性者。”（《觉悟》，第258页）这一特性，到底表现在什么地方呢？梁漱溟的奇谈怪论在此处又出现了一次。他说：“在外国都是一个阶级来掌握大权，统治其他阶级——此即所谓阶级统治；而中国统治者，则不是一个阶级，乃是一个人，他是一个人来统治天下万众。所以我们可以说：中国的国家构造，是一人在上，万人在下；而外国则是一个阶级在上，一个阶级在下。”（《乡村建设大意》，以下简称《大意》，第66页）一人在上，居然可以统治万民，这不是瞎说是什么？

其实，中国封建社会里的皇帝，也与其他封建社会里的皇帝一样，靠一个人的力量，是无论如何也不能实行统治的。皇帝只是封建社会中的头号封建主，在他的周围，还有二号三号封建主，也就是贵族。此外还有官吏，他们或者是地主阶级出身，或者是通过官吏这条道路而加入地主集团的。总之，自皇帝以至大大小小的官吏，都是地主阶级的代表，利用国家的机构，来维护地主阶级的利益。在这一点上，中国的国家构造，正表示着阶级的统治，与其他国家并无任何不同之处。

梁漱溟除了从阶级统治的观点来说中国不像国家之外，还从国家职能的观点，来说中国不像国家。他给了两个理由：“第一，中国的政治，从来表现消极无为。第二，对外缺乏国际对抗性。中国对内松弛，对外亦不紧张。”（《要义》，第176－177页）关于中国缺乏国际对抗性一点，只要略微读过中国通史的人，都知道是与事实不符的。对外问题，从秦汉时代的对抗匈奴一直到近代的对抗帝国主义，素来是中国国家的一个生死存亡的问题，怎能说它是“不紧张”？但是国家的主要职能，是内部职能，是约束被剥削者。在这一点上，中国的国家，绝不是消极无为的。梁漱溟谈到中国国家的消极无为，总是举西汉为例。我们就大略地研究一下西汉的国家，看它在对内的职能上面，是否消极无为。

我们都知道，国家为对大多数人民进行统治与剥削，就必须建立一种财政制度，搜刮人民的脂膏，作为自己生存的基础。西汉的国家，要农民缴纳田租，十五税一，有时减轻一些，三十税一。除此以外，七岁到十四岁的人，每年要出口赋 23 钱，十五岁以上至五十六岁的人，每年要出算赋 120 钱。各地诸侯王及官吏在十月朝献皇帝时，要给献费，多少看人口为准，每人每年 63 钱。这是人民在货币方面的负担。另外还有劳务方面的支出，就是每一个人，每年都要替公家服役 1 个月，不去的得出钱 2 000，又要到边疆去守边 3 日，不去的出钱 300。这就是头号封建主向人民勒索的贡物。封王封侯的贵族，在他们的封邑里面，可以向人民收取赋税，每户 200 钱，人民还要向他们交租，每年到他们的官府中去服劳役。进行这些剥削行为时，西汉的国家并不消极。

另外，为了在进行剥削时，镇压人民的反抗，国家就得建立一种惩罚制度，如法律及监狱等。梁漱溟是否认中国有法律的。他说中国的“组织结构根本寄托在礼俗上，而不著见于法律。法律这样东西，它几乎可说没有”（《要义》，第 223 页）。他又说：“在文化比较上，西洋走宗教法律之路，而中国走道德礼俗之路。”（《要义》，第 331 页）其实，谁要读过《汉书》的《刑法志》，就知道西汉不但有法律，而且法律的条文很多，很残酷。根据传说，周朝的法律有 3 000 条，其中属于死罪的有 200 条。汉代的律令有 359 章，其中有 409 条是与死罪有关的，可以判处死刑的罪共有 1 882 种。所以从昭帝到平帝六世之间，每年犯死罪的，平均每千人中就有一人，郡国被刑而死的，岁以万数。全国的监狱 2 000 余所。由此可见，说中国几乎没有法律，完全是瞎说。法律是统治阶级镇压被统治阶级最有力的武器，只要社会分裂为阶级，只要剥削阶级保持了国家的机构，它就会把自己的意志规定在法律中。法律的主要任务，就是保护统治阶级的利益不受侵犯。没有一个国家是不借助于法律来进行统治的，中国绝非例外。所以中国的国家，包括西汉在内，对于制定法律一事，是绝不会消极的。

为了对人民进行统治，就须建立官吏制度。皇帝一个人是无法统治的。官吏是统治阶级的爪牙，它代表统治阶级的利益，与被统治者完全站在对立的地位。官吏绝不是超阶级的，说它是超阶级的，那就是对人民进行欺骗。梁漱溟对于做官的士人，有时说他们是超阶级的，如他说：“……士人一面常提醒规谏君王，要他约束自己，薄赋敛，少兴作，而偃武修文；一面常教训老百姓要忠孝和睦，各尽其分，而永不造反。如是就适合了双方的需要而缓和了他们的冲突。”（《乡村建设理论》，以下简称《理论》，第 45 页）这些士人，一方面劝告君主，一方面教训老百姓，好像是不偏不倚，实则规谏君王，乃是表面工作，而统治老百姓，要他们永不造反，则是士人职务的实质。在阶级社会中，没有而且也不可能有超阶级的官吏。但是梁漱溟还不以把士人说成超阶级为满足，他还进一步说士人与老百姓站在一边。他的理由是："官吏虽有政权，是暂而非常，随时可以罢官归田；而且他生长民间，所与往还因依之亲戚、族从、邻里、乡党、朋友一切之人，又皆在士农工商之四民。其心理观念，实际利害，自与他们站在一边。于是皇帝乃一人高高在上，以临于天下万众。"（《理论》，第 35 页）不从阶级观点来分析问题的人，是常常会得出这种荒谬的结论来的。我们上面已经指出，官吏或者是出身地主阶级，或者是通过做官的道路而加入地主阶级，他们与老百姓的利益，是没有共同之点的。他们既然属于地主阶级，那么罢官归田，也就是回家当地主而已，其实际利害如何能与人民站在一边？西汉官吏与地主的关系，研究的人已经很多。我们就以《汉书》卷八十一举两个例子来说明此点。一个例子是张禹，"家以田为业，及富贵，多买田至四百顷，皆泾渭溉灌，极膏腴上贾"。这个张禹，就是地主阶级出身，做官以后，买地更多。另外一个例子是匡衡，世代是农夫，到了匡衡，家道贫穷下来了。可是匡衡后来做了官，封为乐安侯，便利用职位，扩充他的侯国疆界 400 顷，田租就多收千余石。这个匡衡后来的确是罢官归田了，但是从他起匡家也就不种田了，历史上的记载，说他的儿子历位九卿，家世多为博士。这个例子，说明不是地主阶级中人，一旦做了大官，也就必然会变成地主阶级。所以说官吏的利益与人民一致，真是无稽之谈。像匡衡这个有名的专治《诗经》的人，平时满口诗云子曰，但是一遇到剥削人民千余石田租的机会，他是丝毫也不放松的。西汉的官吏，在哀帝建平二年（公元前 5 年），共有 130 285 人。为了建立统治机构，西汉的国家也绝不是消极的。

在封建社会里，一方面有统治阶级，一方面有被统治阶级，因而就不可避免地有阶级斗争。阶级斗争最激烈的表现，就是革命，就是农民起义。梁漱溟既然否认中国有阶级，所以也就否认中国有革命。他说："革命必须有阶级，必从阶级问题，推翻某一种不平的秩序，才叫革命。而中国所苦的是革命都无法去革。"（《理论》，第 74－75 页）但他无法否认中国历史上也有统治阶级无法维持秩序的时候。这种时候，他称之为大乱，而且照例用他那种唯心的观点来解释，说什么"历来大乱之所由兴，要不外人心放肆那一句老话。……人心放肆，则天下将乱，这在有心而阅历多底老辈，感觉上非常敏锐清楚底"（《要义》，第 244－245 页）。梁漱溟当然不会懂得，革命"是为社会运动开辟道路，并把麻木的死气沉沉的政治形式摧毁下来的工具。……一切革命胜利的结果，……造成道德上及精神上的伟大的高涨"[8]。中国历史上无数的农民起义，虽然由于时代条件的限制，每次胜利的果实，都被地主阶级攫去，但是它们同样也起了摧毁死气沉沉的政治形式的功用。而最近的中国革命，农民群众由于有了工人阶级的领导，就得到了摧毁封建地主阶级的大胜利。这一胜利，也如一切革命的胜利一样，在中国造成道德上及精神上的伟大的高涨，这不但是“阅历多底老辈”，就是全国所有的人，除了少数反动分子以外，都会感觉得到的。

中国的文化，照梁漱溟的说法，除了缺少上面所举的那些部分之外，还缺少一样东西，那就是宗教。他说“中国以道德代宗教”（《要义》，第 114 页）。又说“西洋之有团体，从有宗教来；中国之缺乏团体，从缺乏宗教来”（《理论》，第 51 页）。梁漱溟从中国缺乏宗教的前提，得出中国缺乏团体的结论；又从中国缺乏团体的前提，得出中国人民缺乏组织能力的结论。因此，帝国主义者诬蔑我们像“一盘散沙”，“没有三人以上的团体”，梁漱溟都承认是对的。其实，我们如仔细分析，梁漱溟所虚构的前提都站不住脚，所以他的结论也就是错误的。

在封建社会里，人民在大自然的力量面前，在陌生的社会力量面前，还是没有办法的。他们不能控制这些力量，同时由于科学不发达，对于这些自然的与社会的力量，就产生了一种荒诞的、虚幻的、歪曲的认识，以为这些力量与自己一样，是有意识的，而且它们有着人类的特性，可以通过请托、许愿、恳求、祈祷，来取得它们的好感。这样就产生了对于鬼神的崇拜，这就是宗教。中国从秦汉以至今日，大多数的人民都是信宗教的。他们在生活中一旦遇到挫折，没有别的力量来援助他们时，他们每每乞灵于宗教。虽然各地人民的信仰不同，祭祀的对象也不一样，但在农业生产方面遇到困难时，他们就拜土地、龙王一类的神；生活穷困时，就拜财神；生病时拜华佗；没有子女时求子女于观世音。宗教产生以后，统治阶级便利用人民对于宗教的迷信来进行统治。统治阶级利用地狱的恐吓、天堂的虚构，来在精神上毒害被剥削阶级，使他们安心于自己的命运而不起来进行革命斗争。这是问题的一方面。问题的另一方面，就是被剥削阶级，有时也利用异教来组织民众，与统治阶级进行斗争。这些异教，乃是被剥削阶级的宗教，与统治阶级的宗教处于对立的地位。中国历史上从东汉末年的张角，到清代的太平天国，都曾利用过宗教的力量，来组织农民起义。太平天国与基督教的关系是大家都知道的。张角所宣传的是黄老道。他派弟子八人在各地宣传教义，十余年间，徒众数十万。在后汉灵帝的时候，他号召信徒 36 万人，同日起义。假如没有组织的能力，是办不到的。梁漱溟说中国人没有组织的能力，其用意在于瓦解人民群众对于革命的信心。中国最近的革命，证明中国人具有组织的能力，而且能够把革命领导向胜利。过去那种所谓没有三个人以上的团体的现象，乃是统治阶级害怕人民造反，禁止民众参与任何组织所造成的。西汉时有一条法律，就是三个人以上，无故群饮，罚金四两。这样地禁止人民集会，人民如何能够有公开的组织呢？但这并不能证明中国人无组织的能力，更不能证明中国人不能进行革命。

上面的分析，说明梁漱溟所谓中国文化中没有阶级，没有国家，没有法律，没有革命，甚至说没有宗教等等，都是胡说。当然，梁漱溟对于这些东西，并不是直截了当地说没有，而是吞吞吐吐地说没有。这是唯心主义者所常犯的毛病。唯心主义者，看事是看不清楚的，因而思想就很糊涂。譬如梁漱溟一方面说中国没有宗教，一方面又说："西洋有宗教，是很明白的；中国却像有，又像缺乏，又像很多。"（《要义》，第326页）对于上面所举的其他文化要素，他也时作模棱两可之说。他不能像唯物主义者那样看事清晰，能够肯定地说，中国有阶级，有国家，有法律，有革命，也有宗教。

梁漱溟对于中国的文化，作出这样歪曲的分析，是有他的阶级根源的。他是地主阶级的代言人，把马克思列宁主义看作他的死敌。他反对马克思列宁主义，反对宣传马克思列宁主义的共产党。他说："现在的共产党，他就有他的主张办法，他的主张办法是邪僻的。"（《大意》，第23页）他妄想搞一套理论来对抗马克思列宁主义。他知道马克思列宁主义的中心思想是阶级斗争，所以他就妄想证明中国文化中没有阶级。从此出发，他说中国无国家，无法律，无革命，企图使中国的人民大众，脱离革命的道路，甘心受统治阶级的剥削。他说中国无宗教，也是妄想以此来说明中国人没有团体生活的习惯，没有组织的能力，以此摧毁中国人民组织起来争取革命胜利的信心。这一切企图，在伟大的人民革命力量面前，已经遭到可耻的失败。

三

假如我们通过上面的分析，认为梁漱溟对于中国文化是一个虚无主义者，那也是错误的。他对于中国文化的各种要素，否认了一些，同时也承认了一些。

他承认中国文化中有家庭，而且极力颂扬中国的家庭生活，强调中国家庭生活的特殊性。他甚至认为中国人偏重家庭生活，这是中国文化与其他文化相异的出发点。他说："西人集团生活偏胜，中国家族生活偏胜，正是分向两方走去，由此开出两种相反底文化。"（《要义》，第80页）梁漱溟根据什么说中国人偏重家庭生活呢？他的解释，前后是矛盾的。有时他说这是缺乏集团生活的结果："即此缺乏集团生活，是中国人敧重家庭家族之由来，此外并不须其他解释。"（《要义》，第84页）有时他又说这是中国圣人有意安排出来的。"中国之所以走上此路，盖不免有古圣人之一种安排在内。……这即是说，中国之以伦理组织社会，最初是有眼光底人看出人类真切美善底感情，发端在家庭，培养在家庭。他一面特为提掇出来，时时点醒给人——此即孝悌、慈爱、友恭等；一面则取义于家庭之结构，以制作社会之结构——此即所谓伦理。”（《要义》，第 96 页）不管哪一个解释，都是错误的。

在封建社会里面，家庭是一个生产单位，一家人都在一块土地上工作，经济生活密切联系而不可分，所以家庭就成为一个很重要的团体。这是最基本的一面。除此以外，家庭还要执行教育、保健、宗教、娱乐等职能，因而家庭中的成员，彼此关系就更密切了。这种情况，不但在中国如此，在西洋的封建主义时代，也莫不如此。只是资本主义发展以后，把家庭的经济基础打翻了，家庭已不成为一个生产单位，然后家庭生活，才起了根本上的变化。因此，说中国在两千年前，就与西洋文化分途发展，中国走家庭的路，而西洋则走团体的路，是不符合事实的。我们应当把家庭生活与经济形态联系起来考察。经济形态相同的，家庭生活也就类似。在封建社会里，家庭生活占着一个重要的地位。它的重要性，比在资本主义社会中大得多，因为在资本主义社会里，家庭过去所担任的许多职能，都由社会里别的机构担负起来了。所以强调在封建时代，中国家庭生活的特殊，是没有根据的。只要是封建社会，家庭就会占据一个重要的地位，中国与其他封建社会，在这一点上是相同的。

在不同的封建社会里，统治阶级如何利用家庭这一组织来对群众进行控制，当然是有不同的手法的。“东方封建主义的特点，还在于具有父权氏族关系，封建主利用这些关系加紧剥削农民。”（《政治经济学教科书》，第 46 页）梁漱溟把国家对人民这种剥削关系掩盖起来，而美其名为伦理关系。“伦理关系本始于家庭，乃更推之于社会生活、国家生活。君与臣，官与民，比于父母与儿女之关系。……由伦理，而中国人与人之间，乃无由萌生相对抗衡的权利平等观念。由伦理关系的推演，而在中国政府与其人民之间，乃无由形成相对抗衡的形势。”（《理论》，第 117 页）统治阶级把剥削关系伦理化、家庭化了，皇帝与官吏，都把自己比作人民的父母，然后伸出手来，向“子女”要钱。人民群众受了骗，不知道去剥开这件伦理的外衣，去看剥削的本质，所以在许多年代里，许多善良的人民，受了这些地主阶级的代表的敲诈，还以为这是孝敬“父母”，是应该的。梁漱溟所谓中国政治的伦理化，其作用就在于此。

中国封建时代的统治阶级，还有一种恶毒的利用家庭控制人民的办法，那就是家庭连带责任制。在秦代，就有夷三族之罪，一个人犯了法，父母、兄弟、妻子都要一起杀头。这种法律的目的，就是要使家庭中的各个分子，彼此互相监督，受尽压迫与剥削，也不要起来革命。统治阶级企图通过这种法律，使自己可以安然坐享剥削的果实。与这一条法律有密切联系的，就是父母在世的时候，兄弟不准分家。唐律有一条："诸祖父母、父母在，而子孙别籍、异财者，徒三年。"这条法律，一方面，使家庭成员没有方法躲避家庭连带责任制，另一方面，使家庭成员不但在法律上，就是在经济上，也要互相负责。一个人欠租欠账，别个成员就得替他归还。地主阶级当然需要这一条法律，来保障他的地租及高利贷的收入。

现在，我们再来分析一下梁漱溟所谓中国封建家庭中的真切美善感情是什么。他说："吾人亲切相关之情，发乎天伦骨肉。……因情而有义。父义当慈，子义当孝，兄之义友，弟之义恭，夫妇，朋友，乃至一切相与之人，莫不自然互有应尽之义。"（《要义》，第87页）从这些话看去，好像中国的封建家庭，你爱我，我爱你，一切都很平等似的。实际上，在父权与夫权高于一切的家庭中，真有这一类的情况吗？假如父慈子孝在中国封建家庭中是同样被注重的，为什么中国只有《孝经》而没有慈经？假如夫妇是平等的，有互相应尽之义，为什么中国只有"女诫七篇"而没有男诫七篇？实际上，梁漱溟也不相信自己的鬼话。对于中国家庭中的父权，他是心向往之的，所以一旦社会进步了，动摇了父权，他就说不合乎中国的人情。他说："按中国的风俗是尊师敬长的，多数人要听老师及尊长的话。……例如一个老头，有几个儿子，又有许多孙子，那么，如果他们家中实行多数表决的时候，则他的子孙算是多数，老头一个人非失败不可，当爷爷的便没有地位，这能合乎中国的人情吗？"（《大意》，第101－102页）在封建社会里，爷爷是有地位的，他说的话，不管有没有道理，谁也只得听从。这种尊长专制的作风，现在已经吃不开了。爷爷的地位动摇了，这有什么不好呢？打倒专制，真可以说是好得很。但是梁漱溟却说这不合中国的人情，不应当这样办。可见他所谓的伦理，早已成为古董了，早就应该送进博物馆去了。再看梁漱溟理想中的丈夫，在家庭中的地位应当是怎样。他说："中国人……个个都是皇帝。当他在家里关起门来，对于老婆孩子，他便是皇帝。"（《要义》，第72页）对于老婆孩子是皇帝，在封建家庭中的确如此。但是此中有什么真切美善的感情呢？这种伦理关系还值得提倡吗？

然而梁漱溟却醉心于这种伦理关系，而且还说中国的社会就是以这种伦理关系推广开去而组织成功的。"伦理首重家庭。父母总是最先有底，再则有兄弟姊妹。既长，则有夫妇，有子女；而宗族戚党亦即由此而生。出来到社会上，于教学则有师徒，于经济则有东伙，于政治则有君臣官民；平素多往返，遇事相扶持，则有乡邻朋友。随一个人年龄和生活之开展，而渐有其四面八方若近若远数不尽的关系。是关系，皆是伦理；伦理始于家庭，而不止于家庭。"（《要义》，第86－87页）梁漱溟从家庭往外看，把一个人若远若近数不尽的关系都去数过了，但他却回避生产关系，不敢谈封建社会中最主要的主佃关系。这也是有他的苦衷的。因为梁漱溟所谓的“伦理关系，就是一个义务关系。说到义务关系就与西洋个人本位的权利观念相反了”（《大意》，第106页）。在其他关系中，他还可以掩盖权利观念，好像我对你有义务，你对我有义务，大家彼此要互尽义务，来体现梁漱溟所谓的伦理本位的社会。但是地主对于佃户有什么义务呢？在这个主佃关系中，义务只是一方的，只是佃户对地主有义务，这太明显了。如把主佃关系也包括到伦理本位的社会中去，那么这个伦理本位社会的秘密就会一下被揭穿了，所以梁漱溟只好采取视而不见的办法，把主佃关系从中国的所谓伦理社会中一笔勾销。

伦理关系是只讲义务的。这种理论，剥削阶级的人最喜欢听，因为这是为他们的阶级利益服务的。剥削阶级的人，最怕人同他们谈权利。佃户如提出他们的权利要求，地主的租就收不成了。作为地主阶级的代言人，梁漱溟于是就大谈其伦理本位、义务关系、社会家庭化、伦理化。但是，在马克思列宁主义光辉的照耀下，人民的眼睛已经雪亮起来了。人民认识了一个真理，就是敌人的一切好听的话的后面，总隐藏着一些不可告人的阴谋。梁漱溟的阴谋，现在已被揭穿了。他高谈伦理关系，就是想使封建社会成为永世不移的社会秩序。

梁漱溟在提出他的伦理本位的社会理论以后，便进一步研究这一社会秩序如何维持的问题。他说：“大概人类社会秩序，最初形成于宗教。其后，乃有礼俗、道德、法律等，陆续从宗教中孕育分化而出。……离开宗教而有道德，在中古西洋殆难想象；离开法律而有秩序，在近代国家弥觉稀罕。然而旧日中国却正是以道德代宗教，以礼俗代法律，恰与所见于西洋者相反。道德存于个人，礼俗起自社会；像他们中古之教会，近代之国家，皆以一绝大权威临于个人、临于社会者，实非中国之所有。”（《要义》，第222页）这种分析也是错误的。任何剥削社会的统治阶级，如想维持社会的秩序，总不是只利用一种工具，而是要利用一切工具。它利用宗教，也利用道德，还利用法律。道德与礼俗，其实是一个东西，并无区分的必要。梁漱溟说中国封建社会不用宗教、不用法律来进行控制，是不符合事实的，我们在上面已经指出。关于道德与礼俗在封建社会中的作用，我们有进一步阐明的必要。

什么是礼俗？梁漱溟给礼下了一个定义，“我们所习尚者为礼”（《觉悟》，第150页）。这一定义，太笼统了。2 500年前孔子对于礼的说明，就准确得多。孔子说过，“安上治民，莫善于礼”（《汉书》卷二十二《礼乐志》）。用现代的话来说就是：要统治老百姓，使在上面的剥削阶级能够安稳地过日子，最好的工具就是礼。在阶级社会里，礼俗与道德一样，也是有阶级性的，流行的礼俗、道德观念，总是替统治阶级服务的。统治阶级把这些道德观念灌输到人民的思想中去，使人民依着统治阶级所规定的轨道走。梁漱溟所提倡的一些封建道德，如“反省，自责，克己，让人，学吃亏”（《要义》，第219页），都是有利于剥削阶级的。农民种地主的田，已经把50%的收获物送给地主了，梁漱溟还要对这些农民说，你们应当反省呀，自责呀，克己呀，让人呀，学吃亏呀。这样喊，是否以为50%的田租还不够，农民应当再送一些田租给地主呢？这种礼俗，这种道德，是替谁服务的，还不明显吗？

梁漱溟区分礼俗与法律的标准是：“礼俗示人以理想所尚，人因而知所自勉，以企及于那样；法律示人以事实确定那样，国家从而督行之，不得有所出入。”（《要义》，第130页）这样区分礼俗与法律，也没有2 000年前贾谊说得透彻。贾谊说过，“夫礼者禁于将然之前，而法者禁于已然之后”（《汉书》卷四十八《贾谊传》）。用现代的话来说就是：在他没有做之前告诉他不要做就是礼；在他做了以后再罚他就是法。统治阶级控制人民时，既利用宗教，也利用道德，也利用法律。譬如统治阶级不愿意人民造反，假如它对人民说，你如果造反，死后会下地狱，这就是用宗教来控制人民。假如它换个方法说，造反是大逆不道，凡是好人都不应当造反，这就是用礼俗、用道德观念来教化人民。假如他还是造反了，那么统治阶级就杀掉他的一家三族，那就是用法律来控制，其作用不但是要惩罚那造反的人，还要教别人看了以后不敢轻易造反。宗教、道德、法律在阶级社会里，都可以成为统治阶级压迫人民的工具。所以，被剥削阶级在推翻了剥削阶级的统治以后，也要摧毁那些假仁假义、自私自利的道德观念，而建立一种新的、为劳动人民服务的道德观念。中国的封建社会已经一去而不复返了，所以那些“学吃亏”一类的封建道德、在家庭中做皇帝的父权夫权道德，也将被劳动人民一扫而空。

但是梁漱溟却不是这样想的，他还迷恋于过去中国的老道理。他说：“我们相信，中国的老道理是站得住的。从粗处看自然是有许多要改变的地方，但根本深处细处是变不得的。现在虽有邪僻的学说在摧毁它、压迫它，而真金不怕火炼。……中国的老道理，不但能够站得住，并且要从此见精彩，开出新局面，为世界人类所依归。”（《大意》，第23－24页）他这儿所谓“邪僻的学说”，就是指马克思列宁主义。在这段话里，我们看到代表封建社会地主阶级思想的梁漱溟，出面来与代表近代劳动人民利益的马克思列宁主义相抗衡。这种企图，正像蚊子与大象比武一样，当然是可笑的。梁漱溟思想的阶级基础是地主阶级，现在地主阶级已经消亡了，所以梁漱溟思想的市场也消亡了。但是他的思想，在过去 30 年内，在中国散播了广泛的毒素。今天，我们必须彻底清洗这些毒素。

（载《教学与研究》第 10 期，1955 年）

注释

①《马克思恩格斯论宗教》（人民出版社，1954 年），第 9 页。

②列宁：《什么是“人民之友”以及他们如何攻击社会民主党人?》（莫斯科外国文书籍出版局，1950 年），第 13 页。

③同注①，第 14 页。

④恩格斯给布洛赫的信是《马克思、恩格斯关于历史唯物论的信》（人民出版社，1953 年），第 16 页。

⑤斯大林：《列宁主义问题》（莫斯科，1946 年），第 723 页。

⑥列宁：《什么是“人民之友”以及他们如何攻击社会民主党人?》，第 16 页。

⑦列宁：《论马克思恩格斯及马克思主义》（莫斯科，1949 年），第 413 页。

⑧恩格斯：《反杜林论》（三联书店，1953 年），第 230 页。

我国第一个五年计划的工业发展速度问题

一

社会主义工业化，是我们国家在过渡时期的中心任务。为了迅速地实现这一伟大的任务，我们必须以高速度来发展我们的工业。1957 年比 1952 年，我国工业总产值将增长 98.3%，即平均每年递增 14.7%。其中，现代工业增长 104.1%，即平均每年递增 15.3%。

这种速度是很快的，是任何资本主义国家在和平建设的年代所不能达到的。

美国是资本主义国家中工业发展最快的国家。恩格斯在 1892 年写《〈英国工人阶级状况〉序言》时，指出 1847 年危机以后的工业振兴是新工业时代的开端。在这个时代里，“美国发展最快，其发展的速度甚至对于这个发展极其迅速的国家讲来，也是空前未有的”[①]。但在这个工业发展极其迅速的国家内，工业生产的增长速度，在 1868 年至 1878 年内，平均每年为 9.2%；从 1878 年到 1885 年，平均每年为 5.6%；从 1885 年到 1897 年，平均每年为 5%。到了 20 世纪，美国的工业，除了在战争的年代之外，发展是极端缓慢的。从 1905 年到 1910 年，平均每年只增长 3%～4%。从 1913 年到 1937 年，平均每年只增长 2.4%。[②]由此可见，美国在建设工业的年代，工业增长的最高速度，任何一年也没有超过 10%。因此，美国“在内战以后也不得不费了整整三四十年的工夫，靠着外国的借款和长期信用贷款以及对邻近国家和岛屿的掠夺，才把自己的工业建立起来”[③]。而我们以现在这种高速度向前迈进，在三个五年计划期内，就可建立起我们的工业，也就是说，要比美国少费一半左右的时间。这完全是可能的，举一个具体的例子，就可以说明这一点。我们的钢产量，将从1952年的135万吨增至1957年的412万吨。美国的钢产量与我们1952年的产量相近的，是1880年，那时它生产125万吨。它的钢产量与我们1957年计划数字相近的，是1890年，那时它生产428万吨。在100多万吨的基础上，增产300万吨左右的钢，我们只需5年，而美国则需10年。我们的速度，在这一个特殊的例子上，比美国恰好快了1倍。

我们的第一个五年计划，规定高速发展我们的工业，是完全必要的。只有如此，才能迅速地建立社会主义的物质基础，克服我国在经济及技术上的落后性，提高人民的福利，巩固我们的国防。

这种必要性，在世界上许多工业不发达的国家中都存在。问题在于：只有在我们这种新民主主义以及社会主义的国家里，不但有高速发展工业的必要性，也有高速发展工业的可能性。高速发展工业的必要性，我们在鸦片战争以后就存在，甚至可以说，在鸦片战争以前就存在。但过去没有这种可能性，所以在旧中国想进行工业化的人，实际都是梦想。只有在中国共产党的领导之下，我们推翻了帝国主义和国民党反动派的统治，建立了以工人阶级为领导、以工农联盟为基础的人民民主专政以后，才实现了在我国高速发展工业的可能性。

关于这一点，有进一步阐明的必要。

我们建立了人民民主专政之后，便把原来由帝国主义和官僚买办资产阶级垄断的大银行、大工业、大商业和铁路等经济命脉变成全民的财产。在国民经济中，出现了社会主义的成分，并且成为国民经济的领导力量。在社会主义成分中，生产力与生产关系是适合的；生产与消费并无对抗性的矛盾；生产可以进行有计划的领导；工人阶级知道劳动是为了自己及国家的利益，所以能够发挥积极性与创造性；劳动生产率可以得到不断的提高。劳动生产率的提高是增加国民经济产品、降低成本和增加积累的最重要的因素。我们的国营工业的劳动生产率，每年平均提高10%，五年内可以提高34%。在劳动生产率提高的速度快于平均工资增长的速度之下，并在物资消耗方面厉行节约的情况之下，产品的成本必然不断降低，而货币的积累就可不断增加。在资本主义的社会里，产品出售价格与成本之间的差额，构成剩余价值。这些剩余价值，为资本家所囊括之后，一部分在奢侈生活中浪费掉了，一部分集中在资本主义的国家手中，作为压迫国内劳动群众和剥削殖民地附属国人民之用，只有一小部分作为扩大再生产之用。在经济危机的年代，资本家用作扩大再生产的资金，数目是很小的。在1929年至1938年，美国的净投资，只等于国民收入的1.4%。我们的国营经济，已经消灭了剥削阶级，工人的劳动，除了以一部分时间，为自己创造生活资料以外，其余的时间，便是为自己的国家创造社会产品，其货币的表现形式，便为企业上缴国家预算的纯收入。国家掌握了这一大笔的纯收入，就可以大规模进行基本建设的投资。联共（布）第十五次代表会议，对于投资与工业发展速度的关系，曾作出决议说："必须争取于最短的历史时期内，赶上并超过各先进资本主义国家底工业发展水平。这一任务的胜利实现，取决于国民经济中资金积累的速度，及为解决工业化任务所能拨出的资金后备的多寡。"关于资金积累的源泉，同一决议中指出："（1）公有工业资金积累的数量；（2）经过国家预算利用其他国民经济部门的收入；（3）以吸引居民投资合作社、存款于储蓄局、购买国家公债、投资于信贷机关等办法，而利用国民的储蓄。"④这个决议中所指示的原则及积累资金的途径，在我们国家里完全可以适用。我们在第一个五年计划中，基本建设的投资为427亿4 000万元，其中投入工业部门的为248亿5 000万元，占58.2%。这样巨大的投资数量，在过去根本是不可想象的。我们的投资来源，主要是依靠自己的企业，依靠国家预算，依靠人民的储蓄，所以基础是稳固的。随着投资的不断增长，我们的生产也就不断增长，而纯收入也就与日俱增。而且由于我们在不断降低物资消耗定额，不断提高劳动生产率，所以生产成本是不断下降的，纯收入在生产总值中的比重是可以增加的。纯收入增加的速度，在上述的条件下，可以快于总产值增长的速度。譬如我们工业的总产值在五年内增长98.3%，而在上述的生产条件下，纯收入的增长速度，就会大大超过98.3%。这就为增加基本建设的投资创造了极为有利的条件。

劳动生产率的提高创造了更多的纯收入，纯收入的增加为积累创造了条件。积累基金的一部分用于基本建设，而基本建设在我们的国家中，由于有苏联及欧洲人民民主国家的支援，是在最新的技术基础上进行的。因此，在扩大再生产的过程中，我们的技术设备可以不断地完善。结果是我们的劳动生产率可以得到进一步的提高。这是我们的工业能够以高速度发展的最重要的原因。我们的积累资金，除了以一部分进行基本建设以外，还可以用另一部分来增加生产性流动资金的积累，来为物质生产过程中新增工作者而准备消费品的积累。这一切积累基金的增加，就可以使就业的人数增加。第一个五年计划期内，就业人数共增加约420万人，其中必然有很大一部分是加入工业生产部门的。这不但可以加强工人阶级的队伍，巩固人民民主专政的基础，也可以更加提高工业的生产。国营工业1957年比1952年增加的产值，有2/3以上是从提高劳动生产率而来的，其余的1/3，则是由于增加劳动力的消耗，也就是由于增加就业人数而来的。在资本主义社会中，由于生产与消费存在着对抗性的矛盾，由于资本主义的基本经济规律一方面引起少数富翁财富的增加，一方面使劳动者购买力相对缩减，所以周期性的生产过剩是无法避免的。在经济危机发生的时候，工业生产减少，工人大量失业。资本主义社会的生产在这种时期内，不但不能增长，还要向后倒退，有时可以使生产的水平倒退几十年。社会主义的基本经济规律保证着人民消费的不断增长，并且常常使劳动者购买力的增长超过生产的增长，因而不断刺激生产向前推进。这就排除了生产过剩危机发生的可能，排除了就业工人遭遇失业的可能。我们的就业人数是逐年增加的，虽然现在旧中国遗留下来的失业现象，还不可能完全消灭，但随着生产力的不断发展，这一问题是会得到解决的。一方面劳动生产率可以不断增长，另一方面就业的人数可以不断增加，所以我们工业发展的速度就能够是很快的。

二

我们的工业是以高速度发展的，但工业中的重工业发展更快。按照第一个五年计划的规定，在工业基本建设投资中，制造生产资料工业的投资占 88.8%，制造消费资料工业的投资占 11.2%。同时，按照计划，五年内生产资料的产值将增长 126.5%，消费资料的产值则增长 79.7%。重工业增长的速度高于轻工业增长的速度，是社会主义工业化的一个特征。

我们优先发展重工业，是出于以下的考虑而决定的。首先，旧中国遗留下来的经济基础是落后的，我们必须在很短的时期内，把经济落后、技术落后的情况，基本上改变过来。这一工作的主要内容，就是以新的技术装备来武装各个生产部门。我们不但要改造工业，还要改造农业、运输交通业等等，使它们都能够在现代技术轨道上进行生产，也就是要以最高的劳动生产率进行生产。怎样才可以做到这一点呢？在焦作煤矿做了 38 年矿工的刘九学代表，给了我们一个答复。他说："在 1951 年以前，焦作煤矿运煤还是用着落后的煤筐，用人工拉、抬，生产效率很低，每人每天只平均生产原煤 0.8 吨。1952 年 2 月，经群众讨论，把小筐改成大筐，把用人工拉、抬改用小车运，这样每人每天可生产原煤 1.6 吨，生产效率提高了 1 倍。1952 年 10 月，工人同志们又努力学习了苏联的先进经验，把用小车运煤改成机械运煤，并采用了割煤机采煤，由每人每天平均生产煤 1.6 吨提高到 5 吨。由于技术的提高，现在已达到每人每天平均生产原煤 8 吨了，生产效率已比 1951 年提高了 9 倍。"⑤焦作煤矿工人劳动生产率的提高，虽然经过了几个阶段，但是 1952 年 10 月的提高是一个飞跃。工人同志们之所以能够一下把劳动生产率提高了 3 倍以上，乃是由于采用了割煤机以及机械运煤。把新技术投入哪一部门，哪一部门的生产便可大大增长，新技术的重要性即在于此。但是，在所有的生产部门中，哪一部门是负责供应新技术的？不言而喻，只有重工业。我们只有建立起强大的重工业，即建立起现代化的钢铁工业、机器制造工业、电力工业、燃料工业、有色金属工业、基本化学工业等等，才能以新技术来改造重工业本身，来改造轻工业、农业、运输交通业等等。不以高速度来发展重工业，我们是不能在短时期内完成这一任务的，所以我们必须优先发展重工业。

其次，我们的社会主义建设，最后的目的，是要提高人民的物质及文化生活水平。初看起来，好像要达到这一目的，应当先发展轻工业，现在还有不少人是这样想的，但这种思想是错误的。轻工业固然是供应消费资料的，是直接与提高人民生活有关的，可是它的发展，必须有两个先决条件：第一，要有重工业供给它以各种生产上的设备；第二，要有农业供给它以大部分的原料。从第一个条件去看，轻工业如果没有重工业作为基础，发展是会受到限制的。只有在重工业已经建立起来，能不断地供应轻工业以机器设备及某些原材料，然后轻工业才能得到广阔发展的园地。从第二个条件去看，农业的发展，也要以重工业的发展为前提。没有重工业来替农业制造拖拉机、农业机器、化学肥料等，农业的大规模发展也是不可能的。我们的农业，在第一个五年计划期内，还不能进行大规模的机械化，因而生产增长的速度，大大落后于工业。1955 年由于农业原料供应紧张，棉纱、卷烟、麻袋等都比 1954 年的产量有所减少。农业原料供应不足，这是我国当前轻工业生产发展的主要障碍。[⑥] 扫除这一障碍，固然有许多治标的办法，但治本的办法只有在重工业发展之后才能实现。到那个时候，农业能够得到拖拉机及现代化的农业机械，得到化学肥料，得到杀虫药剂，如此就可以提高单位面积产量，又可以大量开垦荒地，使播种面积加增。这样，轻工业的原料基地，才算是稳固地树立起来了；人民的生活水平，也才能可靠地逐步上升。所以，要保证人民生活水平的不断提高，也必须优先发展重工业。苏联过去就是朝这条道路上前进，而达到提高人民生活水平的目的的。苏联在第一个五年计划期内，轻重工业增长的速度差额，比我们还大。在 1932 年，苏联重工业比 1928 年增长了 193%，比我们的速度大，但轻工业只增长了 87%，与我们的速度相差无几。可是到了第五个五年计划，虽然重工业还是优先增长，但轻工业的增长速度已经靠近重工业了。1955 年生产资料的总产量比 1950 年增加 84%，而消费品的生产，则超过 1950 年 72%。[⑦] 我们现在大力发展重工业，就会为将来扩大消费品的生产创造有利的条件。现在如果不发展重工业，将来消费品的生产，即使能够增加，也是有限的。

最后，我们必须优先发展重工业，还有一个极为重要的理由，就是重工业是巩固国防的基础。我们为了保卫革命胜利的果实，抵御帝国主义的侵略，就必须有强大的海陆空军。我们必须能够制造大炮、坦克、飞机、军舰，并以这些新式武器来武装我们的战士。特别是美帝国主义还霸占着我国的领土台湾，妄想利用蒋介石匪帮反攻大陆的时候，以物质力量来支持我们的国防军队，尤其是必要的。重工业是制造现代武器的物质基础，我们必须发展我们的重工业，然后我们的国防力量才能逐渐巩固起来，强大起来，在武装的敌人面前，永远立于不败之地。

重工业的门类虽然很多，但其核心是机器制造业。我们在以高速度发展重工业时，还要以特别高的速度来发展机器制造业。列宁教导我们说："技术愈发展，手工劳动就愈受排挤而为许多愈来愈复杂的机器所代替，就是说，机器和制造机器的必需品在国家全部生产中所占的地位愈来愈大。"⑧苏联共产党在安排各种工业的增长速度时，就是根据这一原则进行的。1954 年与 1913 年相比，苏联的大工业产值增长了 35 倍，其中生产资料生产增长了 60 倍，而机器制造业产值则增长了 160 倍。⑨由于机器制造业以最高的速度发展，所以它的比重是增加的。1913 年机器制造业的产值在帝俄大工业总产值中占 6.8%，而在 1940 年的苏联已占 31%。⑩我们现在也有足够的资料，证明我国机器制造业的发展，与苏联的经验是相似的。其一，根据 1954 年上半年中央各工业部的总产值增长速度，机械工业部是最快的。五个工业部合计增长 34.7%，但第一机械工业部却增长 63.2%。⑪其二，机械工业生产总值在全部工业中的比重是不断上升的：1949 年为 1.7%，1952 年达到 4.8%，1953 年上半年约为 7%。⑫可见我们机械工业的发展是健康的。它在我国社会主义物质基础建设的过程中，将日益发挥其核心作用。

机器制造业的增长，必须有其他部门与之密切配合。制造机器的原料是黑色和有色金属。发动机器的是电力。发电站有水力与火力两种。我们在第一个五年计划中，电力的绝大部分是由火力发电站供应的，因此必须生产大量煤炭来供给火力发电站。这说明在发展机器制造业的同时，必须发展黑色金属工业、有色金属工业、电力工业、煤炭工业等等。在我们这种以计划指导生产的国家内，各种产品的实际产量，必须通过物资平衡表，才能最后确定下来。编制物资平衡表的步骤，首先是计算国民经济对该种产品的需要量。譬如机器制造业对于黑色金属固然会提出需要，其他如基本建设、铁路运输、出口以及国家储备等方面，对于黑色金属也有需要。把这些需要的总量计算出来之后，便与生产黑色金属的物质资源进行对比，最后在需要与资源平衡的基础上来确定黑色金属的生产量。将计划期的生产量与报告期的生产量相比较，便可得出某种产品在计划期内的增长速度。由此可见，各种产品的增长速度，并非凭空决定的，而是在计算了每种产品的资源与需要使各部门之间保持平衡关系的基础上制定的。

三

轻工业的增长速度，一方面受生产资料生产的制约，一方面受原料生产的制约，我们在上面已经提过了。列宁告诉我们，在各部分社会产品中，“增长最快的是制造生产资料的生产资料生产，其次是制造消费资料的生产资料生产，最慢的是消费资料生产”[13]。所以轻工业的生产增长速度慢于重工业，除了我们前面所举的理由外，还受制造消费资料的生产资料生产速度的制约。

在第一个五年计划期内，由于轻工业部门内还有一部分设备力量未加利用，所以消费品的增长速度，主要是受到原料生产的限制。贾拓夫部长曾举出下列数字来说明我国轻工业设备的利用情况：“以 1954 年的设备利用率来说：全国卷烟、火柴不及 1/3，油脂、面粉仅为一半上下，皮革也不过 60%左右，纺织以国营来说，虽达到 96%，但由于去年的棉花收成不好，1955 年将下降为 76%了。”[14]由此可见，我们轻工业的许多部门，只要原料供应充足，生产还是可以大量提高的。

拿消费资料工业生产的增长速度来与农业的增长速度相比较，其差别是很大的。消费资料的生产，如我们上面已经指出的，在五年内将增长 79.7%。但在五年内，农业及其副业的总产值只增长 23.3%。农业的增长速度，显然落后于轻工业。但是我们在作这种比较时，还应注意一点，就是轻工业的农业原料，主要是由农业中的技术作物来供应的，而技术作物的增长速度，在苏联与我国，都是高于农业增长的一般速度的。以我国的几种重要技术作物来说：五年内，棉花将增产 25.4%，烤烟将增产 76.6%，甘蔗将增产 85.1%，甜菜将增产 346.4%，油料作物的播种面积将增长 37.8%。技术作物的增长速度，有的接近消费资料产值增长的速度，有的超过了，这都是有利于消费资料工业产品的增产的。除此以外，我们根据苏联的经验知道，农产品的商品量增长的速度可以快于农产品本身增长的速度。这是由于生产发展，人口的城乡构成变动，农民的产品留给自己消费的那一部分的比重减少了，而当作商品售出的部分就增加了。譬如棉花增产 25.4%，如果农民留下自用的棉花减少了，那么棉花的商品率增加的速度，就可超过 25.4%。即使商品率不增加，我们还有另外一个重要的措施，使消费品增长的速度快于原料增长的速度，那就是厉行节约，降低原料消耗定额。譬如每件棉纱用棉的定额为 390 斤，那么 390 万斤棉花就可纺纱 10 000 件。现在如果把定额降低到 384 斤，原料增加 1 倍，为 780 万斤，就可纺出棉纱 20 300 多件，增产 1.03 倍。产品的增加，快于原料的增加。所以说，节约是增产的步骤。

轻工业产品增长的速度与农业增产的速度不能一致的原因，除了上面所举的理由外，还有一个重要的理由，就是轻工业的原料来源，不单靠农业。根据不很完全的资料来看，1952 年以农产品作为主要原料的食品工业和纺织工业，其总产值占全部生活资料总产值的 80%左右。[15]这就是说，还有 20%左右的生活资料，是不以农产品作为原料的。在农村中有广大市场的暖水瓶、电筒、胶鞋，就是显著的例子。

这些事实，说明了虽然农产品生产总值增长的速度慢于轻工业的增长速度，而轻工业还是可以用高得多的速度向前发展的道理。

轻工业的增长速度，虽然与农业的增长速度相差很大，但是与商品流转增长的速度，却极接近。1957 年全国社会商品零售总额将达到 498 亿元左右，比 1952 年将增长 80%左右。这与五年内消费资料的产值增长 79.7%相比，其差额只是 0.3%。可以说，两种速度，几乎相等了。

我们可以拿这种速度的比例关系与苏联的经验比较一下。苏联在第一个五年计划期末，轻工业品产量，增加到 1928 年水平的 187%；国营与合作社零售商品流转额，增加到 1928 年零售贸易额的 175%。[16]这两个速度，相差无几。1934 年 2 月，联共（布）第十七次代表大会作出关于苏联第二个五年计划的一些指示，其中有一条规定，在将轻工业与食品工业日用必需品的生产扩大一倍半的条件下，将商品流通额增加一倍半。[17]这两个速度，又完全相同了。由此可见，这两个速度的内在联系是很密切的。

虽然如此，我们却不能以为商品流转增长的速度，完全决定于轻工业总产值的增长速度。轻工业的产品，固然构成商品流转总额的主要部分，但商品流转总额还别有来源。这些别有来源的产品，其增长的速度可能快于、也可能慢于轻工业产品的增长速度。这就影响着商品流转总额增长的速度，使其不一定与轻工业产品的增长速度相一致。

古比雪夫在 1927 年讨论苏联的市场问题时说："首先要弄清楚一点，就是生产生产资料的工业并不是与消费市场完全无关。重工业中包括：生产资料的生产，机器的制造，农学机器的生产，肥料的生产，以及农民生活上需用的金属制品（如钉子、铁瓦及其他）的生产，等等。因此，我们绝不能说市场上的商品都是轻工业生产的，重工业就没有份。”[18]我们今天的情况，与苏联当年也是相似的。重工业的产品，有许多进入市场，构成商品流转总额的一部分。这一部分的增长速度，可能与轻工业产品的增长速度不一致。

农产品有一部分是不需轻工业加工，直接就流入市场的。鸡蛋、牛奶、菜蔬等，就是具体的例子。这些产品的商品率增长速度，也可能与轻工业的增长速度不一致。

手工业产品也是商品流转总额的一部分。它们的增长速度是与轻工业的增长速度不同的。

轻工业的产品本身，也并非完全流入国内市场。轻工业产品的储备量是经常变动的，进出口的数量也是经常变动的。

这一切因素，都可以使轻工业的生产增长速度与商品流转总额的增长速度之间造成差离。所以这两种速度，必须由具体的计算得出，不可以根据一个速度来推论另一个速度。

（载《新建设》第9期，1955年）

注释

①恩格斯，《〈英国工人阶级状况〉序言》（人民出版社版），第3页。

②Власов，Н. А.，«Основной закономичсский закон современного капитализма»，第43页。

③《斯大林全集》（人民出版社），第九卷，第158页。

④《联共（布）关于经济建设问题的决议》（人民出版社），第二辑，第3-4页。

⑤见《人民日报》1955年7月31日。

⑥胡明，《节约原材料和利用代用品是当前轻工业增加生产的关键》，见《计划经济》1955年第4期，第11页。

⑦参阅苏联《真理报》1955年7月14日。

⑧列宁：《论所谓市场问题》，见《经济译丛》1955年第5期，第26页。

⑨苏联《真理报》社论，1955年4月24日。

⑩《学习〈苏联社会主义经济问题〉参考资料》（人民出版社），第一辑，第125页。

⑪见《人民日报》1954年7月13日。

⑫见《光明日报》1954年10月1日。

⑬列宁：《论所谓市场问题》，见《经济译丛》1955年第4期，第10页。

⑭见《人民日报》1955 年 7 月 26 日。

⑮胡明：《节约原材料和利用代用品是当前轻工业增加生产的关键》，见《计划经济》1955 年第 4 期，第 11 页。

⑯《联共（布）关于经济建设问题的决议》（人民出版社），第二辑，第 165 页。

⑰同上，第 202 页。

⑱古比雪夫：《国家工业化的基本任务》，见《经济译丛》1954 年第 1 期，第 1 页。

国民经济计划讲座：第二部分　分论：第十一讲　工资计划

一、国民经济工资计划的基本任务

在社会主义社会里，工资是每个劳动者根据自己劳动的数量和质量，从社会产品中所取得的以货币形式表现出来的份额。这同在资本主义制度下作为劳动力价格的工资有着本质的区别。在资本主义制度下，工资反映着剥削者同被剥削者之间的关系，由于资本剥削的加强，工人的实际工资是不断地下降的。在社会主义制度下，工资反映着以社会主义国家为代表的整个社会和为自己、为社会劳动的各个劳动者之间的关系，工人职员的工资随着生产的不断增长和劳动生产率的不断提高而不断地增加。

社会主义基本经济规律为编制工资计划指出了总方针，这就是：工资计划应当在生产不断增长和劳动生产率不断提高的基础上，保证工人职员的工资有不断的增长。但是社会主义基本经济规律，并没有指出作为个人消费的那部分产品在劳动者之间应当根据什么原则进行分配，只有社会主义按劳分配的原则才指出国民经济不同部门的工资总额和平均工资应该按照劳动消耗的数量和质量来规定。在社会主义制度下，生产力还未达到能够提供像共产主义那样充分丰富的消费资料的水平，劳动在社会成员面前也还没有成为生活的第一需要，因此，唯一可能和必要的消费基金的分配形式，是按劳分配。只有这样才能够促使劳动者从物质利益上关心自己劳动生产率的提高和社会生产的发展。消费基金的平均分配，是同社会主义不相容的。如果在计划工资时存在着小资产阶级的平均主义，必然会使劳动力的流动性加剧，劳动生产率降低，产品成本提高，从而给社会主义建设事业带来损失。

工资计划的基本任务有五：

第一，保证工资不断增长，以符合社会主义基本经济规律的要求。

第二，按照社会主义按劳分配规律，在国民经济中规定工资同劳动消耗间的正确比例关系。

第三，在物质生产领域内规定工资增长速度同劳动生产率增长速度间的正确比例关系。

第四，采用先进的工资制度，以刺激劳动生产率的增长、物资消耗的节约和产品质量的改善。

第五，在流通领域内，建立工资和居民的其他货币收入同商品流转额和价格间的相互适应的关系。

二、编制国民经济工资总额和平均工资的程序

在社会主义社会，工人职员的工资总额和平均工资是不断增长的，在计划期内，总是把这两个指标规定得比报告期高一些。这一点，从苏联几个五年计划时期的有关指标和我国工资增长情况可以得到证明。苏联 1932 年（第一个五年计划末期）比 1928 年（第一个五年计划初期）平均工资增长了 1 倍（实际完成数），1937 年（第二个五年计划末期）比 1932 年（第二个五年计划初期）增加了 1.1 倍还多（实际完成数）。根据我国中央五个工业部（即重工业部、燃料工业部、第一机械工业部、纺织工业部、轻工业部）的统计，按货币计算的平均工资 1953 年比 1950 年提高 84%。我国发展国民经济的第一个五年计划规定，在五年之内，工人职员的平均工资约增长 33%。

国民经济工资总额的大小，取决于两个因素，即工人职员的人数和平均工资。各部门的工资总额，也同样取决于这两个因素。由于各部门中劳动消耗的平均质量（熟练程度）不同，因此，各部门工资总额占整个国民经济工资总额的比重同各部门劳动力占整个国民经济劳动力的比重也是不一致的。一般地说，工业、建筑业和运输业的工资总额所占比重高于各该部门的劳动力所占比重，因为这几个部门中劳动消耗的平均质量较高。在农业和贸易方面，工资比重则低于这些部门的劳动力比重，因为这两个部门中劳动消耗的平均质量较低。此外，在农业方面，平均工资之所以低些，也由于农村中的生活费用较为便宜。

编制国民经济工资总额和平均工资的整个程序，可以分为下列几个步骤。

第一，要正确预计在报告期内各类工作人员（如工人、学徒、工程技术人员、职员、勤杂人员、警卫消防人员等）、各部和国民经济各部门的平均工资。

第二，根据国家总任务，特别是由总任务所决定的生产和消费的对比关系，考虑劳动消耗的数量和工人熟练程度的提高，考虑提高报告期内工资过低的那些工人的工资，并考虑国民经济各决定性部门应有更高的工资等等，规定平均工资增长的大约百分数。

第三，根据报告期的平均工资和计划期内工资提高的大约百分数，规定计划期内各类工作人员、各部和国民经济各部门的平均工资。

第四，根据平均工资和工作人员的数目，规定各类工作人员、各部和国民经济各部门的工资总额。

第五，把国民经济各部门的工资总额相加，得出整个国民经济的工资总额。

第六，用各类工作人员的总数除整个国民经济的工资总额，得出整个国民经济的平均工资。

第七，进一步把工资总额和居民的其他货币收入，同按照报告期价格计算的计划期商品流转总额相比较，并进行平衡计算，确定国民经济的最后方案。

三、根据劳动消耗的数量和质量确定平均工资

上面已经指出，工资总额决定于工人职员的数量和平均工资。每个部门的工人职员的数量，由劳动力数量计划来确定。平均工资则由工资计划来确定。

各类工作人员的平均工资，应当同各类工作人员劳动消耗的数量和质量相适合，所以确定平均工资的必要条件乃是：第一，确定劳动消耗的平均数量；第二，确定劳动消耗的平均质量。

要确定劳动消耗的数量，必须考虑下列四方面的因素。第一，工作日长度。工作时间越长，劳动消耗的数量也越大。第二，劳动强度。在单位时间内，劳动强度高，则消耗的劳动数量大，否则数量小。第三，劳动的繁重性。在同一时间内，繁重劳动比轻易劳动所花的体力要多些。第四，劳动的条件。在空气不好或高温车间里工作，精力的消耗就要多些。

计划平均工资最复杂的过程，就是要解决劳动消耗质量的问题，也就是要解决

把复杂劳动换算为简单劳动的问题。在社会主义社会里，这一问题的解决，是借助于工资等级制度的。应当指出，工资等级制度，不但解决劳动的质量问题，同时也解决劳动的数量问题。正确的工资等级制度，是能够照顾到劳动消耗的数量与质量问题的。

工资等级制度，包括三个组成部分，即技术等级标准、工资等级表和工资标准。

技术等级标准包括部门中所有工种的详细生产特点和对工人的要求，如某一工种的工人应知什么、应会什么，以及必须完成的一定的工作实例等。

工资等级表是由一定数目的等级和与其相适应的等级系数组成的。制定工资等级表和规定等级系数，要根据下列两点：一为生产的特点，如工作的多样性、复杂性和工人的熟练程度；一为从低级到高级的等级系数，对应的工资应当是递增的，这样就可以从物质上刺激工人，使他们去努力提高自己的熟练程度。每个产业工人经过试验之后，便按照他的技术水平规定出工资等级，技术越高，等级也就越高，工人的劳动报酬就是根据工资等级来发给的。

工资标准规定各企业第一级工人在一个工时或一个工作日内的劳动报酬数额。第一级的工资标准是决定依次各级工资标准的起点。第一级的工资标准，乘以各级的等级系数，就得出各级的绝对工资额。如第一级的工资标准为每日 1 元 5 角，第八级工人的等级系数为 2.6，由此可以算出，第八级工人的每日工资额为 3 元 9 角。

有了工资等级表及工资标准，就可以算出某一企业的平均工资。计算方法是：各级工人人数乘各级工资系数，然后把所乘之积相加，并以全体工人人数除之，即得全体工人的平均工资系数。有了平均工资系数，以第一级工人的工资标准乘之，即得平均工资的数额。

四、平均工资增长速度同劳动生产率增长速度间的对比关系

在社会主义社会和人民民主国家里，由于社会制度的优越性，平均工资和劳动生产率都是不断增长的。劳动生产率的增长，使社会生产得以增加，因此平均工资的提高，也就具备了牢固的物质基础。但是应当注意一点，就是劳动生产率与平均工资不应当以同样的速度增长。平均工资增长的速度，应当低于劳动生产率增长的速度，这是计划工作最重要的原则之一。因为这是增加积累和扩大再生产的必要条件。

我国发展国民经济的第一个五年计划，就严格遵守了这一原则。五年内，国营工业的劳动生产率提高64%，工人职员的平均工资大约增长27%。劳动生产率增长的速度，大大超过平均工资增长的速度。

把劳动生产率增长速度比平均工资增长速度规定得高些，不但是必要的，而且也是合理的。平均工资增长的速度，主要取决于劳动熟练程度的提高。但劳动生产率增长的速度，不仅取决于劳动熟练程度的提高，还取决于其他许多因素，譬如取决于生产技术水平的提高，取决于在更大的规模上使费力操作机械化，尽力发展国民经济的电气化，等等。我们曾有一个煤矿，由于采用了割煤机采煤，就使每人每天的煤产量，从1.6吨提高到8吨，也就是说，劳动生产率提高了4倍。与此同时，假如我们把平均工资也提高5倍，显然是不合理的。

为了保证这一原则的实现，必须重视正确规定技术定额的工作。各厂矿以及建筑业中，必须制定有技术根据的产量定额和工时定额。在技术不断革新的条件下，经过一定的时间之后，必须修正已经过时的技术定额。技术定额是正确规定工人工资不可缺少的要素，是提高劳动生产率极重要的因素，也是调节平均工资增长速度与劳动生产率增长速度对比关系的有力杠杆。

五、工资是管理生产的经济杠杆

根据按劳分配规律所编制的工资计划，并不意味着只是消极地反映客观规律，而是要通过工资来进行对于生产的有效管理，使工资制度成为管理生产的经济杠杆，推动生产向前发展。

先进的工资制度，必须完成两个重要任务。第一，保证劳动力在各地区、各部门间正确分配。第二，使工资制度成为提高工人的熟练程度、提高劳动生产率、节约物资消耗、改善产品质量的有力武器。

劳动力在国民经济各地区、各部门间的正确分配，对于规定各地区、各部门间的生产比例与国民经济的整个构成，有决定性的意义。为了使工人职员在某一地区、某一岗位上安心工作，单靠动员和调配是不够的，必须通过合理的工资制度，使工人职员愿意在分配的岗位上工作下去。因此，在规定工资时，必须根据某些部门对整个国民经济的意义、劳动的轻重和劳动条件，并考虑到企业的地域分布来计划和分别规定工资。譬如在气候寒冷地区工作的工人的工资可以规定得高些。对于主要工业部门，如煤矿、石油、冶金等重工业的工资也可以规定得比较高些。因为这些部门不但在整个国民经济中占有重要的地位，而且这些部门的劳动条件，也比不上轻工业的劳动条件好。我们应当借助于合理的工资制度，来刺激劳动力经常流入国民经济最重要的工业部门，并保证在国内各地区合理地分配劳动力。在各地区和各部门，规定不同的工资标准，是实现这一任务的重要手段。对调往边远地区工作的工人职员，根据国家建设的需要和地区的不同情况，规定适当的地区津贴，也是鼓励工人职员在边远地区安心工作的一个有效办法。

我们还要制定一种工资制度，使不熟练的工人自愿努力转向熟练工人等级，使工人乐于展开劳动竞赛，在生产中向先进生产者学习，使工人关心提高劳动生产率，节约原材料等物资消耗，提高设备利用率，以及改善产品的质量。

计件工资制度，就是可以达到上述各种目标的一种先进的工资制度，因此，我们应当在制定有技术根据的产量定额和工时定额的基础上，积极地、有步骤地推广计件工资制度。

计件工资形式可分为个人计件制与集体计件制。个人计件制是计件工资的基本形式。在个人计件制中，工人收入的多少是由他的产品的数量和质量所决定的。每一成品的计件单价，工人在事先早已知道，因此工人就会设法去提高劳动生产率，采用先进的操作方法，以增加和提高自己生产的产品数量和质量。集体计件制，通常是那些无法计算每个工人生产多少的生产部门所采用的。在这种工资形式中，每个工人工资的多少，不是直接决定于他个人的生产，而是间接地由整个团体（例如一个班）的生产所决定，因此，集体计件制对劳动生产率增长的刺激，不及个人计件制。

无论是个人计件制还是集体计件制，又可因采用计件单价的不同，分为直接计件制与累进计件制两种。在实行直接计件制时，每一件产品的报酬，无论产量多少，都是按照同一计件单价来支付的。累进计件制，规定要按几种计件单价来支付工资。这些计件单价是根据超过生产定额的程度而累进增加的。在实行累进计件制之先，必须制定真正有技术根据的定额，并精确地计算这一制度所产生的经济效果。如果没有充分的准备便突然实行累进计件制，不但不能提高劳动生产率和降低成本，反而可能在一定程度上妨碍均衡生产。

在采用直接计件制或累进计件制的同时，还可以采用计件奖励制。奖励制的作用，在于刺激工人超过计划节省原料、材料、燃料、电力，超过计划降低成本，提高设备利用率，改善产品质量。实行合理的奖励工资，可以降低成本，超额完成积累指标。

在超额积累的数量内，一部分可以用于扩大再生产，另一部分可以作为奖金奖励工人，以鼓励工人在节省物资消耗等斗争中发挥创造性与积极性，协助企业为超额完成积累任务而斗争。

在我们的企业中，除计件工资外，还有计时工资。计时工资额，主要是根据实际工作时间和工人熟练程度两个因素来确定的。这种工资形式不能使工人的劳动成果与其工资之间保持直接的关系。这就是说，计时工资形式对于刺激工人改进工作的数量和质量所起的作用是微弱的。因此，只有那些不能进行定额测定和统计的工作，以及由于生产性质的限制，在经济上不适宜采用计件工资形式的地方，才采用计时工资形式。计时工资形式也有两种，即单纯的计时工资制和计时奖励工资制。单纯计时工资，根据工人的工资等级和耗费的工作时间计算。计时奖励工资，可使工人因其在规定的时间内超额完成生产计划的数量和质量指标而获得工资标准所规定的工资以外的奖金。因此，它比单纯计时工资较有刺激的作用。

各企业的领导人员、工程师、技师，由于没有直接表示劳动数量和质量的指标，所以不能按计件工资制来领取工资。他们除了应得的工薪以外，还可以根据该工段、车间、企业或部门所达到的工作数量和质量领得奖金。完成计划规定的指标以及完成降低产品成本的计划，同样是发给奖金的必要条件。只有这样，才能从个人物质利益上提高工程技术人员对完成和超额完成全部计划的关心。

六、非生产领域内工资计划的若干特点

按劳分配的规律，是物质生产领域内工资方案的基础。这一规律在计划非生产领域内工作人员的工资时也完全适用。但非生产领域的工资计划，也有其特点。第一，生产领域内的工资基金，是由企业出售自己的产品而获得的。它是国民收入在生产范围内初次分配的结果。非生产领域内工资基金的来源，主要是国家预算拨款，它是由国民收入的第二次分配或再分配而形成的。第二，生产领域内的工资与劳动生产率有着极密切的联系，而非生产领域内各部门的工作人员，既不生产实物，也不好制定严格的固定劳动生产率指标，因此也就没有劳动生产率增长速度与工资增长速度的比例关系问题。第三，非生产领域内工作人员的工资，除少数以外，根据政府批准的定员标准薪金制规定。定员标准薪金制，要考虑工作人员的受教育程度、工龄、工作熟练程度、工作范围及负责程度等因素来规定。

1955 年 7 月以前，我国曾在部分国家工作人员中实行包干制待遇。为了统一和改进国家工作人员的生活待遇制度，为了贯彻按劳取酬和同工同酬的分配原则，自 1955 年 7 月份起，国家已将这部分工作人员的包干制待遇，一律改为工资制待遇。这是我国在第一个五年计划期内改进工资制度，以有利于推进建设社会主义事业的重要措施。

七、国民经济工资总额计划的确定

工资总额是平均工资同工人职员人数相乘之积，因此，有了劳动力数量计划和平均工资计划，工资总额计划的编制，便有了基础。但是根据上面两种材料所制定的工资总额计划，只是初步的计划。

工资总额的初步计划编成之后，还要进一步分析工资总额同商品流转总额的关系。这一关系的正确解决，必须借助于居民货币收支平衡表。居民的货币收入，当然不止工资一项，而支出方面，也并非把所有的购买力都用来购置商品。然而工资总额的绝大部分，是要用来购买商品的，所以工资总额的增长速度，与商品流转总额增长速度之间，必须规定正确的比例关系。

商品流转总额增长的速度，如果大于工资总额增长的速度，就可以计划降低价格，使商品流转总额与居民的购买力相适应。苏联在第四个和第五个五年计划期内，就曾用降低物价的办法，使居民的购买力与商品流转总额相适应。但也可以通过适当地提高工资的办法，使居民的购买力与商品流转总额相适应。

但在社会主义工业化的初期，由于生产资料生产的发展速度大大地快于消费资料生产的发展速度，因此最一般的情况，是商品流转总额增长的速度慢于工资总额增长的速度。这一对比关系，就有可能使市场上发生求过于供的现象。解决这一问题，可以用储蓄或发行公债的办法，来吸收居民一部分的购买力。必要时也可以采用定量分配的方法，使一定数量的消费资料，在公平合理的基础上，分配给广大的劳动人民。除这些办法以外，还可适当降低原定的工资总额增长的速度或调整商品的价格，以便使工资总额与商品流转总额相适应。

工资总额的最后方案，在经过上述平衡计算之后，便可以正确规定。工资总额规定之后，必须加强管理，使其不致发生超支现象。我们必须逐步地建立和健全国家银行对工资基金的监督制度，克服超支和浪费工资基金的现象。

八、实际工资计划

以货币形式支付的工资，叫作货币工资，又称为名义工资。因此，在物价上涨或下降的时候，同等数量的货币工资所交换到的消费品的数量是不一样的。实际工资是以工人的生活资料表现出来的工资，它表明工人用自己的货币工资能购买多少消费品和服务。实际工资随着物价的涨落而与货币工资发生差离。

在资本主义国家内，物价上涨的速度，经常快于货币工资的增长速度的，因此实际工资是经常下降的。在社会主义和人民民主国家里，由于物价的稳定和国家经常采取降低物价的政策，工人的实际工资一般是不断增长的，实际工资的增长速度经常是高于货币工资的增长速度的。社会主义国家和人民民主国家里的实际工资的提高，首先，表现为工人职员货币工资的不断增加；其次，由于国家对日用品价格的不断降低，工人职员以同样的货币可以购得更多的消费品。此外，国家和其他方面对工人职员免费享受的文化、福利事业的增加，也提高了工人的实际工资，因为这些文化、福利事业的享受，在国家和其他方面未采取免费措施以前，工人职员是要由自己的货币工资中支付的。

（本文的主要内容是根据苏联米·维·布列耶夫的《国民经济计划课程讲义》中的有关材料编写的。）

（载《计划经济》第 12 期，1955 年）

对于实现社会科学规划的几点建议

关于社会科学方面的长期规划，经过中国科学院所邀请的专家的努力，现在初稿已经制定出来了。这个初稿，将来经过各地学术界人士的讨论，一定还会有补充及修正的地方。无论如何，在最近期间内，这个规划就可以定稿，全国的社会科学工作者，从此就有一个长期奋斗的目标了。但是，和其他长期计划一样，社会科学长期规划的制定只是工作的开始。以后中国社会科学界的研究空气是否会浓厚起来，科学研究的作品是否会不断出现，还需要各方面的不断努力。

首先，我们还要做一些动员和组织的工作，使所有社会科学工作者，都来参加这一伟大的事业。不容否认，有一些社会科学工作者，在解放之前，是写过许多论文，甚至还出版过一些专著的，但这几年来，学术刊物中已经看不见他们的名字。为什么这些人现在退隐了？我认为：有些人长久搁笔，是因为自己的马克思列宁主义修养不高，写文章怕犯错误；有些人怕写出文章来受到批评，有损自己的面子。有些人说，七年不鸣，嗓子倒了，现在已经上不了台；还有人说，文章我曾写过，但是写完了就往抽屉中一锁，怕送出去也登不出来。这都是一些顾虑，诸如此类的顾虑，必须加以清除。有关各方面，应当大力进行解除顾虑和激发勇气的工作。这一工作是很细致的，开几次大会，还解决不了问题。希望各报刊编辑部，从各方面来推动这一工作，可以有组织、有计划地去访问这些搁笔已久的社会科学工作者，向他们解释政策，提出要他们研究的题目，并在研究工作的进行中，予以资料的协助和督促。在论文写成之后，还可帮助作者约集一些同行的专家，对论文提出意见，补充资料，帮助作者提高论文的质量，然后予以发表。我想，只要动员、组织的工作做得好，这些老社会科学家的积极性和创造性还是可以发挥出来的。这样做，目的在动员一切可以动员的力量，来向社会科学进军。

其次，在社会科学的园地中，特别是在经济科学的范围内，进行研究工作，有一个困难必须解决，那就是实际资料问题。没有实际资料，就不能进行科学研究，正如“巧妇难为无米之炊”。没有实际资料作为分析研究的根据，教条主义也就不能扫除；实事求是的朴实作风，也就难于树立；理论联系实际的号召，也难于实现。要解决这个困难，我建议从两方面着手：第一，各高等学校，应当有计划、有系统地与事业机关及企业单位订立互助合同。事业机关与企业单位在工作中遇到困难问题时，无论是技术问题或经济问题，都可以提交高等学校研究解决；同时，各高等学校也可以把事业机关与企业单位作为科学基地，从那儿获得研究问题所必需的资料。1955 年 10 月 24 日的苏联《真理报》，登载了一条先进经验，就是乌拉尔工业大学和 200 个分散在乌拉尔、西伯利亚以及其他各地区的企业单位进行合作。乌拉尔工业大学有 40 位教授，230 位副博士，他们可以帮助企业解决工作上的疑难问题，同时也可以在这些企业里，进行科学研究。这一先进经验，是我们的大学应当学习的。我们的大学和企业机关不是没有联系，但是这种联系还不够全面，不够经常。我们的大学如果经常地能够和很多的事业机关及企业单位合作，那么一切经济问题，都可以取得必需的实际资料，作为分析的根据。而且这种研究既是从实际出发，那么，研究的结果，就可以对我国的社会主义建设，作出有效的贡献。举个例子来说，我们现在任何部门内，都有先进的企业和落后的企业。我们如能把这些先进企业的经验总结出来，再向落后的企业去推广，使落后的赶上先进的，就可以为国家创造更多的财富。这种工作，意义是很大的，所以应该是社会科学工作者必须努力的一个重点。第二，各高等学校还可以和政府机关合作，进行科学研究。现在我们的政府机关，本身就经常进行调查研究工作，例如国家计划委员会和国家统计局就与中国人民大学经济系有业务联系，有长期的科学研究规划，也提出了好些研究的题目。如果高等学校，能够在某些问题上和它们进行合作，那么实际资料问题，也就容易解决了。我们的政府机关，历年来已经积累了许多实际资料，可以作为分析研究的材料。即使某些资料，现在还没有搜集起来，也可以通过检查工作的机会，就地搜集。高等学校的社会科学工作者，如果每年有几个月去参加政府机关的工作，特别是去参加政府机关的科学研究工作，我想对于两方面都是有好处的。

最后，我想谈一下国外资料的问题。解放以来，我们重视学习苏联，因而关于苏联的书籍杂志，我们比较容易看得到。这对于我们学习苏联的先进经验，是有很大帮助的。但是在过去几年内，我们对于资本主义国家的资料，又比较荒疏了。我觉得当大家在进行自我改造的时候，把资本主义国家的书报杂志，暂时抛在一边，是有必要的。但是，经过几年来马克思列宁主义的学习，我们已能分清敌我，辨别是非，此时，我们再去看资本主义国家的刊物，不但不会中毒，而且对于我们的科学进军还有帮助。现在进行科学研究，不但在自然科学方面，就是在社会科学方面，我们也需要利用资本主义国家的资料作参考。我们只有阅读资本主义国家的书报杂志，才可以知道它们的政治经济发展情况，才可以学习到它们在某些方面的长处，才可以同它们的反马克思列宁主义思想进行有效的斗争。不过资本主义国家出版的书报杂志是很多的，如果由许多机关、学校分头订阅，不仅会产生重复现象，而且也不易齐备。因此，最好的办法，是在中国的几个大城市中，设立规模较大的社会科学图书馆，由国家拨以充足的外汇，订阅社会主义阵营各重要国家和资本主义国家如英、美、法、西德等国的重要图书杂志。愿意研究国际政治经济问题的人，以及想对某一社会科学问题进行比较研究的人，都可以在这些图书馆中，获得他们所必需的参考资料。这一办法实行后，目前缺乏国外资料的问题就可基本上解决了。

（载《人民日报》9 月 8 日，1956 年）

“百家争鸣”的目的是为人民服务

百家是什么？用现代的话来说，“家”就是从事专业的研究而有所得的人。我们现在已有的专业，根据计划部门的分类，共有203种。汉代史学家班固在撰《艺文志》的时候，曾经把当时的专业，分为38种。每一种里面，只要是著书立说过的，就算是一家，一共是596家。这些专家，有的只写过一篇文章，例如诗赋家赵幽王、兵家李左车。如果用这种观点来计算今天的“家”，那一定会大大超过班固所举的数目了。

“争鸣”是为了谁？这是一个很重要的问题。在今天的中国，“争鸣”只有一个目的，就是为人民服务。如果有人以为既然党和政府提倡“百家争鸣”的政策，那么为地主、为垄断资本家服务的言论，也可以向市场上去推销，那就是错误的。

我们现在是否具备了“争鸣”的条件？肯定是有了条件的。自从解放以来，我们都学习了一些马克思列宁主义的基本知识，都参加过一些社会改革运动，还有许多人对于反动的思想，进行过批评和自我批评。在这一系列的自我教育的过程中，我们端正了自己的立场，学到了认识客观事物的科学观点和方法。更重要的是，我们在过去几年内，已经掌握了一门新的专业。从新专业的学习中，我们体会到马克思列宁主义在本行本业中所表现出来的优越性，我们也亲自看到，在苏联及其他人民民主国家中，我们这一专业的工作者，如何运用自己的知识，对建设社会主义的社会，作出有益的贡献。这是值得我们学习的。我们也可以在自己的国家中，在建设社会主义的伟大事业中，作出我们应有的贡献。

在我们的专业中，把我们对于科学研究的成果，毫无保留地贡献出来，就是“百家争鸣”这一政策所要求于我们的。因此，我们不能再“噤若寒蝉”，那是对于社会主义建设缺乏责任感；也不要抱“一鸣惊人”的想法，那是庸俗的名位思想在作祟。我们“争鸣”的动力，是出于对祖国的热爱，出于衷心拥护我国迅速建成社会主义社会的伟大政策。既然如此，“争鸣”的“百家”，就应当欢迎批评和自我批评。在我们的社会里，批评不应当从打击别人抬高自己的观点出发，受批评的人也不应当把批评和个人的面子联系在一起来考虑。批评是与人为善；自我批评就是改正错误，提高认识，以便更好地为人民服务。有了这种认识，就可以在“争鸣”的过程中，避免无谓的人事纠纷，而使我们共同的事业，能够迅速地走向胜利。

（载《学习杂志》第 7 期，1956 年）

我国第二个五年计划的发展速度与比例关系

我国发展国民经济的第一个五年计划，在实行了将近四年之后，已经证明可以提前完成或超额完成了。在这个基础之上，中国共产党第八次全国代表大会提出了关于发展国民经济的第二个五年计划的建议，为我国的经济建设展开更为雄壮伟大的远景。在建议中所提出的发展速度及比例关系，都是积极的、适当的，既符合于过渡时期总路线的要求，也在各方面适合于社会主义基本经济规律的要求。

第一个五年计划要求工农业总产值增长 51.1%，其中工业总产值在 5 年内增长 98.3%，农业和副业的总产值增长 23.3%。第二个五年计划所规定的增长速度，比第一个五年计划还要高些。1962 年的工农业总产值，比 1957 年计划增长 75%左右，其中工业产值比 1957 年计划增长 1 倍左右，农业产值比 1957 年计划增长 35%左右。

工农业的总产值这样迅速地增长，不但在资本主义国家的发展史中是看不到的，就是在社会主义阵营中，我们的第二个五年计划所规定的指标，也是少见的。欧洲各人民民主国家现正执行的第二个五年计划，工业总产值在 5 年中的增长速度，波兰为 53%，捷克斯洛伐克为 50%，匈牙利为 50%～52%，保加利亚为 60%，罗马尼亚为 60%～65%，阿尔巴尼亚为 91%，德意志民主共和国为 55%以上。农业总产值在 5 年中的增长速度，据不完全的统计，波兰为 25%，捷克斯洛伐克约为 30%，匈牙利为 27%，德意志民主共和国为 21.4%。[①]它们的工农业产值增长速度，都比我国第二个五年计划为低。我们的速度，只比苏联的第二个五年计划略低一些。苏联第二个五年计划期内，工业产值增长了 1.2 倍，农业产值增长了 54%。[②]这些国家在第二个五年计划期内工农业发展速度差异的原因，不是这篇文章所准备讨论的。至于我国之所以有这样迅速的发展速度，则在“建议”中已指出，工业的高速发展是由于新建和改建的企业的陆续投入生产，原有企业的生产潜力的进一步发挥，私营工业在公私合营和国有化以后的设备潜力的发挥。农业的高速发展，是由于合作化以后生产力的进一步提高。顺便可以指出：我们的农业发展速度，之所以赶不上苏联第二个五年计划的速度，主要是由于苏联在 1933 年至 1937 年，不但实现了农业集体化，而且也基本上实现了农业机械化。我们在第二个五年计划期末，机耕面积预计只占全国耕地面积的 1/10，而苏联在 1937 年，机器拖拉机站服务的集体农庄的播种面积，已占全部集体农庄播种面积的 91.2%。[3]这方面的差异是很大的。

我们在过渡时期的中心工作，就是实现社会主义工业化。这一工作完成的程度，须从三方面来考察。首先，要看在工业中公有部分战胜私有部分的程度。为了解决这一问题，我们一方面大力发展国营经济，另一方面对于资本主义工业，实现社会主义的改造。这种改造要分作两步走，第一步要把资本主义转变为国家资本主义，第二步要把国家资本主义转变为社会主义。第一步在第一个五年计划期内，基本上可以完成。如以 1955 年资本主义工业总产值为 100%，则 1956 年上半年批准公私合营的工业产值即达 99.1%。资本主义工业占全部工业总产值的比重，1956 年 6 月已下降为 0.12%。[4]由此可见，在工业中谁战胜谁的问题，已经由社会主义部分得到具有决定性意义的胜利而解决。在第二个五年计划期间或以后，只要时机成熟，就可以走改造工作的第二步了。

另外，社会主义工业化工作完成的程度，还要从工农业比重及轻重工业比重两方面来考察。大工业是社会主义的物质基础，工业和农业的发展比例，必须保证工业起主导作用，而在工业的范围内，又必须优先发展重工业。我们在第一个五年计划期内，就是遵照这一原则来安排比例关系的，所以工业在工农业总产值中的比重，重工业在工业总产值中的比重，1957 年将大大高于 1952 年。在第二个五年计划期内，这一趋势还要继续发展下去。上面已经指出，工业在第二个五年计划期内将增长 1 倍左右，而农业产值则将增长 35%左右。速度与比例关系是密切联系的。工业的优先增长，有可能使工业在工农业总产值中的比重在 1962 年比 1957 年更为提高。

轻重工业的比例，在过去几年内，由于重工业的优先发展，所以重工业的比重是持续上升的。1949 年，重工业在工业总产值中只占 26.6%，1952 年已上升到 35.6%，到第一个五年计划期末，将上升到 40%以上。第二个五年计划期内，我们依然采取优先发展重工业的政策，所以到 1962 年，重工业与轻工业将在工业总产值中各占 50%左右。

从以上三方面来考察，我国社会主义工业化的工作，过去进行得是很顺利的，在第二个五年计划期内，则将有进一步的发展。

我国第二个五年计划的中心任务，既然还是优先发展重工业，这就保证我国生产的不断增长与不断完善，将是逐步地在高度技术水平的基础上进行的。这是社会主义基本经济规律的要求。我们的计划，必须为满足这一要求而努力。

在第二个五年计划的建议中，有好些指标，是可以说明我国技术水平不断提高的情况的。首先，我们很高兴地看到，我国建设所需要的机器和设备，在第一个五年计划期内，自己能够满足60%，而到第二个五年计划期内，机器设备的自给率，将提高到70%左右。在第一个五年计划期间，我国生产的钢材大约只占国内需要量的80%，而经过第二个五年计划的建设，我们便有可能争取钢材基本上满足国民经济各部门特别是机器制造工业部门的需要。只要回忆一下，在解放以前，我们几乎没有现代化的机器制造业和冶金工业，现在经过两个五年计划的努力，我们在这两个最重要的重工业部门，就基本上可以自足了。这种技术上的进步，不能不说是惊人的。

其次，我们由旧中国继承下来的工业，在技术上虽然是落后的，但在第一个五年计划和第二个五年计划期内新建和改建的企业，却是采用了先进的技术设备、利用了最新的科学成就建设起来的。这些企业投入生产，就可改变我国工业原来极端落后的面貌。到1957年，新建企业和改建企业生产出来的产品，虽然只占工业总产值的15%左右，但是到了1962年，这个比重就可提高到50%左右。也就是说，到第二个五年计划期末，我国工业的产值，将有一半是从技术水平很高的新建和改建企业中制造出来的，这是技术水平提高的一个很明显的标志。

再次，我国技术水平不断提高的另一个标志，就是我们工业产值的增长部分，基本上是靠提高劳动生产率而达到的。我们都知道，制约着工业产值增长的，有两个重要的因素：一为职工人数的增加，二为劳动生产率的提高。假如职工人数增加1倍，工业的产值也增加1倍，那就说明，在工业部门中，技术水平没有提高。反是，职工人数如果增加不多，而工业产值却增加很多，这就说明工业产值的增长基本上是由提高劳动生产率达到的，而劳动生产率之所以能够提高，主要的原因是我们增加了和改善了技术设备。在第一个五年计划期内，我们规定国营工业增加的产值中，有2/3是从提高劳动生产率而来。前四年实践的结果，在新增的工业产值中，有72.7%是依靠劳动生产率的提高而得到的。在第二个五年计划期内，劳动生产率将比第一个五年计划增加50%。五年内，国民经济各部门的工人和职员的人数将增加600万到700万人。与1957年相比，职工人数将增加38%到45%。我们还不知道在工业部门内职工人数的增长数字。即使它的增长速度与国民经济各部门的职工人数增长速度相似，那很显然，它的增长速度，也是低于劳动生产率的增长速度的。粗略地计算一下，在第二个五年计划期内，我国工业产值的增长，还会有 2/3 左右是从提高劳动生产率而得到的。这就说明我国在第二个五年计划期内，技术设备将有更大的进展。

要在高度技术水平基础上使生产不断增长和不断完善，就必须有更多的积累，更大的投资。第二个五年计划的建议中有好些比例关系，正是为达到这一目的而规定下来的。

我们首先审查一下劳动生产率增长速度与平均工资增长速度的比例关系。五年内工业部门的劳动生产率提高 50％左右，但工人和职员的平均工资只增加 25％～30％。劳动生产率增长的速度快于平均工资增长的速度。这是国民经济里一个重要的比例关系，因为它决定着职工所创造的国民收入中归自己的产品和归社会的产品之间的划分。平均工资增长的速度，低于劳动生产率增长的速度，意味着国民收入中划归社会的产品将有更迅速的增长。这就为社会主义扩大再生产创造了优越的条件。

我们国家的预算是在国民经济不断发展的基础上不断增长的。它的增长速度，一方面受国民收入增长速度的制约，另一方面受国民收入在归自己的产品与归社会的产品之间的分配比例的制约。这两个因素，在我国第一个五年计划期内都是有利于国家预算的不断增长的。《政治经济学教科书》中指出："在社会主义制度下，国民收入的不断迅速增长使国民收入中缴入国家预算的部分不断增加。"⑤这一原理，已为我国的实践所证实。国家预算收入在国民收入中的比重，根据国家统计局的材料，1952 年占 27.6％，而 1956 年可达 31.5％。这与苏联第一个五年计划时期的经验是相似的。苏联的预算总额，与国民收入相比较，曾规定从 1928—1929 年的 25.9％增至 1932—1933 年的 30.9％。⑥

国家预算所集中的社会纯收入，其分配比例，对于社会主义扩大再生产，有巨大影响。我们第二个五年计划在这方面所采取的方针，对于我国的社会主义建设非常有利。第一，我们在财政收入增加的基础上，还增加了经济建设的支出，这就使我国在第二个五年计划期内，用于经济建设的款项，不但绝对地增加，而且还相对地增加。第二，在经济建设的款项中，国家基本建设投资的款项也大大增加了，它在全部财政支出中所占的比重，可以从第一个五年计划的 35％左右，提高到 40％左右。在基本建设投资总额中，工业所占的份额也比第一个五年计划有所增加。工业投资的比重将从第一个五年计划的 58.2％，提高到 60％左右。农业、林业、水利投资的比重也将由第一个五年计划的7.6%，提高到10%左右。

这一切措施，将会增加积累基金在国民收入中的比重。在第一个五年计划的前四年，由于积累基金增长的速度快于国民收入增长的速度，所以积累在国民收入中的比重，在1952年还只占15.7%，而在1956年，则将占22.8%。在第二个五年计划期内，国民收入将增加50%左右，积累在国民收入中的比重，不作过多和过快的增长，但可以稍高于第一个五年计划已经达到的水平。这一水平，在旧中国是不可能达到的。在资本主义国家内，由于剥削阶级的浪费，也不可能达到。在这一点上，又一次证明了社会主义制度的优越性。

我们建设的目的，在于保证最大限度地满足整个社会经常增长的物质和文化的需要。从劳动人民的长远利益的观点来看，我们现在大规模积累资金，在内地及沿海各省进行数以千计的基本建设，必然会使我国逐渐从贫弱变为富强，人民将从此脱离贫困的生活，过着更为幸福文明的丰裕生活。这一点，是任何人也不会怀疑的。

但是我们的敌人却在不断地制造谣言，硬说我国在过去几年内，因为积累太多，劳动人民的生活水平大大降低了。他们根据狭隘的资本主义国家的经验，看见一方面少数资本家积累着财富，另一方面就有大多数的劳动者积累着贫困。他们不了解，资本主义的规律，是不能搬到社会主义国家来应用的。我们的积累，在本质上不同于资本主义国家的积累。它在社会主义国家里，不是资本，不会也不可能用来剥削人民，相反地，它是用来为人民服务的。在我们的国家内，积累资金与提高人民生活水平，是相辅而行的，两者之间并无矛盾。

我们过去几年的经验，已充分证明了这一点。在我们大规模积累资金的同时，人民的生活水平也是不断提高的。在社会主义基本经济规律发生作用的社会里，必然如此。在第一个五年计划的前四年，我国职工的平均工资已增长了33.5%，国内社会商品零售总额将增长66.3%。五年内农民的全部收入有可能增长30%左右。在第二个五年计划期内，我国人民的物质文化生活还是要经常增长的，这从下面几个重要指标可以看出：职工的平均工资将提高25%～30%，农民的全部收入在五年内也将增长25%～30%，商品零售额将增加50%左右。任何诬蔑我国建设成绩的谣言，在这些数字面前，将不攻自破。

我们在将要胜利完成第一个五年计划的前夕，又开辟了第二个五年计划的伟大远景。生在这个幸福时代的中国人民，都会感觉到我们祖先的一句格言的亲切。这句格言就是汤的盘铭所说："苟日新，日日新，又日新。"自从解放以来，这句格言在中国得到辉煌的实现。我们祖国的面貌，真是日新月异，它每日都在变化，变得更加雄伟、更加富裕了。现在的日子，与过去是怎样的不同啊！愿我们全国的人民，在中国共产党的领导之下，更加努力，向建成社会主义社会进军吧。

（载《教学与研究》第 12 期，1956 年）

注释

①关于欧洲人民民主国家在第二个五年计划期内工农业产值增长速度的材料，波兰的见《人民日报》1956 年 10 月 6 日，捷克斯洛伐克的见《人民日报》1956 年 6 月 14 日，匈牙利的见《人民日报》1956 年 5 月 5 日，保加利亚的见《人民日报》1954 年 3 月 4 日，罗马尼亚的见《争取持久和平，争取人民民主》1956 年 1 月 9 日中文版第 52 期，阿尔巴尼亚的见《人民日报》1956 年 4 月 17 日，德意志民主共和国的见《人民日报》1956 年 3 月 26 日。这些国家的第二个五年计划起讫期限，除保加利亚外，都与苏联第六个五年计划一样，起自 1956 年，讫于 1960 年。保加利亚的第二个五年计划，起自 1953 年，讫于 1957 年。

②苏联第二个五年计划期内工业的增长速度，见«Нар одное хозяйство СССР»，第 48 页；农业增长速度，见莫洛托夫：《苏联发展国民经济的第三个五年计划》，第 6 页。

③《从统计数字看苏联国民经济》，第 115 页。

④《统计工作通讯》1956 年第 19 期，第 7 页。

⑤《政治经济学教科书》（人民出版社，1955 年），第 571 页。

⑥《联共（布）关于经济建设问题的决议》，第二辑，第 81 页。

我国第二个五年计划的积累与消费

一

周恩来总理在《关于发展国民经济的第二个五年计划的建议的报告》中，对于积累与消费的比例关系，作了一个原则性的指示。他说："积累部分在国民收入中所占的比重，不可能也不应该有过多的和过快的增长，但是可以稍高于第一个五年已经达到的水平。"

在我国第一个五年计划前几年内，积累在国民收入中所占的比重，国家统计局已经作出初步的计算。根据这个初步计算，积累部分在国民收入中所占的比重，1952 年占 15.7%，1953 年占 18.3%，1954 年占 21.6%，1955 年占 20.5%，1956 年占 22.8%。

如果我们在第二个五年计划期内，把积累部分规定得稍高于第一个五年已经达到的水平，那么向苏联看齐，把积累部分规定为占国民收入 25%左右，是没有什么困难的，而且也是国民经济迅速发展所需要的。之所以没有困难，就是因为在第二个五年计划期内，我们的国民收入可以增长 50%左右。在国民收入这样迅速增长的情况下，即使略为提高积累部分的比重，人民消费的绝对量，还是可以增加的，因而生活水平不但不会降低，还可以有适当的提高。兹举例说明如下（数字是假拟的）：

	报告期	计划期	计划期比报告期增加百分比
国民收入（单位：亿元）	800	1 200	+50%
消费比重	80%	75%	
消费绝对量（单位：亿元）	640	900	+41%
积累比重	20%	25%	
积累绝对量（单位：亿元）	160	300	+88%

上例说明，在国民收入增加 50%的情况之下，消费部分的比重即使从 80%降低到 75%，但绝对量还可以从 640 亿元，增加到 900 亿元。人民的生活水平提高了，因而对于这一措施，是会热忱拥护的。所以我们说，在国民收入增加 50%之下，提高积累的比重，没有什么困难，不会产生副作用。

积累比重的略为提高，也是我国在第二个五年计划的客观需要所决定的。我国第一个五年计划工农业的总产值，增长 51.1%，但在第二个五年计划期内，规定增长 75%左右，比第一个五年计划的增长速度提高了。为了保证我国生产有这种迅速的高涨，必须有较大的投资，而较大的投资，就需要较大的积累。在上例中，如果积累的比重，仍停滞在 20%，那么积累的绝对量，就不是 300 亿元，而是 240 亿元。在过渡时期内，如果积累不影响人民生活水平的提高，那么积累 300 亿元，当然要比积累 240 亿元要好得多。

二

有的人还不大了解，为什么在国民收入增长 50%的条件之下，基本建设投资可以比第一个五年计划增长 1 倍左右，这一点需要解释。

在上面所举的例子中，我们已经说明，在国民收入增长的情况下，如果我们降低消费的比重，那么积累的增长速度，就可以快于国民收入的增长速度。譬如由上例就可看出，国民收入只增长 50%，但积累部分却可以增长 88%。国民收入的增长速度与积累部分的增长速度之间的比例关系，受消费与积累的比例关系的制约。如果在计划期内，消费部分的比重提高了，那么积累的增长速度，就会低于国民收入的增长速度。我们在第二个五年计划期内，积累的比重既然可以稍为提高，所以我们可以肯定，积累增长的速度，一定高于国民收入增长的速度。

基本建设投资，随着积累的增长而增长，但两者增长的程度，并不一定相同。我们积累的资金，只有一部分用于基本建设投资。基本建设投资，是指为增加国民经济中固定资产所用的资金。在固定资产增加的同时，也必须增加流动资金。譬如为了增加钢铁的生产，我们就要增建高炉与平炉。这是固定资产的增加。与此同时，也必须增加铁矿石、焦炭、石灰石等原材料的供应。这是流动资金的增加。国家所掌握的积累资金，必须在固定资产投资及流动资金投资间作适当的分配。但是在计划积累资金的分配时，我们所遵守的一个原则就是，必须加速流动资金的周转，以逐步降低流动资金在积累中所占的比重。这样，就可以使基本建设投资增长的速度快于积累增长的速度。基本建设投资增长的速度与积累增长的速度之间的比例关系，受固定资产与流动资金的比例关系的制约。如果降低流动资金的比重，则基本建设投资的增长速度，就可快于积累增长的速度。反之，如果增加流动资金的比重，则基本建设投资的增长速度，就会慢于积累增长的速度。但是，由于社会主义制度的优越性，流动资金的周转是不断加速的，物资消耗定额，是逐步降低的，所以流动资金在积累中的比重，是要逐步降低的。因此，在第二个五年计划期内，我们又可肯定，基本建设投资的增长速度一定可以快于积累增长的速度。

我们上面的理论分析，已为第一个五年计划前四年的实践所证明。从1953年到1956年的四年中，我国的国民收入增加了43.8%，积累增加了106.5%，基本建设投资则增加了277.3%。这些数字表明，积累增长的速度快于国民收入增长的速度，而基本建设投资的速度又快于积累增长的速度。不难理解，在第二个五年计划期内，当国民收入增加50%的时候，基本建设投资完全有可能增加1倍左右。

三

在社会主义体系的国家里，能够把积累部分，提高到20%至25%，不但为我国的实践所证明，也为苏联及欧洲人民民主国家的实践所证明。我们在提高积累比重的同时，并不降低人民的生活水平。恰恰相反，人民生活水平的提高，是与提高积累比重同时实现的。我国在第二个五年计划期内，一方面略为提高积累的比重，另一方面又计划把工人和职员的平均工资增加25%到30%，农民的全部收入也将增加25%到30%，而商品零售额则将增加50%左右。这些数字，说明了我国人民生活水平迅速提高的远景。

这是帝国主义者所不能够了解的。

他们说，资本主义的国家，以最富的美国来说，过去也不能从国民收入中积累20%到25%。从1879年到1948年，美国每年平均的投资额，只等于国民收入的12%到13%。中国比美国穷得多，怎么投资的比重可以大大高于美国呢？他们百思不得其解，于是就主观地推论说："中国老百姓在未来五年里所流的血汗和所受的痛苦，最低限度比第一个五年计划要加深一倍多。"

这些帝国主义国家的老爷们作出这种荒谬可笑的结论，表示他们对于社会主义制度的优越性是一窍不通的。我们已经用自己的劳动、自己的生活来证明，在消灭了人剥削人的制度之后，在清除了寄生阶级的奢侈与浪费之后，我们是可以一方面提高积累，一方面提高生活程度的。我们的建设，就是为了提高生活水平。在中国共产党的领导之下，不过短短几年的工夫，我国广大的劳动群众，不管他们的工作岗位是在都市还是在乡村，都已脱离了反动阶级统治时代那种愚昧、贫困、饥饿的生活了。随着社会主义工业化的进展，我们的生活也就更趋于富裕与文明。“血汗”“痛苦”，这些都是描写过去中国的形容词。现在中国的广大群众，正在勤快地劳动，欢愉地生活。这是任何一个不带偏见的国外人士一踏上我国国土就能感觉得到的。

伟大的祖国，伟大的人民，让我们在党的领导下胜利前进！

（载《新建设》第 11 期，1956 年）

苏联的积累占国民收入的多少

《政治经济学教科书》上说："苏联劳动者从归自己的产品和归社会的产品中得到将近四分之三的国民收入，用来满足自己个人的物质和文化的需要。其余部分的国民收入则用于城乡的社会主义积累。"（见该书第 565 页）

夏费也夫在 1955 年 3 月份《经济问题》杂志上发表一篇论文，讨论苏联的社会主义再生产，其中谈到苏联积累在国民收入中所占的百分比如下：1932 年——26.9%，1940 年——26.3%，1950 年——27%。

在第五个五年计划期内，苏联积累的百分比是否有了变动，我们在第五个五年发展计划执行情况总结中，没有看到说明。但库尔斯基在解释第五个五年计划的指示时，曾提道："在整个社会生产增长的基础上，规定苏联的国民收入在五年内至少要增加 60%。这样就保证在增加固定资产及流动资产的积累和国家物资及粮食后备增加 1 倍的同时，能够进一步提高人民消费。"（《苏联国民经济计划化》，三联书店，1956 年，第 65 页）如果国民收入增加 60%，而积累则要增加 1 倍，那么消费基金增长的速度就会在 60%以下。速度与比例关系是密切联系的，积累基金增长的速度既大于消费基金增长的速度，那么它在国民收入中的比重就会增加。根据库尔斯基提供的数字来计算一下，如果第五个五年计划的实践与指示一致，则苏联在 1955 年的积累可能已达到国民收入的 30%左右。

在研究苏联的积累率时，还要注意一点，就是苏联积累的货币表现，是低于价值的。斯特鲁米林院士曾针对这一点发表意见说："我们所有的工厂、文化设施和住宅，通常计价时都不包括利润，也没有周转税，而且就是按这样的价值计入国民收入中，计入社会主义积累额中的。"（《经济译丛》1956 年第 11 期，第 65 页）这就是说，在苏联，因为积累物资没有周转税，所以它们的价格是低于价值的。如果要比较消费基金与积累基金的实际规模，必须对它们的价格加以修订。斯特鲁米林院士已经提供了一个修订价格的原则。照他所指示的办法去做，必然会提高积累物资的价格而压低消费物资的价格。采用这种接近价值的价格来计算消费物资与积累物资的数量，必然会使积累基金的比重进一步地提高。

我们在比较苏联与我国的积累在国民收入中的比重时，必须把苏联经济的这些特点考虑进去。

（载《教学与研究》第 3 期，1957 年）

社会学在新中国还有地位吗?

1956年10月19日的《真理报》上，登载了苏联科学院通信院士费多塞也夫所写的一篇文章，报道关于国际社会学会第三次会议的情况。这次会议，有57个国家的500个代表参加，其中也包括苏联及东欧人民民主国家的代表。文章中除叙述了在会议中马克思主义者与非马克思主义者的思想斗争以外，在文章的末尾，特别指出一点，就是西方国家的社会学者，发表了大量的关于劳动、文化、生活、家庭、道德、都市、乡村等问题的文献，但是这些材料，在苏联及人民民主国家中，没有受到足够的重视，社会科学工作者没有对它们进行分析与批判。这一缺点，应当很快地加以矫正。

我看过这篇文章以后，又得到一次机会与波兰科学院的奥尔格尔德·魏得志谈话，他提到了参加国际社会学会会议的情形，并送给我一篇华沙大学的一位同志在这次会议上所宣读的论文。当时参加谈话的，还有过去搞社会学的潘光旦、严景耀及雷洁琼几位同志。

这一切，使我想到中国的社会学往何处去的问题。

在解放以前，中国许多大学中都设立了社会学系。1952年院系调整之后，这些社会学系一概取消了。过去搞社会学的人，大部分都改业了。当然，这不等于说，过去社会学所研究的对象，现在没有人研究了。不是这样的。社会学的某些部分，如劳动问题、民族问题，在我们的高等学校中，现在得到前所未有的发展机会。但是也有些部分，现在还未得到适当的安排。我在这篇短文中，只想对于这些部分的安排，提出一个初步的意见。

社会学原理及近代社会学思潮这些课程，是旧社会学的核心部分。它们是历史唯物论的对立物。资产阶级的学者，以社会学的理论来与马克思主义进行对抗。因此，整个地说来，资产阶级的社会学，其立场、观点与方法，基本上是错误的。但是，在百家争鸣的时代，我认为在我国的哲学系中，还有设立社会学这门课程的必要。在这门课程中，可以利用历史唯物论的原理，对资产阶级社会学进行系统的批判，同时也尽量吸收其中的一些合理部分，来丰富历史唯物论。我国的历史唯物论者，在与资产阶级社会学进行思想斗争的过程中，也可以提高自己的马克思列宁主义水平。

旧社会学还有其他一些部分，如人口理论及统计，社会调查（都市社会学与乡村社会学都可并入社会调查之内），婚姻、家庭、妇女、儿童等问题，社会病态学中的犯罪学部分，都可酌量并入其他学院有关各系之内。开设这些课程，当然不能采用旧的课本，讲授时也不能采取旧的立场、观点与方法。但是以历史唯物论的知识为基础，来研究这些问题，对于我国社会主义社会的建设，也还是有用的。

（载《新建设》第 1 期，1957 年）

中国人口问题新论

一

在解放以前，我写过许多谈论中国人口问题的文章。现在把这些文章检查一下，马上就可以发现其中的许多论点是错误的。

举两个例子来说：

第一，我曾说："中国人口的庞大，是中国大多数人民贫穷的主要原因。""中国有四万万以上的人口，一不能卫国，二不能生产，只是许多的消费的单位，加增中国的消费力量而已。中国的财富本是有限的，现在却要供给这许多人的衣食，安能不走上穷困衰弱的路上去。"中国过去的人口数量，的确是很多的。从人口数量的观点看去，我们是世界上最大的国家，这是事实。过去中国的人民，过着一种贫困的生活，也是事实。但这两种事实之间，并无本质上的联系，而只存在一种偶然的联系。我过去认为中国人口庞大，是中国人民贫穷的主要原因，那就是把偶然的联系，看成本质上的联系了。解放后的历史发展，证明了这种观点的完全错误。我国在解放以后，人口还在逐渐增加，但贫穷的现象，却是迅速地在消灭着。这就说明了过去我国的人民，之所以贫穷，是别有原因在的。至于提到中国的人口只是许多消费的单位，那是犯了片面看问题的毛病。每一个有劳动能力的人民，固然是一个消费单位，但更重要的，就是他也是一个生产单位。中国的人民，有勤劳的传统。在旧社会中之所以出现那样多的失业人口，不能由人民负责，而要由不合理的旧制度负责。失业是社会制度的产物。在旧社会中失业的人，在新社会中已逐渐地找到适当的工作。这也就证明了，把中国的庞大人口只看成消费的单位，是犯了片面性的错误。

第二，从上面那种错误的分析出发，我就幻想中国能够有一天因生育率大量的降低，而使人口从4亿5 000万减至2亿5 000万，或1亿5 000万。这是一种唯心主义的观点。从历史的经验来看，没有一个工业化的国家，因实行节制生育而使人口减少的。从19世纪的上半叶起，在法、英等国，就有人提倡节制生育。20世纪开始以来，节制生育的办法，在英、美等国，得到广泛的传播。虽然生育率因此大大降低，但因死亡率也同样迅速地下降，所以这些国家的人口总额，还是在增加的。法国是人口增长最慢的国家。在17世纪，当法国人口已达到2 000万的时候，英国还只有400万到500万人。现在，英国的人口已经超过了法国。在有些年份中，法国的人口在减少，但总的趋势还是增加的。它的人口，已由1920年的3 800多万，增至1954年的4 200多万。虽然增加得很慢，但总还在增加。其他国家的人口，一般都比法国增加得要快些。一百多年的历史已经证明，在进行工业化的国家中，即使实行节制生育，人口的总数也不会减少。所以我过去以为通过节制生育可以使中国的人口降至2亿5 000万或1亿5 000万，乃是一种幻想。

所有这些错误的来源，就是由于过去没有能够以历史唯物主义的立场、观点与方法来研究问题。我没有把人口问题放在一定的社会经济形态中来研究，没有了解人口问题是与一定的经济关系密切联系的。在我过去所写的有关人口问题的论文中，偶尔也接触到封建主义，却根本没有考虑到帝国主义。没有把人口问题与这些重要的国内外经济现象联系起来考察，当然看不清事物的真相，因而必然得出错误的结论。这种错误的结论所起的作用，是掩盖了反动统治阶级所制造的罪恶，迷惑了群众对于当时主要矛盾的认识，混淆了革命斗争的对象。这一切，我都应当深刻地检讨。

二

今天我们已经进入了一个新的时代，一切问题必须重新认识。人口问题，也与其他社会问题一样，必须以新的立场、观点与方法，结合着当前的具体情况，进行研究与分析。

当前的具体情况是什么呢?

在人口方面，1953年6月，我国进行了第一次名副其实的全国人口调查，发现中国人口的总数为6亿零193万8 035人。与此同时，根据内务部对全国29个大中城市。宁夏全省以及其他省份的10个县，共35个县的1个区、2个镇、58个乡、7个村共

3 018 多万人口的调查，我国人口当时的出生率平均为 37‰，死亡率平均为 17‰，自然增长率平均为 20‰。自从 1953 年 6 月以来，人口总数、出生率、死亡率及自然增长率都在变动之中。但为简单起见，我们的讨论，将以 1953 年的数字为根据。

在社会方面，我国近年来的变化是空前的。近百年来骑在中国头上的外国帝国主义势力已经被赶走了。外国帝国主义的工具，即官僚买办资产阶级已经在中国大地上消灭了。封建地主阶级，除个别地区以外，也已经消灭了。在中国共产党的领导下，全国人民正在为实现过渡时期的总路线而努力。我国过渡时期的总路线就是：在一个相当长的时间内，逐步实现社会主义的工业化，逐步完成对农业、手工业和资本主义工商业的社会主义改造。按照过渡时期的总路线，我国已经在 1953 年开始执行发展国民经济的第一个五年计划。根据党中央委员会的预计，为了完成国家的工业化，三个五年计划的时间是必要的，或者还需要更多一点时间。但是社会主义改造的任务，在第一个五年计划期间就已经基本上完成，而在第二个五年计划期间，除个别地区以外，全国可以全部完成。

以上就是当前的人口及社会的基本情况。

我们在过渡时期的基本任务，如上面所说，就是要实现社会主义工业化，使我们国家由落后的农业国变为先进的工业国。在研究人口问题的时候，必须联系这一基本任务进行考察。另外，我们自从建立了中华人民共和国之后，社会主义的财产所有制，已经逐步地取得领导地位，因而社会主义的经济规律，如社会主义基本经济规律，以及有计划按比例发展的规律等，在我国已经逐步地发挥作用。在研究及解决人口问题的时候，必须考虑到社会主义经济规律的要求。

建设社会主义社会，提高劳动生产率是首要的任务。“劳动生产率，归根到底是保证新社会制度胜利的最重要最主要的东西。”[①] 我们增加生产，有两条主要的途径，一是增加劳动量，二是提高劳动生产率，第二条途径是基本的。苏联在第一个五年计划期内，工业产量的增长由于劳动生产率提高而得到的，占 51.4%，第二个五年计划期内，约占 80%，从 1940 年到 1954 年，约占 70%。第六个五年计划期内，约占 85%。我国的情况，与苏联相似，国营工业 1957 年比 1952 年增加的产值中，有 2/3 以上是从提高劳动生产率而来的。

在这两种增产方法中，提高劳动生产率的优越性，最近我在北京的一次农村调查，提供了很明显的证明。北京有两个农业生产合作社，一个社的农民，每人为社会创造的产品是 29.6 元（包括农业税、公积金及公益金），另一个社的农民，每人为社会创造的产品是 28 元。假如每一个城市工人每天只吃一斤粮食，每斤粮食以 1 角 6 分计，全年所消耗的粮食，就值58.4元。这一数字，略为超过两个合作社的社员为社会所创造的产品的总值。两个合作社的社员，除了养活自己以及他们的家庭人口外，还能在粮食方面，养活一个城市工人，已经不是过去的单干户所能做到的。但是在北京的郊区，有一个国营农场，这儿的每个定员工人，在1955年，为国家创造利润1 248元。如果把这些利润，变成粮食，就可以够21个人吃一年。国营农场的工人，劳动生产率高，为社会创造的产品数量大。他一个人靠提高劳动生产率为社会创造的产品，如要农业生产合作社靠增加劳动量去创造出来，就需要增加42个人。国民经济所关心的，不是增加工作量，而是增加产品总额。以更少的劳动力，创造更多的产品，是社会进步的一个标志，尤其是社会主义再生产过程的特色。在社会主义社会里，使用价值增长的速度，经常快于价值增长的速度，而且社会主义的经济制度越向前发展，每一单位劳动量所创造的社会产品也就越多。马克思早就说过："生产力无论怎样变化，同一劳动在同一时间内提供的价值量，总是不变的。但它在同一时间内会提供不等量的使用价值，在生产力增大时更多，在生产力减小时更少。"②有人以为在社会主义社会里，产量的增长必须与劳动量的增长成正比，那是错误的。

增加劳动生产率的因素是很多的，但为苏联及我国的经验所证明的、最重要的因素，是提高劳动人民的技术装备。马林科夫在苏联共产党第十九次代表大会上说："苏联劳动生产率的迅速提高，首先是由于国民经济中广泛地使用新机器和采用先进的技术作业法，生产机械化和电气化，特别是费力的、沉重的工作机械化。"③提高劳动人民的技术装备，就必须进行基本建设的投资，而投资的来源，就是国民收入中的积累。国民收入中的积累部分与消费部分，是互相密切联系着，互相依赖着，互相制约着的。在一定的时期内，降低了消费，就增加了积累。反之，如果增加了消费，也就会降低积累。正是在提高积累这一问题上，我们愿意指出，过高的人口出生率，是有碍于积累的迅速增加的。

这一论点，初听起来，好像是与"人是财富的创造者"这一论点相矛盾的。积累的实物形态，就是财富，归根到底，是人创造出来的。为什么我们说，过高的人口出生率，是有碍于积累的迅速增加的呢？更高的人口出生率，表示将来会有更多的劳动力，也就会创造更多的积累，为什么反而说它妨碍积累的迅速增加呢？这一问题，必须给予明确的回答。

劳动力是财富的源泉，我们对于这一点是完全同意的。但是初生的婴儿，并不是劳动力，他不能创造财富，而只能消耗财富。不但他不能在出生的那一年创造财富，就是在以后的十几年中，他也不是生产者，而只是消费者。只有当他成长到15岁或

15 岁以后，他才能加入生产，为社会创造新的价值及使用价值。

现在我们来算两笔账。一笔账的条件是，假定我们维持目前的人口出生率，即每千人出生 37 人。6 亿人口，每年就可生育 2 220 万人。另外一笔账的条件是，通过节育的有效宣传及对于节育物品的有效供应，使人口的出生率，降至西欧各国在第二次世界大战前的水平，即每千人出生 17 人。6 亿人口，每年就可生育 1 020 万人。两个数目相比，相差为 1 200 万人。现在我们就要计算一下，少生或多生 1 200 万人对于我国的积累问题，产生什么影响。

一个人自出生到 15 岁能够工作的时候为止，每年在衣食住行及教育卫生等项目上的花费，平均以 100 元计算，一共要花 1 500 元。这 1 500 元的消费，在社会主义的社会里，一部分由家庭担负，另一部分由社会担负。1 200 万个出生的婴儿，在我们目前的死亡率之下，可能有 1 000 万人活到 15 岁。现在我们姑且把半途夭折的儿童所消费的价值不算。1 000 万人活到 15 岁，一共要消费 150 亿元。这 150 亿元，可以用来提高多少劳动人民的技术装备呢？当然，在不同的生产部门中，劳动人民的技术装备是不同的，它们为社会所创造的产品，其数量的多寡也是不同的。现在我们还是以上面所说的那个北京国营农场为例，来说明我们的问题。这个国营农场在 1955 年的固定资产，如果以职工的人数去除，每人可以得到 6 080 元。就是在这 6 080 元的固定资产装备的协助之下，每一农场的工人，为国家创造了 1 248 元的利润。我们如果照样以 6 080 元的固定资产来配备一个农业劳动者，那么 150 亿元，就可使 246 万余人，在农业生产的范围内，大大地提高劳动生产率。这 246 万余农业劳动者，如果他们也照样每人每年为国家创造利润 1 248 元，总数便是 30 亿 7 000 万余元。这是一笔账。

另外一笔账，就是假定还是维持目前的出生率，每年生育的婴儿，不是 1 020 万人，而是 2 220 万人，即多生 1 200 万人。这多生的 1 200 万婴儿，如上面所假定的，有 1 000 万人活到 15 岁。当他们年达 15 岁时，又假定有一半的人或因继续求学，或者从事家庭劳务，只有 500 万人从事工作，而且为了便于比较，我们又假定他们都参加农业生产合作社的工作。他们所得到的配备，假定与现在北京郊区的农民一样，那么他们每人为社会所创造的产品，也只能有 30 元。500 万人所创造的净产值之和，也只有 1 亿 5 000 万元。这个计算的方法，有一点是可以批评的，就是我们没有把 15 年内农业生产合作社固定基金可能增长这一因素估计进去。固定基金如果增长了，农业合作社社员为社会创造产品的能力必然会加增。在我们这种社会制度之下，合作社的固定基金必然是会增长的，可是增长多少，现在还无法加以估计。根据苏联的经验，农业中的生产性固定资产，如以 1913 年为 100，则 1928 年为 141，1940 年为 333。我们现在假定我国农业生产合作社的固定基金，在三个五年计划的时间内，可以增长2.3倍。与此相适应，每一农民为社会所创造的产品，也可增加2.3倍，那么每人为社会所创造的产品，就不是30元，而是100元。500万人一共就可创造5亿元。这个数字，与我上面所举那个少生1 200万人的条件下所积累的数字相比，还不到1/6。这个例子，说明了一个道理，就是在社会主义制度下，无论增加生产也好，或是增加积累也好，靠增加劳动量来达到这一目的，不如靠提高劳动生产率。后者是达到目的更为迅速的途径。社会主义的基本经济规律就是这样指示我们的。这个规律，要求我们在高度技术的基础上来使生产不断增长与不断完善。所谓在高度技术基础上来使生产增长，就是要提高劳动生产率。规律并不要求我们在增加劳动力数量的基础上来使生产不断增长与不断完善。为了使我国的社会主义工业化的任务，在高度技术的基础上进行，我们就必须要有积累。在不妨碍现有人口的生活水平随着生产的增长而适当提高的前提之下，积累的速度越快越好，积累的总额越大越好。在人口出生率较低的情况下，不但做父母的可以因为负担较轻而增加储蓄，就是国家在计划消费与积累的比例时，也可因为消费人数较少而适当提高积累的比重。很明显，降低我国人口的出生率，是有助于积累增长的速度的，是有助于积累总额的扩大的。在两种不同的出生率之下，我们看不出比较高的出生率，有任何可以称道的优越性。相反地，较高的出生率，只是意味着较多的消费、较少的积累，与我们要在一个比较短的时期内提高劳动生产率，完成社会主义工业化的任务是不相称的。

社会主义的基本经济规律，不但要求生产在高度技术基础上不断增长，也要求最大限度地满足整个社会经常增长的物质和文化的需要。最大限度地满足物质和文化的需要是社会主义生产的目的，同时受生产的制约。只有在高度技术的基础上进行生产，然后最大限度地满足物质和文化的需要才能得到保证。在高度技术基础上生产的人，不但为社会创造更多的产品，同时也为自己创造更多的产品。在我们上面所举的两个农业生产合作社中，一个社的有劳动力的社员，平均在1956年为自己创造的产品，值263.5元，另一个社比较多些，为342.4元。但是北京郊区那个国营农场的农作物工人，同年每人为自己创造490.8元，畜牧工人为自己创造540元，比农业合作社的农民要高得多。另外再举一个例子。一般地讲，我国工人所掌握的生产资料要比农民多些，所以近几年来，工人为自己所创造的产品，也比农民大约高1倍。因此，为了提高我国劳动人民的生活水平，最要努力之点，不在于加增整个社会的总劳动量，而在于提高每一劳动者的劳动生产率。要提高劳动生产率，就要增加积累，而增加积累的途径，主要是努力增加生产，但降低现在的人口出生率，也是有助于这一任务的完成的。（这一论点，暂不适用于少数民族地区。）

三

我们现在再从有计划按比例发展的规律来看中国的人口问题。

要进行生产，必须有劳动力。但是现代化的生产，单靠劳动力是不够的。劳动力必须与生产资料相结合，才能发挥最大的效果。生产资料是物化劳动。因此，这儿就产生一个活劳动与物化劳动的比例关系的问题。这一比例关系，如果配合得好，生产就可迅速地增长。反是，如果这个比例关系失调，或者活劳动太多，而生产资料不够；或者生产资料太多，而没有足够的劳动力去加以充分的利用，都会使生产达不到最高的程度。

用这种观点来看中国今日的问题，就可发现中国的活劳动与物化劳动之间的比例关系，是不平衡的。我们的问题，是现在还没有足够的生产资料，可以把目前存在的劳动力，加以最合理、最经济、最有效的利用。

一切比例关系的制定，都要服从社会主义基本经济规律的要求，活劳动与物化劳动之间的比例关系也不能例外。社会主义基本经济规律，要求生产在高度技术的基础上不断增长与不断完善，这就要求对于每一劳动者，配备相当数量的生产资料。当然，我们对于每一劳动者所配备的生产资料，如果比理想的水平少一些、低一些，生产还是可以照旧进行的，但是这种生产，就不是在高度技术的基础上进行的，而可能是在落后技术的基础上进行的，那是不符合社会主义基本经济规律要求的。举个例子来说，在纺织工业中，我们所要求的，是在自动纺织机的基础上进行生产，而不是在手纺机或手织机的基础上进行生产。

为在高度技术基础上进行生产，每一劳动者必须配备多少生产资料呢？关于这一问题，我们愿意提供下列的一些资料，作为参考。

1955 年全国工业固定资产净值为 181.4 亿元，加上流动资金 57.3 亿元，工业资金共为 238.7 亿元。同年工业中的职工人数为 4 152 000 人。由此可以看出，工业中平均每一职工拥有的工业资金约为 5 750 元。这儿所说的工业资金，是把旧企业及新企业放在一起计算的。旧企业的设备，许多已经陈旧、简陋，够不上高度技术的标准。因此，把新旧企业的工业资金放在一起来计算每一职工的技术装备程度，是会低估社会主义基本经济规律对于技术装备的要求的。

我们现在再用另外一种材料，来计算职工的技术装备。在我国的发展国民经济的第一个五年计划里，有各生产部门的基本建设投资数字，有各部门工人职员人数的增加数字。根据这两类数字，我们可以算出，新增一个职工，必须增加的基本建设投资的数额。计算结果如下：

生产部门	五年内基本建设投资总数（单位：亿元）	五年内新增职工人数（单位：万人）	每一新增职工摊到的投资（单位：元）
工业	248.5	227.2	10 937
农业、水利和林业	32.6	37.1	8 787
运输和邮电	82.1	37.6	21 835
贸易、银行和物资储备	12.8	102.4	1 250
文化、教育和卫生	30.8	46.3	6 652
城市公用事业	16.0	5.5	29 090

这六个部门对于每一职工的投资额是不同的。平均计算，新增一个职工，就要增加投资额 9 269 元。[④]这儿还只计算了基本建设的投资，没有把流动资金计算进去。但即使以基本建设投资的规模而论，每一职工的装备程度，也已高于新旧企业合计的数字了。这表明，在新企业中，我们采用了最新式的技术装备，因而每一活劳动单位所需配备的物化劳动数量就较大。

目前，在高度技术基础上来进行生产，每一职工必须有 10 000 元左右的固定资金。假定流动资金与固定资金的比例为 1∶3，如 1955 年工业资金的统计所表示的，那么每一职工需要配备的生产资料总计为 13 000 元左右。

根据这一数字，我们可以算出我们每年的积累可以使多少人在高度技术的基础上就业。

我们在 1954 年的积累，占国民收入的 21.6%。它的绝对数，估计当在 170 亿元左右。如果把我们所有的积累，都用在扩大再生产上面，同时又假定新增一个职工，就要替他准备 13 000 元的生产资料，那么在整个国民经济的范围内，我们只能增加职工 130 万人。这与第一个五年计划预计增加的数字相差无几。第一个五年计划预计增加职工 536 万人，平均每年增加 107 万人。

但是我们目前每年人口的自然增长率为 20‰。6 亿人口，每年就要增加1 200 万人。这 1 200 万人，假定有一半要就业，就有 600 万人必须在国民经济中加以安插。如果我们想在高度技术的基础上进行生产，那么我们目前的积累，只能满足 130 万人的就业要求。换句话说，如果只有 130 万人要求就业，那么活劳动与物化劳动的比例关系，是可以满足基本经济规律要求的。但是目前要求就业的是 600 万人，而不是 130 万人，问题就在这里。

也许这个问题是暂时的问题吧？也许在国民收入不断增长、积累总额不断增长之下，我们在不久的将来就可以顺利地安排活劳动与物化劳动的比例关系吧？

对于这一问题，我们也可以进行一次计算。

我们国民收入与积累的增长速度，现在很难估计，因而我们必须借助于苏联的经验。根据苏联的经验，如以 1913 年的国民收入总值为 100，1928 年便为 119，1940 年为 611。换句话说，在不到三个五年计划期间，苏联的国民收入增长约 5 倍。让我们假定从 1954 年算起，我们的国民收入，到 1967 年，也可增长 5 倍。假定到了 1967 年，我们的国民收入，以可比价格计算，可以达到 4 680 亿元罢。如果那时我们能够在国民收入中积累 25%，那么积累的总额就有 1 170 亿元，大大超过目前我们国民收入的总额。掌握这样多的积累，我们可以使多少人在高度技术基础上进行生产呢？

我们是否还可以假定那时每一职工的技术装备，只要 13 000 元就够呢？当然不能作出这种假定。技术是不断进步的，特别是在自动化的时代，每一工人技术装备的价值，必然会不断提高。这已经证明社会主义社会发展的一个规律。根据苏联的经验，在第一个五年计划期内，基本建设的投资按 1955 年 7 月 1 日的价格计算，为 616 亿卢布。在此时期内，新增职工的人数为 1 180 万人，平均每人摊到的基本建设投资为 5 220 卢布。在第三个五年计划的前三年半中，基本建设的投资为 1 387 亿卢布，新增职工人数为 450 万人，每一职工摊到的基本建设投资为 30 822 卢布，约为第一个五年计划时期每人摊到的投资的 6 倍。这是很自然的，技术不断进步，当然产生这种结果。在第五个五年计划期内，苏联的基本建设投资为 6 253 亿元，新增职工人数为 950 万人，每一职工摊到的基本建设投资为 65 821 卢布，比 1940 年的数字又提高了 1 倍以上。比起第一个五年计划来，每人摊到的基本建设投资数字，增加了 11 倍以上。由此我们可以看到一个规律，社会主义的生产越是向前发展，每一个活劳动单位所配备的物化劳动就愈多。

回到我们原来的计算。假定我们技术进步的速度与苏联相似，那么在 1967 年，每一职工摊到的工业资金也应当提高 6 倍，因而每人所需要的，在那时就不是 13 000 元，而是 78 000 元了。如果我们以 1 170 亿元来扩大再生产，同时对于每一新增职工，要配备 78 000 元的生产资料，那么我们在那一年，就可增加职工 150 万人。

150 万人这一数字，只有在降低劳动生产率这个条件之下，才可以增加。譬如一个 50 000 锭的纱厂，如果平均每一女工看纱锭 500 锭，那么只要 100 个女工就够了。

如果不增加纱锭而增加女工，譬如说，把女工的数目增加到 200 个，那么每一女工所看的纱锭，平均就由 500 锭降为 250 锭。每一个女工的劳动生产率，可能就要降低一半。

每年增加就业人数 150 万，从别个国家的经验看来，是不小的一个数字。我们看一下世界上最大的两个工业国的经验。美国在 1900 年的工作人数为 28 282 610 人，而到 1956 年，就达到 68 803 000 人。在 56 年之内，共增加 40 520 390 人，平均每年只增加 723 578 人。美国是在资本主义制度下进行工业化的，就业的范围，受了资本主义制度内部的矛盾的限制，因而不能加得很快，所以它的经验对于我们的参考意义不大。苏联在第一个五年计划开始时，职工的人数为 1 080 万人，而到 1955 年，便达 4 840 万人，在 27 年之内，一共增加了 3 760 万人，每年平均增加 140 万人。我国在第一个五年计划期内，每年平均增加职工 107 万人，已如上述。在第二个五年计划期内，要增加职工 600 万到 700 万人。即使以 700 万人计，每年也只增加 140 万人。根据苏联及我国的实际经验，以及上面我们对于积累的估计，可以认为，如果要维持劳动生产率在高度的水平上，那么每年增加的就业人口，除了填补那些退职的人数以外，不能超过 150 万人。但是，如果我们的自然增长率还是 20‰，那么在 1967 年，要求工作的，可能还不止 600 万人呢！这就是我们国民经济中出现的一个矛盾。

四

解决活劳动与物化劳动的比例失调问题，可以采取三种不同的途径。

第一种是我们过去所采取的办法。这一办法的主要内容是，让国民经济中存在两种在不同技术水平上生产的部分，第一部分是在高度技术基础上生产，第二部分则是在比较落后的技术基础上生产。这两部分虽然同时并存，但我们的努力，则是设法扩大第一部分的规模，同时逐渐缩小第二部分的规模。我们的投资，可以说是集中在第一部分的范围内，虽然同时也适当照顾第二部分。这种生产技术先进部分与生产技术落后部分同时并存的局面，在各个生产部门中均存在，而在农业生产中表现最为突出。我们有国营农场与机器拖拉机站，那儿的生产，基本上是在高度技术的基础上进行的。除此以外，我们还有农业生产合作社及少数的个体农民，那儿的生产技术，虽然近年来已有不少改进，但离机械化与电气化的目标，还相差很远。

这样做，当然在一部分生产范围内，活劳动与物化劳动的比例关系是相适应的，因而劳动生产率也是很高的。但是在另一部分生产范围内，活劳动与物化劳动的比例关系则是不相适应的，因而劳动生产率就低得多。

由于第一部分的职工劳动生产率高，为自己创造的产品及为社会创造的产品都比较多，所以第二部分的就业者，经常对第一部分施加压力，想从这一生产范围转到那一生产范围去工作。1956 年就曾出现了在第一部分生产范围内职工人浮于事的现象。如上面所指出的，计划每年新增职工不过 107 万人，但 1956 年到 9 月为止，全国新增加的职工就有 224 万人。全国新增职工的总数超过了原计划 1 倍还多。结果怎样呢？由于职工人数增长过快过大，不但加大了国家的财政负担，同时也影响了劳动生产率的提高和成本的降低，有些单位出现了大量窝工的现象。据国家统计局的统计，1956 年工业企业的劳动生产率虽然比 1955 年有所提高，但是 1956 年的前三个季度是逐季下降的。针对这一情况，1957 年的劳动计划就要贯彻中共中央八届二中全会的决定，严格控制职工的增加，同时继续贯彻多增产、多办事、少增人的方针。对于人员有潜力的某些部门，仍然应该采取旧单位增产增事不增人，新单位要增加人员尽量从旧单位调配的方针，以克服劳动力的浪费。由此可见，我们的政策是要维护现代化的生产部门，在高度技术的基础上生产，在提高劳动生产率的基础上生产。我们决不为了增加职工而降低劳动生产率。但是如何在最短期内，消灭国民经济中的技术落后现象，使所有劳动者，都在高度技术的基础上生产，都能够创造出很高的劳动生产率，到目前为止，似乎还没有一个大家满意的方案。

第二种是印度在第二个五年计划期内所拟采用的做法。印度的社会经济制度，与我们不同，那儿有不同的经济规律在发生作用，所以我们两国的情况，不是完全可以比较的。但印度是世界上人口众多的第二个大国，生产技术也比较落后，所以那儿也有活劳动与物化劳动如何配备的问题。

负责起草印度第二个五年计划的一位专家，印度统计学院的主持者，马哈纳朗比斯，是这样来解决问题的。首先，他把就业部门分为四类，即基本工业、工厂消费品工业、家庭工业（包括农业）、劳务，然后计算每一就业部门，如果增加一个职工，需要增加多少投资。计算的结果是，每增加一个就业人员，基本工业需要增加投资 20 000 卢比，工厂消费品工业需要 8 750 卢比，家庭工业需要 2 500 卢比，劳务需要 3 750 卢比。如果印度采取优先发展基本工业的方针，把投资集中在重工业，那么印度就无法解决另外一个问题，就是在第二个五年计划期内，有 1 100 万人要求就业。如果把第二个五年计划期内所能筹集到的资金 561 亿卢比完全投入重工业，那么只能容纳 280 余万人，不能解决印度的失业问题。因此，马哈纳朗比斯提议把投资作如下的分配：

就业部门	每增加职工一人所需的投资（单位：卢比）	投资总数（单位：亿卢比）	就业人数总数（单位：百万人）
基本工业	20 000	185	0.9
工厂消费品工业	8 750	98	1.1
家庭工业（包括农业）	2 500	118	4.7
劳务	3 750	160	4.3
总计		561	11.0

对家庭工业及劳务两部门，投资还不到一半，但容纳的就业人数，却占 9/11。从投资的构成看来，印度并没有像我们这样，采取优先发展重工业的方针。印度投资的主要目的，显然不是要迅速地提高国民经济的技术水平，而是要最多的人充分就业。它的做法，与我们的相比，有一个显著的不同，就是在他们的投资方针之下，不可能在很短的时期内建成大工业的基础，来完成工业化的任务。

但是在表面上，我国与印度在目前都面对着类似的问题，就是活劳动与物化劳动的比例关系不相适应，因而平均劳动生产率是很低的。难怪尼赫鲁总理在谈到印度人口问题时说："有些国家，例如印度，决不需要更蕃盛的人口，若是人数较少反会更好一些。"⑤

为了改变这一比例关系，我们提议第三种办法。第三种办法就是以我国过去的办法为基础，但马上采取积极的措施，来降低我国的人口出生率。一方面加速社会主义工业化，使我国的技术基础不断提高；一方面使人口出生率降低，使将来要求就业的人口，逐渐下降，使我国在几个五年计划之后，有可能使活劳动与物化劳动得到比较适当的配合。那时每年新增的劳动者，都可以在高度技术的基础上进行生产，这就是这一办法的基本精神所在。

降低人口出生率，我们可以以从 37‰降到 17‰为目标。这当然不是一下可以做到的，但经过努力，是可以做得到的。这个数字是现实的，而不是幻想。拿别国的经验来作我们的参考吧。德国在 1876 年，人口的出生率是 41‰，到了 1927 年，就下降到 19.5‰。在 51 年内，下降了 21.5‰。苏联在帝俄时代的人口出生率是很高的，在 1913 年为 47‰，但到 1950 年，便下降到 26.5‰。在 27 年之内，下降了 20.5‰。德国与苏联，都没有采取节育的政策。相反地，苏联根据自己国家的实际情况⑥，在过去是采取奖励人口政策的。但即使在奖励人口的政策之下，人民也自发地节制生育，在短时间内就使出生率大大下降。我们如自觉地采取节育政策，那么可能不必等 27 年才使人口的出生率下降20‰。有人说，我国人民受了“多福多寿多男子”的传统的影响，对于节育是抱有成见的，因而宣传节育，恐怕不易见效。其实成见是可以通过宣传教育来打破的。世界上最为根深蒂固的成见，大约没有一种可以超过对于私有财产的成见了。但是在我国，通过宣传、示范，人民对于私有财产的成见，已经被摧毁了。“多男子”的成见，同样是可以摧毁的。

节育不是要求结婚的夫妇不生育，而只是要求不要生育过多。什么算是生育过多呢？在我国的情况之下，生了三个或四个子女的人，还继续生育，就算是过多了。我国出生率之高，就是这些生了三个子女还继续生育的人所造成的。为了说明这一点，我们举埃及、日本、丹麦及西德的出生统计为例。

国名	年份	出生率	出生婴儿总数	生育不到三次的母亲所生的婴儿数	生育超过三次的母亲所生的婴儿数	生育超过三次的母亲所生婴儿占婴儿总数的百分比
埃及	1951	44.7‰	425 121	211 508	213 613	50.2%
日本	1952	23.5‰	2 005 162	1 482 429	522 733	26.0%
丹麦	1953	17.9‰	78 261	62 805	15 456	19.7%
西德	1952	15.7‰	694 317	612 320	81 997	11.8%

这个表上的数字，说明了一个问题，就是一个国家的人口出生率与生育超过三次的母亲所生婴儿占婴儿总数的百分比有密切的联系。这一百分比愈高的，出生率也愈高。反之，这一百分比愈低的，出生率也就愈低。埃及的出生率在1951年为44.7‰，这个国家的婴儿有一半以上是生育过三次以上的母亲所生育的。西德在1952年的出生率为15.7‰，这个国家的婴儿只有1/10略多一点是生育过三次以上的母亲所生育的。由此可见，只要已经生过三个子女的人实行节育，我国的出生率就可大大下降。有了三个子女的人，即使还相信儒家“不孝有三，无后为大”的教条，在节育时也可以问心无愧。说服这些人实行节育，应当不是一件十分困难的事。

我国目前的死亡率，为17‰。这一指标也还有下降的可能。但在无论在什么国家里面，它的下降是有一定限度的。在人口的年龄构成，表示老年人的比重很低的时候，死亡率下降到10‰以下是可能的。但是如果人口的年龄构成，已经达到常态，老年人的比重已经相当提高的时候，那么在目前的卫生条件之下，经常维持死亡率在10‰以下，还是不易达到的。因为经常维持死亡率在10‰以下，就要求每千人中，有相当的数目活到百岁以上。因此，作为一个趋势来看，把死亡率维持在12‰左右，通过医药卫生事业的改进是可以达到的。如果出生率维持在17‰左右，死亡率维持在12‰左右（当然死亡率应当尽可能地降低，这儿只是指趋势而言），那么我们的自然增长率就平均为5‰。在这种情况下，人口可以稳步地而不是迅速地增长，对于我国是比较适宜的。

我们研究国民经济问题，应当从实际出发。现在的人口实际，就是总数已在6亿以上，而每年的自然加增数，又在1 200万人以上。这一实际的存在，是不以主观的愿望为转移的。但是未来的发展，却掌握在我们的手中。我们可以有计划地采取一些措施，使未来的要求就业的人口，合乎我们国民经济的需要。换句话说，使人口的自然增长率，从20‰降到5‰左右，则是通过自觉的努力便可以达到的。努力的主要办法，就是实行节育。党中央已经制定了节育的政策。在1955年3月党中央颁发的有关节制生育的指示中，就明确提出："节制生育是关系广大人民生活的一项重大政策性的问题。在当前的历史条件下，为了国家、家庭和新生一代的利益，我们党是赞成适当地节制生育的。"周恩来总理在《关于发展国民经济的第二个五年计划的建议的报告》中也说："为了保护妇女和儿童，很好地教养后代，以利民族的健康和繁荣，我们赞成在生育方面加以适当的节制。卫生部门应该协同有关方面对于节育问题进行适当的宣传，并且采取有效的措施。"党的政策是正确的。现在的问题，就是要卫生部门，大力采取措施，使我国的自然增长率，不要像现在这样迅速，而要维持在有利于国民经济的发展、有利于社会主义基本经济规律及有计划按比例发展规律发生作用的水平。

五

以上我们讨论了建设社会主义时期我国的人口问题。当社会主义社会已经建立起来，而我们要向共产主义过渡的时候，中国的人口问题将是怎样？将来的情况，我们现在无法预计，但有一个方面，是我们现在就可提出来略加叙述的。

当我们要向共产主义过渡的时候，也将如苏联一样，解决基本经济任务，自然也会提到我们的议事日程上来。那时的基本经济任务，就是在按人口计算的生产水平方面赶上并超过最发达的资本主义国家。

这一任务是非常艰巨的，只要看一看下面的数字就可知道。

产品名称	1955 年美国每人产量	我国赶上美国应当达到的总产量	1957 年我国计划产量	基本经济任务要求我们的生产比 1957 年提高的倍数
电力	3 782 度	22 692 亿度	159.0 亿度	142.7
煤	2 707 公斤	162 420 万吨	11 298.5 万吨	14.3
生铁	427 公斤	25 620 万吨	467.4 万吨	54.8
钢	642 公斤	38 520 万吨	412.0 万吨	93.4
水泥	313 公斤	18 780 万吨	600.0 万吨	31.3
石油	2 015 公斤	120 900 万吨	201.2 万吨	600.8

上面表格中我国赶上美国应当达到的总产量，是以 6 亿人乘 1955 年美国每人产量得到的。以这个数字与我国 1957 年的计划产量相比，就可算出：为要达到按人口计算的美国生产水平，我国各种产品应当增加的倍数。

应当注意的就是，这一计算作了两个不切实际的假定。第一，它假定了当我们要向共产主义过渡的时候，美国的按人口计算的生产水平，还是停留在 1955 年所达到的情况。这是不切实际的。那时的水平，可能比现在还要高些。第二，我们又假定了我国的人口，那时还是 6 亿人。这也是不切实际的。那时的人口，一定早已大大超过 6 亿。如果根据这两个条件把表中的数字加以修正，那么我们的任务，比表中所指示的还要艰巨。对于每种产品比 1957 年计划产量应当提高的倍数，将比表中所指示的还要增大。

我们有必要把那样重大的任务放在我们及我们后代的肩上吗？我看是没有什么必要的。我们没有必要使我们的人口迅速增加，以致我们在解决基本经济任务时，要完成更多的工作。完成上表所提出的任务，已经需要我们及我们的后代付出很多的劳动了。

六

在全篇论文中，我们从各方面具体地来分析中国的人口增长问题，结论是中国必须实行节育，降低人口的出生率，进而降低人口的自然增长率。

在我们的朋友当中，还有一些喜欢乱扣帽子的人，一听到节育，就以为这是在提倡新马尔萨斯主义，因此有必要对于这一点说几句话。

从表面上看，新马尔萨斯主义提倡节育，我们也提倡节育，好像我们的主张有共同之点。这种看法是错误的。在我们的社会里，我们提倡计件工资，资本主义社会里，也提倡计件工资，能够说我们的计件工资与资本主义的计件工资是一样的吗？它们只是表面上相同，本质上有很大的区别。我们采用计件工资的理由与采用计件工资的效果，与资本主义都是不同的。任何一种措施，必须把它放在这种措施所推行的社会制度里来观察才能了解其全部意义。对于节育问题，也要这样观察。

我们与新马尔萨斯主义者，有许多根本上不同的地方。首先，新马尔萨斯主义者，对于农业的生产能力，一般是抱悲观态度的，时常害怕农业所提供的食物，不够人口的消费。我们对于这一点并不悲观。我们党中央所提出的1956年到1967年全国农业发展纲要，要求在12年内，把粮食每亩的平均产量，按照三种不同的地区，分别由1955年的150多斤提高到400斤、由1955年的208斤提高到500斤、由1955年的400斤提高到800斤。到1967年，粮食的全国总产量将比1955年的产量增加1.5倍以上。过去几年来的实践证明，粮食的产量，1952年比1949年增加44.8%，1955年又比1952年增加12.2%，但人口增长的速度，就在现在这样高的自然增长率之下，也远远赶不上粮食增加的速度。因此，我们即使维持现在的人口增长速度，我们也可以吃得更饱，吃得更好。我们提倡节育，不是怕粮食不够。这是我们与新马尔萨斯主义者不同的一点。

其次，新马尔萨斯主义者，经常害怕人口增长太快，会降低人民的生活水平。自从中华人民共和国成立之后，这种害怕已经没有理由再存在了。由于我们社会经济制度的优越性，生产的增长，总是超过人口的增长，这就保证了我国人民的生活水平可以逐步提高。第一个五年计划期内，工人职员的平均工资增长33%，农村人口的购买力提高了近1倍。在第二个五年计划期内，工人职员的平均工资将提高25%到30%，农民的全部收入在五年内也将增长25%到30%。我们的人口自然增长率即使达到20‰，我们还是可以使人民的生活水平逐步提高。当然，如果出生率略低，我们可以使生活水平提高得更快些。我们提倡节育，不是怕生活水平下降。这又是我们与新马尔萨斯主义者不同的一点。

我们提倡节育，除了一般人所说的为了妇婴的健康、子女的教养、民族的繁荣等理由外，还是为了要迅速地提高人民的劳动生产率，要使我们的生产合乎社会主义基本经济规律及有计划按比例发展规律的要求，因而使我们现在能顺利地完成过渡时期的总任务，将来能不过分费力地解决基本经济任务。如果有人反对我们的结论，也必须从我国的实际出发，说明在社会主义经济规律发生作用的情况之下，为什么维持现在的自然增长率是必要的，是合适的，是有助于我们现在完成过渡时期的总任务以及将来完成基本经济任务的。我们还看不出有什么人能够提供这样的说明。因为从历史唯物论的观点来看问题，这样的说明是提供不出来的。

最后，还要声明一点，就是依照我们所提的办法做去，目前人口问题的紧张程度，可以逐渐减轻，将来每年新增加的劳动力，我们便有可能使其在高度技术基础上进行生产。但是旧社会遗留下来的农村广大人口，在机械化的过程中，必然腾出许多劳动力。这些劳动力，应当做如何的安排，本文并未提出一个解决的办法。这是需要进一步讨论的。

（载《新建设》第3期，1957年）

注释

①《列宁论劳动生产率》（人民出版社），第123页。

②马克思：《资本论》（人民出版社），第一卷，第20页。

③马林科夫：《在第十九次党代表大会上关于联共（布）中央工作的总结报告》（人民出版社），第42－43页。

④如果考虑到一部分第一个五年计划的投资，要在第二个五年计划期内动用，以及投资中的一部分是为改建旧厂矿之用的，那么这一数字似乎偏高。但同时，计算职工所配备的技术总量的增长，只能用一个工作班的人数来除投资总数，而我们在计算时，并未把做两班三班的工作人员剔除，因而这一数字又似乎偏低。在没有得到有关资料来作出适当修正之前，我们暂且采用这一数字。

⑤尼赫鲁：《印度的发现》（世界知识出版社），第734页。

⑥苏联的面积，比我们约大2.3倍，但人口只为我们的1/3，这是我们两国国情的基本不同之点。

一些可以研究的社会现象和问题

过去的社会学原理所研究的对象，也就是历史唯物主义所研究的对象，只是研究的立场、观点与方法，有所不同。有了历史唯物主义，社会学原理可以不必要了。可以开一门近代社会学思想史，来代替社会学原理。在这门功课里，介绍并批判自孔德以来，欧美各个社会学派研究的成绩及其错误之点。除此以外，还有若干社会现象及问题，可以在社会学系或社会学专业中讲授。

第一，人口问题。在历史唯物主义教学中只讲一小时，这是很不够的，应当拿出来加以充实。

第二，婚姻、家庭问题。虽然恩格斯对这门学问很重视，而且还写了一本专著，但是现在通行的历史唯物主义教科书中却讲得很少。社会学可以来研究这个问题。现在法院中离婚案层出不穷，儿童问题也很严重，需要进行研究。

第三，城乡关系问题。包括工人、农民、知识分子之间的关系，上层建筑与经济基础之间的关系。这就是过去的“都市社会学”和“乡村社会学”所研究的，可以和社会调查结合起来。过去的社会调查，搜集材料不少，但是分析不够，因而不能发现事物变化的规律。

第四，社会问题中，如民族问题，已有专门机构进行研究，但除此以外，还有犯罪问题、劳动问题、住宅问题、生活费用及生活水平问题等，还没有得到应有的关注。还有宗教社会学、法律社会学、知识社会学等，过去中国也没有搞过，我看将来也可以搞搞。

（载《新建设》第 7 期，1957 年）

图书在版编目（CIP）数据

吴景超文集．第三卷 / 冯仕政，唐丽娜主编.
北京：中国人民大学出版社，2025.5. --（明德群学）.
ISBN 978 7 300-33794-4
Ⅰ.C91-53
中国国家版本馆 CIP 数据核字第 2025ZY3161 号

明德群学
吴景超文集（第三卷）
冯仕政　唐丽娜　主编
Wu Jingchao Wenji (Di-san Juan)

出版发行	中国人民大学出版社		
社　　址	北京中关村大街 31 号	邮政编码	100080
电　　话	010－62511242（总编室）		010－62511770（质管部）
	010－82501766（邮购部）		010－62514148（门市部）
	010－62511173（发行公司）		010－62515275（盗版举报）
网　　址	http://www.crup.com.cn		
经　　销	新华书店		
印　　刷	北京尚唐印刷包装有限公司		
开　　本	787 mm×1092 mm　1/16	版　　次	2025 年 5 月第 1 版
印　　张	28.5 插页 3	印　　次	2025 年 5 月第 1 次印刷
字　　数	515 000	定　　价	1480.00 元(共四卷)